Frauen in Geschichte und Gesellschaft

Herausgegeben von Annette Kuhn und Valentine Rothe

Band 42

Frauen in der britischen Politik

Eine Studie über Identität und politische Partizipation

Kathrin Ruhl

Centaurus Verlag & Media UG 2006

Kathrin Ruhl, geb. 1974, absolvierte ein Studium zum Lehramt an Haupt- und Realschulen sowie ein Studium der Politikwissenschaft an der Universität Gießen und an der University of Loughborough (Großbritannien). 2001 erlangte sie den Master in Politik an der University of York (Großbritannien) im Rahmen eines DAAD-Stipendiums. 2005 promovierte sie an der Universität Gießen. Sie ist derzeit wissenschaftliche Mitarbeiterin am Gießener Graduiertenzentrum Kulturwissenschaften.

Die Deutsche Bibliothek – CIP-Einheitsaufnahme

Ruhl, Kathrin:
Frauen in der britischen Politik : Eine Studie über Identität
und politische Partizipation / Kathrin Ruhl. -
Herbolzheim : Centaurus-Verl., 2006
(Frauen in Geschichte und Gesellschaft ; Bd. 42)
Zugl.: Gießen, Univ., Diss., 2005
ISBN 978-3-8255-0625-4   ISBN 978-3-86226-398-1 (eBook)
DOI 10.1007/978-3-86226-398-1

ISSN 0933-0313

Umschlaggestaltung: Antje Walter, Hinterzarten
Umschlagabbildung: Barbara Castle (Photo von 1957). © SV-Bilderdienst:
90100/KPA/HIP
Gruppenbild der weiblichen Abgeordneten des britischen Unterhauses: Dorothy Jewson, Susan Lawrence, Viscountess Astor, Margaret Wintringham, Duchess of Atholl, Mabel Philipson, Lady Terrington und Margaret Bondfield (v. links n. rechts; Photo von 1924). © akg-images/IMS
Satz: Vorlage der Autorin

Danksagung

Die vorliegende Arbeite wurde 2005 als Dissertation im Fachbereich Sozial- und Kulturwissenschaften der Justus-Liebig-Universität Gießen angenommen. An dieser Stelle möchte ich allen herzlich danken, die mich bei der Arbeit an meiner Dissertation in vielfältiger Weise unterstützt und mir sowohl praktisch als auch moralisch beigestanden haben. An erster Stelle gilt mein Dank meinem Betreuer Prof. Dr. Dieter Eißel, der meine Doktorarbeit stets mit großem Engagement betreut hat. Danken möchte ich auch meinem Zweitgutachter Prof. Dr. Peter Schmidt und seiner Mitarbeiterin Dr. Andrea Herrmann, die mich bei der Vor- und Nachbereitung der qualitativen Untersuchung intensiv beraten haben.

Die qualitative Untersuchung wurde durch den Deutschen Akademischen Austauschdienst (DAAD) mit einem Kurzstipendium für DoktorandInnen ermöglicht; dafür bin ich sehr dankbar. Auch möchte ich mich bei all denen bedanken, die bereit waren, an meiner Studie teilzunehmen: Dies waren 13 weibliche *Labour*-Abgeordnete des britischen Unterhauses, sechs *Labour*-Politikerinnen ohne Mandat sowie für die *Pretests* drei weibliche SPD-Abgeordnete des Hessischen Landtags und eine weibliche SPD-Abgeordnete des Gießener Kreistages.

Besonderen Dank schulde ich allen, die mich bei der Arbeit des Korrekturlesens sowie mit wertvollen Ratschlägen unterstützt haben: Dr. Marion Gymnich und Dr. Andreas Langenohl sowie Sabine Fritz, Johannes Loheide, Christina Schuchardt, Prof. Dr. Roy Sommer, Angela M. Sumner und Jutta Träger. Alexandre Segão Costa danke ich für die Hilfe bei der Erstellung der Druckvorlage.

Für die gute und intensive Zusammenarbeit möchte ich mich auch bei den Mitgliedern des Doktorandenkolloquiums von Prof. Dr. Dieter Eißel bedanken sowie bei den Mitgliedern der Sektionen „Empirische Sozialforschung" und „Kultur und Gesellschaft" des Gießener Graduiertenzentrums Kulturwissenschaften (GGK). Dem GGK gilt auch mein Dank für die Unterstützung durch eine Vielzahl von Workshops und Fortbildungsmöglichkeiten. Ich danke Frau Schulz vom Centaurus Verlag für ihre ebenso umsichtige wie freundliche verlegerische Betreuung.

Mein besonderer Dank gilt meinem Lebensgefährten Dr. Daniel Heinrichs, meiner Familie und meinen Freundinnen, die mich allesamt unterstützt und ermutigt haben und denen ich viele Stunden meiner Aufmerksamkeit entzogen habe.

Inhaltsverzeichnis

Verzeichnis der Abkürzungen

EOC _____ *Equal Opportunities Commission*

EU _____ Europäische Union

KON _____ Konservative

Lab _____ *Labour Party*

L _____ *Liberal Democrats*

MP _____ *Member of Parliament*

NEC _____ *National Executive Committe*

PLP _____ *Parliamentary Labour Party*

PM _____ *Prime Minister* bzw. PremierministerIn

PC _____ *Plaid Cymru*

ONS _____ *Office of National Statistics*

SDP _____ *Social Democratic Party*

SNP _____ *Scottish Nationalist Party*

WEU _____ *Women & Equality Unit*

WLL _____ *Women's Labour League*

Verzeichnis der Tabellen und Abbildungen

Tabellen

Abbildungen

X

1. Einleitung: Themenstellung und theoretischer Hintergrund

1.1 Themenstellung, Zielsetzung und Aufbau der Arbeit

Die Diskussion um das Thema ‚politische Partizipation von Frauen in Großbritannien' hat sich im Laufe des 20. Jahrhunderts erheblich gewandelt. Als sich die Suffragetten der ersten Frauenbewegung am Ende des 19. und zu Beginn des 20. Jahrhunderts für die Einführung des Frauenwahlrechts engagierten, gingen sie davon aus, dass Frauen mit ihrer Wahlstimme die Politik maßgeblich beeinflussen könnten, dass durch das Frauenwahlrecht eine steigende Zahl Politikerinnen in das Parlament gewählt würde und diese den Politikstil verändern könnten. Sie erhofften sich von einem ‚feminisierten' Parlament zudem Änderungen in den Lebensbedingungen der weiblichen Bevölkerung. Im Gegensatz dazu waren die Feministinnen der zweiten Frauenbewegung in den 1960ern und 70ern deutlich skeptischer bezüglich ihrer Chancen in der Politik; sie standen Parteien und Parlamenten tendenziell ablehnend gegenüber und bevorzugten ein Engagement in unkonventionellen Politikbereichen, beispielsweise in der Frauen-, Friedens- und Umweltbewegung. In den 80er Jahren kam es erneut zu einem Paradigmenwechsel, denn Feministinnen schätzten die Bedeutung der konventionellen Politik neu ein und entschlossen sich zu einem Gang durch die Institutionen. In Folge dessen traten sie vermehrt den etablierten Parteien, Interessensverbänden und Gewerkschaften bei und versuchten, durch ihr Engagement die verkrusteten Strukturen aufzubrechen und die politische Agenda zu beeinflussen. In allen politischen Organisationen machten sie zudem einen Anspruch auf gleichberechtigte Repräsentation in den Entscheidungsgremien geltend.

Nach Einschätzung von Joni Lovenduski reagierte in Großbritannien die *Labour Party* am deutlichsten auf die Forderungen der Feministinnen und führte nach einer langen Debatte in den 90ern Quotenregelungen für die Auswahl der ParlamentskandidatInnen ein. Die Erhöhung des Frauenanteils in Parlament und Regierung stand ganz oben auf der Agenda der Feministinnen, die bestrebt waren, diesen Aspekt in das Bewusstsein der Parteien zu rücken (Lovenduski 1996, S. 3/Lovenduski 1993, S. 1). Auch heute hat die Forderung, den Frauenanteil in Parlament und Regierung zu erhöhen, nicht an Aktualität eingebüßt. Großbritannien gehört zu jenen europäischen Ländern, welche eine niedrige Frauenquote haben und die Frauen den Eintritt in die politische Elite schwer machen:

„Der Zugang zur Demokratie wird in Großbritannien verstellt von kulturellen Hinder-
nissen, Geschlechtsunterschieden bei der Verfügung über Ressourcen und diversen
Unterschieden im Lebensstil von Männern und Frauen, wodurch das Geschlecht für
die politische Partizipation zu einer erklärenden Variable wird." (Lovenduski 1998, S.
167)

In Großbritannien dominieren zwei Volksparteien das politische System, die
Labour Party und die Konservativen, auch *Tories* genannt. Die Rolle der Frauen in
diesen Parteien und das Interesse dieser Organisationen, die Frauenförderung in der
Politik voranzutreiben, haben unmittelbare Auswirkungen darauf, in welchem Maß
es Frauen gelingt, parlamentarische Repräsentanz zu erzielen. Doch entscheidet die
Einstellung der Partei zur Frauenförderung nicht allein darüber, wie hoch oder wie
gering der Frauenanteil im *House of Commons*, dem britischen Unterhaus, ausfällt.
In der vorliegenden Arbeit werden bezüglich Frauen in der (britischen) Politik zwei
zentrale Ziele verfolgt: Erstens erfolgt eine eingehende Auseinandersetzung mit
den Determinanten, welche die politische Partizipation von Frauen bedingen. Zweitens wird für eine Erweiterung des gängigen Analysemodells von politischer Partizipation von Frauen plädiert. Die Diskussion um diese Erweiterung erfolgt sowohl
auf theoretischer als auch auf empirischer Ebene durch neue, im Rahmen der Studie erhobene Daten.

Die Entwicklung der politischen Partizipation von Frauen in Großbritannien
steht im Zentrum des 2. Kapitels, in dem zwei Bereiche untersucht werden, nämlich die Entwicklung der Repräsentation in Parlament und Regierung sowie die
Rolle der Frauen in der *Labour Party*. Wie hat sich die traditionell niedrige Repräsentation von Frauen im *House of Commons* und in der Regierung seit der Einführung des Frauenwahlrechts 1918 verändert? Wie fällt die Repräsentation von Frau-
en im europäischen Vergleich aus? Des Weiteren wird zu zeigen sein, dass die
Entwicklung der Frauenquote im Unterhaus an die beiden großen Parteien, *Labour
Party* und Konservative, gebunden ist, dass also das Gros der weiblichen Abgeordneten über diese Parteien in das Parlament einzieht. Hier wiederum ist festzustellen, dass die *Labour Party* seit 1918 meist eine größere Anzahl weiblicher Abgeordneter in Unterhaus und auch in der Regierung zu verzeichnen hatte als die *Tories*. Dies ist einer der Gründe, weshalb in der vorliegenden Arbeit ein Schwerpunkt auf die *Labour Party* gelegt wird und die Rolle der Frauen in dieser Partei im
Mittelpunkt steht. Wie werden die Möglichkeiten zur politischen Partizipation von
Frauen in der *Labour Party* durch bestehende Strukturen beeinträchtigt? Die Partei
integrierte Frauen bereits 1918 durch die Etablierung von *Women's Sections* – doch
ermöglichten diese Einrichtungen den weiblichen Parteimitgliedern eine gleichberechtigte politische Teilhabe? Ein wichtiger Meilenstein in Bezug auf die Repräsentation von Frauen in der Politik und auch in der Partei ist die Debatte um die
Einführung von Quotenregelungen zur Erhöhung des Frauenanteils im Parlament,

in deren Folge vor der Unterhauswahl 1997 in der *Labour Party* so genannte *all-women shortlists*, rein weibliche Auswahllisten, eingeführt wurden. Welche Rolle spielten die Parteifrauen in dieser Debatte, welche Erfolge und Rückschritte waren zu verzeichnen? Mit dem erdrutschartigen Sieg der *Labour Party* 1997, welcher die lange konservative Ära beendete, und aufgrund der angewendeten Quotenregelung zog eine Rekordzahl von Frauen in das Unterhaus ein. Die Einführung der *all-women shortlists* und die Etablierung der *Women's Sections*, die bei den Konservativen kein Pendant haben, stellen somit zwei weitere Gründe dar, weshalb die Auseinandersetzug mit der *Labour Party* in der vorliegenden Studie im Zentrum steht.

Welche Faktoren bedingen die politische Partizipation von Frauen? Was führt dazu, dass sich Frauen mehr oder minder stark in der Politik engagieren? Eine eingehende Analyse der Determinanten von politischer Partizipation erfolgt in Kapitel 3, wobei ein expliziter Bezug zu der Situation in Großbritannien hergestellt wird. Die Barrieren für die politische Teilhabe von Frauen sind vielschichtig, können jedoch in drei zentrale Bereiche untergliedert werden (Hoecker 1995, S. 19). In einem komplexen Zusammenspiel wirken sozialstrukturelle Bedingungen, institutionelle Gegebenheiten und die politische Kultur auf Partizipation ein. Zahlreiche Studien betonen den entscheidenden Einfluss von Bildung und finanziellen Ressourcen. Welche Korrelation besteht tatsächlich zwischen der Rolle der britischen Frauen im Bildungssystem sowie auf dem Arbeitsmarkt einerseits und deren politischer Teilhabe andererseits? Eine weitere Barriere für politische Partizipation ist in institutionellen Faktoren zu sehen. Unter diesen werden neben dem Wahlsystem die Parteien und ihre jeweiligen Rekrutierungsverfahren subsumiert. Hierbei wird u.a. zu beleuchten sein, welche Auswahlverfahren die beiden großen Parteien anwenden und welche Implikationen dies für Frauen hat. Ein Merkmal der politischen Kultur Großbritanniens ist ihre personalistische Orientierung, die sich in dem ‚Clubcharakter‘ oder vielmehr ‚Herrenclubcharakter‘ niederschlägt. Dieser reflektiert eine politische Kultur, die von dem Prinzip der persönlichen Bekanntschaft gesteuert wird und Frauen weitestgehend ausschließt (Döring 1993, S. 76). Im Kontext der Frage nach dem Einfluss der politischen Kultur wird des Weiteren ein Blick auf politische Sozialisationsprozesse geworfen, die Basis für politische Partizipation sind (Sauer 2001, S. 209). Führen unterschiedlich verlaufende Politisierungsprozesse von Männern und Frauen zu einem ‚weiblichen‘ oder auch ‚anderen‘ Verständnis von Politik?

Die genannten Faktoren wirken auf die politische Teilhabe von Frauen ein – sie können die Unterrepräsentation von Frauen im britischen Parlament jedoch nicht umfassend erklären. Wilma Rule argumentiert, dass Wahlsysteme etwa 30% bei der Integration von Frauen in Parlamenten ausmachen, 60% sind politischen, sozioökonomischen und kulturellen Faktoren zuzuschreiben. Die restlichen 10% bleiben ihrer Ansicht nach jedoch ungeklärt und sind nicht durch die genannten Determinanten zu begründen (Rule 1994, S. 16). Auch Beate Hoecker und Gesine Fuchs stellen fest, dass die Frage nach den Ursachen für den unterschiedlichen Stand der Repräsentation von Frauen nicht erschöpfend beantwortet werden kann (Hoecker und Fuchs 2004, S. 12). Es gibt in dem Erklärungsmodell also einen *missing link*.

Ein erneuter Blick auf die Untersuchungsebenen der Determinanten zeigt, dass den institutionellen und sozialstrukturellen Faktoren gemein ist, dass sie auf äußere oder situative Faktoren abzielen. Auf verschiedenen Ebenen werden solche Strukturen beschrieben und analysiert, die es Frauen erschweren, eine politische Karriere zu verfolgen. Der Faktor politische Kultur berücksichtigt hingegen, wie die einzelne Person in diesem Prozess verortet ist. Genau an diesem Punkt setzt die vorliegende Arbeit mit ihrem Vorschlag für die Erweiterung der Determinanten an. Grundannahme ist hierbei, dass die Analyse der institutionellen und sozialstrukturellen Gegebenheiten offenbar keine ausreichende Erklärung für die Repräsentation von Frauen bieten kann und diese Determinanten auch zusammen mit der Analyse der politischen Kultur noch immer Fragen offen lassen. Es ist zu vermuten, dass die Kriterien, die bei der politischen Kulturforschung zugrunde gelegt werden, nicht in der Lage sind, den Faktor ‚Individuum' im Prozess der politischen Teilhabe in ausreichendem Maße zu berücksichtigen. Die vorliegende Arbeit unterbreitet daher den Vorschlag, eine vierte Determinante für die Untersuchung der politischen Partizipation von Frauen hinzu zu ziehen: die Identität von Frauen. Dabei soll jedoch keine Festlegung auf die Zehn-Prozent-Lücke von Rule vorgenommen werden, denn für eine Bestimmung des quantitativen Anteils dieser vierten Determinante in Bezug auf die Partizipation von Frauen wären weitere empirische Studien erforderlich. Die Untersuchung von Politisierungsprozessen weist bereits auf eine Analyseebene hin, die eng mit dem partizipierenden Individuum verbunden ist. Zudem sind qualitative Studien, in denen Fragen der Identität und Selbstwahrnehmung beleuchtet werden, ein weiteres Indiz dafür, dass die Identität der Frauen eine Rolle im Partizipationsprozess spielt, auch wenn sie bislang nicht als eigene Kategorie in die Erklärungstrias Eingang gefunden hat.

Das komplexe Zusammenspiel von politischer Partizipation und Identität wird in Kapitel 4 diskutiert, wobei Ansätze unterschiedlicher wissenschaftlicher Disziplinen herangezogen werden, die sich mit dem Thema Identität auseinandersetzen. Da der Ausgangspunkt der Überlegungen das Individuum ist, stehen individual- und sozialpsychologische Konzepte von Identität im Vordergrund. In dem Kapitel wird zu zeigen sein, dass der Faktor Identität im Prozess der politischen Partizipation eine bedeutende Rolle spielt und dieser folglich bei der weiteren Untersuchung der politischen Teilhabe von Frauen berücksichtigt werden sollte. Fünf verschiedene Theoriekonzepte stehen im Fokus der Diskussion: Aus sozialpsychologischer Perspektive (durch die Rezeption der Konzepte von Erik H. Erikson sowie Henri Tajfel und John C. Turner), unter Einbeziehung der Kategorie *gender* (Judith Butler und Seyla Benhabib) sowie mit Avtar Brah unter Rekurs auf postkoloniale Vorstellungen erfolgt eine Annäherung an die Fragestellung. Ausgehend von diesen Positionen wird eine differenzierte Diskussion von Identität und politischer Partizipation vorgenommen, welche abschließend in die Formulierung eines Fragenkatalogs für die Konzeption der empirischen Untersuchung einfließt.

Zur Überprüfung der These, dass Identität bei der politischen Partizipation von Frauen von Bedeutung ist, und unter Einbeziehung der in Kapitel 3 und 4 erarbeiteten Erkenntnisse wurde eine qualitative Studie durchgeführt, bei der sowohl weibliche *Labour*-Abgeordnete des britischen Unterhauses befragt wurden als auch Frauen, die für die *Labour Party* um einen Sitz im *House of Commons* kandidierten, jedoch aufgrund ihrer Erfahrungen beschlossen, sich aus der Politik zurückzuziehen. Die Befragung der Abgeordneten wurde durch Interviews vorgenommen, die der ‚Aussteigerinnen' durch Fragebögen. In Kapitel 5 werden das methodische Vorgehen sowie die Auswertung der qualitativen Studie dargelegt und eine Reihe von Politikerinnentypen erarbeitet, welche das Verhältnis von Identität und politischer Partizipation widerspiegeln. Kapitel 6 fasst abschließend die zentralen Ergebnisse der Studie zusammen.

1.2 Skizze des Forschungsstands

Die Integration des Themas ‚Frauen und Politik' in den politikwissenschaftlichen Kanon erfolgte nur zögerlich, und noch heute finden die meisten Forschungsprojekte mit diesem Themenbezug in feministischen Diskursen statt – main- oder *malestream*-Literatur mit Geschlechterbezug bleibt ein Desiderat. Da die vorliegende Arbeit in der feministischen Partizipationsforschung angesiedelt ist, beziehen sich die anschließenden Überlegungen und Darstellungen zu ‚Frauen und Politik' auf diesen Bereich.

Seitens der älteren Partizipationsforschung, die maßgeblich durch US-amerikanische Studien der politischen Soziologie beeinflusst wurde, erfolgte eine Beurteilung politischer Beteiligung durch Kriterien wie beispielsweise politisches Interesse und Informiertheit, Häufigkeit der Teilnahme an politischen Diskussionen, Teilnahme an politischen Versammlungen, Wahlbeteiligung, Mitgliedschaft in einer Partei (Almond und Verba 1963). Das Verhalten der Frauen wurde in diesem Kontext an dem der Männer gemessen und als defizitär eingestuft, d.h. es wies demnach einen Mangel an politischem Interesse und Teilnahme auf. Hintergründe und Strukturen, welche diese Befunde bedingen und erklären, blieben bei diesen Ansätzen ausgeblendet (Meyer 1992, S. 5). In den vergangenen Jahrzehnten erfuhr das Verständnis von Politik und politischer Beteiligung eine Erweiterung, und die Partizipationsmöglichkeiten von Frauen konnten dadurch zunehmend berücksichtigt werden. Fokus sind seither nicht nur die Willensbildungs- und Entscheidungs-prozesse in konventionellen Bereichen, wie Parteien, Wahlen und Parlamente, son-dern auch in unkonventionellen Bereichen der nicht-staatlichen Organisationen und Bewegungen, in denen Frauen verstärkt engagiert sind. Selbstbestimmung und po-litische Mündigkeit rückten in den Vordergrund und beeinflussten die Variablen der Analysemodelle (Barnes, Kaase et al. 1979). Als Parameter von Partizipation galten die ökonomische Verfasstheit und die Struktur des politischen Systems, die Instanzen formeller und informeller Institutionen und das politische Subjekt, seine individuellen Einstellungen und Handlungsmöglichkeiten. Obwohl die Partizipati-onsforschung eine Erweiterung erfuhr, über die Frage nach formalen Zugehörigkei-ten zu politischen Gruppen und konventionellen Beteiligungsformen hinausging, Geschlecht als Variable (aber nicht als Strukturkategorie) berücksichtigte, wurde das Verhältnis von Frauen und Politik nicht näher untersucht (Meyer 1997, S. 18-19). Die klassische Dichotomie von Privatsphäre und Öffentlichkeit, bei der Frauen dem privaten und Männer dem öffentlichen Bereich zugeordnet werden, war und ist Paradigma des *malestream*.

Im Zuge der neuen Frauenbewegung in den 1970ern griffen Feministinnen das Thema ‚Frauen und Politik' auf und kritisierten den dominanten politikwissen-schaftlichen Diskurs. Den Interpretationsmustern des *malestream* wurden laut Bet-tina Westle seither die folgenden Vorwürfe gemacht: (1) Geschlechtsblindheit, d.h. die Politikwissenschaft sei geschlechtsunspezifisch und interessiere sich nicht für frauenrelevante Themen, (2) Perpetuierung des Mythos der apolitischen, konserva-tiven, demokratieunfähigen Frau, der wiederum eine Ausgrenzung von Frauen aus dem politischen und parlamentarischen Raum mitverantworte, (3) die Norm des männlichen Aktivbürgers, welche Frauen an Männern messe und als defizitär aus-weise, (4) Verwendung eines eingeschränkten Politikbegriffs sowie (5) Konzeptua-lisierung von Geschlecht als unabhängiger Variable statt als analytischer Gesell-schaftskategorie (Westle 2001, S. 134-138).

Mit dem feministischen Grundsatz ‚Das Private ist politisch' und von Feministin-nen erarbeiteten Theorien erfolgte eine kritische Neukonzeptualisierung des nach dualistischen Prinzipien strukturierten Denkschemas, und ein Perspektivenwechsel vom Defizit zur Differenz vollzog sich: Feministische Wissenschaftlerinnen gingen davon aus, dass Frauen kein defizitäres, sondern ein ‚anderes' Politikverständnis haben, und dass sich Machtverhältnisse und Karrierechancen an männlichen Inte-ressen und Biografien orientieren und Frauen somit strukturell ausschließen (Ha-geman-White 1987, S. 29-37). Diese neue Perspektive stellte zwar eine Wende dar, doch lief sie Gefahr, durch das Insistieren auf die Differenz zwischen Männern und Frauen Attribute von Weiblichkeit und Männlichkeit zu verhärten und zu einer neuen Dichotomie zu formen. Als problematisch gilt auch die vielfach bis in die 1980er Jahre eingenommene Opferperspektive von Frauen. Durch das Betonen der

6

gesellschaftlichen Hindernisse, die auf Frauen einwirken können, rückten Möglichkeiten von Individuen in den Hintergrund. Der Fokus lag auf Diskriminierungsstrukturen, die Frauen zu Opfern patriarchaler Verhältnisse stilisierten (Meyer 1997, S. 30). Die Diskussion innerhalb der Frauenforschung hat sich seither weiterentwickelt und beleuchtet seit dem erneuten Paradigmenwechsel die Differenz unter Frauen. Diese Ansätze dekonstruieren das dichotome System der Zweigeschlechtlichkeit und stellen die Frage nach den historischen, ökonomischen und kulturellen Prozessen, welche die Geschlechtsidentität bestimmen, neu.

Im Zentrum der feministischen Partizipationsforschung stehen die Evaluation der Repräsentation von Frauen und die Entwicklung von Erklärungsmustern für Exklusionsmechanismen; in Studien werden sowohl die nationale als auch die internationale Ebene von Partizipation analysiert. In Großbritannien wurde früher als in Deutschland die ‚politische Frau' zum Gegenstand von Forschung; bereits Ende der 60er Jahre und in den 70ern wurde die Rolle der Frauen in Westminster untersucht (Brookes 1967/Vallance 1979). Seither sind zahlreiche Studien über Frauen in Parteien und im Parlament erschienen (z.B. Vallance 1984/Norris 1987/Vallance 1988/Lovenduski und Norris 1991/Lovenduski und Norris 1993/Lovenduski und Norris 1996/Perrigo 1996/Squires 1996/Puwar 1997b/Perrigo 1999/Childs 2000/Childs 2001a/Lovenduski 2001/Norris 2002/Ross 2002/Childs 2004).

Politikerinnen waren für die deutsche Frauenforschung lange Zeit nicht von Interesse, da in bewusster Abgrenzung zum politikwissenschaftlichen *malestream* der Fokus auf den unkonventionellen Bereichen der Politik lag. Politikerinnen wurden laut Birgit Meyer demnach doppelt vernachlässigt: „Sie fielen sowohl aus den zu weit gespannten Netzen der traditionellen zeitgeschichtlichen und politikwissenschaftlichen Forschung heraus, ebenso wie aus dem zu eng, zu alltagsbezogen geknüpften Kategorien der Frauen(geschichts)-forschung." (Meyer 1997, S. 26) Ende der 80er respektive Anfang der 90er Jahre entdeckte die deutsche Frauenforschung das Feld der Politikerinnen für sich. Seither sind eine Reihe von politikwissenschaftlichen Studien erschienen, die sich mit der politisch aktiven Frau befassen (z.B. Hoecker 1987/Hoecker 1995/Penrose 1993/Schöler-Macher 1994/ Schaeffer-Hegel et al. 1995/Meyer 1997).

Des Weiteren ist festzustellen, dass sich die feministische Partizipationsforschung in zwei zentrale Richtungen einteilen lässt: Es gibt Studien, die sich mit statistischen Daten und Erklärungsansätzen beschäftigen; hier sind u.a. die Arbeiten von Lovenduski und Norris 1989/Hoecker 1995/Norris 2001 zu nennen. In diesen Sozialstrukturanalysen werden die Barrieren für Frauen in der Politik thematisiert und in die bereits genannten Bereiche – sozialstrukturelle und institutionelle Faktoren sowie politische Kultur – untergliedert.

Der zweite Strang umfasst empirische (meist qualitative) Untersuchungen der Rolle von Politikerinnen; exemplarisch können die Studien von Penrose 1993/Schöler-

Macher 1994/Meyer 1997/Childs 2000/Childs 2001a/Childs 2004 angeführt werden. Diesen Studien beschäftigen sich mit Aspekten der Identität und Selbstwahrnehmung (siehe Kapitel 3.4); dabei wird jedoch nicht explizit der Faktor Identität im Sinne der Theorien von Erikson und Tajfel/Turner als Erklärungsansatz für die Unterrepräsentation von Frauen in der Politik ins Feld geführt. Zudem greifen diese Studien bei der Beschäftigung mit identitätsrelevanten Fragen nicht auf Identitätstheorien und deren Implikationen für die politische Partizipation von Frauen zurück.

In der vorliegenden Arbeit wird eine Verbindung dieser beiden Richtungen vorgenommen, denn es werden zum einen Entwicklungen in der Repräsentation von Frauen und Erklärungsmuster für die politische Teilhabe analysiert, d.h. die drei genannten Determinanten stehen im Blickpunkt. Zum anderen werden durch die Untersuchung von britischen Politikerinnen und ‚Aussteigerinnen' eigene qualitative Daten erhoben und verwendet. Zudem wird eine Erweiterung der Beschäftigung mit Fragen der Identität angestrebt, indem relevante Identitätstheorien diskutiert und in Hinblick auf die Verbindung von Identität und politischer Partizipation betrachtet werden. Identität wird somit als zusätzliche erkenntnisbringende Kategorie in das Erklärungsmodell eingeführt.

2. Politische Partizipation von Frauen in Großbritannien

Feministinnen, die sich kritisch mit der Politik und dem politischen System Großbritanniens auseinandersetzen, stimmen überein „that its organisations and structures institutionalise the predominance of particular masculinities, thereby empowering and/or advantaging certain men over almost all women and some men" (Lovenduski 1996, S. 5). In diesem Kapitel wird die Entwicklung der politischen Partizipation von Frauen in Großbritannien respektive ihre Rolle in politischen Institutionen erörtert, und es wird den dominierenden Formen von Männlichkeit in der britischen Politik nachgegangen.

Den Auftakt des Kapitels bildet ein einführender Abschnitt zur Erläuterung des Begriffs ‚politische Partizipation' und der mit diesem Konzept verbundenen unterschiedlichen Dimensionen der Beteiligung. Den definitorischen Darlegungen schließt sich ein Exkurs zu sozialen Bewegungen an, da diese eine Organisationsform darstellen, die von Frauen offenbar präferiert wird. Im Fokus des Kapitels steht die Analyse der Entwicklung der politischen Partizipation von Frauen in Großbritannien; dabei werden zwei Bereiche näher betrachtet: Zum einen wird die Entwicklung der Repräsentation von Frauen in Parlament und Regierung seit Erlangung des Frauenwahlrechts 1918 skizziert, zum anderen soll die Rolle von Frauen speziell in der *Labour Party* untersucht werden. Dabei werden Fragen wie die folgenden erörtert: Wie werden die Möglichkeiten zur politischen Partizipation von Frauen durch bestehende Parteistrukturen beeinträchtigt? Wie stark ist das Interesse der *Labour Party* an der Implementierung von Frauen- und Geschlechterfragen im politischen Diskurs?

2.1. Das Konzept der politischen Partizipation

2.1.1 Politische Partizipation – eine Begriffsbestimmung

In modernen Industriegesellschaften sind gesellschaftliche und politische Gegebenheiten eng miteinander verflochten. Dadurch kann nahezu jedes Handeln, selbst wenn es im Kontext „eines explizit nicht-politisch abgegrenzten Umfeldes" (Kaase 1992, S. 146) situiert ist, eine politische Dimension annehmen. Deshalb muss der Begriff der politischen Partizipation präzisiert werden: Er subsumiert solche Handlungen, die motivational bewusst mit dem Erreichen eines politischen Zieles verbunden sind, respektive Verhaltensweisen von BürgerInnen, welche diese alleine oder im Kollektiv anstrengen, um Einfluss auf politische Entscheidungen zu nehmen. Beteiligung an Politik umfasst somit instrumentelles und zielgerichtetes Handeln (Kaase 1995b, S. 521).[45] Dieses Handeln kann sich sowohl auf eine als auch auf mehrere Ebenen des politischen Systems richten und darüber hinaus transnationale Regime einbeziehen (beispielsweise Wahlen zum Europäischen Parlament) (Kaase 1995a, S. 462).

In westlichen Demokratien waren bis Ende der 60er Jahre die politische Partizipation und die Einflussnahme der BürgerInnen durch die Institutionalisierung von Beteiligungsrechten – in Form von Wahlen politischer VertreterInnen und Mitarbeit in Parteien – beschränkt. Partizipation fand somit im institutionell konzipierten Beteiligungsraum statt. In der empirischen Partizipationsforschung erfolgte eine Konzentration auf die Erklärung des Wahlverhaltens und der damit verbundenen Beteiligungsformen;[46] der Partizipationsraum wurde in die vier Teildimensionen Wählen, Wahlkampf, Gemeindeaktivitäten und individuelle Kontakte zu PolitikerInnen zur Verfolgung partikularistischer Ziele gegliedert. Die WissenschaftlerInnen gingen davon aus, dass in der Bevölkerung geringes politisches Wissen und Interesse bestehe, sodass eine ausgedehnte Massenpartizipation nicht wünschenswert sei, sondern im Gegenteil zu politischer Instabilität führen würde (Westle 1992, S. 137/Sauer 1994, S. 101/Sauer 2001, S. 203). Seit dem Ende der 60er Jahre ist jedoch eine Erweiterung des politischen Verhaltensrepertoires der BürgerInnen festzustellen. Dieses entwickelte sich vor dem Hintergrund einer langen Periode ökonomischer Prosperität und politischer Stabilität, einem gestiegenem Bildungsniveau und wachsendem politischen Interesse in weiten Kreisen der Bevölkerung sowie einem gesellschaftlichen Wertewandel bei den jüngeren BürgerInnen. Infol-

---

[45] Kaase weist darauf hin, dass bei vielen kollektiven Manifestationen politischer Partizipation (wie beispielsweise Demonstrationen und Hausbesetzungen) nicht automatisch eine instrumentelle und zielgerichtete Motivation konstatiert werden kann. Unklar ist, ob hedonistische Motive, die Partizipation als Ziel betonen, dabei maßgeblich sind, oder ob sich Individuen „auch ausschließlich aus einem Mobilisierungszusammenhang ohne auf Partizipation als Ziel der Mittel gerichtete Erwägung an kollektiven politischen Aktionen beteiligen" (Kaase 1995a, S. 462).

[46] Ihren politikwissenschaftlichen Ursprung hat die Partizipationsforschung in Studien zum Wahlverhalten. Erste vereinzelte Untersuchungen dieser Art wurden Anfang des 20. Jahrhunderts durchgeführt; mit der systematischen Entwicklung der Umfrageforschung bei repräsentativen Bevölkerungsquerschnitten auf nationaler und regionaler Ebene – vor allem in den USA – wurde die konzeptionelle und empirische Analyse in den 40er Jahren vorangetrieben. „Mit dem Versuch, die bisherigen Ergebnisse der Wahl- und Partizipationsforschung international vergleichend und systematisierend zusammenzufassen, begründet die Arbeit von Lester W. Milbrath ... den Beginn der Partizipationsforschung im eigentlichen Sinne." (Kaase 1995a, S. 463) Aber auch Sidney Verba, Norman H. Nie, Jae-On Kim und Gabriel Almond, deren Studien ab den 60er Jahren veröffentlicht wurden, gelten als ‚Väter der Partizipationsforschung' (Sauer 1994, S. 101).

gedessen traten Ende der 60er Jahre im Kontext der Friedens- und Studentenbewegungen eine Mobilisierung breiterer gesellschaftlicher Kreise sowie neue Beteiligungsformen hervor.[47] Die BürgerInnen brachten ihre Unzufriedenheit zum Ausdruck und setzten teilweise Protestformen ein, die illegalen Charakter hatten. Wurde in der Partizipationsforschung anfänglich angenommen, diese Beteiligungsmuster seien unverträglich mit der Demokratie oder gar demokratiefeindlich, werden diese heute nicht mehr grundsätzlich als systemfeindlicher Protest gewertet, sondern vielmehr als Erweiterung des Partizipationsrepertoires (Westle 1992, S. 138). Abnehmende Wahlbeteiligung, Vertrauensverlust zu Großorganisationen und wachsende Entfremdung zwischen BürgerInnen und den gewählten politischen RepräsentantInnen hatten in den vergangenen Jahren eine abnehmende Bereitschaft der Zivilgesellschaft zur Folge, an konventionellen politischen Formen teilzuhaben. Gleichzeitig ist ein wachsendes Interesse an Formen unkonventioneller politischer Partizipation festzustellen (Eißel 1997, S. 173-174).

Um die Analyse der von einzelnen Personen ausgeübten Beteiligungsakte zu systematisieren, wurden in der Partizipationsforschung vier Dimensionen unterschiedlicher Beteiligungsformen differenziert (Kaase 1992, S. 146/Kaase 1995a, S. 462). Formen der politischen Partizipation können demnach erstens danach unterschieden werden, ob sie verfasst oder nicht verfasst sind und auf welche Ebene des politischen Systems sie abzielen. Als verfasst gilt Partizipation dann, wenn sie institutionell verbindlich verankert ist, beispielsweise in der Gemeindeordnung oder in der Verfassung, und somit sowohl die Beteiligungsberechtigten als auch die Formen und Folgen der Teilhabe überschaubar sind. Unter verfasste Beteiligungsformen fallen die Wahlen zu Parlamenten. Demgegenüber stehen nicht verfasste Formen der politischen Partizipation, die offene Rahmen- und Durchführungsbedingungen aufweisen (Kaase 1995b, S. 522/Buse und Nelles 1978, S. 82-83/Westle 1992, S. 141). Laut Max Kaase sind nicht verfasste Formen in ihrem Verlauf, ihren Folgen und der Zurechenbarkeit von Entscheidungsverantwortung ‚institutionell

---

[47] Mit den Ursachen für das Entstehen unkonventioneller Beteiligungsformen hat sich Ronald Inglehart auseinandergesetzt. Inglehart stellt die These auf, dass die Wurzel dafür in der wirtschaftlichen Entwicklung liegt und die Bevölkerung aufgrund von drei Prozessen zunehmend stärker politisch partizipiert: (1) Das Bildungsniveau ist gestiegen, und der politische Informationsgrad ist höher. Die Bevölkerung in modernen Industriegesellschaften hat dadurch bessere Fähigkeiten zur Partizipation entwickelt. (2) Die Normen für die politische Partizipation von Frauen haben sich gewandelt und billigen Frauen eine gleichberechtigtere Rolle in der Politik zu. (3) Die auf einem langjährigen hohen Wirtschaftswachstum beruhende Dominanz materialistischer Werte hat sich zugunsten postmaterialistischer Werte – wie beispielsweise Selbstverwirklichung und Selbstbestimmung – abgeschwächt. Dies manifestiert sich in dem wachsenden Bedürfnis der BürgerInnen, ihre nur begrenzte, institutionell abgesicherte Teilhabe an der Politik auszuweiten (Inglehart 1989, S. 416-417).

amorph' (Kaase 1992, S. 147). Als nicht verfasste Beteiligung ist beispielsweise eine Bürgerinitiative einzustufen.

Die zweite Differenzierung bezieht sich auf die Parameter legal und illegal (Opp 1992, S. 441). Unter legaler politischer Aktivität werden gesetzmäßige Formen der Teilhabe verstanden, während illegale Partizipation gesetzeswidrige Formen umfasst. Diese Differenzierung wirkt laut Kaase auf den ersten Blick trivial, gewinnt aber aus dynamischer Perspektive an Bedeutung, „d.h. dann, wenn über einen längeren Zeitraum bestimmte politische Beteiligungsformen in ihrer Legalitätszuordnung Veränderungen erfahren, die in einem systematischen Zusammenhang zu Art und Verlauf des politischen Prozesses gebracht werden können" (Kaase 1992, S. 147). Westle argumentiert, dass dadurch eine Überschneidung mit dem Kriterium Verfasstheit besteht, da „zu einem je gegebenen Zeitpunkt alle verfassten Formen gleichzeitig auch legale Formen der Einflussnahme sind. Umgekehrt besteht jedoch keine Identität zwischen Unverfasstheit und Illegalität." (Westle 1992, S. 142) Unverfasstheit kann in einen rechtsfreien (z.B. Bürgerinitiativen) und in einen gesetzeswidrigen Raum untergliedert werden. Bei gesetzeswidrigen Handlungen erfolgt eine weitere Ausdifferenzierung zwischen den nicht unmittelbar gewaltsamen, wenn auch gewaltaffinen Formen des zivilen Ungehorsams einerseits, der direkten politischen Gewalt, die sich gegen Personen und Sachen richtet, andererseits (Kaase 1995a, S. 463).

Mit der Differenzierung zwischen legitim und illegitim wird im Rahmen der dritten Dimension ein subjektives Element der Bewertung angesprochen. Die Legitimitätsgeltung einer Beteiligungsform entspricht den aggregierten individuellen Einstellungen der einzelnen BürgerInnen zu dieser spezifischen Form der politischen Partizipation (Kaase 1992, S. 148/Westle 1992, S. 142). Eine legitime Handlung ist demnach eine Form der politischen Teilhabe, die von einer Mehrheit der BürgerInnen als rechtmäßig eingestuft wird.

Die vierte Unterscheidung, nämlich die zwischen konventioneller und unkonventioneller Partizipation, geht auf die von Samuel H. Barnes und Max Kaase durchgeführte Studie *Political Action* aus dem Jahr 1979 zurück und verbindet in unsystematischer Weise die Dimensionen Verfasstheit und Legitimität.[48] Konventionelle Beteiligungsformen sind „mit hoher Legitimitätsgeltung auf institutionalisierte Elemente des politischen Prozesses, insbesondere der Wahl bezogen" (Kaase 1992,

---

[48] Die *Political-Action*-Studie von Barnes und Kaase gilt als erste systematische Analyse, welche die neuen, seit dem Ende der 60er aufkommenden Beteiligungsformen untersucht. Der internationale Vergleich befasst sich mit der Beziehung von konventioneller und unkonventioneller Beteiligung. Im Zentrum steht die Frage, ob sich die beiden Aktionsformen ergänzen oder ausschließen. Barnes und Kaase kommen zu dem Schluss, dass unkonventionelle und konventionelle Beteiligungsformen gleichermaßen in den untersuchten Gesellschaften auftreten und dass dieses komplementäre Verhältnis gegen gesellschaftliches Konfliktpotenzial spricht (Barnes, Kaase et al. 1979, S. 188).

S. 148). Dabei sind diese Formen selbst nicht institutionalisiert. Hingegen sind unkonventionelle Formen der Partizipation solche, „die auf institutionell nicht verfasste unmittelbare Einflussnahme auf den politischen Prozess abstellen" (ebd.). Da bei Barnes und Kaase im unkonventionellen Bereich Aktivitäten mit unterschiedlichem Legalitätsstatus vermischt werden, haben sich neuere Ansätze mit einer weiteren Differenzierung des unkonventionellen Bereichs beschäftigt, die auf legale und illegale Komponenten abzielen sowie politische Gewalt als separate Dimension einstufen (Hoecker 1995, S. 18/Kaase 1992, S. 463).[49]

Eine Erweiterung des Erklärungsmodells stellt die von Hans-Martin Uehlinger auf Basis empirischer Daten entwickelte fünfkategoriale Taxonomie der politischen Partizipation dar. Uehlinger differenziert zwischen: (1) Staatsbürgerrolle (z.B. Wählen), (2) problemspezifischer Partizipation (z.B. Teilnahme an einer Bürgerinitiative), (3) parteiorientierter Partizipation (z.B. Parteimitgliedschaft), (4) zivilem Ungehorsam (illegale Aktivitäten, z.B. Hausbesetzungen) und (5) politisch motivierter Gewalt gegen Personen und Sachen. Uehlinger betont in seiner Taxonomie einen qualitativen Sprung zwischen legaler und illegaler politischer Beteiligung; er versteht illegale Handlungen als bewusste Form des Protests (Uehlinger 1988, S. 97-99/Westle 1992, S. 146).

Wie in der Einleitung bereits dargelegt, kritisiert die feministische Partizipationsforschung den Ansatz der *mainstream*-Partizipationsforschung und bezeichnet diesen als geschlechtsblind (Westle 2001, S. 134-138). Zudem betreibe er eine Perpetuierung des Mythos der apolitischen, konservativen, demokratieunfähigen Frau, der laut Birgit Sauer auf drei Verzerrungen des Partizipationskonzepts beruht: Es erfolgt erstens keine Explizierung des Ideals des männlichen Aktivbürgers, welches den Konzepten Politik und Öffentlichkeit vorausgeht. Die Norm des rational entscheidenden Bürgers, der seine Interessen autonom erkennt und in einen politischen Entscheidungsprozess kanalisiert, impliziert den männlichen Aktivbürger.[50] Trotz der Erweiterung des Partizipationskonzepts durch unkonventionelle Partizipationsformen, „bleibt der Politikbegriff der Partizipationsforschung im begrenzten Horizont politischer Institutionen und ihrer Funktionsträger" (Sauer 1994, S. 102). Somit gelten laut Sauer alle Handlungsformen, die sich nicht auf diesen Bereich beziehen, als un- oder apolitisch. Für sie resultiert daraus, dass sich politische Par-

---

[49] Es gilt zu überlegen, inwiefern die Dimensionen der Beteiligungsformen zu erweitern respektive neu zu konzeptualisieren sind. Denn beispielsweise nutzen auch (sogar konservative) Parteien das Medium der Unterschriftenaktion für ihre politischen Interessen.

[50] „Dass das Politikfeld aber von männlichen Entscheidungsstrukturen geprägt ist, dass also möglicherweise Männlichkeit eine Filterfunktion in diesem rational gedachten politischen Willensbildungs- und Entscheidungsprozess hat, wird ebenso wenig in Betracht gezogen wie die Tatsache, dass Interessen von Frauen (und so ist zu vermuten, auch der Mehrheit der Männer) aus unterschiedlichen Gründen nicht derart zweckrational durchsetzbar sind." (Sauer 1994, S. 103)

tizipation zweitens auf einen politischen Raum bezieht, der losgelöst von Privatheit betrachtet wird respektive auf einer Trennung von öffentlich und privat beruht. Der dritte Kritikpunkt umfasst, dass Geschlecht als unabhängige Variable und nicht als analytische Gesellschaftskategorie konzeptualisiert wird, d.h. der Rolle des Geschlechtersystems bei der Herausbildung von Partizipationsmotiven und der Verhinderung von politischer Teilhabe nicht Rechnung getragen wird (ebd., S. 102-103).

2.1.2 Politische Partizipation von Frauen in den neuen sozialen Bewegungen

Neben den verfassten politischen Beteiligungsformen haben sich seit den 1960ern in den westlichen Demokratien neue Partizipationsmöglichkeiten herausgebildet, welche von Frauen offenbar bevorzugt werden. Empirische Studien wie die von Barnes und Kaase et al. (1979) konnten belegen, dass Frauen in den neuen sozialen Bewegungen und deren unkonventionellen Agitationsformen in größerer Zahl repräsentiert sind als in Parteien und Parlamenten.[51] In Großbritannien waren in der Vergangenheit Frauen sowohl in lokalen Protestgruppen (so genannten *community action movements*) stark involviert, die sich maßgeblich für Kinderbetreuung, Wohnungsbeschaffung und Unterhaltszahlung engagierten, als auch in der Friedens- und der Frauenbewegung aktiv (Lovenduski 1986, S. 126). Eine Studie über politische Partizipation in Großbritannien aus dem Jahr 1992 untermauert diese Feststellung. Demnach sind die in der Frauenbewegung engagierten Britinnen die politisch aktivsten Frauen (Parry, Moyser und Day 1992, S. 151).

Neuere Studien bestätigen, dass Frauen unkonventionelle Beteiligungsformen präferieren. Basierend auf den statistischen Daten des *European Social Survey* von 2002, untersuchen die Autorinnen einer Studie der britischen *Electoral Commission* geschlechtsspezifische Partizipation in Großbritannien. Dabei nehmen sie vier Bereiche der politischen Partizipation in Bezug auf Unterschiede zwischen männlicher und weiblicher Beteiligung in den Blick: (1) Wahlbeteiligung, (2) kampagnenorientierte Partizipation (zielt auf Änderungen in Parlament und Regierung ab,

---

[51] Barnes und Kaase mutmaßten, dass Männer über eine höhere Aggressivität verfügen als Frauen und Aggression mit Protestpotenzial verbunden ist; daher gingen die Autoren zunächst davon aus, dass Männer demzufolge ein größeres Protestpotenzial aufweisen. Die Studie förderte allerdings eine Nivellierung von Geschlechtsunterschieden im unkonventionellen Bereich zutage, denn die Beteiligungsraten der Frauen erreichen ein nahezu gleich hohes Maß wie die der Männer. Eine Diskrepanz ist hingegen im konventionellen Bereich zu konstatieren, da Frauen in diesem deutlich weniger involviert sind als Männer. Während sich konventionelle und unkonventionelle Partizipationsformen bei Männern ergänzen, liegt bei Frauen diesbezüglich keine komplementäre Beziehung vor (Barnes, Kaase et al. 1979, S. 107-110).

findet in Parteien statt), (3) sachbezogene Partizipation (z.B. Beteiligung als KonsumentInnen durch Boykott von Produkten/Firmen, Teilnahme an Demonstrationen) und (4) *civic-oriented* Partizipation (beinhaltet die Mitgliedschaft und Zusammenarbeit in Initiativen zur Lösung eines Problems) (Electoral Commission
2004, S. 18).

Wie der nachfolgenden Darstellung zu entnehmen ist, haben sich Frauen im Ver-
gleichszeitraum erstmals 1970 in gleichem Maße wie Männer an Wahlen beteiligt.

Abbildung 1: *Wahlbeteiligung von Männern und Frauen bei Unterhauswahlen
1964-2001*

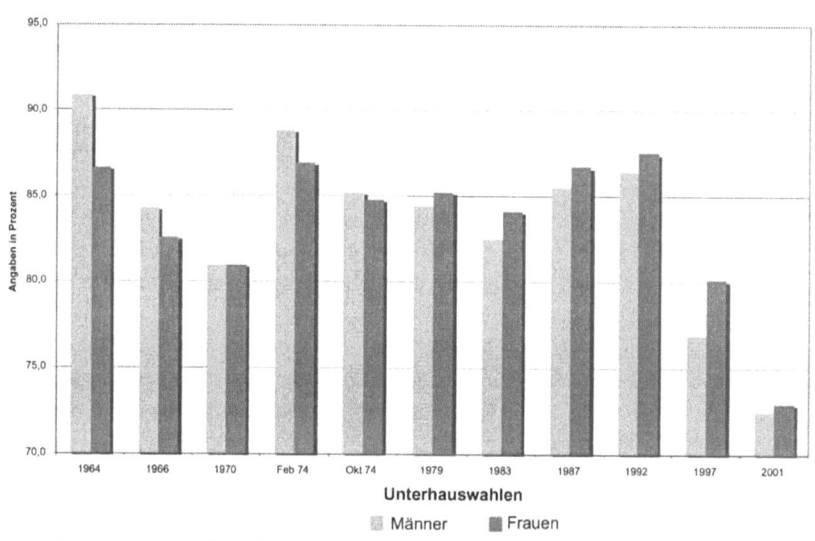

Quelle: Electoral Commission 2004, S. 29

Ist bei der Unterhauswahl im Februar 1974 eine erneute Diskrepanz zwischen der
Beteiligung männlicher und weiblicher Wähler zu beobachten, verringerte sich
diese bei der Wahl im Oktober desselben Jahres deutlich. Seit 1979 übersteigt die
Wahlbeteiligung der Frauen die der Männer (ebd., S. 29).[52]

In kampagnenorientierter Partizipation sind Männer aktiver als Frauen, d.h. sie
kontaktieren häufiger einen Politiker/eine Politikerin, sie spenden häufiger Geld an
eine Partei, und sie engagieren sich häufiger in einer Partei. Zudem geben mehr

---

[52] Auf die komplexe Thematik des (geschlechtsspezifischen) Wahlverhaltens und die damit verbundene Diskussion um den *gender gap*, soll an dieser Stelle nicht näher eingegangen werden, da
dies den Rahmen der Arbeit sprengen würde. Vergleichend siehe hierzu z.B. Hoecker 1995/Hoecker
1998b/Köcher 1994/Molitor 1992/Norris 1985/Norris 1986/Norris 1996/Norris und Inglehart 2001.

Männer an, Mitglied einer Partei zu sein. Obwohl in dem Bereich der kampagnen-orientierten Partizipation kein sehr großer Unterschied zwischen Männern und Frauen besteht (er variiert zwischen 1 und 3%), ist es bezeichnend, dass Frauen durchgängig in allen Punkten weniger aktiv sind als Männer. Für die sachbezogene Partizipation ist festzuhalten, dass Frauen in diesem Bereich stärker engagiert sind als Männer; dies bezieht sich vor allem auf Maßnahmen als Konsumentin und auf das Unterzeichnen von Petitionen und Protestbriefen. Es bestehen jedoch keine Geschlechtsunterschiede bei der Teilnahme an Demonstrationen. Bezüglich der Aktivität in Initiativen stellen die Autorinnen fest, dass Frauen zwar häufiger einer kirchlichen oder einer Umweltgruppe angehören als Männer, sich dieses Verhältnis jedoch bei anderen Organisationen (wie z.b. den Gewerkschaften) umkehrt (ebd., S. 16/21).

Aus dem vorliegenden Datenmaterial der Studie kann herausgearbeitet werden, dass sich Frauen deutlich häufiger in einer Bürgerinitiative oder sozialen Gruppierung engagieren als in einer Partei. Geben nur 3,0% der befragten Frauen an, in einer Partei aktiv zu sein, beträgt der Prozentsatz beispielsweise bei den sozialen Gruppen 13,0, bei den Umweltgruppen 16,0 und bei der Interessenvertretung von KonsumentInnen 28,0% (ebd., S. 16). Die genannten Untersuchungsergebnisse bestätigen somit vorherige Studien, die eine Bevorzugung unkonventioneller Beteiligungsformen bei Frauen feststellten.

Feministische Wissenschaftlerinnen greifen Fragestellungen auf, die bis dato in der *mainstream*-Partizipationsforschung unerforscht blieben. Beispielsweise analysiert Frauke Rubart (1988) die Rolle von Frauen im unkonventionellen Bereich und beschäftigt sich mit der Frage, ob auch hier Geschlechterhierarchien reproduziert werden. Sie identifiziert eine Marginalisierung von Frauen in den Basiseinheiten der neuen sozialen Bewegungen nach dem Schema gesellschaftlicher Diskriminierungen. Die konventionelle Arbeitsteilung, bei der Frauen meist alltägliche, Männer hingegen offiziell anerkannte Arbeiten erledigen, hat unterschiedliche Ursachen und ist ihrer Meinung nach sowohl auf das Verhalten der Männer als auch auf das geschlechtsspezifische Verhalten der Frauen zurückzuführen. Rubart argumentiert, Frauen seien eher misserfolgsorientiert und bereit, sich unterzuordnen. Charakteristisch sei auch, dass Männer Frauen für weniger qualifiziert und unsachlich hielten und Frauen sich wiederum häufig vor der Übernahme von Verantwortung scheuten (Rubart 1988, S. 40).

Rubart beobachtet außerdem, dass sich Frauen in Bürgerinitiativen oft unwohl fühlen und infolgedessen in autonome Frauengruppen abwandern. Zurückzuführen sei dies auf unterschiedliche Zielsetzungen von Männern und Frauen. Sie charakterisiert Frauen mit Ganzheitlichkeit, Spontaneität und Emotionalität, Männer hingegen mit Effektivitätssteigerung durch Professionalisierung und Institutionalisierung der Organisationsstrukturen (Rubart 1988, S. 31, 35). Die Betonung legt Rubart somit auf die Differenzperspektive, eine weibliche Identitätsbildung sowie ein anderes Politik- und Moralverständnis bei Frauen. Kritisch anzumerken ist hierbei, dass in diesem Ansatz dichotome männliche und weibliche Attribute postuliert werden, die offensichtlich eine essenzialistische Tendenz aufweisen, was zur Perpetuierung von Geschlechtsstereotypen beitragen kann.

Birgit Sauer hat sich mit dem ‚Mythos der unpolitischen Frau' auseinander gesetzt und argumentiert, dass Politik von einer Geschlechtersegregation strukturiert wird. Denn während Männer Parteiämter besetzen sowie in nationalen bzw. internationalen Parlamenten und Regierungen vertreten sind, engagieren sich Frauen verstärkt in sozialen Bewegungen oder in der Elternvertretung. Sauer betont, dass Frauen nicht unpolitisch, sondern vielmehr mit den Formen konventioneller Politik unzufrieden sind. Für Frauen gelten demnach andere Bedingungen politischer Partizipation, die wiederum in anderen Partizipationsformen Ausdruck finden. Deshalb sind nach Sauer soziale Bewegungen eine angemessenere Organisationsform für Frauen, wo sie in überschaubaren Einheiten und informellen Strukturen ihre Chance auf unmittelbare Einflussnahme wahrnehmen können (Sauer 2001, S. 212-214).

Die genannten Studien dokumentieren eine deutliche Präferenz von Frauen, sich in unkonventionellen Politikbereichen zu engagieren. Hoecker (1998b) thematisiert die Frage, aus welchen Gründen Frauen im unkonventionellen Bereich politisch aktiv werden. Sie arbeitet dabei vier konstitutive Faktoren für die politische Teilhabe von Frauen im unkonventionellen Aktionsfeld heraus:

Laut Hoecker spielt erstens die politische Kultur eine maßgebliche Rolle. Die politische Kultur kommt insofern zum Tragen, als durch sie politische Traditionen und Verhaltensstile vermittelt werden. Die für die neuen sozialen Bewegungen benannten Beteiligungsformen politischer Aktivität stellen also keineswegs neue Partizipationsformen für Frauen dar, sondern stehen in der Tradition der ersten Frauenbewegung. Bezüglich ihrer Organisationsstruktur war die erste Frauenbewegung stärker formal reglementiert als die zweite, doch lassen sich hinsichtlich der Aktionsformen Parallelen aufweisen. Spontane Versammlungen, Demonstrationen, das Verfassen von Flugblättern und die Entwicklung spektakulärer Strategien im Kampf um Frauenrechte stellen aus historischer Perspektive die klassischen politischen Partizipationsformen von Frauen dar. Partizipation innerhalb etablierter politischer Institutionen setzte erst später ein und kann demzufolge als ‚neu' bezeichnet werden.

Als zweiten Einflussfaktor nennt Hoecker die individuelle Motivation. Die neuen sozialen Bewegungen sind für Frauen attraktiver als Parteien, weil sie ihrer spezifischen politischen Motivation eher entgegenkommen. Basisgruppen und Bürgerinitiativen entstehen häufig aus akuten Problemlagen, „die eine unmittelbare Bedrohung des Lebens und des Rechts auf freie Entfaltung der Persönlichkeit bedeuten können" (Hoecker 1998b, S. 202). Zum Zentrum der politischen Agitation werden

Felder, mit denen Frauen in ihrem Alltag besonders häufig und direkt in Kontakt kommen oder in Konfrontation stehen. Motivationale und kulturelle Faktoren allein bieten jedoch keinen ausreichenden Erklärungsansatz. Eine entscheidende Rolle spielt demnach drittens der geringe Institutionalisierungsgrad der neuen Bewegungen. Während Parteien formale Organisationen mit einer starren Struktur und Satzung darstellen und klare Hierarchien aufweisen, erlauben die Basiseinheiten der sozialen Bewegungen demgegenüber eine zwanglosere Teilnahme und unmittelbare Einflussnahme. Hierarchisch abgestufte Positionen fehlen nahezu gänzlich, und ein Konkurrenzkampf mit Männern um die Erlangung von Ämtern bleibt laut Hoecker somit aus. Hinzu kommt, dass Frauen bei neuen sozialen Bewegungen meist zum Kreis der InitiatorInnen gehören und nicht, wie im konventionellen politischen Bereich, erst in eine Männerdomäne eintreten müssen.

Situative Faktoren haben viertens ebenfalls Einfluss auf das politische Engagement der Frauen. Die neuen politischen Beteiligungsoptionen weisen mehr Nähe zu den Lebensweisen von Frauen auf, da spontane Teilnahme eine flexiblere Koordination und Abstimmung mit anderen Anforderungen ermöglicht, die Beruf und Familie an Frauen stellen. Auch das Mitbringen von Kindern zu Versammlungen und Arbeitstreffen wird laut Hoecker in der Regel nicht als störend empfunden (ebd., S. 203-204).

Das von Hoecker gezeichnete Bild der sozialen Bewegungen fällt äußerst positiv aus und vermittelt den Idealtypus nicht-hierarchischer, egalitärer Gruppierungen, welche die Integration von Frauen fördern. Dass in der Realität Abweichungen von diesem Idealtypus bestehen, wurde bereits auf den vorangegangenen Seiten durch Rubart gezeigt. Soziale Bewegungen spiegeln oftmals die gesellschaftliche Geschlechterteilung wider und schaffen durch die Existenz unterschiedlich gewichteter Arbeitsbereiche neue Hierarchien. Somit ist das unter drittens angeführte Argument nur bedingt gültig. Zusammenfassend ist jedoch festzuhalten, dass die Teilhabe von Frauen an unkonventioneller politischer Partizipation deutlich größer ist als an konventioneller. Die Gründe dafür werden in der Nähe zu ihrem Lebensumfeld und einem geringeren Institutionalisierungsgrad der Aktivitäten gesehen sowie in der politischen Kultur und der individuellen Motivation. Diese Rahmenbedingungen ermöglichen es Frauen, ihre eigenen politischen Vorstellungen besser einzubringen, als dies bei den etablierten Parteien der Fall ist.

Obwohl soziale Bewegungen ein wesentliches Element westlicher Demokratien geworden sind, erscheint eine vorrangige Partizipation von Frauen innerhalb dieser Strukturen als problematisch. Politische Entscheidungen werden primär in konventionellen Bereichen getroffen. Es wäre wünschenswert, wenn sich Frauen deshalb verstärkt in Parteien engagieren und ihre Interessen in Parlamenten vertreten würden.

2.2 Frauen in der britischen Politik von 1918 bis heute

2.2.1 Entwicklung der politischen Partizipation von Frauen im House of Commons

Dieser Abschnitt gibt einen Überblick über die Entwicklung der politischen Partizipation von Frauen in Großbritannien von 1918 bis einschließlich der Wahl im Jahr 2005 und verdeutlicht, wie sich die Repräsentation seit der Erlangung des Wahlrechts verändert hat. Zum besseren Verständnis werden zunächst einige Besonderheiten des politischen Systems Großbritanniens skizziert.

Großbritannien gilt als klassisches Beispiel für ein Zweiparteiensystem, in dem die beiden großen Parteien alternierend regieren und kleinere Parteien keine Chance auf Regierungsbeteiligung haben. Zu Beginn des 20. Jahrhunderts waren die Liberalen und die Konservativen die beiden dominierenden politischen Parteien. Mit Erstarken der *Labour Party*, die 1900 als *Labour Representation Committee* gegründet wurde und 1906 ihren heutigen Namen erhielt, kam es zu einer Verlagerung der Kräfteverhältnisse in der britischen Parteienlandschaft, in deren Folge die Liberalen in den 1920ern ihre Rolle als eine der beiden führenden Parteien aufgeben mussten und deutlich an Einfluss verloren (McKibbin 1990, S. 260/Laybourn 2000, S. 3, 6).[53] Seither haben sich die *Labour Party* und die Konservativen als die maßgeblichen politischen Kräfte herauskristallisiert und bestimmen die Politik des Landes. Bis zum Ende der 60er Jahre gilt das Zweiparteiensystem laut Emil Hübner und Ursula Münch als funktionierendes Modell, es geriet aber durch den Linksruck der *Labour Party* ins Wanken, in dessen Folge die Partei drastische Wahlverluste hinnehmen musste und riskierte, ihre Vormachtstellung an die Liberalen zu verlieren (Hübner und Münch 1999, S. 85). Im Jahr 1981 spalteten sich einflussreiche Mitglieder (die so genannte ,*Gang of Four*') aufgrund des zunehmend linken Parteikurses ab und gründeten die *Social Democratic Party* (SDP), die im Folgejahr mit den Liberalen eine Allianz einging und sich mit diesen 1988 als *Liberal Democrats* zusammenschloss (Laybourn 2000, S. 130). Mit dem Erstarken der *Liberal Democrats* etablierte sich nach Einschätzung von Bernd Becker ein Drei-Parteienwettbewerb; die Popularität der regionalen Parteien in Verbindung mit der *Devolution* in Schottland und Wales lassen gar auf ein Vier-Parteiensystem schließen (Becker 2002, S. 157). Während für Becker somit begründete Zweifel an der These des britischen Zweiparteiensystems bestehen, hält Karl Rohe trotz der genannten Veränderungen daran fest. Zum einen spricht für Rohe die Funktionsweise

---

[53] Das Zweiparteiensystem aus Liberalen und Konservativen wurde primär durch regionale und religiöse Unterschiede abgestützt; mit dem Aufkommen der *Labour Party* wich dieses einer Differenzierung entlang der Klassenlinie. Seit den Wahlen der 1980er Jahre hat sich jedoch der Stellenwert von Klassenbindungen gewandelt und einen erheblichen Bedeutungsverlust erfahren (Rohe 1998, S. 247).

des politischen Systems (ein durch das Mehrheitswahlrecht abgesicherter Dualismus von Regierungs- und Oppositionspartei) dafür, zum anderen jedoch auch die politische Kultur des Landes, welche das Mehrheitswahlrecht und das Prinzip der Einparteienregierung trägt (ebd., S. 156/Rohe 1998, S. 251).

Das britische Parlament besteht aus zwei Kammern, dem Unter- und dem Oberhaus (*House of Commons* und *House of Lords*). Gewählt werden nur die 646 Mitglieder des Unterhauses, die Mitglieder des Oberhauses gehören diesem Kraft Geburt, aufgrund von Verdiensten oder von Amts wegen an. Die Länge einer Legislaturperiode des Unterhauses ist nicht genau festgelegt, sie darf jedoch maximal fünf Jahre betragen. Innerhalb dieses Zeitraumes liegt es im Ermessen des Premierministers/der Premierministerin (PM), für welchen Zeitpunkt er/sie den König/die Königin um die Auflösung des Unterhauses sowie die Ausschreibung von Neuwahlen bittet. In Großbritannien findet das relative Mehrheitswahlsystem Anwendung, bei dem die zu vergebenden Mandate der Anzahl der Wahlkreise entsprechen.[54] Der Kandidat/die Kandidatin gilt als gewählt, der/die gemäß der relativen Mehrheit die meisten Stimmen auf sich vereinigen kann. Alle Voten, die auf MitbewerberInnen entfallen, werden auf höherer Ebene nicht verrechnet. Das Mehrheitswahlsystem begünstigt die beiden großen Parteien sowie solche mit örtlichen Hochburgen und impliziert gleichzeitig eine Unterrepräsentation der kleineren Parteien. Es konvertiert die relative Stimmenmehrheit der größten Fraktion in absolute Mandatsmehrheiten, was zur Folge hat, dass die Bildung einer Koalition nicht vonnöten ist. Koalitionsregierungen waren bis dato eine Ausnahme (Saalfeld 1998, S. 47-48/Sturm 1998, S. 206/Hübner und Münch 1999, S. 97-101).

Seit 1832 wurde die Anzahl der Wahlberechtigten in mehreren Schritten erweitert und an die Größe der Wahlkreise angeglichen. Sowohl der männlichen als auch der weiblichen Bevölkerung wurde das Wahlrecht nur sukzessive zugebilligt.[55] Frauen erhielten das Wahlrecht in zwei Schritten: 1918 gewährte ihnen der *Representation of the People Act* das Wahlrecht, sofern sie 30 Jahre oder älter waren und sie oder

---

[54] Die Zahl der Mandate des Unterhauses hat sich im Laufe der Zeit verändert: Bestand das *House of Commons* 1945 aus 640 Abgeordneten, wurde deren Zahl 1948 auf 625 gesenkt und in der Folgezeit angehoben. Bei der Wahl 2001 wurden 659 Abgeordnete in das Unterhaus gewählt, bei der Wahl 2005 wurde diese Anzahl auf 646 verringert (Becker 2002, S. 11/The United Kingdom Parliament. „Members of Parliament by Gender". Verfügbar über: http://www.parliament.uk/directories/hciolists/gender.cfm (Zugriff: 12.05.2005)).

[55] Die Wahlreform von 1832 hob den Anteil der männlichen Wahlberechtigten von 5 auf 7% an. Eine deutlichere Demokratisierung brachte die Modifizierung von 1867, die das Wahlrecht der Landbevölkerung um 45% und das der Stadtbevölkerung um 134% ausdehnte. Eine Angleichung des erweiterten Wahlrechts der männlichen Bevölkerung in den Städten wurde etwa 20 Jahre später auf die Landbevölkerung übertragen. Die Verknüpfung zwischen Besitznachweis und Wahlberechtigung entfiel erst 1918. Gleichzeitig beinhalteten die jeweiligen Reformen eine sukzessive Angleichung der Größe der Wahlkreise (Hübner und Münch 1999, S. 98).

ihre Ehemänner die Kriterien des Kommunalwahlrechts erfüllten. Davon konnten 8.400.000 Frauen profitieren, was 39,6% der Wahlberechtigten entsprach. Erst 1928 erfolgten eine Aufhebung der Restriktion und eine Ausweitung des Wahlrechts auf alle volljährigen Frauen über 21 Jahre (Smith 1998, S. 69). Der langwierige Demokratisierungsprozess des britischen Wahlrechts fand seinen Abschluss 1948 in der Abschaffung des doppelten Stimmrechts für UniversitätsabsolventInnen und für BürgerInnen, die über einen Betrieb in einem von ihrem Wohnort entfernten Wahlkreis verfügten. Mit dieser Reform wurde das allgemeine auch in ein gleiches Wahlrecht gewandelt, und 1969 wurde das Wahlalter von 21 auf 18 Jahre gesenkt (Hübner und Münch 1999, S. 99).

Das *House of Commons* zeichnete sich bis in die 90er Jahre hinein zum einen durch die mangelhafte Integration von Frauen und zum anderen durch die männliche Prägung dieser Institution aus – das dominierende Merkmal der politischen Elite des Landes war das Geschlecht. Über Jahrzehnte hinweg betrug der Frauenanteil im Unterhaus unter 5%, 1992 stieg er auf 9,2% an und erreichte mit dem erdrutschartigen Sieg der *Labour Party* 1997 ein Rekordhoch von 18,2%. Nach dem erneuten Wahlsieg der *Labour Party* 2001 lag die Frauenquote im *House of Commons* bei 18,0%. In der Europäischen Union (EU) gehört Großbritannien somit zu den Ländern, in welchen für Frauen der Zutritt in die politische Elite am schwierigsten ist. Beispielsweise ist für Anfang der 90er Jahre festzuhalten, dass lediglich Portugal (1991: 8,7%), Frankreich (1993: 6,0%) und Griechenland (1993: 5,3%) eine schlechtere politische Integration der weiblichen Bevölkerung zu verzeichnen hatten. Großbritannien gehörte also diesbezüglich zu den Schlusslichtern unter den 15 ‚alten‘ Mitgliedsstaaten (Hoecker 1995, S. 179). Auch heute noch liegt Großbritannien unter dem europäischen Durchschnitt und am Tabellenende. Die durchschnittliche Frauenquote in den nationalen Parlamenten der ‚alten‘ EU-Staaten[56] beträgt 27,1%. Wie der nachfolgenden Abbildung zu entnehmen ist, rangiert Großbritannien trotz nationaler Rekordzahl von weiblichen Abgeordneten in Bezug auf die Repräsentation von Frauen nur auf Platz 11, während Schweden mit einer Quote von 45,3% die Rangliste anführt.

---

[56] Um auf die gleiche Vergleichsgruppe zurückgreifen zu können, werden an dieser Stelle die ‚neuen‘ EU-Staaten, die seit dem 1. Mai 2005 der EU angehören, nicht einbezogen. In diesen liegt der Durchschnitt des Frauenanteils in den nationalen Parlamenten niedriger als in den ‚alten‘ EU-Staaten und bewegt sich bei 16,3% (Inter-Parliamentary Union. „Women in National Parliaments: Statistical Archives". Verfügbar über: http://www.ipu.org/wmn-e/arc/classif051201.htm (Zugriff: 01.11.2005)).

Abbildung 2: *Frauen in den nationalen Parlamenten der ‚alten' EU-Staaten*

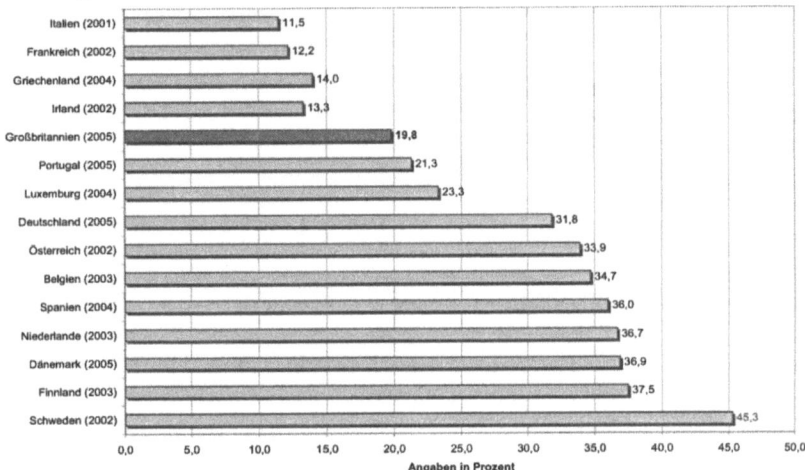

Erläuterungen: Die Jahreszahlen in Klammern hinter der Länderbezeichnung geben das Jahr der letzten Parlamentswahl an.
Quelle: Inter-Parliamentary Union. „Women in National Parliaments". Verfügbar über: http://www. ipu.org/ wmn-e/classif.htm (Zugriff: 01.11.2005)

Trotz der Vorbehalte vieler Feministinnen, sich parteipolitisch zu engagieren, und der bereits diskutierten Präferenz von Frauen, sich in unkonventionellen Bereichen einzubringen, stellen die Parteien ein breites Feld von Aktivität dar und bilden die primäre Zugangsmöglichkeit zu politischen Führungspositionen. Wie bereits erwähnt, entschieden sich Frauen Ende der 70er Jahre für einen Marsch durch die Institutionen. Spiegelt sich dieser Wandel in der Anzahl der zur Verfügung stehenden Kandidatinnen wider? Gibt es einen Zusammenhang zwischen der konstatierten niedrigen Frauenquote im Parlament und der Anzahl der Kandidatinnen? Tabelle 1 listet den Anteil der Kandidatinnen bei den Unterhauswahlen in Großbritannien seit 1918 auf:

Tabelle 1: Kandidatinnen bei Unterhauswahlen 1918-2005

Wahl	Kon.	Lab.	L.	PC	SNP	andere	Kandid. gesamt	Frauen gesamt	Anteil in %
1918	1	4	4	-	-	8	1.623	17	1,0
1922	5	10	16	-	-	2	1.441	33	2,3
1923	7	14	12	-	-	1	1.446	34	2,4
1924	12	22	6	-	-	1	1.428	41	2,9
1929	10	30	25	0	0	4	1.730	69	4,0
1931	16	36	5	0	1	4	1.292	62	4,8
1935	19	33	11	0	0	4	1.348	67	5,0
1945	14	41	20	1	0	11	1.683	87	5,2
1950	29	42	45	0	0	11	1.868	127	6,8
1951	25	41	11	0	0	0	1.376	77	5,6
1955	33	43	14	1	0	1	1.409	92	6,5
1959	28	36	16	0	0	1	1.536	81	5,3
1964	24	33	24	1	0	8	1.757	90	5,1
1966	21	30	20	0	0	10	1.707	81	4,7
1970	26	29	23	0	10	11	1.837	99	5,4
Feb. 1974	33	40	40	2	8	20	2.135	143	6,7
Okt. 1974	30	50	49	1	8	23	2.252	161	7,1
1979	31	52	52	1	6	74	2.576	216	8,4
1983	40	78	75	6	9	72	2.578	280	10,9
1987	46	92	106	9	6	70	2.325	329	14,2
1992	63	138	143	7	15	207	2.949	571	19,3
1997	69	157	140	7	15	284	3.724	672	18,0
2001	94	149	140	7	16	225	3.294	631	19,2
2005	123	170	143	4	13	N.N.	N.N.	N.N.	N.N.

Erläuterungen: (1) Konservative (Kon.), *Labour Party* (Lab.), *Liberal Democrats* (L; vor 1983 *Liberal Party*, von 1983-1987 *Social Democratic Party/Liberal Alliance*, seit 1988 Zusammenschluss als *Liberal Democrats*), *Plaid Cymru* (PC), *Scottish Nationalist Party* (SNP)
(2) Obwohl die erste Frauenbewegung in Großbritannien recht ausgeprägt war, hat sich die Idee einer reinen Frauenpartei nie durchgesetzt. Den einzigen Versuch unternahmen Christabel und Emmeline Pankhurst mit der Gründung der *Women's Party* 1917, der Nachfolgeorganisation der Suffragettenorganisation *Women's Social and Political Union*. Die Frauenpartei stellte lediglich bei der

Unterhauswahl von 1918 eine Kandidatin auf, die jedoch den Einzug in das Parlament verfehlte. Die Partei wurde 1919 aufgelöst, und Emmeline Pankhurst trat 1926 den Konservativen bei (Garner 1984, S. 58/Rowbotham 1999, S. 90, 635).

(3) Zum Zeitpunkt der Fertigstellung der Studie lagen noch keine umfassenden Zahlen über die Kandidatinnen der kleinen Parteien vor. Somit können auch keine Angaben zu dem Anteil der Frauen an der Gesamtzahl der Kandidatinnen gemacht werden.

Quelle: Rallings und Thrasher 2000, S. 147, 150/Centre for Advancement of Women in Politics. „Women in the UK General Election 2001". Verfügbar über: http://www.qub.ac.uk/cawp/UKelectionhtmls/elec-uk.html (Zugriff: 11.04.2005)/Centre for Advancement of Women in Politics. „Latest News". Verfügbar über: http://www.qub.ac.uk/cawp/latest.html (Zugriff: 06.05.2005)

Wie nachfolgend erläutert, verdeutlicht die Tabelle zwei für die vorliegende Arbeit interessante Aspekte bei der Kandidatur von Frauen um einen Abgeordnetensitz im britischen Unterhaus:[57]

Erstens blieb der Anteil der Frauen bei Kandidaturen zwischen 1918 und 1979 deutlich unter zehn Prozent. Die Zehn-Prozent-Marke konnte erstmalig 1983 überschritten werden, und seither ist ein kontinuierlicher Anstieg zu verzeichnen, der sich mit den Wahlen seit den 1990ern noch vergrößert und nahezu 20% erreicht hat. Die steigende Zahl von Kandidatinnen weist darauf hin, dass ein Zusammenhang zwischen dieser Quote und dem Paradigmenwechsel der Feministinnen besteht, die sich seit dem Ende der 70er Jahre wieder verstärkt den etablierten Parteien zuwendeten. Allerdings muss konstatiert werden, dass dies nicht als einziger Grund für den Anstieg zu nennen ist, sondern dass vielmehr multikausale Erklärungen zum Tragen kommen, wie im Abschnitt über die *Labour Party* herausgearbeitet wird.

Zweitens verdeutlicht ein Vergleich der beiden großen Parteien, dass die *Labour Party* Frauen von Anfang an ausnahmslos in höherem Maß nominierte als die Konservativen. Traten für beide Parteien bis in die 70er Jahre nur wenige Frauen an, stieg deren Anteil bei der *Labour Party* merklich an, während er bei den Konservativen bis heute auf einem niedrigeren Niveau bleibt. Bei der Wahl 2005 kandidierten 123 Politikerinnen für die *Tories* und 170 für die *Labour Party*.

Betrug der Frauenanteil bei den Kandidaturen um einen Sitz im *House of Commons* im Jahr 1918 nur 1,0%, ist mit einer Quote von 19,2% im Jahr 2001 durchaus eine Verbesserung erzielt worden. Dies darf aber nicht darüber hinwegtäuschen, dass der Anteil der Politikerinnen bei dem Kampf um einen Abgeordnetensitz im Verlauf des 20. Jahrhunderts marginal war und dass auch heute noch etwa 80% der AspirantInnen männlichen Geschlechts sind. Doch wie viele Frauen schafften es, in

---

[57] Da im 20. Jahrhundert die Konservativen und die *Labour Party* die Politik Großbritanniens dominierten und kleinere Parteien eine untergeordnete Rolle spielten, erfolgt an dieser Stelle eine Fokussierung zum einen auf den allgemeinen Trend bei der Entwicklung des Frauenanteils und zum anderen auf einen Vergleich der beiden großen Parteien.

das Unterhaus einzuziehen? Die nachfolgende Tabelle gibt auch Auskunft über die Quote der gewählten Parlamentarierinnen:

Tabelle 2: Gewählte Parlamentarierinnen bei Unterhauswahlen 1918-2005

Wahl	Regierung	Kon.	Lab.	L.	PC	SNP	andere	Frauen Gesamt	Frauen in %
1918	Koalition	0	0	0	-	-	1	1	0,1
1922	Konservative	1	0	1	-	-	0	2	0,3
1923	Labour	3	3	2	-	-	0	8	1,3
1924	Konservative	3	1	0	-	-	0	4	0,7
1929	Labour	3	9	1	0	0	1	14	2,3
1931	Nationale	13	0	1	0	0	1	15	2,4
1935	Nationale	6	1	1	0	0	1	9	1,5
1945	Labour	1	21	1	0	0	1	24	3,8
1950	Labour	6	14	1	0	0	0	21	3,4
1951	Konservative	6	11	0	0	0	0	17	2,7
1955	Konservative	10	14	0	0	0	0	24	3,8
1959	Konservative	12	13	0	0	0	0	25	4,0
1964	Labour	11	18	0	0	0	0	29	4,6
1966	Labour	7	19	0	0	0	0	26	4,1
1970	Konservative	15	10	0	0	0	1	26	4,1
Feb. 1974	Labour	9	13	0	0	1	0	23	3,6
Okt. 1974	Labour	7	18	0	0	2	0	27	4,3
1979	Konservative	8	11	0	0	0	0	19	3,0
1983	Konservative	13	10	0	0	0	0	23	3,5
1987	Konservative	17	21	2	0	1	0	41	6,3
1992	Konservative	20	37	2	0	1	0	60	9,2
1997	Labour	13	101	3	0	2	1	120	18,2
2001	Labour	14	95	5	0	1	3	118	18,0
2005	Labour	17	97	10	0	0	4	128	19,8

Erläuterungen: (1) Konservative (Kon.), *Labour Party* (Lab.), *Liberal Democrats* (L; vor 1983 *Liberal Party*, von 1983-1987 *Social Democratic Party/Liberal Alliance*, seit 1988 Zusammenschluss als *Liberal Democrats*), *Plaid Cymru* (PC), *Scottish Nationalist Party* (SNP)

(2) Bei der Wahl 1992 wurde erstmals eine Frau als *Speaker* des *House of Commons* gewählt. Der *Speaker* ist der/die Vorsitzende des Unterhauses und nimmt in der Regel nicht an Aussprachen und Abstimmungen teil (Saalfeld 1998, S. 128). Seit 1997 gibt es eine Neuregelung bei Unterhauswahlen, derzufolge der *Speaker* nicht als KandidatIn der betreffenden Partei gewertet, sondern unter ‚andere‘ aufgeführt wird.

(3) Die Folgen der wirtschaftlichen Depression am Ende der 20er Jahre führten zu der Bereitschaft, über die Parteigrenzen hinweg gemeinsam an der Bewältigung der Krise zu arbeiten. James Ramsay Mac Donald (*Labour Party*) war von 1929 bis 1935 Premierminister, ab 1931 führte er eine nationale Regierung. Die erste Koalition von 1931 bestand aus Ministern *der Labour Party* und den Konservativen und wurde von den Liberalen mit getragen. Die Bildung der zweiten Koalition desselben Jahres erfolgte nach Neuwahlen und integrierte Minister der drei Parteien. Die Wahl von 1935 bestätigte die nationale Regierung und wurde nachfolgend von konservativen Premierministern geführt (Stanley Baldwin, 1935-37, Arthur Neville Chamberlain 1937-40 und Sir Winston Churchill ab 1940 (Butler 1978, S. 59, 69/10 Downing Street. „Prime Ministers in History“. Verfügbar über: http://www.number-10.gov.uk/output/page123.asp (Zugriff: 11.04.2005))

Quelle: Rallings und Thrasher 2000, S. 149/Centre for Advancement of Women in Politics. „Women Members in the House of Commons“. Verfügbar über: http://www.qub.ac.uk/cawp/UKhtmls/MPs1.htm (Zugriff: 12.05.2005)/The United Kingdom Parliament. „Members of Parliament by Gender“. Verfügbar über: http://www.parliament.uk/directories/hciolists/gender.cfm (Zugriff: 12.05.2005)

Die vorherige Tabelle verdeutlicht zwei Entwicklungen.[58]

Erstens fällt die Repräsentation von Frauen im britischen Unterhaus insgesamt gering aus. Bis in die 80er Jahre lag sie unter fünf Prozent, und erst mit der Wahl 1987 konnte dieser Wert überschritten werden.[59] 1992 näherte sich Großbritannien mit 60 Frauen (oder 9,2%) im Parlament erstmals der Zehn-Prozent-Marke, das Ergebnis verdoppelte sich 1997 auf 18,2 und sank 2001 leicht auf 18,0% ab. Somit waren 1997 von den 659 Abgeordneten des britischen Unterhauses 120 weiblich. Im Jahr 2001 ging die Anzahl mit 118 Parlamentarierinnen leicht zurück, nach der letzten Wahl 2005 stieg sie auf 128 an.

Das zweite Charakteristikum bezieht sich auf einen Vergleich der beiden großen Parteien. Es wird deutlich, dass vor 1945, mit Ausnahme der Phase von 1918 bis 1935 (also der Wahlen 1924, 1931 und 1935), mehr Parlamentarierinnen für die

---

[58] Wie bei der Analyse der Daten bezüglich der Kandidatinnen, liegt auch an dieser Stelle der Fokus auf allgemeinen Tendenzen und auf einem Vergleich der beiden großen Parteien.

[59] Die erste Wahl, an der Frauen sowohl das aktive als auch das passive Wahlrecht ausüben konnten, brachte für keine Kandidatin der beiden großen Parteien einen Erfolg. Kontessa Markievicz von *Sinn Fein* wäre 1918 die erste Parlamentarierin gewesen, doch nahm diese ebenso wie weitere 72 *Sinn Fein* Volksvertreter ihren Sitz nicht an. Aus Protest gegen die britische Irlandpolitik verweigern PolitikerInnen dieser Partei bis heute die Annahme des Mandates (Puwar 1997b, S. 2/Rallings und Thrasher 2000, S. 68). Infolgedessen wurde zwar offiziell 1918 eine Frau in das Parlament gewählt, de facto war aber keine vertreten, was als ein enttäuschendes Ergebnis nach jahrzehntelangem Ringen um die Erlangung des Frauenwahlrechts zu interpretieren ist.

Labour Party in das Parlament gewählt wurden als für die *Tories*. Nach 1945 verfügten die Konservativen lediglich nach den Wahlen von 1970 und 1983 über mehr weibliche Abgeordnete als die *Labour Party*.
Die nachfolgende Abbildung fasst die Entwicklung der Repräsentation von Frauen im *House of Commons* noch einmal in einem Säulendiagramm zusammen und verdeutlicht dabei die bis zu der Wahl im Jahr 1997 marginale Position der Volksvertreterinnen und spiegelt die Rolle der Parteien in diesem Prozess wider. Diese Diskrepanz weist auf ein Demokratiedefizit hin, da Frauen – etwa die Hälfte der Bevölkerung – nicht angemessen im Parlament vertreten werden.

Abbildung 3: *Anzahl der weiblichen Abgeordneten im Unterhaus 1918-2005*

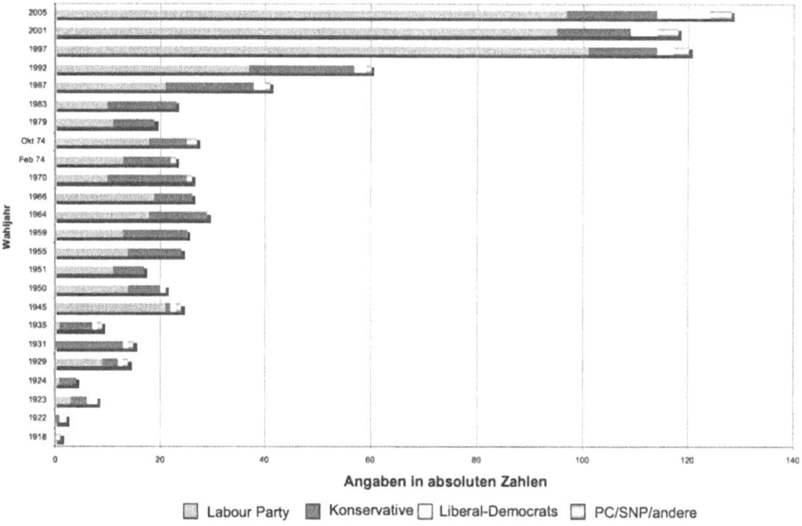

Darstellung: eigene Darstellung
Quelle: Rallings und Thrasher 2000, S. 149/Centre for Advancement of Women in Politics. „Women Members in the House of Commons". Verfügbar über: http://www.qub.ac.uk/ cawp/ UKhtmls/ MPs1.htm (Zugriff: 11.04.2005)/The United Kingdom Parliament. „Members of Parliament by Gender". Verfügbar über: http://www.parliament.uk/directories/hciolists/gender.cfm (Zugriff: 12.05.2005)

Wird die Repräsentation von Frauen im britischen Parlament der gestiegenen Anzahl der Kandidatinnen gegenübergestellt (siehe nachfolgende Abbildung), tritt zu Tage, dass kein direkter Zusammenhang zwischen den beiden Werten besteht und dass die Repräsentation von Frauen nicht mit der Zahl der zur Verfügung stehenden Kandidatinnen korreliert. Andere Faktoren kommen daher zum Tragen und bedingen die politische Partizipation von Frauen, wie in Kapitel 3 gezeigt wird.

Abbildung 4: *Anzahl der Kandidatinnen und Parlamentarierinnen 1918-2001*

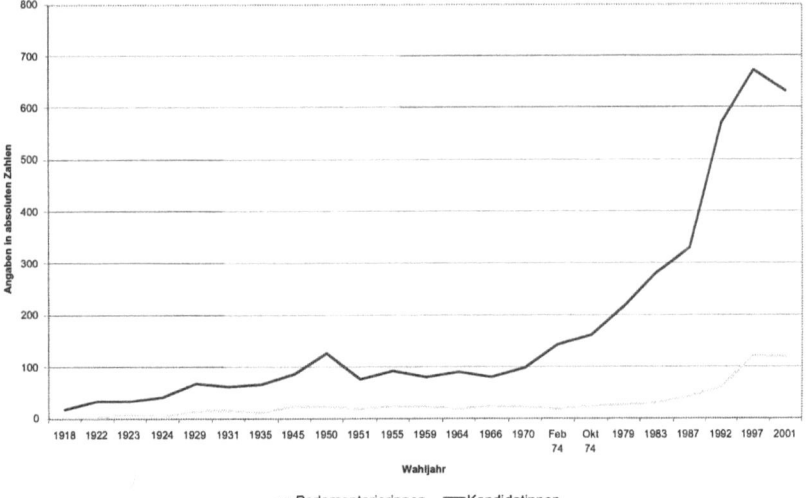

Darstellung: eigene Darstellung
Anmerkung: Da für die Wahl 2005 bei Abschluss der Studie noch keine Gesamtzahl der Kandidatinnen zur Verfügung stand, kann diese Wahl nicht in die Betrachtung aufgenommen werden.
Quelle: Rallings und Thrasher 2000, S. 147, 149, 150/Centre for Advancement of Women in Politics. „Women in the UK General Election 2001". Verfügbar über: http://www.qub.ac.uk/cawp/UKhtmls/MPs1.htm (Zugriff: 11.04.2005)

Wie der Grafik zu entnehmen ist, liegt die niedrige Frauenquote im *House of Commons* nicht darin begründet, dass sich zu wenige Frauen um einen Sitz bemühen. Die Anzahl der zur Verfügung stehenden Kandidatinnen stieg seit 1918 stärker an als die der gewählten Volksvertreterinnen; seit den 70er Jahren geht diese Schere sogar noch deutlicher auseinander. Obwohl beispielsweise zu der Wahl 1997 insgesamt 672 Kandidatinnen antraten, wurden nur 120 von ihnen gewählt. Die mangelnde Integration von Frauen in das Unterhaus hat zugleich Auswirkungen auf die Regierungsbildung, denn das *House of Commons* stellt nicht nur einen Ort der Repräsentation dar, sondern übernimmt auch die Funktion, geeignete Regierungs- und Kabinettsmitglieder zu generieren. Die Präsenz von Frauen im Parlament ist deshalb eine wesentliche Voraussetzung dafür, dass künftige Regierungen und Kabinette beide Geschlechter gleichermaßen repräsentieren (Lovenduski 2001, S. 754). Der nachfolgende Abschnitt befasst sich daher mit der Rolle der Frauen in Regierung und Kabinett.

2.2.2 Entwicklung der politischen Partizipation von Frauen in Regierung und Kabinett

Großbritannien ist ein unitarischer Staat, in dem die Staatsgewalt in der Zentralregierung gebündelt ist. Anders als in Ländern des europäischen Kontinents ist das britische Regierungssystem nicht nach dem Prinzip der Gewaltenteilung aufgebaut, sondern durch ein hohes Maß an Gewaltenverschränkung charakterisiert.[60] Entscheidungsträger sind die jeweilige Mehrheitspartei und die von ihr gestellte Regierung; die Spitze der Regierung setzt sich aus PM und Kabinett zusammen.[61] In dem auf Effektivität angelegten *Westminster model* sind demnach die gewaltenteilenden Mechanismen zwischen Parlament und Regierung weitestgehend außer Kraft gesetzt (u.a. durch den Wegfall von Koalitionen), was eine Machtkonzentration zentraler Institutionen, d.h. im Besonderen der Regierung, zur Folge hat (Hübner und Münch 1999, S. 122-123/Sturm 1998, S. 201).

Im Verlauf des 20. Jahrhunderts hat sich die Größe der britischen Regierungen mehr als verdoppelt.[62] Während 1914 nur 45 Regierungsmitglieder zu verzeichnen waren, bestand die Regierung von Edward Heath (Konservative) 1970 aus etwa 80 Mitgliedern, die von Margaret Thatcher (Konservative) 1979 aus 100 und die von Tony Blair (*Labour Party*) im Mai 2005 aus 113 (Punnett 1988, S. 223/10 Downing Street. „Her Majesty's Government". Verfügbar über: http://www.number-10.gov.uk/output/Page2988.asp (Zugriff: 10.05.2005)). Der Umfang des Kabinetts blieb hingegen nahezu unverändert, im Durchschnitt umfasste es im 20. Jahrhundert 20 Mitglieder.[63] Auch das Kabinett Blairs bewegt sich mit 23 Mitgliedern im genannten Rahmen (10 Downing Street. „Full list of Cabinet members". Verfügbar über: http://www.number-10.gov.uk/output/Page1371.asp (Zugriff: 10.05.2005)).

---

[60] Die Gewaltenbalance zwischen Krone, Adel (Oberhaus) und Unterhaus hat sich mit der Durchsetzung der konstitutionellen Monarchie sowie der Überwindung der Adelsherrschaft in Folge der im 19. Jahrhundert stattfindenden Wahlrechtsreform zurückgebildet. Zunächst entsprach die Herrschaft des Parlaments einer Dominanz des Unterhauses, die sich „mit der Herausbildung der Parteiendemokratie zu einer Herrschaft der Regierung über das Unterhaus mit Hilfe ihrer Parlamentsmehrheit" weiterentwickelte (Sturm 1998, S. 201). Die Parlamentssouveränität ist somit ein Synonym für die Souveränität der britischen Zentralregierung.

[61] Der/die PM wird nicht vom Parlament gewählt, sondern von dem Erbmonarchen/der Erbmonarchin ernannt. Der/die PM bittet den König/die Königin um Entlassung, wenn er/sie die Mehrheit im Unterhaus durch Wahlen, Fraktionsaustritte, Nachwahlen oder unterlegene Vertrauensabstimmungen verloren hat (Saalfeld 1998, S. 101).

[62] Im weitesten Sinn schließt die Regierung die *Parliamentary Private Secretaries* mit ein, welche als unentgeltliche AssistentInnen für MinisterInnen arbeiten. Dennoch werden diese bei den Angaben zur Größe der Regierung nicht berücksichtigt (Punnett 1988, S. 211, 213).

[63] Ausnahmen bildeten die Kabinette zu Kriegszeiten, die weniger als zehn Mitglieder aufwiesen (Jones et al. 1991, S. 387).

Zu Anfang des 20. Jahrhunderts gab es etwa 15 Ministerien, deren Minister automatisch dem Kabinett angehörten, doch mit der Ausdifferenzierung der Ressorts wurde diese Regelung obsolet. Weiterhin verfügen seit 1964 einige Ministerien zusätzlich über einen zweiten Minister/eine zweite Ministerin oder gar mehrere so genannte *Ministers of State*.[64] Aufgrund dieser Entwicklung wurde eine Hierarchisierung der Ministerialposten vorgenommen. Es gibt (1) MinisterInnen, die dem Kabinett angehören,[65] (2) MinisterInnen, die Ämter innehaben, welche ihnen die Option einer Kabinettszugehörigkeit ermöglichen, (3) MinisterInnen ohne besagte Option (z.b. *Ministers of State*) und (4) *Junior Ministers*, d.h. StaatssekretärInnen, die zwar verschiedene Bezeichnungen tragen (z.b. *Under-Secretary* oder *Parliamentary Secretary*), aber dennoch den gleichen Status haben (Birch 1990, S. 125). Wird ein Blick auf die Frauen geworfen, die im Laufe des 20. Jahrhunderts Regierungsmitglied waren, so wird augenscheinlich, dass sie meist auf der vierten Ebene – der Ebene der *Junior Ministers* – anzutreffen waren. Dies kann durchaus als ein Indiz dafür gewertet werden, dass Männer bei der Besetzung von wichtigen Positionen bevorteilt werden (Center for Advancement of Women in Politics. „Former women ministers in UK Governments". Verfügbar über: http://www.qub. ac.uk/ cawp/UKhtmls/UKministers2.htm (Zugriff: 13.04.2005)). Mögliche Gründe dafür werden nachfolgend dargestellt.

Obwohl keine allgemeingültige Regel für die Qualifikation zum Kabinettsmitglied besteht, lassen sich einige Kriterien zusammenfassen, die eine Ernennung begünstigen. Um Mitglied zu werden, ist ein Sitz im *House of Commons* oder im *House of Lords* erforderlich. Meist fällt die Wahl auf ParlamentarierInnen, die bereits Erfahrungen in Westminster sammeln konnten, d.h. unterschiedliche Positionen innerhalb der Regierung oder der Opposition innehatten. Kabinettsposten werden jedoch auch als Belohnung für Loyalität vergeben. Weiterhin sollten die unterschiedlichen Strömungen der Parlamentsfraktion der Partei vertreten sein. Regionale, religiöse, soziale und vor allem ideologische[66] Unterschiede sind dabei mögliche Kriterien

---

[64] Des Weiteren gibt es Ministerialposten mit einer historischen Bedeutung, die in der Vergangenheit besondere Aufgaben hatten, mittlerweile jedoch nicht mehr über diese verfügen. In diese Kategorie gehören beispielsweise Positionen wie *Lord President of the Council, Lord Privy Seal, Paymaster General* und *Chancellor of the Duchy of Lancaster*, die zumeist in Verbindung mit anderen Ämtern geführt werden (Punnett 1988, S. 210).

[65] Die InhaberInnen der folgenden Ämter gehören nahezu immer dem Kabinett an: JustizministerIn, *Lord President of the Council, Lord Privy Seal*, InnenministerIn, AußenministerIn, FinanzministerIn, VerteidigungsministerIn, WirtschaftsministerIn, ArbeitsministerIn, SozialministerIn, UmweltministerIn, MinisterIn für Schottland, MinisterIn für Wales und MinisterIn für Nord Irland. Die weiteren Kabinettsmitglieder variieren und hängen sowohl von der Persönlichkeit des Ministers/der Ministerin als auch von der momentanen Wichtigkeit der Themenfelder ab (Birch 1990, S. 126).

[66] *Labour*-Kabinette weisen normalerweise mindestens einen prominenten Gewerkschaftsvertreter/eine prominente Gewerkschaftsvertreterin auf, und der/die PM ist bemüht, die linken und rech-

(Punnett 1988, S. 216/Jones et al. 1991, S. 389). Allerdings ist anzumerken, dass in der Vergangenheit der *gender*-Aspekt nicht in besonderem Maße in Betracht gezogen wurde und Frauen offenbar nicht als zu berücksichtigende Gruppierung galten. Während Wert darauf gelegt wurde, ideologische Unterschiede miteinander zu vereinbaren oder sich die *Labour Party* beispielsweise in den 1960ern und 70ern den Vorwurf gefallen lassen musste, in zu starkem Maße Vertreter der Mittelklasse zu ernennen, blieb die mangelhafte Repräsentation von Frauen ausgeblendet. Ein angemessenes Geschlechterverhältnis in Regierung und Kabinett fand in der Vergangenheit kaum Beachtung.

Inwiefern sich strukturelle Konditionen auf eine Ernennung zum Kabinettsmitglied auswirken, hat Jorgen Rasmussen untersucht. Er greift den bereits erwähnten Zusammenhang zwischen der Länge der Parlamentstätigkeit und der Mitgliedschaft in einem Kabinett auf. Für den Untersuchungszeitraum von 1918 bis 1959 kommt er zu dem Ergebnis, dass weibliche Abgeordnete nicht in der Lage waren, die Anzahl der Jahre der Parlamentstätigkeit zu erlangen, welche eine Kabinettsmitgliedschaft bedingen. Die Gründe sieht er nicht in persönlichem Unvermögen der Frauen, sondern in strukturellen Bedingungen, welche Pausen in der parlamentarischen Laufbahn herbeiführen.

Rasmussen stellt fest, dass etwa die Hälfte der britischen Kabinettsmitglieder bereits 21 oder mehr Jahre im Parlament saß und etwa bei einem Fünftel dieser Zeitraum 12 oder weniger Jahre betrug. Nur ein Siebtel der weiblichen Abgeordneten erreichte eine Kumulierung von Amtsperioden auf 21 Jahre; der Anteil bei kürzeren parlamentarischen Laufbahnen von 12 oder weniger Jahren fiel mit zwei Dritteln hingegen hoch aus. Rasmussen folgert, dass die politischen Karrieren von Frauen oft vorbei seien, bevor diese lange genug präsent gewesen wären, um einen Anspruch auf Führungspositionen erheben zu können. Dies stellt für ihn eine klare Benachteiligung von Frauen dar (Rasmussen 1981, S. 618-619).

Lovenduski hingegen argumentiert, dass eine geringe Repräsentation von Frauen im Parlament durchaus positive Auswirkungen auf die Erlangung von Ministerposten haben kann. Der Druck auf den/die PM, Frauen in sein/ihr Kabinett zu integrieren, hat demzufolge Vorteile für die weiblichen Abgeordneten. Allerdings gebe es bei der Umsetzung Unterschiede je nach Partei und PM. Für die Stützung ihrer These nennt Lovenduski die vergleichsweise große Anzahl von fünf Ministerinnen in Blairs Kabinett im Jahr 1997 (Lovenduski 1998, S. 173). Einschränkend muss hier erwähnt werden, dass sich für die Vergangenheit kaum Beispiele finden, die diese These stützen, und die gestiegene Repräsentation von Frauen im Kabinett eher darin begründet liegt, dass sowohl das gesellschaftliche Bewusstsein für das

---

ten Strömungen innerhalb der Partei in der Kabinettsbildung zu repräsentieren. Auch konservative PMs stehen vor der Schwierigkeit, die ideologischen Unterschiede der Partei adäquat zu berücksichtigen (Punnett 1988, S. 216).

vermehrte Einbeziehen von Frauen gestiegen ist als auch innerhalb der *Labour Party* Bestrebungen zu einer verbesserten politischen Partizipation von Frauen existieren.
Die nachfolgende Aufstellung gibt einen Überblick über die Frauen, die seit Erlangung des passiven und aktiven Wahlrechts Kabinettsmitglied waren.

Tabelle 3: Frauen im Kabinett 1918-2005

Name	Amt	Zeitraum	Regierung
Margaret Bondfield	*Minister of Labour*	1929-31	*Labour*
Ellen Wilkinson	*Minister of Education*	1945-47	*Labour*
Florence Horsbrugh	*Minister of Education*	1953-54	Konservative
Barbara Castle	*Minister of Overseas Development*	1964-65	*Labour*
	Minister of Transport	1965-68	
	Secretary of State for Employment & Productivity	1968-70	
Judith Hart	*Paymaster General*	1968-69	*Labour*
Margaret Thatcher	*Secretary of State for Education & Science*	1970-74	Konservative
Barbara Castle	*Secretary of State for Social Services*	1974-76	*Labour*
Shirley Williams	*Secretary of State for Prices & Consumer Protection*	1974-76	*Labour*
	Secretary of State for Education & Science / Paymaster General	1976-79	
Margaret Thatcher	*Prime Minister / First Lord of the Treasury / Minister for the Civil Service*	1979-90	Konservative
Baroness Young	*Leader of the House of Lords*	1981-83	Konservative
	Chancellor of the Duchy of Lancaster	1981-82	
	Lord Privy Seal	1982-83	
Virginia Bottomley	*Secretary of State for Health*	1992-95	Konservative
	Secretary of State for National Heritage	1995-97	
Gillian Shepherd	*Secretary of State for Employment*	1992-93	Konservative
	Minister of Agriculture, Fisheries & Food	1993-94	
	Secretary of State for Education	1994-95	
	Secretary of State for Education & Employment	1995-97	

Margaret Beckett	Secretary of State for Trade & Industry	1997-98	Labour
	Leader House of Commons	1998-2001	
	Secretary of State for the Environment, Food & Rural Affairs	seit 2001	
Ann Taylor	Leader House of Commons	1997-98	Labour
	Chief Whip	1998-2001	
Marjorie Mowlam	Secretary of State for Northern Ireland	1997-99	Labour
	Minister for the Cabinet Office / Chancellor of the Duchy of Lancaster	1999-2001	
Harriet Harmann	Secretary of State for Social Security / Minister for Women	1997-98	Labour
Clare Short	Secretary of State for International Development	1997-2003	Labour
Baroness Jay of Paddington	Lord Privy Seal / Leader of the House of Lords / Minister for Women	1998-2001	Labour
Helen Liddell	Secretary of State for Scotland	2001-03	Labour
Patricia Hewitt	Secretary of State for Trade & Industry / Minister for Women	2001-05	Labour
	Secretary of State for Health	seit 2005	
Estelle Morris	Secretary of State for Education & Skills	2001-02	Labour
Tessa Jowell	Secretary of State for Culture, Media & Sport	seit 2001	Labour
Hilary Armstrong	Parliamentary Secretary to the Treasury / Chief Whip	seit 2001	Labour
Baroness Amos	Secretary of State for International Development	2003	Labour
	Leader of the House of Lords / Lord President of the Council	seit 2003	
Ruth Kelly	Secretary of State for Education & Skills	seit 2004	Labour

Quelle: Center for Advancement of Women in Politics. „Former women ministers in UK Governments". Verfügbar über: http://www.qub.ac.uk/cawp/UKhtmls/UKministers2.htm (Zugriff: 13.04.2005)/10 Downing Street. „Full list of Cabinet members". Verfügbar über: http://www. number-10.gov.uk/output/ Page 1371. asp (Zugriff: 10.05.2005)

Der Tabelle ist zu entnehmen, dass nur 23 Politikerinnen den Rang eines Kabinettsmitglieds hatten oder haben, wobei 13 erst 1997 oder in den Folgejahren in diese Machtpositionen vordrangen. Der deutliche Anstieg des Frauenanteils im Kabinett ist mit einem Paradigmenwechsel innerhalb der *Labour Party* verbunden, wie nachfolgend noch zu zeigen sein wird. Augenscheinlich ist zudem, dass die Konservativen mit Margaret Thatcher[67] zwar eine PM stellten, Frauen jedoch sonst kaum die Position einer Kabinettsministerin bekleiden konnten – auch wenn die Konservativen im Verlauf des 20. Jahrhunderts über einen längeren Zeitraum die Regierung bildeten als die *Labour Party*, ist bei den *Tories* die Frauenquote geringer. Analog zu dem drastisch gestiegenen Frauenanteil im Parlament durch den Erdrutschsieg der *Labour Party* im Jahr 1997, lässt sich diese Entwicklung auch für die Regierungsebene formulieren, denn die Frauenquote stieg auf ein Drittel an: Blair berief fünf Frauen in sein Kabinett, holte 23 weitere Politikerinnen in seine Regierung und ernannte zwei weibliche *whips* (FraktionsführerInnen) für das Unter- sowie eine für das Oberhaus (Norris 2002, S. 40). Obwohl die Frauenquote im Kabinett verbessert wurde, muss festgestellt werden, dass Frauen auch derzeit meist auf der vierten Ebene der genannten Kategorisierung von MinisterInnen auszumachen sind, d.h. meist den Rang der *Under-Secretary* oder *Parliamentary Secretary* einnehmen – und somit den beschriebenen Trend fortsetzen (Center for Advancement of Women in Politics. „Former women ministers in UK Governments". Verfügbar über: http://www.qub.ac.uk/cawp/UKhtmls/UKministers2.htm (Zugriff: 13.04.2005)). Nach den Wahlen von 2001 waren 310% der Regierungsmitglieder weiblich, denn sieben Frauen gehörten dem neuen Kabinett an und weitere 26 der Regierung (Lovenduski 2001, S. 754).

Weibliche Regierungsmitglieder wurden in der Vergangenheit und werden auch heute noch meist mit den Ressorts betraut, die als ‚klassische' Themenfelder für Frauen gelten: Bildung, Gesundheit und Soziales. Unter Blair wurde die geschlechtsspezifische Zuweisung ansatzweise durchbrochen; 1997 wurden zwei ‚Männerressorts' mit Frauen besetzt: Marjorie Mowlam stand dem Ministerium für Nordirland und Margaret Beckett dem Wirtschaftsministerium vor. Erstmalig nahm mit Ann Taylor eine Frau die Position des *Leader of the House of Commons* und nachfolgend die des *Chief Whips* ein. Auch 2001 wurde die geschlechtsspezifische Einteilung mit der Ernennung von Patricia Hewitt als Ministerin für Wirtschaft und Helen Liddell als Ministerin für Schottland weiter aufgeweicht. Bis heute gab es

---

[67] Während der Regierungsphase von Margaret Thatcher, die von 1979 bis 1990 als bisher einzige Frau das Amt der PM bekleidete, wurde nur eine Ministerin in das Kabinett berufen (Center for Advancement of Women in Politics. „Former women ministers in UK Governments". Verfügbar über: http://www.qub.ac.uk/cawp /UKhtmls/UKministers2.htm (Zugriff: 13.04.2005)).

jedoch noch nie eine Ministerin für das Äußere, für Verteidigung oder Finanzen,[68] diese einflussreichen und prestigeträchtigen Ämter sind noch immer Männern vorbehalten.

Die geschlechtsspezifische Ressortzuteilung, bei der Frauen so genannte weiche sozialpolitische Felder besetzen, stellt keinen britischen Sonderfall dar, sondern entspricht einem weltweiten Trend. Demnach gab es zum Ende des 20. Jahrhunderts global zwar mehr Ministerinnen und weibliche Kabinettsmitglieder als je zuvor, diese konzentrieren sich jedoch auf soziale Ressorts und waren selten in den vier Schlüsselministerien – des Äußeren, der Finanzen, des Innern und der Verteidigung – zu finden (Reynolds 1999, S. 562).

Denise Riley hat sich auf theoretischer Ebene mit der Themenbesetzung nach geschlechtsspezifischen Kriterien beschäftigt und stellt die These der doppelten Feminisierung auf: Die geschlechtsspezifische Einteilung der Politikfelder und die Einordnung von Themen wie Gesundheit und Soziales als ‚Frauenthemen' ist demnach durch eine doppelte Feminisierung charakterisiert. Frauen werden als das Zentrum der Familie betrachtet, und aufgrund ihrer unterstellten Erfahrungen im privaten Bereich gelten sie als prädestiniert für und interessiert an soziokulturellen Themen im öffentlichen Bereich. Dies spiegelt sich in der vorliegenden Arbeit in der parlamentarischen Tätigkeit der Frauen wider, die dort primär mit Ressorts betraut wurden, welche den ‚Frauenthemen' zuzuordnen sind und deren Wirkungsgrad auf Frauen im privaten Bereich abzielt. Diese enge Bindung und Wechselwirkung von ‚Frauenthemen' und Frauen hat laut Riley zweierlei Konsequenzen: Zum einen manifestiere sich dadurch die Beziehung einer an *gender* gebundenen Themen- und Kompetenzzuweisung (oder auch Wahl dieser), und zum anderen erfolge eine Hierarchisierung von Politikfeldern, die eine Marginalisierung sozialer Themen und deren Abspaltung vom Politischen evoziere. Das Soziale „takes on an intensified air of privacy and vulnerability, of 'high politics' associated with juridical and governmental power in a restricted manner" (Riley 1988, S. 51). Die Assoziation von Frauen mit dem Sozialen trage somit zu einer Reproduktion der althergebrachten Unterteilung in einen privaten und einen öffentlichen Bereich bei, während sie gleichzeitig eine Eingrenzung des Politischen beinhalte (ebd.).

Rileys These der doppelten Feminisierung kann jedoch nur bedingt zugestimmt werden. Unbestritten sind die enge Bindung von Frauen und soziokulturellen Themen sowie die dadurch entstehende Wechselwirkung zwischen Frauen und ‚Frauenthemen'. Ebenso wenig werden die Reproduktion der Dichotomie des privaten und öffentlichen Bereichs und die Hierarchisierung von Politikfeldern in Frage

---

[68] Baroness Symons of Vernham Dean war 1999 das erste weibliche Regierungsmitglied (*Minister of State for Defence Procurement*), das im Verteidigungsministerium wirkte (Center for Advancement of Women in Politics. „Former women ministers in UK Governments". Verfügbar über: http://www.qub.ac.uk/cawp/UKhtmls/UKministers2.htm (Zugriff: 13.04.2005)).

gestellt. Zweifel bestehen jedoch an der These der Abspaltung soziokultureller Themen von der Politik, denn es besteht beispielsweise durch sozialstaatliche Maßnahmen oder Gesetze zur Regelung von Familienfragen eine klare Verbindung von Politik und sozialem Bereich. Abschließend sind bezüglich der Partizipation von Frauen in Kabinett und Regierung drei Charakteristika festzuhalten: Erstens ist für die Vergangenheit eine eklatante Unterrepräsentation in Kabinett und Regierung festzustellen, die erst Ende der 90er verringert wurde. Bekleiden Frauen ein Regierungsamt, sind sie zweitens vorwiegend auf unteren Hierarchieebenen anzutreffen. Erfolgt ein Blick auf die Ministerien, muss konstatiert werden, dass Frauen überwiegend in so genannten ‚frauentypischen' Politikfeldern und kaum in den Schlüsselressorts zu finden sind.

2.3 Frauen in der *Labour Party*

2.3.1 Der Status von Frauen innerhalb der Partei

Wie im Einleitungskapitel bereits erwähnt, legt die vorliegende Arbeit den Fokus auf Politikerinnen der *Labour Party*. Dies begründet sich durch drei Punkte. Erstens hatte die *Labour Party* seit der Einführung des Frauenwahlrechts 1918 meist eine größere Zahl weiblicher Politikerinnen als die Konservativen in Unterhaus und Regierung zu verzeichnen. Zweitens integrierte die Partei Frauen durch die Etablierung von *Women's Sections* im Jahr 1918, wie die nachfolgenden Ausführungen verdeutlichen, während die Konservativen seit jeher ein ambivalentes Verhältnis zu Frauen in der Politik haben. Drittens erzielte die *Labour Party* durch die Anwendung der *all-women shortlists* 1997 einen drastischen Anstieg der Frauenquote im Parlament. Anhand der *Labour Party* kann daher die Wirkung von Fördermechanismen sowie das Vorkommen eines spezifischen Blickwinkels auf ‚Frauenfragen' nachvollzogen werden.

Auch wenn die angeführten Gründe die *Labour Party* als frauenfreundliche Partei erscheinen lassen, entspricht dieses Bild nicht den tatsächlichen Gegebenheiten. Denn sowohl die *Tories* als auch die *Labour Party* werden von Männern dominiert und ihre Strukturen marginalisieren Frauen. „Die Konservativen vermitteln das Bild eines Sicherheit gebenden, traditionellen Patriarchen, während Labour das Image eines Arbeiterklassen-Fraternalismus anhaftet." (Lovenduski 1998, S. 174-175) Obwohl sich die *Tories* nie für die Förderung von Frauen in der Politik einsetzten und bis heute keine Maßnahmen der positiven Diskriminierung zur Erhöhung des Frauenanteils im Parlament ergriffen haben, gelang es ihnen jedoch immer besser, Frauen zu mobilisieren und an sich zu binden.[69] Dies wird dadurch begründet, dass die Konservativen auf lokaler Ebene frauenfreundlich wirken, während die *Labour Party* hier deutlich maskuliner und bürokratischer erscheint.[70] In höheren politischen Ebenen sind bei den Konservativen jedoch kaum noch Frauen vertreten (Norris und Lovenduski 1993, S. 40, 56/Norris 2001, S. 105). Clare Short erklärt das ‚Phänomen konservative Partei' wie folgt:

> „This would help to explain how the Conservative Party has a smaller number of women MPs, has opposed social reforms that have benefited women, and yet retains the women's vote. Locally it is often run by middle-aged women who are efficient, able and articulate. It also uses social events much more successfully than the Labour Party to bond with local people. ... In contrast, the Labour Party is run to a rule book, with a pyramid of meetings dominated by activists with plenty of time to attend meetings and argue over points of procedure." (Short 1996, S. 26)

Sowohl die Kultur als auch die Organisation der *Labour Party* boten bis vor kurzem den weiblichen Parteimitgliedern ein Umfeld, welches es ihnen erschwerte, sich für Geschlechterfragen zu engagieren. Noch 1992 wurde festgestellt, dass die *Labour Party* von Männern dominiert wird und eine eher maskuline Ausstrahlung hat. Dieses Image wandelte sich in den 90ern, und die Partei wurde aufgrund der zunehmenden Mobilisierung der Parteifrauen deutlich femininer (Perrigo 1995, S. 407/Lovenduski 1998, S. 184). Auf den nachfolgenden Seiten wird diesem Wandlungsprozess nachgegangen, und es werden die Hintergründe für die Einführung der Fördermaßnahmen für Frauen beleuchtet. Es wird dabei auch berücksichtigt, worin der Status der Frauen in der *Labour Party* begründet ist, d.h. warum Frauen in der Organisation der Partei marginalisiert sind. Hierfür ist ein Rekurs auf die Entwicklungen zu Beginn des 20. Jahrhunderts nötig.

Frauen, die sich für die Politik der *Labour Party* interessierten und der Partei nicht beitreten konnten, da sie noch nicht als politisch mündige Individuen anerkannt waren, organisierten sich ab dem Jahr 1906 in der *Women's Labour League* (WLL), einer unabhängigen Gruppierung. Die WLL unternahm ab 1915 den Ver-

---

[69] Dieses ambivalente Verhältnis von Frauen in der Politik, also die Einbindung von Frauen auf regionaler Ebene sowie der Zuspruch seitens der Wählerinnen auf der einen Seite und die zurückhaltende bis ablehnende Haltung gegenüber Frauen auf höheren politischen Ebenen auf der anderen Seite (trotz Margaret Thatcher als ehemalige Parteivorsitzende und PM), besteht in der konservativen Partei seit jeher. Während die *Labour Party* bereits 1918 Frauen in die Partei integrierte, gab es seitens der Konservativen in dieser Hinsicht keinerlei Bestrebungen. Für eine Diskussion der ‚Anfangsphase', also der ersten Dekade nach Einführung des Frauenwahlrechts, siehe beispielsweise Jarvis 1994.

[70] Die Attraktivität der konservativen Partei für Frauen spiegelt sich auch in den Mitgliederzahlen wider. In den 90ern waren 49% der konservativen Parteimitglieder weiblich; bei der *Labour Party* lag diese Quote bei 40% (Electoral Commission 2004, S. 54-55).

such, in die *Labour Party* integriert zu werden; aber erst als sich abzeichnete, dass Frauen das Wahlrecht erhalten würden, bekundete die Partei Interesse daran, denn sie erkannte das Potenzial der Frauen als Wählerinnen. 1918, in dem Jahr, in dem Frauen das (eingeschränkte) Wahlrecht zugesprochen wurde, schloss sich die WLL mit der *Labour Party* zusammen.[71] Vorherige lokale Gruppierungen der WLL wurden als *Women's Sections* in die Ortsverbände der Partei integriert. Die Frauen waren zwar dadurch formal ein Bestandteil der Partei, de facto wurden sie jedoch in einen getrennten Bereich ‚abgeschoben' – somit wurde die Geschlechtersegregation, die vor 1918 bestand, aufrechterhalten. Die Frauenorganisationen hatten lediglich beratenden Charakter und konnten keinen direkten Einfluss auf die Politik der Partei nehmen; dies galt auch für die nationalen Frauenkonferenzen. Der Parteivorstand, das *National Executive Committee* (NEC), wurde 1918 erweitert, und Frauen erhielten vier der 23 Sitze. Die weiblichen Parteimitglieder[72] konnten die vier Mitglieder des NEC jedoch nicht selbst wählen, denn dies war für die Jahreskonferenz der *Labour Party* vorgesehen, die von den männlichen Parteimitgliedern dominiert wurde (Graves 1994, S. 22-23/Thane 1994, S. 94/Laybourn 2000, S. 42/Kavanagh 1982, S. 206/Perrigo 1986, S. 103).

Auch wenn die Integration von Frauen in die *Labour Party* auf den ersten Blick gelungen erscheint, wird bei näherem Hinsehen deutlich, dass diese nicht gleichberechtigt in die Partei aufgenommen wurden – stattdessen dominierten eine Geschlechtersegregation und eine klare Rollenvorstellung: „The model of the political activist, central to both party ideology and its ethos, was the male unionized industrial worker. Women tended to be defined in relation to these workers as wives and mothers supporting 'their men' in 'their struggles', rather than as actors in their own right." (Perrigo 1995, S. 408)

Die 1918 getroffenen Regelungen hatten und haben noch immer großen Einfluss auf die Position der Frauen in der Partei, denn die Bedingungen wurden seither nur geringfügig geändert. Pamela Graves fasst die Entwicklungen wie folgt zusammen: „The constitutional settlements of 1918 in the Labour Party and the Co-Operative Movement contradicted the promises of equality and comradeship between the

---

[71] Um Frauen in die Partei aufnehmen zu können, musste die *Labour Party* ihre Modalitäten verändern. Bis dahin war die Mitgliedschaft nur über angegliederte Organisationen – wie die Gewerkschaften – möglich. Es war jedoch sicher, dass das Gros der Frauen der Partei nicht über die Gewerkschaften beitreten würde, da sie diesen mehrheitlich nicht angehörten (Howell 2002, S. 339). Daher musste die *Labour Party* ihre Strukturen modifizieren und führte im Jahr 1918 die Mitgliedschaft von Individuen ein „to provide special facilities to the prospective women electors to join our ranks" (Auszug aus *Labour Party Report* in Graves 1994, S. 6).

[72] Der WLL gehörten etwa 5.000 Frauen an. Bereits Anfang der 1920er waren mehr als 100.000 Frauen in 650 *Women's Sections* organisiert; im Verlauf der 20er und 30er Jahre stieg diese Anzahl auf 250.000 bis 300.000 an (Thane 1994, S. 94/Laybourn 2000, S. 42).

sexes. They reasserted men's dominance and women's marginality and made these enduring features" (Graves 1994, S. 37).

Bis zum Ende der 1970er bestand innerhalb der *Labour Party* kein großer Druck, sich mit Frauen- und Geschlechterfragen näher auseinander zu setzen und diese in das politische Programm aufzunehmen;[73] auch die anderen Parteien ließen diesen Themenbereich weitestgehend unberücksichtigt. Zudem waren Feministinnen nicht bestrebt, sich innerhalb der Parteien einzubringen; stattdessen bevorzugten sie ein Engagement außerhalb der etablierten Strukturen, da diese mit großer Skepsis gesehen und als zu bürokratisch eingestuft wurden. Gegen Ende der 70er Jahre begann sich diese Haltung jedoch aufgrund verschiedener Entwicklungen zu verändern. Zum einen splittete sich die Frauenbewegung auf, zum anderen führten die Wahl der konservativen Regierung im Jahr 1979 und die nachfolgende ökonomische Krise zu der Erkenntnis, dass die Strategie, sich außerhalb des etablierten politischen Systems zu engagieren, überdacht werden musste (siehe Kapitel 2.1.2). Infolgedessen entschlossen sich feministisch aktive Frauen zu einem Marsch durch die Institutionen, d.h. in diesem Fall durch die *Labour Party*, und setzten sich so für Veränderungen innerhalb der Partei ein (Norris und Lovenduski 1993, S. 55).

Die Mobilisierung der Parteifrauen und ihr Bestreben, die Partei inhaltlich und strukturell zu verändern, sind ein wesentlicher Faktor für die Entwicklungen, welche die *Labour Party* seit Ende der 70er hinsichtlich von ,Frauenfragen' durchlaufen hat. Diese Mobilisierung muss jedoch im Kontext der allgemeinen Veränderungen der Partei gesehen werden, die parallel dazu stattfanden und die sowohl positive als auch negative Auswirkungen auf die Feminisierung der *Labour Party* hatten. Sarah Perrigo identifiziert drei Phasen, die seit 1979 für den Wandel der Partei in Bezug auf Frauen- und Geschlechterfragen relevant sind. In der ersten Phase von 1979 bis 1983 entwickelte sich die Partei weiter nach links und eröffnete Frauen die Möglichkeit, ihre Forderungen zu äußern. Die darauf folgende Phase von 1983 bis 1987 war eher durch eine Zurückweisung feministischer Anliegen gekennzeichnet; die Parteiführung und die Parteifrauen setzten in dieser Phase ihre politischen Akzente disparat. Seit 1987 herrscht ein Klima in der Partei, welches sich als vorteilhaft für die Feminisierung dieser politischen Organisation erwiesen hat. Die Forderungen der weiblichen Parteimitglieder und das Bestreben der Parteiführung, die *Labour Party* zu modernisieren, ließen sich teilweise gut miteinander vereinbaren (Perrigo 1996, S. 118-119).

---

[73] Dies bedeutet jedoch nicht, dass sich die weiblichen Parteimitglieder mit ihrer marginalen Rolle in der Partei zufrieden gaben. Von Beginn an versuchten die Frauen, die politische Agenda der Partei zu beeinflussen und ihre eigene Position zu stärken. Für eine Diskussion dieser Bemühungen in den 1920er und 1930er Jahren siehe beispielsweise Graves 1994/Thane 1994/Howell 2002/Ruhl 2004.

In der ersten Phase, von 1979 bis 1983, durchlief die Partei eine Krise; viele Parteimitglieder waren mit dem moderaten Kurs der Partei unzufrieden und forderten eine Radikalisierung der politischen Ziele. Sie plädierten für eine linke Agenda, eine alternative ökonomische Strategie und eine Demokratisierung der Parteistrukturen. Infolgedessen kam es zu einer Fragmentierung innerhalb der Partei, verhärteten sich die Kontroversen zwischen dem linken und rechten Flügel. Diese Phase ist durch eine inhaltliche Polarisierung, eine Führungskrise und ein Aufweichen der traditionell starken Koalition mit den Gewerkschaften gekennzeichnet. In dieser Zeit entwickelte sich die Partei deutlich nach links, was sie für viele Feministinnen, die sich mit Feminismus und Sozialismus identifizierten, attraktiv machte. Die *Labour Party* schien mit dieser neuen, radikalisierten Ausrichtung Möglichkeiten zu bieten, Frauen- und Geschlechterfragen zu implementieren. Während in der Vergangenheit klare Regeln die Kooperation mit anderen politischen Organisationen einschränkten und weitere Fragmentierungen verhindern sollten, führte die Führungskrise der Partei zu einer Vereinfachung der Zusammenarbeit zwischen *Labour*-Frauen und feministischen Gruppierungen. Dieser Umstand sowie die Lockerung der Anbindung an die Gewerkschaften ermöglichten es den Frauen, neue Koalitionen zu bilden und feministisch-sozialistische Ideen zu entwickeln (ebd., S. 122/Perrigo 1995, S. 409).

Zwischen 1979 und 1983 kam es auch zu einer Revitalisierung der Frauengremien der Partei, welche in den 1920er und 1930er Jahren aktive Foren waren, nach 1945 jedoch stiller wurden. Die Frauenkonferenz wurde für das *Networking* der *Labour*-Frauen und das Entwickeln politischer Ideen zentral. Gleichzeitig nutzten die feministischen Mitglieder die bestehenden Parteistrukturen, um Frauen- und Geschlechterfragen in die allgemeine Diskussion der Partei einzubringen.[74] Die Mobilisierung der Parteifrauen führte zu Veränderungen in der *Labour Party*; beispielsweise beschäftigte sich das Parteiprogramm von 1982 als erstes offizielles Dokument der Partei mit der gesellschaftlichen Situation von Frauen und stellte radikale Forderungen zur Verbesserung auf. Doch obwohl im folgenden Jahr diese Punkte nur in abgeschwächter Form im Programm wiedergegeben wurden, bereiteten sie den

---

[74] Ein wichtiges Organ, welches in den 1980ern entstand, war das *Labour Women's Action Committee*, welches sich u.a. für eine Modifizierung der Parteistruktur aussprach und so die Rolle der Frau stärken wollte. Die Reformvorschläge dieses Gremiums wurden jedoch aus zwei Gründen nicht von der Partei umgesetzt. Zum einen wäre für eine strukturelle Veränderung die Zustimmung weiter Teile der Gewerkschaften nötig gewesen, welche jedoch der kollektiven Repräsentation von Frauen kritisch gegenüber standen. Zum anderen sank die Bereitschaft der Partei für strukturelle Reformen, da die *Labour Party* bereits stark fragmentiert war und einflussreiche Mitglieder verloren hatte, die sich abspalteten und 1981 die *Social Democratic Party* (SDP) gründeten, die wiederum im Folgejahr mit den Liberalen eine Allianz einging (Perrigo 1996, S. 123-124/Laybourn 2000, S. 130).

Weg für die politische Agenda der 90er Jahre.[75] Somit gelang es den Feministinnen, den Parteikurs zu beeinflussen und um feministische Ideen zu erweitern; weniger erfolgreich waren sie in Bezug auf strukturelle Veränderungen. Trotz der Modifizierungen, die in der Parteistruktur zwischen 1979 und 1981 vorgenommen und durch die die Wahlkreise gestärkt wurden, resultierten daraus keine positiven Auswirkungen auf die Rolle der Frauen und es erfolgte auch keine Erhöhung des Frauenanteils im Parlament (Perrigo 1996, S. 124/Norris und Lovenduski 1993, S. 55).

Dass die Veränderungen, die in der ersten Phase erzielt wurden, von begrenztem Ausmaß waren, hat nach Ansicht von Perrigo mehrere Gründe. Die politische Kultur der Partei, die von Formen der Männlichkeit geprägt ist, stellte eine große Hürde für die Förderung von Frauen dar. Die Mobilisierung der Frauen stieß zudem nicht automatisch auf Zustimmung. Zum einen war die Allianz mit der Parteilinken problematisch, denn diese war nicht vorbehaltlos und uneingeschränkt für Frauen- und Geschlechterfragen offen. Im Gegenteil marginalisierte sie weiterhin die Parteifrauen und erwies sich als strukturkonservativ, da sie nicht bestrebt war, die Organisationsform der Partei zu erneuern. Zum anderen unterstützten nicht alle weiblichen Parteimitglieder die Feministinnen. Die traditionellen *Labour*-Frauen fühlten sich eher als Parteifrauen und konnten sich nicht mit Frauenfragen identifizieren; zudem gehörten sie meist der Arbeiterklasse an und waren älteren Jahrgangs, während die Feministinnen jüngere, gut gebildete und rhetorisch gewandte Frauen waren. Doch auch bei den jüngeren Frauen gab es unterschiedliche Strömungen, denn beispielsweise lehnten die trotzkistischen Frauen eine getrennte Organisation der weiblichen Mitglieder und die Anwendung positiver Diskriminierung zur Erhöhung des Frauenanteils ab. Die weiblichen Mitglieder hatten somit wenig gemeinsam und verfolgten unterschiedliche Ziele (ebd., S. 124-125/Perrigo 1995, S. 411).

Die zweite Phase, die Zeitspanne von 1983 bis 1987, ist mit dem Wahldebakel der *Labour Party* von 1983 verbunden, in deren Folge der Parteivorsitzende Michael Foot (1980-1983) zurücktrat. Sein Nachfolger Neil Kinnock (1983-1992) erhielt den Auftrag, die Führungsrolle der Parteispitze wieder zu stärken, den Kurs der *Labour Party* moderater zu gestalten und somit die Parteilinke zu entmachten. Das linke Parteiprogramm wurde nicht nur von den WählerInnen abgelehnt, es gab zudem eine ernst zu nehmende Konkurrenz der neu gegründeten SDP, die mit den Liberalen eine Allianz eingegangen war. Aufgrund der tiefgreifenden Wandlungs-

---

[75] Die Mobilisierung der Frauen führte des Weiteren dazu, dass der NEC 1984 eine Sprecherin für Frauenrechte berief und eine Charta zur Erlangung der Gleichberechtigung in der Partei verabschiedete. Da die Charta keinen bindenden Charakter hatte, wurden die darin formulierten Forderungen nicht in der gesamten Partei umgesetzt. Es wurde dabei auch deutlich, dass Rhetorik und Praxis der Partei auseinander klafften und dass viele Mitglieder einer Stärkung der Rolle der *Labour*-Frauen negativ gegenüber standen (Perrigo 1996, S. 124).

prozesse war die Partei bis zur nächsten Wahl 1987 mit ihrer Neupositionierung und ihren inneren Machtkämpfen derart beschäftigt, dass wenig Raum für die Implementierung von Forderungen der Parteifrauen blieb – dennoch sind für diese Phase einige Änderungen festzustellen (Perrigo 1996, S. 125).

Die SDP stellte nicht nur in Bezug auf die WählerInnen eine Konkurrenz für die *Labour Party* dar, sondern auch in Hinblick auf die weiblichen Mitglieder der Partei, denn die SDP führte eine Frauenquote auf der Ebene der Auswahlliste bei der Wahl der KandidatInnen für das Parlament ein und präsentierte sich als eine moderne Partei, die in Bezug auf Frauen- und Geschlechterfragen offen für Veränderungen war. Die Parteiführung der *Labour Party* war sich des eigenen Images als männlich geprägte Organisation bewusst und versuchte, vor allem nach 1987, diesem Image entgegenzusteuern. In Folge dessen erhielt die Mobilisierung der Parteifrauen breitere Unterstützung. Das *Labour Women's Action Committee* initiierte eine erfolgreiche Kampagne zur kollektiven Repräsentation von Frauen; damit verbunden waren Resolutionen, Debatten auf nationalen Konferenzen und Frauenlisten für die Wahlen des NEC. Das NEC *Women's Committee* übte Druck auf die Parteiführung aus, um die Forderungen der Parteifrauen durchzusetzen. Es entstanden breite Debatten um die Rolle der Frauen in der Partei, und die feministischen Mitglieder erhielten für ihre Ideen Zuspruch in weiten Teilen der *Labour Party*.

Von Bedeutung war die Unterstützung, welche die Frauen seitens der Gewerkschaften bekamen. Seit den 60er Jahren hatten sich Frauen dafür eingesetzt, dass die Gewerkschaften mehr auf die Bedürfnisse der Arbeiterinnen eingehen und dass Frauen besser in den Gewerkschaftsgremien repräsentiert sind. Die Krise der Gewerkschaftsbewegung in den 80ern öffnete die Tür für Veränderungen und somit auch für die Forderungen und Ideen der Feministinnen. Die Politik der konservativen Regierung verursachte eine Restrukturierung der Machtverhältnisse innerhalb der Arbeiterbewegung, denn die traditionell männlich dominierten Gewerkschaften verloren ihre Vormachtstellung und die des Dienstleistungssektors – mit einer großen weiblichen Mitgliederzahl – gewannen an Einfluss. Dies machte eine Berücksichtigung der Forderungen und Bedürfnisse der Frauen notwendig, was darin resultierte, dass sich mehr GewerkschaftsführerInnen in die Debatten um Frauen- und Geschlechterfragen einbrachten. Parallel dazu verstärkten die weiblichen *Labour*-Mitglieder ihre Kooperation mit den Gewerkschaftsfrauen und organisierten gemeinsame Kampagnen (ebd., S. 126/Perrigo 1995, S. 412/Short 1996, S. 20).

Die Parteiführung befand sich durch die genannten Entwicklungen in einem Dilemma, denn auf der einen Seite nahm die Reorganisation der Parteilinie eine hohe Priorität ein; dabei galt es, die extreme Linke zu isolieren und einen moderateren Kurs einzuschlagen. Viele der Feministinnen und vor allem das *Labour Women's Action Committee* wurden mit der Parteilinken in Verbindung gebracht; daher wollte die Parteispitze den Einfluss dieser Frauen einschränken. Auf der anderen Seite wuchs der Druck, die Partei frauenfreundlicher zu gestalten und der SDP etwas entgegenzusetzen. Die Parteiführung entschied sich für eine Zurückweisung feministischer Anliegen, wobei sie versuchte, moderatere Forderungen aufzugreifen, radikalere jedoch zu unterdrücken und solche, die sie als extremistisch einstufte, zu isolieren.[76] Somit nahm die Loslösung radikalerer Strömungen für die Parteispitze einen größeren Stellenwert ein als die Erhöhung der Repräsentation von Frauen (Perrigo 1996, S. 126-127/Perrigo 1995, S. 412/Norris und Lovenduski 1993, S. 55-56).

Die Wahlniederlagen von 1987 und 1992 bestärkten die Parteispitze darin, ihren Reformkurs fortzusetzen. Vermehrt wurde in dieser dritten Phase darauf geachtet, welches Bild die WählerInnen von der *Labour Party* hatten. Um attraktiver für die weibliche Bevölkerung zu sein, enthielt der Parteibericht *Meet the Challenge, Make the Change* aus dem Jahr 1989 Forderungen wie Gleichheit in der Besteuerung, Ausweitung des Gleichstellungsrechts, ein größeres Angebot an Kinderbetreuungsmöglichkeiten und die Einführung eines Mindestlohns. Gleichzeitig wurde ein *Women's Monitoring Committee* eingesetzt, um Frauen formal besser in die Partei zu integrieren. In *Looking to the Future*, einem Pamphlet von 1990, wurden die Aufgaben eines zu bildenden Frauenministeriums beschrieben.[77] Zwei Jahre später führte die Partei eine Reihe von Gremien ein, welche sich mit der Entwicklung von politischen Richtlinien beschäftigen sollten. Obwohl keines dieser Gremien einen frauenspezifischen Schwerpunkt hatte, wurden alle Organe aufgefordert, ihre Konzepte in Hinblick auf deren Implikationen für Frauen zu untersuchen. Parallel zu den Entwicklungen, die von der Parteiführung initiiert wurden, entstanden weitere parteiinterne Frauenorganisationen durch das Engagement der weiblichen Mitglieder: 1988 das Frauennetzwerk und 1992 EMILY'S LIST, um Frauen bei der Kandidatur für das Parlament organisatorisch und finanziell zu unterstützen (Perrigo 1996, S. 127-128/Perrigo 1995, S. 413-414/Short 1996, S. 21). Umfragen aus dieser Zeit ergaben, dass die *Labour Party* in der Bevölkerung noch immer als rückwärtsgewandte und von den Gewerkschaften dominierte Partei angesehen wurde. Deshalb zielte die Parteispitze darauf ab, offener und pluralistischer zu wirken. „To this end, the leadership sought to distance itself from the unions, to reduce their powers in party affairs and to shift power away from constituency activists towards the 'ordinary' member." (Perrigo 1996, S. 128) Des Weite-

---

[76] In Folge dieser Strategie versuchte die Parteiführung, die ihrer Ansicht nach moderaten und extremistischen Frauen zu spalten. Sie reformierte die Frauenkonferenz, um den Einfluss der Wahlkreisdelegierten einzuschränken, und 1987 verweigerte der NEC dem *National Labour Women's Committee*, am *Policy Review* teilzunehmen. Begründet wurde dies damit, dass das *National Labour Women's Committee* nicht repräsentativ sei und aus politisch linkslastigen Frauen bestehe (ebd., S. 127/Perrigo 1995, S. 413).

[77] Zu einer Diskussion um die Konstituierung des Frauenministeriums siehe 2.3.2.

ren brachte eine Analyse der Meinungsumfragen die Parteiführung dazu, die angestrebten Veränderungen mit der Erhöhung der Repräsentation von Frauen zu verbinden: Nach der verlorenen Wahl 1987 ergab eine Umfrage der *Labour's Shadow
Communication Agency*, dass Frauen die *Labour Party* als die maskulinste britische
Partei einstuften. Das männliche Image der Partei war demnach noch immer eines
der Hauptprobleme für die Wahlniederlagen. Wäre es der *Labour Party* 1992 gelungen, die weiblichen Wechselwählerinnen in gleichem Maße für sich zu gewinnen wie die männlichen, hätte sie die Wahl für sich entscheiden können.

Die Einsicht der Parteispitze in die Notwendigkeit einer Verbindung aus Modernisierung mit Frauen- und Geschlechterfragen führte dazu, dass diese deutlich positiver auf die Forderungen der Parteifrauen reagierte. Die Partei entwickelte infolgedessen mehr Verbindlichkeit und war gewillt, positive Diskriminierung einzuführen, um die Repräsentation von Frauen in Partei und Parlament zu erhöhen, wie im
nachfolgenden Abschnitt erläutert wird. Auch wurden mehr weibliche Abgeordnete
in die Riege der führenden PolitikerInnen aufgenommen (Short 1996, S. 19-20).

Die Frauenorganisationen in der *Labour Party* reagierten schnell auf die neue Strategie der Parteiführung; das *Labour Women's Action Committee* ließ die Forderung
nach einer kollektiven Repräsentation und die Stärkung der Frauengremien fallen
und begann, sich mit der Verbesserung der individuellen Repräsentation von Frau-
en auseinanderzusetzen. Doch nicht bei allen weiblichen Mitgliedern stieß dieser
Richtungswechsel auf Anklang, denn einige befürchteten eine Verwässerung feministischer Ziele auf Kosten von Parteipropaganda. Zudem nahmen die Kritikerinnen an, dass das Streben nach der Erhöhung des Frauenanteils im Parlament nur
eine kleine Minderheit von Frauen der Mittelklasse bevorteilen könnte (Perrigo
1996, S. 128/Lovenduski 1993, S. 10). Dennoch geht Perrigo davon aus, dass die
Mehrheit der weiblichen Mitglieder die neue Strategie der Partei und die Einführung von positiver Diskriminierung begrüßte (Perrigo 1996, S. 128).

Wie dargelegt hat sich die *Labour Party* seit 1979 deutlich verändert und ist in den
vergangenen Jahrzehnten stärker auf die Forderungen der feministischen Parteimitglieder eingegangen. Diese hatten jedoch erst dann eine Chance auf Erfolg, als die
Parteiführung die Modernisierung der *Labour Party* voranzutreiben begann. Ein
weiterer Einflussfaktor für die Implementierung der Forderungen der Parteifrauen
war die Tatsache, dass die Partei eine Reihe von Wahlniederlagen hinnehmen
musste und deshalb bemüht war, die Stimmen der Wählerinnen zu erhalten. Aber
auch die politische Kultur der *Labour Party* spielte in diesem Prozess eine große
Rolle, denn linke Parteien tendieren generell stärker dazu, Maßnahmen zur Frauen-

förderung zu ergreifen (Norris 2001, S. 95/Norris 2002, S. 45).[78] Die politische Kultur erwies sich somit als ebenso hinderlich wie begünstigend für die Feminisierung der Partei, denn die männliche Prägung der *Labour Party* war zunächst eine Hürde für die Umsetzung der Forderungen der Feministinnen.

2.3.2 Maßnahmen der Labour Party zur Förderung von Frauen (in der Politik)

Dass sich Frauen in den vergangenen Jahrzehnten für eine Erhöhung ihrer politischen Repräsentation einsetzten, wurde im vorherigen Abschnitt deutlich. Feministinnen forderten Veränderungen in vier Bereichen: im Wahlsystem (Einführung eines anderen Wahlsystems), in der Organisation der Partei (Einführung von Maßnahmen, welche den Frauenanteil in Führungsgremien innerhalb der Partei fördern), im Auswahlverfahren (Einführung von Regelungen zur Veränderung des Verfahrens bzw. Einführung von Quoten) und in der Entwicklung von Politikstrategien (Einführung von neuen Strukturen bzw. eines Frauenministeriums) (Squires und Wickham-Jones 2002, S. 58). Nachfolgend soll auf zwei der vier Aspekte eingegangen werden, für die sich Frauen in der *Labour Party* engagiert haben und die von der Partei aufgegriffen wurden. Feministinnen forderten eine Modifizierung des Auswahlverfahrens, um den Frauenanteil im Parlament zu erhöhen – durch die erfolgreiche Umsetzung konnte die Frauenquote 1997 deutlich angehoben werden. Des Weiteren wird ein Blick auf die Entwicklung von Politikstrategien bzw. die Forderung zur Bildung eines Frauenministeriums geworfen, denn daran kann veranschaulicht werden, welchen Prozessen das Engagement der *Labour Party* in Frauen- und Geschlechterfragen unterliegt.

Der Wandel der *Labour Party* in Bezug auf die Implementierung von Frauen- und Geschlechterfragen steht in unmittelbarem Zusammenhang mit der Einführung von Fördermaßnahmen zur Erhöhung des Frauenanteils im Parlament. Erste Schritte in diese Richtung wurden in der in Abschnitt 2.3.1 beschriebenen ersten Phase des Wandlungsprozesses der Partei unternommen. 1983 veröffentlichte das NEC eine Maßgabe, nach welcher der Frauenanteil auf allen Ebenen der *Labour Party* freiwillig erhöht werden sollte. Vier Jahre später wurden auf dem Parteitag Regelungen beschlossen, die eine Verbindlichkeit für die Auswahllisten von Frauen herstel-

---

[78] Norris und Lovenduski merken an, dass die Unterschiede zwischen den Konservativen und der *Labour Party* in Bezug auf die Förderung von Frauen in der Politik teilweise auf die generellen Politikunterschiede der beiden Parteien zurückzuführen sind: „Differences in their treatment of issues of sex equality in political representation parallel different understandings of the meaning of equal opportunities and of political representation." (Norris und Lovenduski 1993, S. 55)

len sollten.[79] Der Parteitag einigte sich 1989 auf die Einführung von Quoten und verabschiedete eine Resolution, nach der auf allen Ebenen der *Labour Party* eine Frauenquote von 40% eingeführt und der Frauenanteil in der Fraktion im Unterhaus auf 50% angehoben werden sollte. Die Partei beriet sich, wie die Erhöhung des Frauenanteils im Parlament zu erreichen sei; generell bestand zwar Unterstützung für diese Forderung, aber Regelungen, die zur Erreichung des Ziels führen sollten, wurden deutlich abgelehnt – somit sah sich das NEC außer Stande, diese Maßgabe durchzusetzen. Stattdessen verfügte es, dass für die Auswahl nominierte Frauen in die engere Wahl gezogen werden müssten. Gleichzeitig erfolgte die Einrichtung einer Liste für Kandidatinnen. Die dadurch erzielten Erfolge bei der Wahl 1992 waren jedoch gering, und die Anzahl der weiblichen Abgeordneten der *Labour Party* stieg lediglich von 21 auf 37 (Norris 2001, S. 102/Short 1996, S. 21-22/Childs 2004, S. 34).

Die Unzufriedenheit mit dem geringen Frauenanteil im Parlament brachte die weiblichen Parteimitglieder dazu, weiter und verstärkt die Einführung verbindlicher Quotenregelungen zu fordern. Mehrfach wurde auf Frauenkonferenzen beschlossen, dass in solchen Wahlkreisen, in denen ein Abgeordneter aus Altersgründen ausschied, so lange *all-women shortlists*, also rein weibliche Auswahllisten, eingeführt werden sollten, bis die Fraktion der *Labour Party* zur Hälfte aus Frauen bestünde. Da diese Regelung auf den Parteitagen abgelehnt wurde, musste eine Alternative gefunden werden. Deshalb entschied der Parteivorsitzende John Smith (1992-1994), an den Treffen des NEC *Women's Committee* teilzunehmen, um die Debatten verfolgen zu können. Anschließend setzte er sich für die von den Frauen erarbeitete Alternative ein, der auf dem Parteitag 1993 zugestimmt wurde: Für die Hälfte der neu zu besetzenden und der aussichtsreichen Wahlkreise sollte künftig jeweils eine Kandidatin aufgestellt werden. Zur Erreichung dieses Ziels wurden die bereits erwähnten *all-women shortlists* eingeführt. Der Parteitag verabschiedete diese Regelung nach relativ kurzer Debatte mit einer Mehrheit von 54 zu 35%, denn von zentralerer Bedeutung waren zu der Zeit die Parteireformen um das Abstimmungsverfahren *one member, one vote* und die Rolle der Gewerkschaften im Auswahlverfahren. Obwohl die *all-women shortlists* auf dem Parteitag mehrheitlich angenommen wurden, entstand im Nachhinein großer Widerstand gegen diese Regelung, die jedoch auf dem Parteitag im folgenden Jahr erneut bestätigt wurde. Zwischen 1994 und 1996 veranstaltete die Partei Konsenstreffen, um festzulegen, welche Wahlkreise in welcher Region die *all-women shortlists* anwenden müssen.

---

[79] Für den Fall, dass eine Frau in einem Wahlkreis nominiert wird, war vorgesehen: „at least one woman must be on the final shortlist for interview. If no woman had been shortlisted by the regular procedure followed by the Executive Committee, the final name of the shortlist was dropped, and a ballot was held to determine which of the nominated women should be included." (Norris 2001, S. 101-102)

Erreicht eine Region die vorgeschriebenen Quoten nicht, so hat das NEC das Recht, die *all-women shortlists* durchzusetzen. Neue Bestimmungen bezüglich der Repräsentation von Frauen innerhalb der Partei erwiesen sich als wichtig für die Einführung der *all-women shortlists*. In jedem Wahlkreis mussten mindestens drei der sieben Parteifunktionäre, die an den genannten Konsenstreffen teilnahmen, weiblich sein. Dadurch konnte zum einen überprüft werden, ob sich die Wahlkreise an die neuen Regelungen halten, zum anderen waren die meisten Frauen, die das Amt der Parteifunktionärin ausübten, gegenüber Frauenförderung positiv eingestellt (Lovenduski 1998, S. 180/Norris 2001, S. 102/Short 1996, S. 22).

Im Jahr 1996 klagten zwei männliche Parteimitglieder vor dem Arbeitsgericht in Leeds gegen die *all-women shortlists* (Jepson und Dyas-Elliott gegen die *Labour Party* und andere), da sie sich durch diese Regelung sexuell diskriminiert fühlten. Das Gericht gab ihnen Recht und stimmte unter Bezug auf den *Sex Discrimination Act* von 1975 ihrer Argumentation zu, dass das Auswahlverfahren einer Partei den Zugang zu Beschäftigung regelt und somit unter das besagte Gesetz fällt. Daraufhin entschied das NEC, gegen das Urteil keine Berufung einzulegen und die Anwendung der *all-women shortlists* einzustellen, da befürchtet wurde, dass andernfalls weitere Klagen bevorstünden und die bereits getroffenen Nominierungen rückgängig gemacht werden müssten. Stattdessen wurde eine Arbeitsgruppe eingesetzt, die gesetzeskonforme Maßnahmen erarbeiten sollte. Diese Reaktion rief Enttäuschung bei den Feministinnen hervor, bei denen der Eindruck entstand, dass der Parteivorsitzende Tony Blair (seit 1994) die Erhöhung des Frauenanteils nicht fest auf seiner Agenda verankert hatte.[80] Nach der Urteilssprechung wurden nur noch wenige Frauen für aussichtsreiche Sitze nominiert; bis dahin konnten durch die *all-women shortlists* jedoch 130 Kandidatinnen ausgewählt werden. Auf die Anzahl der Kandidatinnen hatten die *all-women shortlists* keine Auswirkungen, denn diese stieg in den vergangenen fünf Wahlen auch ohne Intervention stetig an. Der Erfolg lag vielmehr in der Nominierung von Frauen für aussichtsreiche Wahlkreise; in Zahlen bedeutet dies, dass 101 der 158 Kandidatinnen[81] in das Unterhaus einziehen konnten (Norris 1997b, S. 50-51/Lovenduski 1997, S. 710-711/Lovenduski 1998, S. 181/Stephenson 1998, S. 52-54/Lovenduski und Eagle 1998, S. 7).

Um die Auswirkungen der *all-women shortlists* weiter zu verdeutlichen, unterscheiden Lovenduski und Maria Eagle zwischen fünf verschiedenen Typen von Sitzen: *Labour incumbent seats* (*Labour*-Sitze der AmtsinhaberInnen), *Labour retirement* oder auch *vacant seats* (*Labour*-Sitze, die zur Disposition stehen), *key seats* (sichere Wahlkreise), *unexpected* oder auch *surprise Labour seats* (Sitze, die *La-*

---

[80] Was feministische Angelegenheiten betrifft, gilt Blair als weniger engagiert bzw. interessiert als sein Vorgänger Smith (Short 1996, S. 23/Coote 2001b, S. 110/Chappell 2002, S. 95).

[81] Frauen machten einen Anteil von 24,6% bei den KandidatInnen aus und 24,2% bei den gewählten *Labour*-Abgeordneten (Lovenduski und Eagle 1998, S. 7).

bour unerwartet gewonnen hat) sowie *unwinnable seats* (Sitze, die *Labour* nicht gewinnen kann). Wie die nachfolgende Tabelle veranschaulicht, wurden die größten Erfolge in sicheren Wahlkreisen erzielt, in diesen betrug der Frauenanteil etwas mehr als 50%. Bei den anderen vier Sitztypen fiel die Frauenquote deutlich geringer aus und lag zwischen 15,3 und 34,4% (Lovenduski und Eagle 1998, S. 7-8).

Tabelle 4: *Labour*-KandidatInnen geordnet nach Sitztyp, Unterhauswahl 1997

Sitztyp	Anzahl der Frauen	Anzahl der Männer	Gesamt	Frauen in %
Labour incumbent seats	36	199	235	15,3
Labour retirement seats	11	21	32	34,4
key seats	43	42	85	50,6
unexpected seats	11	55	66	16,7
Gesamt Abgeordnete	101	137	418	24,2
unexpected seats	57	166	223	25,6
Gesamt KandidatInnen	158	483	641	24,6

Quelle: Lovenduski und Eagle 1998, S. 8

Des Weiteren kommen Lovenduski und Eagle in ihrer Untersuchung der Unterhauswahl 1997 zu dem Schluss, dass „constituency selectors are unlikely to nominate enough women to make a difference to the proportion of women in elected office, unless there is some compulsion to do so." (ebd., S. 10) Daher scheint es wenig verwunderlich, dass in der Unterhauswahl 2001, bei der keine *all-women shortlists* angewendet wurden, der Frauenanteil erstmals seit mehr als 20 Jahren zurückging. Diesmal zogen insgesamt 118 Frauen, davon 95 von der *Labour Party*, in das Parlament ein (eine detaillierte Aufstellung findet sich in Abschnitt 2.2.1). Dass der Rückgang nur gering ausfiel, lag daran, dass der Großteil der 1997 gewählten Politikerinnen in solchen Sitzen Erfolge erzielte, die als sichere Wahlkreise gelten. Die Partei wendete als Alternative zu den *all-women shortlists* bei der Wahl 2001 eine abgeschwächte Form der Quotenregelung an; auf den Auswahllisten sollte die gleiche Anzahl von Männern und Frauen verzeichnet sein, um sicherzustellen, dass Auswahlgremien die Nominierung von Kandidatinnen in Erwägung ziehen. Der Erfolg dieser Strategie war jedoch sehr bescheiden, denn der Anteil der

Frauen, die für neu zu besetzende *Labour*-Wahlkreise aufgestellt wurden, lag mit 10,3% unter den Werten von 1997, 1992 und 1987 (Childs 2004, S. 45-46, 48).[82] Die Bedeutung von positiver Diskriminierung wird somit sehr deutlich – wären die *all-women shortlists* erneut angewendet worden, hätte der Frauenanteil weiter angehoben werden können. Auch die Wahlen in Schottland und Wales sowie zum Europäischen Parlament[83] zeigen, dass Maßnahmen zur Frauenförderung deutliche Erfolge hervorbringen. In Schottland und Wales fasste die *Labour Party* ihre Wahlkreise zusammen; d.h. nach den Kriterien Erfolgsaussichten und Geographie wurden jeweils zwei Wahlkreise kombiniert, für die ein Mann und eine Frau aufgestellt wurden. Das schottische Parlament bestand nach den Wahlen von 1999 zu 37% aus Frauen, und hat seit den Wahlen von 2003 einen Frauenanteil von 39,5%. 1999 betrug dieser in der *Labour*-Fraktion 50%, 2003 sogar 56%. In Wales konnten noch bessere Ergebnisse erzielt werden, denn 1999 waren 43% der ParlamentarierInnen weiblich, und 2003 wurde Parität erreicht. In der *Parliamentary Labour Party* (PLP) lag der Frauenanteil 1999 bei 46 und 2003 bei 63% (ebd., S. 47/Centre for Advancement of Women in Politics[84]).

Dass die *Labour Party* 1993 beschloss, die *all-women shortlists* einzuführen, begründet sich laut Pippa Norris durch kurzfristige und längerfristige Faktoren. Unter die längerfristigen Faktoren fallen die politische Kultur und die Struktur der Partei. Die Entwicklung hin zu Maßnahmen der positiven Diskriminierung entspricht nach Norris der politischen Kultur der *Labour Party* und spiegelt die Werte wider, die auch andere Mitte-Links-Parteien aufweisen: „Just as social democratic parties believe in interventionist policies to reduce social and economic inequalities, through the welfare state, so they are more likely to feel that interventionist strategies are appropriate to achieve gender equality." (Norris 2001, S. 96) Untersuchungen aus dem Jahr 1992 weisen darauf hin, dass trotz bestehender Vorbehalte das Prinzip von Quotenregelungen mit der Einstellung der Parteimitglieder

---

[82] Untersuchungen ergaben, dass es für Frauen bei den Wahlen 2001 schwierig war, für einen sicheren Wahlkreis nominiert zu werden. Die Erhöhung des Frauenanteils erfolgt scheinbar nur unter Druck, denn „when not forced to choose women, Labour activists tend to pick men" (Childs 2004, S. 48).

[83] 1999 konnte der Frauenanteil der britischen Parlamentarierinnen im Europäischen Parlament von 18 auf 24% angehoben werden, 2003 lag er bei 23% (ebd., S. 46/Centre for Advancement of Women in Politics. „UK women members in the European Parliament". Verfügbar über: http://www.qub.ac.uk/ cawp/UKhtmls/UKMEPs04.htm (Zugriff: 02.04.2005)).

[84] Centre for Advancement of Women in Politics. „Devolved Elections 2003". Verfügbar über: http://www.qub.ac.uk/cawp/UKhtmls/electionS&W03.htm (Zugriff: 02.04.2005)/Centre for Advancement of Women in Politics. „Women members of the Scottish Parliament". Verfügbar über: http://www.qub.ac.uk/UKhtmls/MSP.htm (Zugriff: 02.04.2005)/Centre for Advancement of Women in Politics. „Women members of the National Assembly for Wales". Verfügbar über: http://www.qub.ac.uk/cawp/UKhtmls/AM.htm (Zugriff: 02.04.2005).

vereinbar ist. Fünf Jahre später wurde durch eine weitere Umfrage bestätigt, dass die Zustimmung zu diesen Maßnahmen auf einem stabilen Wert geblieben ist und der Beschluss bezüglich der *all-women shortlists* im Jahr 1993 somit der politischen Kultur der *Labour Party* entspricht. Ob Quotenregelungen eingeführt werden, hängt jedoch auch von der Art der Organisation der Partei ab. Die *Labour Party* verfügt über eine bürokratische Struktur und regelt ihre Angelegenheiten strikt nach Richtlinien (siehe Kapitel 3.2). Dies ist eine gute Ausgangsbasis für die Umsetzung von positiver Diskriminierung, da sie in solchen Organisationen am effektivsten ist, in denen das Auswahlverfahren dezentralisiert und regelgebunden abläuft. Im Bereich der kurzfristigen Faktoren werden die Mobilisierung der Parteifrauen, die sich für die Implementierung von Quoten einsetzten, genannt sowie die begünstigenden Umstände, die aus dem Modernisierungsprozess hervorgingen (ebd., S. 98, 101). Die Faktoren, die sich begünstigend auf die Einführung der *allwomen shortlists* ausgewirkt haben, sind somit nahezu deckungsgleich mit den Umständen, die eine positive Auswirkung auf die Implementierung von Frauen- und Geschlechterfragen hatten.

Da der *Labour Party* bereits im Vorfeld der Wahlen 2001 klar war, dass der Frauenanteil ohne verbindliche Regelungen nicht erhöht werden konnte und da sowohl innerhalb als auch außerhalb der Partei (durch Frauenverbände) großer Druck bestand, in dieser Angelegenheit aktiv zu werden, wurde im Wahlprogramm festgehalten, Gesetzesänderungen in die Wege zu leiten. Bereits am 17. Oktober 2001 brachte die *Labour Party* einen entsprechenden Gesetzentwurf (*Sex Discrimination (Election Candidates) Bill*), in das Unterhaus ein, demzufolge Angelegenheiten der Kandidatenauswahl politischer Parteien nicht unter den *Sex Discrimination Act* von 1975 und die *Sex Discrimination (Northern Ireland) Order* von 1976 fallen. Der Gesetzentwurf fügte dem *Sex Discrimination Act* einen Passus bei, welcher solche Einrichtungen von den Anti-Diskriminierungsregelungen in Absatz 2 bis 4 des Gesetzes (inklusive Absatz 13) befreit, die:

> „a) regulate the section by a political party registered under the Political Parties, Elections and Referendums Act 2000 of candidates in an election for Parliament ... and b) are adopted for the purpose of reducing the inequality in the numbers of men and women elected, as candidates of that party, to be members of the body concerned.“
> (Childs 2002b, S. 91)

Von den Änderungen sind Wahlen für das Unterhaus, das Europäische Parlament, das Parlament von Schottland und das Parlament von Wales betroffen sowie Wahlen für die Kommunalvertretung (mit Ausnahme des Bürgermeisters von London). Der Gesetzentwurf hat keinen bindenden Charakter, d.h. die Parteien sind dadurch nicht verpflichtet, Maßnahmen der positiven Diskriminierung zu ergreifen – die politische Repräsentation von Frauen ist dadurch nicht gesichert, sondern es unterliegt dem Ermessen der Parteien, ob sie in dieser Hinsicht aktiv werden möchten. Werden keine weiteren gesetzlichen Regelungen getroffen, läuft der *Sex Discrimination (Election Candidates) Act* im Jahr 2015 aus. Diese beiden Faktoren führten dazu, dass der Gesetzentwurf sowohl im Unter- als auch im Oberhaus verabschiedet wurde, obwohl Quotenregelungen o.ä. im Vorfeld sowohl innerhalb der *Labour Party* als auch in den anderen Parteien kontroverse Debatten ausgelöst hatten (ebd./Childs 2004, S. 205/Eagle et al. 2002, S. 17). Die Zustimmung der Abgeordneten kann somit nicht als ein eindeutiges Indiz dafür gewertet werden, dass die Vorbehalte gegenüber der Anwendung von Maßnahmen der positiven Diskriminierung gänzlich zurückgegangen sind oder gar bei allen Parteien künftig eine Rolle spielen. Im Gegenteil machten die Konservativen ihre Ablehnung gegenüber den *all-women shortlists* deutlich, während unter den Abgeordneten der *Labour Party* mehrheitlich gefordert wurde, diese bei der nächsten Wahl erneut anzuwenden (Childs 2004, S. 208-209). Doch trotz der negativen Haltung seitens der konservativen Partei und trotz des fakultativen Charakters des neuen Gesetzes kann die Verabschiedung desselben als Indikator für einen Wandel im politischen Klima gedeutet werden.

Bei der ersten Unterhauswahl, die nach der Gesetzesänderung stattfand, machten weder die Konservativen noch die *Liberal Democrats* von der Möglichkeit Gebrauch, Maßnahmen der positiven Diskriminierung anzuwenden. Die *Labour Party* nominierte jedoch nach Anwendung der *all-women shortlists* für 64% der 50 sichersten Wahlkreise Frauen. Insgesamt waren 27% der *Labour*-KandidatInnen weiblich (Fawcett Society. 2005. *Nearly half the voters denied choice of voting for a woman.* Verfügbar über: http://www.fawcettsociety.org.uk/generalelection2005. htm (Zugriff: 01.05.2005)). Die Hoffnungen, die mit dieser Praxis verbunden waren, wurden leider nicht gänzlich erfüllt, da die *Labour Party* 2005 trotz Wahlsieg insgesamt einen hohen Stimmenverlust hinnehmen musste.

Die *Labour*-Frauen erhofften sich zudem durch Veränderungen in der Entwicklung von Politikstrategien weitere Verbesserungen bei der Durchsetzung der Belange von Frauen und in Bezug auf die Erhöhung des Frauenanteils in politischen Schlüsselfunktionen – sie plädierten für die Schaffung eines einflussreichen Frauenministeriums, da es unter der konservativen Regierung keinerlei Bestrebungen gab, diesen Politikbereich aufzugreifen. Die Personen, die innerhalb der konservativen Regierung mit der Position des Ministers/der Ministerin für Frauen betraut wurden, hatten zudem meist keinerlei feministischen Hintergrund und waren größtenteils männlichen Geschlechts. Bereits 1986 reichte die Abgeordnete Jo Richardson[85] in der *Labour Party* einen Antrag zur Bildung eines Frauenministeriums ein, dessen

---

[85] Richardson wurde zur Schattenministerin für Frauen ernannt; in *A New Ministry for Women* (1991) legt sie die Aufgaben und Ziele des zu bildenden Ministeriums dar.

Ministerin dem Kabinett angehören sollte. Der Antrag wurde intensiv in der Partei diskutiert, und ein Jahr später stimmte das NEC diesem zu (Perrigo 1995, S. 413/Chappell 2002, S. 89). Es war vorgesehen, dass die Frauenministerin auf allen Ebenen der Regierungspolitik involviert ist, ihr Ministerium legislative Befugnisse hat und mit einem ausreichenden Mitarbeiterstab ausgestattet sein sollte. 1991 wurde das Interesse an der Konstituierung des Frauenministeriums seitens der *Labour Party* bestätigt, obwohl zu diesem Zeitpunkt die Forderung bereits etwas abgeschwächt war und die legislativen Zuständigkeiten auch nicht mehr thematisiert wurden. Im Wahlprogramm von 1992 war das Frauenministerium mit seiner Aufgabe zur Überwachung der Umsetzung von Fraueninteressen in allen Politikbereichen verankert. Nach der Wahlniederlage wurde jedoch darüber diskutiert, diese Forderung aufzugeben, da sie Bestandteil dessen war, was als ,*loony left image*‘ der Partei kursierte. Da die Partei von diesem Image loskommen wollte, wurden Überlegungen angestrengt, welche Alternativen zum Frauenministerium existieren. Zu der Zeit galt das Hauptaugenmerk der Partei jedoch weniger dem Frauenministerium, als internen Reformen, in deren Zuge auch die *all-women shortlists* eingeführt wurden (Squires und Wickham-Jones 2002, S. 60-61/Short 1996, S. 25).

Unter dem neuen Parteivorsitzenden Blair ließ das Interesse der Partei an der Bildung eines Frauenministeriums merklich nach. Infolgedessen wurde dieser Vorschlag fallengelassen, an einer Frauenministerin im Kabinett jedoch festgehalten.[86] Auch kann an der Ernennung der Schattenministerin für Frauen abgelesen werden, wie wenig Gewicht in dieser Zeit dem Posten beigemessen wurde, und dass der Einfluss der Feministinnen minimal gehalten werden sollte. In der Vergangenheit bekleideten u.a. Jo Richardson und Clare Short dieses Amt, beide feministisch engagierte Frauen mit langjähriger politischer Erfahrung. 1997 wurde mit Janet Anderson eine eher unerfahrene Abgeordnete zur Schattenministerin für Frauen ernannt, die sich laut eigenen Aussagen zudem wenig mit feministischen Zielen identifiziert (Squires und Wickham-Jones 2002, S. 62).

Einen Monat nach dem Wahlsieg der *Labour Party* erfolgte die Bildung der *Women's Unit* innerhalb des Ministeriums für *Social Security*, dessen Ministerin Harriet Harman auch gleichzeitig Ministerin für Frauen war. Die Ernennung von Joan Ruddock als zweite Zuständige rief eine Kontroverse hervor, da Ruddock erst spät darüber in Kenntnis gesetzt wurde und zudem keinerlei Vergütung erhielt. Harman

---

[86] Short schreibt in *Labour's Strategy for Women*, dass „[in] order to deliver our policies to women, and to ensure that Government promotes and does not hold back women's equality, Labour believes that we need strengthened Government machinery for women within Whitehall. We are committed to the appointment of a Minister for Women within the cabinet who would head the team of civil servants in Whitehall." (Short 1995, S. 18) Statt der Forderung zur Bildung eines Frauenministeriums findet sich hier bereits die wenig konkrete Formulierung, dass eine Maschinerie zur Vertretung der Interessen der Frauen eingerichtet werden soll.

und Ruddock zeichnen sich sowohl durch ein langjähriges politisches Engagement als auch durch einen feministischen Hintergrund aus, was sie für die Leitung der *Women's Unit* prädestinierte. Bei der ersten Regierungsumbildung 1998 wurden jedoch beide von Blair fallengelassen; an ihre Stelle traten Baroness Margaret Jay und Tessa Jowell. Jay sagte bei Amtsantritt öffentlich über sich, dass sie keine Feministin sei, und auch Jowell gilt nicht als solche.[87] Parallel zu den Änderungen an der Spitze wechselte die Zuständigkeit für die *Women's Unit* vom Ministerium für *Social Security* in die *Cabinet Office* (ebd., S. 89/Chappell 2002, S. 89).

Im Jahr 2001 erfolgte eine weitere Umstrukturierung: die Umbenennung der *Women's Unit* in *Women and Equality Unit* im Jahr 2001 reflektiert die Veränderung des Aufgabenbereichs. Zuvor lag der Schwerpunkt darauf, die einzelnen Ministerien bei der Implementierung von Frauen- und Geschlechterfragen zu unterstützen und die Arbeit in diesem Bereich zu koordinieren. Dabei sollten die Interessen von Frauen berücksichtigt und direkt in die Bildung von politischen Richtlinien eingebunden werden; diese Strategie galt als „a two-way voice between government and the women of the UK" (Squires und Wickham-Jones 2002, S. 62). Zusätzlich zu dieser Strategie kam nach der Umstrukturierung die Koordinierung der Politik zu Gleichberechtigungsfragen – d.h. das Tätigkeitsfeld wurde erweitert, denn unter Gleichberechtigung fallen neben Geschlecht auch Kriterien wie Alter, sexuelle Orientierung und Religion. Erneut fand ein Wechsel an der Spitze der Einrichtung statt. Die Feministin Patricia Hewitt hat seither den Posten der Frauenministerin inne; wie auch ihre Vorgängerinnen bekleidet sie ein ministerielles Amt, das höhere Priorität einnimmt. Den zweiten Part in der Doppelspitze bekleidete zunächst Sally Morgan, die von Jacqui Smith abgelöst wurde.

Seit der Veröffentlichung der ersten Pläne zur Etablierung eines Frauenministeriums hat sich die Einstellung der *Labour Party* dazu deutlich gewandelt. Sollte anfänglich ein einflussreiches Ministerium aufgebaut werden, kam es zu einer Verwässerung dieser Ziele, die in der Bildung der lediglich koordinierenden *Women's Unit* mündete. Doch selbst dieser Fokus wurde durch die Umbildung im Jahr 2001 und die Erweiterung des Aufgabenbereichs weiter geschwächt und hat den frauenspezifischen Schwerpunkt abgelöst.

In den beiden Abschnitten über Frauen in der *Labour Party* wurde deutlich, dass sie in dieser Partei zwar stärker Gehör finden als dies bei den weiblichen Mitgliedern der konservativen Partei der Fall ist, aber es wurde auch augenscheinlich, dass seit 1918 eine Geschlechtersegregation besteht, die Frauen marginalisiert. Es konnte herausgearbeitet werden, dass es Ende der 70er Jahre in der *Labour Party* zu

---

[87] Hinzu kam, dass beide Frauen bereits andere Posten bekleideten, die den Großteil ihrer Aufmerksamkeit forderten. Jay war Präsidentin des *House of Lords* und Jowell Ministerin für Bildung und Arbeit. Jowell gab an, dass sie nur 20% ihrer Zeit für ihre Tätigkeit als Frauenministerin investieren konnte (Childs 2004, S. 166).

mehr Bewegung in Hinblick auf Frauen- und Geschlechterfragen gekommen ist und dass es Feministinnen gelang, die Agenda der Partei zu beeinflussen. Dies war kein gradueller Prozess, sondern er war bestimmt von Fort- und Rückschritten, welche wiederum an die allgemeinen Entwicklungen der *Labour Party* gebunden waren. Auf den vorangegangenen Seiten wurden zwei in der Partei kontrovers debattierte Themen aufgegriffen, nämlich die Einführung von Quotenregelungen zur Erhöhung des Frauenanteils im Parlament und die Schaffung eines Ministeriums für Frauen, um die Interessen der weiblichen Bevölkerung besser zu berücksichtigen und in die Regierungspolitik einzuflechten. Auch an diesen Themen wurde deutlich, dass es den Parteifrauen durch intensives Engagement gelang, beide Forderungen auf die Agenda der *Labour Party* zu setzen. Dass diese dort platziert werden konnten, lag auch darin begründet, dass die Partei einen Modernisierungskurs einschlug und danach strebte, die Gunst der Wählerinnen zu erlangen.

Dass die *Labour Party* 1997 am Rekordhoch des Frauenanteils im Parlament ursächlich beteiligt war und 2001 ein Gesetz auf den Weg brachte, welches Quotenregelungen ermöglicht, um so künftig die Repräsentation von Frauen auf einem hohen Maß zu halten, darf nicht darüber hinwegtäuschen, dass unter Tony Blair das Interesse der Partei an der Implementierung von Frauen- und Geschlechterfragen nachgelassen hat. Seine Strategie des ,Dritten Weges' hat sowohl positive als auch negative Konsequenzen für die Interessenvertretung von Frauen:

> „The Blair government introduced a raft of measures that were highly beneficial to women and for which feminists in the party had campaigned over many years. But even as it did so, it appeared reluctant to identify with feminism and uncomfortable about promoting a pro-women agenda." (Coote 2001b, S. 114)

Vorbehalte liegen darin begründet, dass Blair mit seiner Strategie des ,Dritten Weges' auf Konsens bedacht ist und damit WechselwählerInnen ansprechen möchte. Feministische Ziele gelten jedoch als kontrovers und stehen eher für *old politics* als für *New Labour* (Chappell 2002, S. 95).[88] Trotz dieser Einschränkungen ist die Politik der *Labour Party* ,feministischer' bzw. stärker an den Interessen der Frauen orientiert als alle Vorgängerregierungen. Die Einschätzung Anna Cootes, welche die Politik der *Labour Party* kritisch bewertet, aber zugleich einen optimistischen Blick in die Zukunft wirft, soll daher als Schlusswort für die Rolle der Frauen in der *Labour Party* stehen:

---

[88] Chappell zitiert den Kommentar eines Berichterstatters, der sehr plastisch den Status Quo ausdrückt: „No one should make the mistake of thinking that, because there is a minister for women and a Women's Unit in the Cabinet Office, that this government is interested in feminism. The f-word is still the biggest turn-off in the corridors of power." (Chappell 2002, S. 95)

„For all its faults, however, the third way is the only show in town at present and the New Labour government is the best thing that has happened to any of us in Britain, including women, for decades. There doesn't have to be a permanent stand-off between feminism and New Labour. The key to rapprochement lies in understanding that women's politics are integral to modern social democracy, not an add-on." (Coote 2001a, S. 132)

3. Determinanten der politischen Partizipation von Frauen in Großbritannien

Im vorangegangenen Kapitel wurde ausführlich dargelegt, wie sich die Repräsentation von Frauen im britischen Unterhaus und in der Regierung seit Einführung des Frauenwahlrechts entwickelt hat. Zudem wurde die Rolle der Frauen innerhalb der *Labour Party* analysiert. Das vorliegende Kapitel rückt die Einflussfaktoren der politischen Partizipation von Frauen ins Blickfeld und trägt dabei den Besonderheiten Großbritanniens Rechnung.

Wie in Kapitel 2.2.1 verdeutlicht wurde, hat die gestiegene Zahl zur Verfügung stehender Kandidatinnen kaum Auswirkungen auf die Quote der Parlamentarierinnen. Demzufolge spielen andere Faktoren eine maßgebliche Rolle bei der parlamentarischen Repräsentation von Frauen. Die Frage nach den Gründen für den niedrigen Stand der politischen Teilhabe von Frauen kann zum gegenwärtigen Zeitpunkt zwar nicht erschöpfend beantwortet werden, aber es liegen einige Erklärungsansätze vor, welche die Problematik erhellen. Die feministische Partizipationsforschung argumentiert, dass das Geschlecht ein Grundprinzip gesellschaftlicher Ordnung darstellt und somit als Strukturkategorie zu begreifen ist. Geschlecht ist laut Hoecker und Fuchs „nicht länger eine unabhängige Variable im Erklärungsmodell für politische Partizipation, vielmehr öffnet sich der Blick für die besonderen Determinanten des geschlechtsspezifischen Partizipationsverhaltens" (Hoecker und Fuchs 2004, S. 12). Für die politische Partizipation von Frauen kann keine monokausale Erklärung angeführt werden, sondern sie ist vielmehr von mehreren Determinanten abhängig, die Norris (1993) ausführlich beschrieben hat und die Hoecker (1995/1997/1998a) zu drei zentralen Konzepten zusammenfasst: der politischen Kultur, den sozialstrukturellen Faktoren und den institutionellen Faktoren (vgl. Abbildung 5).

Abbildung 5: *Determinanten der politischen Partizipation von Frauen*

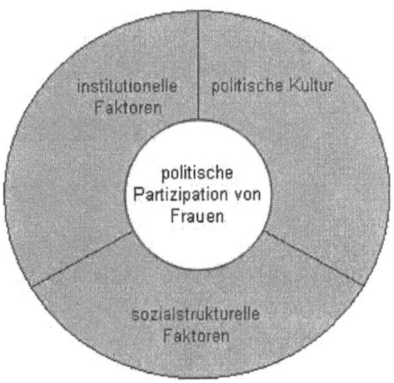

Quelle: nach Hoecker 1995, S. 28

Die genannten drei Determinanten wirken, wie nachfolgend zu zeigen sein wird, in einem komplexen Zusammenspiel auf die politische Partizipation von Frauen ein und liefern eingehende, jedoch keine umfassenden Erklärungen für die Unterrepräsentation von Frauen in der britischen Politik. In dem abschließenden Abschnitt dieses Kapitels wird diese Lücke aufgegriffen und ein Vorschlag für eine Erweiterung der Analyse um eine vierte Determinante unterbreitet. Es wird hierbei argumentiert, dass der Kategorie Identität Bedeutung bei der politischen Partizipation von Frauen zukommt und diese als vierter Faktor in dem Erklärungsmodell fungiert.

3.1 Sozialstrukturelle Faktoren

Sozialstrukturelle Gegebenheiten sind eine der drei Determinanten im gängigen Erklärungsmodell für den Prozess der politischen Beteiligung von Frauen; d.h. sozio-ökonomische Voraussetzungen – formuliert als so genanntes SES-Standardmodell – bedingen die Partizipation. Unter sozialstrukturellen Faktoren werden in dieser Arbeit Aspekte der Bildung und der Erwerbsarbeit diskutiert. Zahlreiche *mainstream*-Studien der Partizipationsforschung betonen, dass ein höheres Maß an Bildung ein höheres Maß an politischer Aktivität zur Folge hat, da Bildung die kognitiven Fähigkeiten zur Partizipation vermittelt (Verba, Nie und

Kim 1978, S. 237/Barnes, Kaase et al. 1979, S. 112/Inglehart 1989, S. 420).[45] Frauen konnten in der Vergangenheit durch einen mangelnden Zugang zu Bildung nicht die kommunikativen Fähigkeiten erwerben, welche für die Politik nötig sind. Zudem ebnen höhere Schul- und Universitätsabschlüsse den Weg zu besser qualifizierten und besser bezahlten Berufen. Bei der Ausübung prestigeträchtiger Tätigkeiten mit hoher Vergütung ist für Inglehart nicht nur ein Zuwachs an ökonomischen Ressourcen von Bedeutung, sondern auch der Umstand, dass Berufstätigkeit politisch relevante Fähigkeiten vermittelt (Inglehart 1989, S. 422).

In der feministischen Partizipationsforschung besteht Dissens über den Grad der Korrelation zwischen sozialstrukturellen Faktoren und politischer Partizipation. Hoecker identifiziert einen entscheidenden Einfluss des individuellen sozioökonomischen Status und argumentiert, dass die europäischen Länder, die führend in der Partizipation von Frauen sind, ebenfalls über eine hohe Erwerbsquote der weiblichen Bevölkerung verfügen, während Länder mit einer geringen Partizipationsrate niedrige Quoten bei der Erwerbsarbeit von Frauen aufweisen. Hoecker räumt allerdings ein, dass durchaus auch Ausnahmen von dieser Regel bestehen (Hoecker 1998a, S. 390). So haben Großbritannien (Beschäftigungsrate 2003: 65,3%/Frauenquote im Parlament 2003: 18,0%) und Portugal (Beschäftigungsrate 2003: 61,4%/Frauenquote im Parlament 2003: 19,1%) trotz eines hohen Frauenanteils auf dem Arbeitsmarkt einen geringen Frauenanteil im Parlament, während in Spanien (Beschäftigungsrate 2003: 46,0%/Frauenquote im Parlament 2003: 28,3%) das Gegenteil der Fall ist.[46] Hingegen sehen Elizabeth Vallance und Norris in der verbesserten Position der weiblichen Bevölkerung sowohl im Bildungswesen als auch auf dem Arbeitsmarkt keinen direkten Einfluss auf deren Integration in die Politik. Ein Zuwachs von Frauen in Führungspositionen und in solchen Berufsfeldern, aus denen PolitikerInnen hauptsächlich hervorgehen,[47] korreliert ihrer Mei-

---

[45] Einschränkend merken Barnes, Kaase et al. jedoch an, dass das allgemein gestiegene Bildungsniveau nicht überbewertet werden sollte, da in einigen Ländern trotzdem sowohl Parteimitgliedschaften als auch Wahlbeteiligung innerhalb des Untersuchungszeitraums zurückgegangen sind. Beispielsweise stellen sie bei britischen Jugendlichen, die als die am besten gebildete Generation ihres Landes eingestuft werden, eine Meidung konventioneller Politik fest (Barnes, Kaase et al. 1979, S. 112).

[46] Für alle drei Länder stammen die Angaben aus: ONS 2005, S. 51/Inter-Parliamentary Union. „Women in National Parliaments". Verfügbar über: http://www.ipu.org/wmn-e/classif.htm sowie http://www.ipu.org /wmn-e/arc/classif300403.htm (Zugriff: 01.11.2005).

[47] Sowohl bei der *Labour Party* als auch bei den Konservativen gehen die meisten Abgeordneten aus den Reihen der Mittelschicht hervor. Bei den Konservativen dominieren Angehörige des privaten Sektors (AnwältInnen und Geschäftsleute), während bei der *Labour Party* der öffentliche Sektor (LehrerInnen, JournalistInnen) von besonderer Bedeutung ist. Der Arbeiteranteil sank in den Reihen der *Labour*-Abgeordneten 1997 auf 13,0%. Beiden Parteien ist gemein, dass das Gros ihrer Volks-

nung nach nicht mit einem Anstieg von Frauen in politischen Schlüsselfunktionen oder der Frauenquote im Parlament (Norris 1987, S. 131/Vallance 1984, S. 302). Welcher der beiden Positionen zugestimmt werden kann, zeigen die nachfolgenden Darstellungen über die sozio-ökonomischen Bedingungen von Frauen in Großbritannien.

Der Zugang zu Bildung von Frauen und Mädchen hat sich in Großbritannien, wie in anderen europäischen Staaten auch, im Verlauf des 20. Jahrhunderts deutlich geändert, und der Anteil von Frauen an höheren Bildungsabschlüssen ist seit den 70er Jahren gestiegen. Dies gilt sowohl für höhere Schulabschlüsse als auch für die Zahl der weiblichen Studierenden. Es hat sich ein Trend abgezeichnet, demzufolge sich Mädchen im Alter zwischen 16 und 18 Jahren verstärkt dafür entscheiden, den Bildungsweg fortzusetzen und nicht nach Beendigung der Schulpflicht in das Berufsleben einzusteigen.[48] Gleichzeitig haben seit 1988/89 junge Frauen ihre männlichen Altersgenossen bei der Erlangung der Hochschulreife überholt und erzielen bessere Ergebnisse. Parallel zu der gestiegenen Frauenquote bei höheren Schulabschlüssen ist ein Anstieg der Anzahl von Studentinnen festzustellen. In Großbritannien entscheiden sich generell zunehmend mehr junge Menschen für ein Studium; waren an den Universitäten 1970/71 621.000 Studierende immatrikuliert, erhöhte sich diese Zahl 30 Jahre später auf knapp 2,1 Millionen. Der Frauenanteil wuchs in diesem Zeitraum von 33,0 auf 54,5% (ONS 2001, S. 69/ONS 2002, S. 60/Rees 1998, S. 85/Charles 2002, S. 91).[49] Mit der deutlichen Zunahme weiblicher Studie-

---

vertreterInnen den *chattering professions* entstammt (Norris und Lovenduski 1995, S. 95-96/Becker 2002, S. 127/Fisher 1996, S. 47, 78).

[48] In Großbritannien sehen sich die 16-Jährigen, welche die allgemeine Schulpflicht erfüllt haben, vor die Wahl gestellt, entweder mit ihrer Bildung fortzufahren, eine Ausbildung zu absolvieren oder einer Erwerbstätigkeit nachzugehen. Die offizielle Statistik fasst SchülerInnen und Jugendliche in Ausbildung zu einer Gruppierung zusammen. Bei Mädchen ist in dieser Gruppe (16- bis 18-Jährige) von 1986 bis 1999 ein Zuwachs von 58,0 auf 76,0% zu verzeichnen (ONS 2001, S. 64).

[49] Hierbei ist allerdings zu beachten, dass das britische Hochschulsystem zwei Besonderheiten aufweist: Erstens wird zwischen dem Grundstudium und dem Aufbaustudium unterschieden, wobei das erstere mit dem *Bachelor* und das letzte mit dem *Master's Degree* abschließt. Nur etwa 10% der Studierenden aus dem akademischen Jahr 1970/71 entschlossen sich, das Aufbaustudium zu belegen. Lag der Frauenanteil im Grundstudium bei 34,3%, fiel er im Aufbaustudium auf 21,3% ab. Im akademischen Jahr 2000/01 entschieden sich 19,6% der Studierenden für den Abschluss eines *Master's Degree*. Der Frauenanteil von 55,5% im Grundstudium verringerte sich dabei auf 50,6% im Aufbaustudium (ONS 2002, S. 60). Zweitens werden die Studierenden in *full-time* und *part-time* unterteilt. Da das Hochschulstudium in Großbritannien stark strukturiert ist und die Inhalte klar definiert sind, beträgt die Regelstudienzeit etwa drei Jahre. Nur *full-time*-Studierende können diese Regelstudienzeit einhalten, bei *part-time*-Studierenden verdoppelt sie sich. Die Frauenquote unter den *full-time*-Studierenden lag von 1919 bis 1960 zwischen 20 und 30%. Zum akademischen Jahr 1970/71 war dieser Anteil auf über 30% angestiegen und erhöhte sich 2000/01 auf etwa 35%, da

render korrespondiert auch eine Veränderung bei der geschlechtsspezifischen Studienfachwahl. Galten in Großbritannien in der Vergangenheit die Geisteswissenschaften und die Pädagogik als bevorzugte Studienrichtung für Frauen und die Medizin sowie die Natur- und Sozialwissenschaften als Männerdomäne, wurden diese Strukturen in den vergangenen Jahren zu einem gewissen Grad aufgeweicht. Nach wie vor studieren zwar primär Männer Ingenieurwissenschaften, Mathematik, Physik und Computerwissenschaften, Frauen dominieren jedoch mittlerweile medizinische Studiengänge, Biologie, Agrarwissenschaften, Rechts- und Wirtschaftswissenschaften, Sozialwissenschaften und nach wie vor pädagogische Fächer sowie die Geisteswissenschaften (EOC 2003, S. 6/WEU 2004, S. 65).

Die Entwicklung der Frauenerwerbsarbeit ist mit Veränderungen auf dem Arbeitsmarkt verbunden; Ursache dafür sind wiederum die im Verlauf des 20. Jahrhunderts erfolgten tiefgreifenden wirtschaftlichen Wandlungen. In der Phase nach dem Zweiten Weltkrieg erfolgten eine Expansion des Wohlfahrtsstaates und des Servicesektors sowie ein Zuwachs an Teilzeitarbeit. Mit dem Niedergang der Schwerindustrie war ein Rückgang der Arbeitsstellen für Männer verbunden, während der Ausbau von Dienstleistungen mit besseren Verdienstmöglichkeiten für Frauen korrelierte (Charles 2002, S. 20).[50]

Die Beschäftigungsrate von Frauen ist in den letzten Jahrzehnten kontinuierlich angestiegen: Lag sie 1984 noch bei 59,0%, betrug sie 2004 70,0%[51] Die Beschäftigungsrate der Männer erfuhr im gleichen Zeitraum nur einen geringen Zuwachs, von 78,0% im Jahr 1984 auf 79,0% im Jahr 2004 – hierbei lässt sich jedoch keine kontinuierliche Stabilität feststellen, sondern es sind vielmehr deutliche Schwankungen auszumachen (mit beispielsweise 82,0% 1990 und 75,0% 1993) (ONS 2005, S. 50). Die genannten Entwicklungen sind der nachfolgenden Abbildung zu entnehmen:

Frauen verstärkt in Bereich der tertiäreren Bildung anzutreffen sind (Halsey 1988, S. 292-293/ONS 2002, S. 60).

[50] Für eine detaillierte Analyse der Veränderungen der britischen Wirtschaft und des Arbeitsmarktes siehe z.B. Aldcroft 1983/Paulmann 1993/Townsend 1993/Sturm 1997/Floud und Johnson 2004a/Floud und Johnson 2004b.

[51] Für eine Erörterung der Rolle der Frauen auf dem Arbeitsmarkt im Verlauf des 20. Jahrhunderts siehe beispielsweise Price und Bain 1988/Crompton 1997.

Abbildung 6: *Beschäftigungsraten von Männern und Frauen 1984-2004*

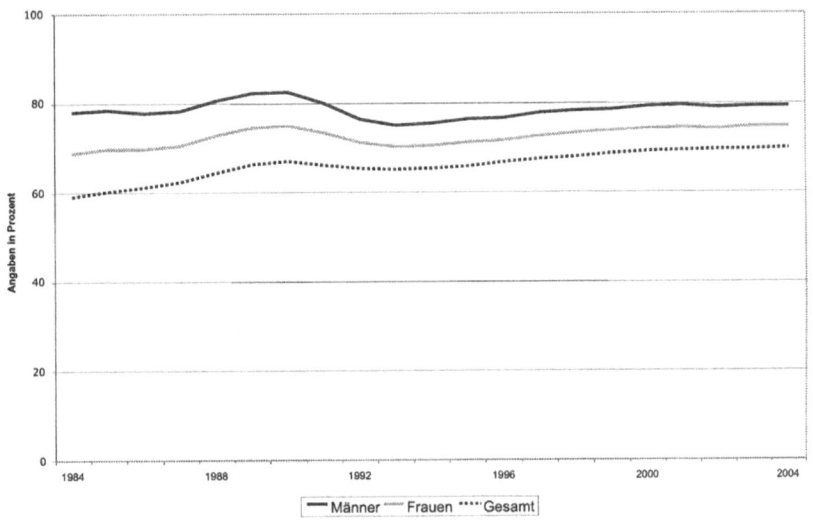

Erläuterungen: (1) Die Daten wurden jeweils im Frühjahr erhoben.
(2) Die Daten umfassen Männer im Alter von 16 bis 64 Jahren und Frauen im Alter von 16 bis 59 Jahren.
Quelle: ONS 2005, S. 50

Die Beschäftigungsrate von Frauen in den ‚alten' EU-Staaten betrug 2003 im Durchschnitt 56,1%.[52] Wie die nachfolgende Tabelle verdeutlicht, lag Großbritannien mit 65,3%[53] somit über den Durchschnittswerten und nimmt nach Schweden (71,5%), Dänemark (70,5%), den Niederlanden (65,8%) und Finnland (65,7%) Rang fünf ein (ONS 2005, S. 51).

---

[52] Gesamteuropäisch, d.h. die ‚alten' und ‚neuen' EU-Staaten zusammengenommen, beträgt der Durchschnitt für denselben Erhebungszeitraum 55,1%. In den zehn ‚neuen' EU-Staaten war die Frauenquote mit 60,2% in Zypern am höchsten und mit 33,6% in Malta am niedrigsten (ONS 2005, S. 51).

[53] Da in der EU das arbeitsfähige Alter den Zeitraum von 15 bis 64 Jahren umfasst, sind die Daten für Großbritannien an diesen Vergleich angepasst, während der Abbildung 6 andere Werte zugrunde liegen (ebd., S. 50).

Tabelle 5: Beschäftigungsraten von Frauen und Männern in den ‚alten' EU-Staaten in 2003

Land	Frauen in %	Männer in %	Gesamt in %
Schweden	71,5	74,2	72,9
Dänemark	70,5	79,6	75,1
Niederlande	65,8	80,9	73,5
Finnland	65,7	69,7	67,7
Großbritannien	65,3	78,1	71,8
Österreich	61,7	76,4	69,0
Portugal	61,4	75,0	68,1
Deutschland	59,0	70,9	65,0
Frankreich	57,2	69,4	63,2
Irland	55,8	75,0	65,4
Luxemburg	52,0	73,3	62,7
Belgien	51,8	67,3	59,6
Spanien	46,0	73,2	59,7
Griechenland	43,8	72,4	57,8
Italien	42,7	69,6	56,1
Durchschnitt EU 15	**56,1**	**72,7**	**64,4**

Erläuterungen: Die Daten umfassen Personen im Alter zwischen 15 und 64 Jahren.
Quelle: ONS 2005, S. 51

Von den Veränderungen auf dem britischen Arbeitsmarkt haben vorwiegend verheiratete Frauen profitiert. Unverheiratete Frauen waren im gesamten 20. Jahrhundert in relativ hoher Zahl in das Berufsleben integriert, während verheiratete Frauen erst ab den 1950ern verstärkt einer bezahlten Arbeit nachgingen. Die Exklusion verheirateter Frauen vom Arbeitsmarkt zu Beginn des 20. Jahrhunderts basierte u.a auf einer tradierten Vorstellung von Weiblichkeit und auf der Vorstellung von getrennten Bereichen, in denen das Heim und die Privatsphäre Frauen und der öffentliche Bereich – inklusive Arbeitsplatz – Männern zugewiesen waren. In diesem Kontext ist die Entstehung des *male-breadwinner*-Modells zu sehen, demgemäß Männer den Unterhalt verdienen, um ihre Familie zu ernähren, und Frauen für die Hausarbeit zuständig sind (Crompton 1997, S. 7-8, 28). Bereits vor der Industriellen Revolution war die Arbeit, die sowohl für den Eigenbedarf als auch für den Handel vorgenommen wurde und die primär in der Landwirtschaft und im Haushalt anfiel, geschlechtsspezifisch aufgeteilt. Die Herstellung von Gebrauchsgegenständen, wie z.B. Schuhe, Metallarbeiten usw., erfolgte in vielen, vor allem in armen Familien jedoch unabhängig von Alter und Geschlecht. Die Familienmitglieder mussten miteinander arbeiten und kooperieren, um den Lebensunterhalt zu bestreiten, was in dem Begriff *household-work-strategy* zusammengefasst wird. Die *household-work-strategy* und die Arbeitsteilung zwischen Mann und Frau wurden durch die Industrielle Revolution erheblich verändert. Mit der Expansion der Industrie erfolgte eine Umstrukturierung der Arbeit; die Heimarbeit verlor an Bedeutung, Lohnarbeit in Fabriken wurde zu einem häufig vorkommenden Beschäftigungsmuster. Allerdings war die Tätigkeit auf dem Arbeitsmarkt hauptsächlich Männern vorbehalten, Frauen wurden primär mit der Arbeit im Haushalt betraut (so gingen im Jahr 1911 lediglich 9,6% der weiblichen Bevölkerung Großbritanniens bezahlter Arbeit nach). Die zunehmende Zurückdrängung von Frauen vom Arbeitsmarkt ging mit einem Wandel des Frauenbildes einher. „Increasingly, 'good' women became defined as refined and delicate beings, who should best be shielded from the crudities and excesses of the 'public' sphere – which included the world of paid employment." (ebd., S. 7) Frauen wurden somit zum *angel in the house* stilisiert. Mit der Etablierung der geteilten Bereiche, d.h. der Zuständigkeit von Männern für den öffentlichen Bereich und der Zurückdrängung der Frauen in den privaten, wurde am Anfang des 20. Jahrhunderts das *male-breadwinner-*Modell der geschlechtsspezifischen Arbeitsteilung manifestiert.[54] Die Idee des *male breadwinners* ist jedoch keinesfalls ein Relikt der Vergangenheit, sondern dominiert noch heute Arbeitsmarktmodelle und wohlfahrtsstaatliche Leistungen.

Der erwähnte Wandel auf dem Arbeitsmarkt in Großbritannien beinhaltet auch die gewachsene Bedeutung von Teilzeitarbeit. Während 1971 nur 14,0% der Beschäftigten auf dieser Basis arbeiteten, vergrößerte sich der Anteil 1995 auf 24,1%. Zu beachten ist dabei, dass dies vor allem ein weibliches Beschäftigungsmuster ist, denn 1995 verdienten lediglich 7,7% der männlichen Arbeitnehmer, aber 44,3% der weiblichen ihr Einkommen in Teilzeit. Im Jahr 2001 waren 88,0% der Teilzeitarbeitenden weiblichen Geschlechts, 2004 ging dieser Anteil auf 81,3% zurück (Maier 1997, S. 21/ONS 2002, S. 78/ONS 2005, S. 54). Der signifikante Unterschied zwischen einer vollen und einer halben Stelle besteht in Großbritannien nicht nur in der Anzahl der zu leistenden Arbeitsstunden, sondern auch in den variierenden Bedingungen und dem jeweiligen Status, der mit der entsprechenden Beschäftigung assoziiert wird. In fast jeder Hinsicht befinden sich Teilzeitarbeitende in einer deutlich schlechteren Position als Personen mit einer ganzen Stelle, denn sie verfügen über einen geringeren Stundenlohn, haben meist schlechtere Arbeitsbedingungen sowie kaum Anspruch auf zusätzliche Vergütungen (wie Überstun-

---

[54] Die Gewerkschaften setzten sich bereits im 19. Jahrhundert für das Prinzip des Familiengehalts ein, d.h. für die Zahlung eines Gehalts, welches den Mann in die Lage versetzt, ‚seine' Familie zu ernähren (Crompton 1997, S. 8).

denzulagen). Hinzu kommen geringere Aufstiegs- und Fortbildungsmöglichkeiten (Pilcher 1999, S. 39). In Großbritannien, aber auch in anderen europäischen Ländern, wie beispielsweise den Niederlanden und der Bundesrepublik Deutschland, stellt Teilzeitarbeit häufig die einzige Möglichkeit für Frauen dar, Familie und Beruf miteinander zu vereinbaren, da ein Mangel an (Klein-) Kinderbetreuungsmöglichkeiten besteht (Lewis 1993, S. 4/Rees 1998, S. 72). Ob Frauen am Arbeitsmarkt teilhaben, ist – im Gegensatz zu der Situation von Männern – an ihre Familienplanung bzw. ihre Familiensituation gebunden. „Women of working age without any dependent children are the most likely to be economically active and the most likely to be working full time." (Pilcher 1999, S. 37) Gültig ist auch der Umkehrschluss, demgemäß Frauen mit kleinen Kindern dem Arbeitsmarkt eher fernbleiben und mit geringerer Wahrscheinlichkeit eine Vollzeitstelle ausüben – und somit über weniger finanzielle Ressourcen verfügen. Dieser Umstand wird auch als *motherhood gap* bezeichnet, da die Aktivität am Arbeitsmarkt und die finanzielle Situation an den Mutterstatus gebunden sind (Bellamy und Rake 2005, S. 1). Steigt das Alter der Kinder, steigt auch die ökonomische Aktivität der Frauen (Pilcher 1999, S. 37/WEU 2004, S. 33). Auf den erwähnten Mangel an Betreuungsmöglichkeiten wurde in Großbritannien in den letzten zwei Jahrzehnten mit einer Erhöhung der Zahl der Betreuungsstätten reagiert.[55] Dennoch sind die Kinderbetreuungsmöglichkeiten nach wie vor nicht ausreichend vorhanden (Duffield 2002, S. 610). Der (britische) Arbeitsmarkt ist geschlechtsspezifisch strukturiert; Frauen und Männer sind in unterschiedlichen Berufszweigen und auf unterschiedlichen Hierarchieebenen beschäftigt.[56] Frauen sind vorwiegend in den Arbeitsbereichen zu finden, die als die ‚four Cs' bezeichnet werden, nämlich *caring, cleaning, catering* und *cash registers* (Bellamy und Rake 2005, S. 20). Dies hängt u.a. damit zusammen, dass der Dienstleistungssektor überwiegend Frauen Verdienstmöglichkeiten bietet; sie üben häufig administrative oder helfende Tätigkeiten aus, arbeiten im Verkauf und Kundenservice und ergreifen Berufe wie den der Sekretärin oder der Krankenschwester. Gleichzeitig bilden Frauen in handwerklichen und technischen Bereichen eine Minderheit. In allen Industriezweigen sind sie konzentriert im Niedriglohnsektor anzutreffen und in Führungspositionen deutlich weniger vertreten als Männer (Duffield 2002, S. 616/Pilcher 1999, S. 36). Allerdings konnten Frauen mittlerweile zunehmend in besser bezahlte Berufsfelder vordringen, auch wenn sie

---

[55] Seit 1987 hat sich beispielsweise die Zahl der Kindertagesstätten verdoppelt, und es wurden Einrichtungen zur Betreuung von Schulkindern geschaffen (ONS 2002, S. 144).

[56] Nach Catherine Hakim (1979) besteht die geschlechtsspezifische Trennung des Arbeitsmarktes aus einer horizontalen und einer vertikalen Segregation. Die horizontale Trennung umfasst den Umstand, dass Männer und Frauen verschiedene Arten von Arbeit ausführen, d.h. dass sie unterschiedlichen Berufen nachgehen. Vertikal impliziert, dass im selben Berufszweig Männer in höheren Hierarchieebenen und Frauen in niedrigeren beschäftigt sind.

dort noch immer unterrepräsentiert sind. Im Jahr 2000 hatten 11,0% der erwerbstätigen Frauen und 18,4% der erwerbstätigen Männer eine Führungsposition inne (Eurostat 2002, S. 3). Anzumerken ist hierbei, dass sich berufliche Karrieren an männlichen Karrieremustern orientieren, d.h. um die Karriereleiter erfolgreich hinaufzuklettern, ist neben einer nahezu kontinuierlichen Berufstätigkeit gleichzeitig ein voller und zeitintensiver Einsatz am Arbeitsplatz erforderlich. Spitzenpositionen werden auch als ‚Anderthalb-Personen-Berufe' bezeichnet, da diese eine Entlastung von häuslichen und privaten Pflichten voraussetzen. Dem traditionellen Rollenverständnis nach sind es Frauen, die ihre Männer unterstützen. Sie selbst können selten damit rechnen, dass ihnen der Partner ‚den Rücken freihält' (Hoecker 1998b, S. 68).

Obwohl 1970 der *Equal Pay Act* und 1984 seine Änderung in Kraft traten, um eine ungleiche Vergütung auszuschließen, verdienten Frauen am Ende des 20. Jahrhunderts noch immer weniger als Männer. Der Durchschnitt der Löhne und Gehälter von ganztags arbeitenden Frauen lag 1996 bei 74,0% des Einkommens der Männer. Im Jahr 2000 hatte sich dieses Ungleichgewicht etwas verbessert, und die Differenz der Löhne und Gehälter sank von 26,0 auf 18,0%.[57] Diese Schieflage ist auf eine Reihe von Faktoren zurückzuführen: Unter den Ganztagsarbeitenden leisten Männer mehr Überstunden als Frauen und profitieren dadurch häufiger von Überstundenzulagen. Von Bedeutung ist jedoch vor allem, dass Frauen und Männer unterschiedlichen Arten bezahlter Arbeit nachgehen, d.h. in verschiedenen Industriezweigen, verschiedenen Berufen und verschiedenen Hierarchieebenen beschäftigt sind. Männer üben häufig Tätigkeiten aus, die an höhere Löhne gekoppelt sind (ONS 2002, S. 92-93/Europäische Kommission 2002, S. 69, 91/Pilcher 1999, S. 38).

Zusammenfassend ist festzustellen, dass die ökonomische Situation der britischen Frauen deutlich schlechter ist als die der männlichen Bevölkerung; Frauen arbeiten verstärkt in Teilzeit und dadurch mit geringeren Aussichten auf eine berufliche Karriere, und sie verfügen über ein geringeres Einkommen als Männer. Zudem sind sie seltener in Spitzenpositionen anzutreffen. In Bezug auf die vorliegende Studie bzw. in Bezug auf politische Partizipation bedeutet dies, dass die meisten Frauen nicht über die finanziellen Ressourcen verfügen, die eine politische Laufbahn erfordert.[58] Zu der sozialen Ungleichheit kommt die häufige Doppelbelastung durch

---

[57] Die Veränderung wird auf zweierlei Faktoren zurückgeführt: Erstens hat die Einführung gesetzlicher Bestimmungen zur Regelung der Löhne (der *Equal Pay Act* von 1970) zusammen mit dem *Sex Discrimination Act* von 1975 das Prinzip ‚gleicher Lohn für gleiche Arbeit' bewirkt. Zweitens sind Frauen zunehmend in besser bezahlte Berufsfelder vorgedrungen, auch wenn sie dort noch immer unterrepräsentiert sind (ONS 2002, S. 92/Crompton 1997, S. 50).

[58] Die Kosten für eine Kandidatur können nur für bestimmte Ausgaben vom Finanzministerium und von lokalen Behörden rückerstattet werden (darunter fallen: „the cost of printing and compiling

Familie und Beruf. Im *male-breadwinner*-Modell ist eine Arbeitsteilung der Aufgaben im Haushalt nicht vorgesehen, denn diese waren in der Vergangenheit allein den Frauen zugewiesen. Mit dem Anstieg der Frauenerwerbsarbeit und einem veränderten Männer- und Frauenbild sollte diese Logik obsolet geworden sein und eine Arbeitsteilung der Tätigkeiten und Pflichten im Haushalt sollte folgen. Doch erledigen Männer noch immer weniger als die Hälfte der Arbeiten im Haushalt, sind in geringerem Maße an der Kinderbetreuung oder der Pflege Angehöriger beteiligt (Lewis 1993, S. 5/Europäische Kommission 2002, S. 57/Crompton 1997, S. 83/Bellamy und Rake 2005, S. 14).[59] „Women continue to carry the main responsibility for domestic work, their paid work fits in around this, and men carry the main responsibility for earning a wage." (Charles 2002, S. 59) Durch die Kombination aus reproduktiver und produktiver Arbeit verfügen Frauen über weniger Freizeit als Männer, und dies erschwert es ihnen, das Zeitbudget aufzubringen, das für eine politische Karriere notwendig ist. Für BerufspolitikerInnen besteht die männliche Normalbiografie als Modell – wie bei den männlichen Berufskarrieren gilt es als Selbstverständlichkeit, dass dem politisch aktiven Individuum eine Partnerin/ein Partner zur Seite steht, die/der die häuslichen Pflichten übernimmt und somit die politische Karriere unterstützt. Traditionell kam die Rolle der Partnerin, die sich um Haushalt und Kinder kümmert, Frauen zu. Wechseln Frauen diese Rolle gegen die des politisch aktiven Individuums, stehen sie i.d.R. deutlich stärker als Männer unter Druck, die Arbeit in der Familie mit der in der Politik zu vereinbaren (Sauer 1994, S. 121).

---

the register, the Returning Officer's expenses and the cost of the public facilities" (Leonard 1996, S. 197)); ein Teil der Kosten wird von den Parteien und den einzelnen KandidatInnen getragen. Die genaue Höhe der Kosten für die KandidatInnen kann nicht exakt bestimmt werden, da diese von verschiedenen Faktoren, wie z.B. dem Wahlkreis, abhängt. KandidatInnen müssen zudem 500 Pfund hinterlegen, die nur dann zurückerstattet werden, wenn der Kandidat/die Kandidatin mindestens 1/20 der Stimmen im jeweiligen Wahlkreis erzielt (Becker 2002, S. 188). Des Weiteren ist zu bedenken, dass eine Kandidatur ein zeitintensives Projekt ist und deshalb auch mit Einkommensausfällen gerechnet werden muss.

[59] In der von Geraint Parry, George Moyser und Neil Day durchgeführten Studie *Political participation and democracy in Britain* (1992) werden die Aspekte Arbeit und Familie untersucht. Demnach ist der Faktor Erwerbsarbeit für Frauen, die verheiratet sind und Kinder haben, sowie für unverheiratete Frauen ohne Kinder von Relevanz. Erwerbstätige, verheiratete Erwachsene mit Kindern sind politisch aktiver als Erwachsene ohne feste Anstellung. In dieser Situation partizipieren Männer stärker als Frauen. Bei den Erwachsenen, die verheiratet sind, Kinder haben und keiner Arbeit nachgehen, sind Frauen politisch aktiver als Männer. Da jedoch Frauen den Löwenanteil an der Gruppe der Verheirateten mit Kindern und ohne Erwerbstätigkeit stellen, ziehen die Autoren den Schluss, dass der Faktor Familie/Kind stärker wiegt als der Faktor Arbeit. Die Ergebnisse der Untersuchung weisen darauf hin, dass verheiratete Frauen mit Kindern unter 15 Jahren am wenigsten politisch aktiv sind, Männer in der gleichen Situation jedoch deutlich stärker politisch partizipieren (Parry, Moyser und Day 1992, S. 149).

Doch obwohl die genannten Faktoren ein Hindernis für eine Laufbahn in der Politik darstellen und obwohl deutlich wurde, dass Frauen durch einen gestiegenen Anteil im Bildungswesen und im Berufsleben Schlüsselqualifikationen erwerben können, die als unabdingbar für die Politik erachtet werden, sind sozialstrukturelle Faktoren nicht die bedeutendste Determinante bei der politischen Partizipation von Frauen. Es kann somit der eingangs erwähnten These von Norris und Vallance zugestimmt werden, nach der kein direkter Einfluss durch die verbesserte Position der weiblichen Bevölkerung im Bildungssektor und auf dem Arbeitsmarkt auf die Integration von Frauen in die politische Elite besteht. Unbestritten bleibt, dass der Zugang zu Bildung und Chancen auf eine berufliche Karriere die Basis für den Weg in das Parlament darstellen. Ein Blick auf die Biografien der Volksvertreterinnen zeigt auch, dass sie von Anfang an besagte Qualifikationen aufwiesen und weitaus gebildeter waren als der Landesdurchschnitt der weiblichen Bevölkerung.[60] Aber es ist auch festzustellen, dass ein gestiegener Bildungsstand und hohe Quoten bei der Erwerbstätigkeit nicht automatisch zu einem höheren Frauenanteil im Parlament führen. Denn obwohl in Großbritannien die Erwerbsquote der Frauen über dem EU-Durchschnitt liegt, bleibt die politische Integration auf einem niedrigen Niveau. Es ist deshalb davon auszugehen, dass Bildung und Beruf zwar die nötigen Fähigkeiten geben und den Pool potenzieller Anwärterinnen vergrößern, die entscheidendere Barriere jedoch in anderen Faktoren zu finden ist.

3.2 Institutionelle Faktoren

Unter den institutionellen Einflussfaktoren werden in dieser Arbeit neben dem Wahlsystem die Parteien und ihre jeweiligen Rekrutierungsverfahren subsumiert. In der feministischen Partizipationsforschung herrscht Konsens darüber, dass die Ausprägung der jeweiligen Wahlsysteme eine der maßgeblichen Determinanten für die Beteiligungschancen von Frauen und Minderheiten darstellt. Verhältniswahlsysteme gelten als begünstigend für die Kandidatur von Frauen und Mehrheitswahlsysteme als hinderlich. Bestätigung finden diese Thesen in zahlreichen vergleichenden Studien, bei denen unterschiedliche Wahlsysteme in Bezug auf die Inklusion von Frauen und Minderheiten untersucht wurden.[61] Führend in der Rep-

---

[60] Die Politikerinnen des Unterhauses verfügten von Anfang an über ein höheres Maß an Bildung, Universitätsabschlüssen und beruflichen Qualifikationen als der Durchschnitt der weiblichen Bevölkerung. „They have always been more highly educated than was usual for their time" (Vallance 1979, S. 38). Erfolgt ein Vergleich des Zeitraums von 1919 bis 1945, zeigt sich, dass von 16 weiblichen *Labour*-Abgeordneten elf einen Hochschulabschluss hatten (Harrison 1986, S. 627).

[61] Vgl. hierzu beispielsweise Duverger 1955/Vallance 1984/Gugin 1986/Norris 1987/McRae 1990/Randall 1991/Rule 1994/Reynolds 1999.

räsentation von Frauen sind demnach Länder mit Verhältniswahlrecht, während Länder, die das Mehrheitswahlsystem anwenden, schlechter abschneiden, wie die nachfolgende Tabelle veranschaulicht (Norris 1993, S. 313/Norris 1994, S. 117).[62]

Tabelle 6: Wahlsystem und Repräsentation von Frauen

Land	Wahljahr	weibliche Abgeordnete in %	Wahlsystem
Schweden	2002	45,0	Verhältniswahlrecht
Dänemark	2005	36,9	Verhältniswahlrecht
Norwegen	2001	36,4	Verhältniswahlrecht
Deutschland	2002	32,8	Verhältniswahlrecht/ Direktmandate
Kanada	2004	21,1	Mehrheitswahlsystem
Großbritannien	2005	19,8	Mehrheitswahlsystem
USA	2004	15,0	Mehrheitswahlsystem

Darstellung: in Anlehnung an Norris 1993, S. 314/Norris 1994, S. 116
Quelle: Inter-Parliamentary Union. „Women in National Parliaments". Verfügbar über: http://www.ipu.org/ wmn-e/classif.htm (Zugriff: 12.05.2005)

Doch worin begründen sich die besseren Chancen von Frauen im Mehrheitswahlsystem? Unterschiedliche Repräsentationsprinzipien sind für die Definition von Mehrheitswahl und Verhältniswahl bestimmend. Das Verhältniswahlrecht zielt auf eine parlamentarische Vertretung ab, die den Stimmenanteilen entspricht. Dabei fällt die Entscheidung nicht wie bei dem Mehrheitswahlrecht auf bestimmte RepräsentantInnen, sondern auf eine Liste mit KandidatInnen. Diese Listen stellen optimalerweise eine gesellschaftlich ausgewogene oder weitestgehend repräsentative Zusammensetzung dar und sind durch Quotierungen beeinflussbar. Das Mehrheitswahlsystem hingegen bevorteilt in der Regel die Nominierung von solchen KandidatInnen, die als sicher gelten und den stereotypen Vorstellungen über politi-

---

[62] Als gutes Beispiel dient die Bundesrepublik Deutschland, die bei der Wahl für den Bundestag sowohl das Verhältniswahlrecht anwendet als auch Direktmandate vergibt. Signifikant ist hierbei, dass die Majorität der Politikerinnen über die Listen der Parteien in den Bundestag einzieht, während Direktmandate für Frauen eine Ausnahme bilden (Norris 1993, S. 313).

sche Karrieremuster entsprechen, d.h. bevorzugt werden dabei i.d.R. weiße Männer der Mittelschicht (Bogdanor 1984, S. 111/Lovenduski 1986, S. 142).[63] In Großbritannien findet das Mehrheitswahlsystem Anwendung, und es wurde in der Vergangenheit als Erklärung für die Unterrepräsentation von Frauen im Unterhaus herangezogen. Diese Annahmen müssen allerdings seit den Ergebnissen der Unterhauswahlen von 1997 relativiert werden, denn sie belegen, dass auch innerhalb des Mehrheitswahlsystems der Frauenanteil des Parlaments erhöht werden kann (siehe Kapitel 2). Voraussetzung hierfür ist jedoch der politische Wille, Frauen am politischen Entscheidungsprozess zu beteiligen. Besteht dieser Wille nicht, ist auch das Verhältniswahlrecht kein Garant für eine höhere Präsenz von weiblichen Abgeordneten (Hoecker 1998a, S. 391).

Um in das britische Unterhaus zu gelangen, müssen drei Hürden überwunden werden. Dabei stellt die erste Barriere die Wählbarkeit dar, welche durch wenige gesetzliche Voraussetzungen geregelt ist.[64] Die zweite Hürde ist die Unterstützung durch eine Partei, denn Parteien sind in Großbritannien der primäre Weg in das Parlament, und die dritte beinhaltet die Nominierung für einen aussichtsreichen Wahlkreis. In etwa sieben von zehn Wahlkreisen hat eine Partei, meist die *Labour Party* oder die Konservativen, eine Mehrheit von mehr als zehn Prozent der Stimmen, und der Wahlkreis gilt somit als sicher.

Über eine realistische Chance verfügt nur die Person, die für eine der großen Parteien als MandatsinhaberIn, NachfolgerIn oder aussichtsreiche/r HerausforderIn antritt.[65] Erhebungen ergaben, dass in Großbritannien in der Vergangenheit Politikerinnen meist für solche Wahlkreise aufgestellt wurden, die als kaum zu gewinnen galten, während die Mehrzahl ihrer männlichen Mitstreiter so genannte sichere

---

[63] „No party can afford to give its supporters a choice between man and woman or black and white because that would split the party's vote between the two candidates and almost certainly ensure the defeat of both." (Lakeman 1994, S. 45-46)

[64] In den Wahlgesetzen sind nur minimale Voraussetzungen für Parlamentsmitglieder verankert. Wählbarkeit setzt folgende Anforderungen voraus: eine Staatsangehörigkeit Großbritanniens, der Republik Irlands oder dem Commonwealth sowie ein Mindestalter von 21 Jahren. Geistliche der Staatskirche, noch nicht entlastete SchuldnerInnen, AusländerInnen und bestimmte AmtsträgerInnen, wie z.B. Staatsbeamte, RichterInnen und Mitglieder der Polizei und Armee, können (nach dem *House of Commons Disqualifications Act* von 1957) nicht in das Unterhaus gewählt werden. Dies gilt ebenso für nachweislich geistig Verwirrte und Straffällige (Leonard 1996, S 87-88).

[65] MandatsinhaberInnen sind Abgeordnete, die bereits über einen Sitz im Parlament verfügen und erneut für ihren Wahlkreis antreten. NachfolgerInnen sind KandidatInnen, die sich um frei gewordene Mandate bewerben, welche bisher von der eigenen Partei gehalten wurden. HerausforderInnen hingegen kandidieren um Sitze, die zuvor von PolitikerInnen einer anderen Partei vertreten wurden. Diese Kategorie lässt sich wiederum unterteilen. Dabei bewerben sich aussichtsreiche HerausforderInnen um Wahlkreise, in denen der Vorsprung der erfolgreichen Partei weniger als 10% beträgt, und wenig aussichtsreiche um solche, in denen die eigene Partei zuvor schlechte Ergebnisse erzielt hat (Lovenduski 1998, S. 176).

Wahlkreise erhielt (Brookes 1967, S. 244/Hills 1981, S. 223/Rasmussen 1981, S. 606/Vallance 1988, S. 90).[66] Unsichere oder wenig aussichtsreiche Sitze hängen vom jeweiligen Wahlergebnis ab und sind kaum im Vorfeld zu beeinflussen. Hingegen kann bei sicheren Wahlkreisen eine gezielte Nominierung durch die betreffenden Entscheidungsträger vorab bestimmen, wer in das Unterhaus gelangen soll – und wer nicht (Norris und Lovenduski 1995, S. 2).[67]

Die Rekrutierungsverfahren der Parteien sind somit ein maßgeblicher Faktor für eine erfolgreiche Laufbahn der BewerberInnen. Die politischen Parteien sind in Großbritannien dem Gesetz nach private Organisationen und haben das Recht, nach eigenen Regeln zu verfahren und darüber zu entscheiden, welche KandidatInnen angenommen werden und in welchen Wahlkreisen diese antreten. Um für einen Wahlkreis zu kandidieren, ist es nicht erforderlich, dass die Personen mit diesem durch Geburt, Wohnsitz oder Arbeit verbunden sind. Kommt es aber zu einem Einzug in das Unterhaus, wird nach dem britischen Wahlrecht die Wahlkreispartei zu einem zentralen Bezugspunkt für die Abgeordneten (Becker 2002, S. 187/Leonard 1996, S. 100).

Um die Auswahlverfahren auf deren Implikationen zu analysieren, kann das Modell von Angebot und Nachfrage herangezogen werden. Nachfrage bedeutet hier-

---

[66] Obwohl viele PolitikerInnen der Meinung sind, ihr persönliches Engagement im Wahlkreis habe direkten Einfluss auf das Verhalten der WählerInnen, besteht in der Forschung Konsens darüber, dass dieser Einfluss minimal ist. Studien zu der Frage, ob das Geschlecht oder die ethnische Zugehörigkeit der KandidatInnen Auswirkungen auf das Wahlergebnis haben, fallen hingegen unterschiedlich aus. Einige WissenschaftlerInnen argumentieren, dass das Geschlecht keine Rolle spiele (Rasmussen 1983, S. 314/Vallance 1984, S. 304/Vallance 1988, S. 89/Norris 1997a, S. 189). Jill Hills hingegen identifiziert durchaus Indizien für eine – wenn auch sehr geringe – Benachteiligung durch die Wählerschaft in der Phase von 1966 bis Oktober 1974. Diese sei jedoch so minimal, dass eine Nominierung von Frauen für wenig aussichtsreiche Sitze ungerechtfertigt erscheint (Hills 1981, S. 227-228). Dissens besteht auch bezüglich der Kandidatur von Angehörigen ethnischer Minderheiten, denn einige Forschungsergebnisse deuten darauf hin, dass WählerInnen ihre Entscheidung nicht mit der ethnischen Zugehörigkeit der KandidatInnen in Verbindung bringen, während andere Studien eine von Vorurteilen geprägte Entscheidung für schlechtere Ergebnisse verantwortlich machen (Norris, Vallance und Lovenduski 1992, S. 497-498/Le Lohé 1998, S. 77).

[67] John Bochel und David Denver untersuchten im Zeitraum von 1976 bis 1979 die Kandidatenauswahl der *Labour Party* und konnten keine Vorurteile gegenüber Frauen bei den Zuständigen der Auswahlgremien feststellen. Die Zugehörigkeit zu einer ethnischen Minderheit wurde von den Befragten allerdings als ein Nachteil angesehen. Angehörige der Arbeiterklasse wurden zwar nicht als schlechte KandidatInnen eingestuft, da aber Bildung und Kommunikationskompetenzen als wichtige Kriterien galten, tendierten die Auswahlgremien zu einer Selektion von BewerberInnen aus der Mittelklasse, da diese eher Fähigkeiten zur politischen Partizipation aufweisen (Bochel und Denver 1983, S. 54-59). Lovenduski und Norris bestätigten in einer 1987 durchgeführten Studie diese Ergebnisse. Sie fanden heraus, dass über die Definition des Idealtypus von Abgeordneten indirekte Diskriminierung bei den Rekrutierungsverfahren der Parteien ausgeübt wurde und somit Männer den Pool der prospektiven KandidatInnen dominierten (Lovenduski und Norris 1989, S. 559-560).

bei, dass die Auswählenden im Prozess der Kandidatenkür die BewerberInnen nach deren Fähigkeiten, Qualifikationen und Erfahrungen bestimmen. Auf der Angebotsseite wird hingegen davon ausgegangen, dass die Wahl der KandidatInnen vom bestehenden Angebot abhängt, d.h. also davon, welche Personen eine politische Karriere anstreben. Hierbei treten Bedingungen und Einschränkungen in Bezug auf finanzielle und zeitliche Ressourcen, Erfahrung, Motivation und Interesse in den Vordergrund. Meist interagieren beide Faktoren, d.h. es spielen Angebot und Nachfrage im komplexen Prozess der Kandidatenauswahl eine Rolle (Norris und Lovenduski 1995, S. 14-15). In Bezug auf Bewerberinnen kann ebenfalls davon ausgegangen werden, dass sowohl Angebot als auch Nachfrage interagieren. Auf der Seite der Nachfrage gibt es zwei Argumentationsstränge. Der eine besagt, dass die Auswählenden Frauen und Minderheiten direkt diskriminieren, da sie befürchten, diese Personengruppen würden einen Rückgang der Wählerstimmen nach sich ziehen, d.h. nicht den Vorstellungen der WählerInnen entsprechen (ebd., S. 115/Rasmussen 1981, S. 604/Vallance 1984, S. 305). Die Rolle der indirekten Diskriminierung ist Gegenstand des zweiten Argumentationsstrangs. Hier wird argumentiert, dass bei der Auswahl zum Tragen kommt, wie das Idealbild und die Aufgaben der Kandidatin/des Kandidaten definiert sind. Meist wird nach einer Person gesucht, die sich gut artikulieren kann, gebildet ist und einen repräsentativen beruflichen Werdegang vorzeigen kann. Zudem sollte diese Person über ausreichend Zeit und Energie verfügen, um sich im Wahlkreis zu engagieren, sowie in Rhetorik geübt sein. Lovenduski und Norris kommen zu dem Schluss: „If we examine the type of candidate who is selected, we find that there are grounds on which to suspect indirect discrimination. Arguably, both the way in which the role of the candidate is defined and the candidate qualities sought tend to penalise many women." (Lovenduski und Norris 1989, S. 559-560)

Auch das Angebot ist in dem Prozess der Kandidatenauswahl von Bedeutung und reguliert die Zahl der Bewerberinnen. Aufgrund geschlechtsspezifischer Arbeitsteilung in der Familie, einer Geschlechtersegregation auf dem Arbeitsmarkt und traditionellen Mustern in der Sozialisation, kann davon ausgegangen werden, dass Frauen über weniger zeitliche und finanzielle Ressourcen verfügen als Männer, seltener politische Ambitionen hegen und weniger Selbstbewusstsein für eine Kandidatur haben (Norris und Lovenduski 1995, S. 115/Bochel und Denver 1983, S. 55).

Da in Großbritannien zwei Parteien dominieren, werden nachfolgend deren Rekrutierungsverfahren kontrastierend skizziert. Dabei lassen sich zwischen der *Labour Party* und den Konservativen einige Gemeinsamkeiten feststellen. Die Selektion, aus der am Ende pro Wahlkreis nur ein Kandidat/eine Kandidatin hervorgeht, besteht bei beiden aus mehreren Stufen, die graduell die Anzahl der AnwärterInnen einengt. Die maßgeblichen Entscheidungen werden nicht von der Parteiführung, sondern von den lokalen Wahlkreisorganisationen getroffen. Beide Parteien nahmen während der letzten Jahrzehnte Veränderungen der Auswahlprozesse vor, bei denen die Kompetenzen von den Wahlkreisen in zwei Richtungen verlagert wurden. Mehr Mitspracherecht haben seither sowohl die Parteimitglieder als auch die Parteiführung (Norris und Lovenduski 1995, S. 53/Leonard 1996, S. 90). Diese Modifizierungen sind im Kontext weit reichender struktureller innerparteilicher Veränderungen zu sehen, die bei der *Labour Party* bereits Ende der 1980er und bei den Konservativen eine Dekade später einsetzten. Die Modifizierungen beinhalteten die Transformation der relativen Indifferenz gegenüber den Mitgliedern zu einer stärkeren Einbeziehung derselben (Seyd 1999, S. 384-385). Doch bestehen neben den genannten Parallelen signifikante Unterschiede zwischen der *Labour Party* und den Konservativen. Beim Selektionsverfahren der *Labour Party* handelt es sich um einen *bottom up*-Prozess, in dem die lokalen Entscheidungsträger die Auswahl der KandidatInnen treffen und erst in letzter Instanz die Parteiführung konsultiert wird. Im Fall der Konservativen läuft dieser Prozess diametral zu dem der *Labour Party*, nämlich *top down*: Die Vorentscheidungen werden von der Parteiführung getroffen, und erst die nähere Auswahl des Pools möglicher KandidatInnen liegt bei den Kreisverbänden.

Die *Labour Party* ist föderal strukturiert und besteht aus verschiedenen Gruppierungen, d.h. aus innerparteilichen Arbeitsgemeinschaften, wie beispielsweise den Jungsozialisten und den Frauengruppen, und angeschlossenen Organisationen (hier sind exemplarisch die Gewerkschaften zu nennen). Dies birgt die Schwierigkeit, nicht nur die KandidatInnen auszuwählen, die am geeignetsten sind, sondern gleichzeitig auch den verschiedenen Fraktionen der Partei Rechnung zu tragen. Das Auswahlverfahren gab deshalb in der Vergangenheit häufig den Grund für Auseinandersetzungen zwischen den linken und rechten Flügeln und führte schließlich zu einigen Veränderungen des Modus Operandi.[68]

Der erste Schritt des Auswahlverfahrens ist die Bewerbung, die auf zweierlei Weise ablaufen kann. Möglich ist eine Bewerbung entweder durch Eigeninitiative oder

---

[68] Die sieben wichtigsten Änderungen im Auswahlverfahren der *Labour Party* waren: (1) Die Übereinkunft von Hastings aus dem Jahre 1933 reguliert die Höhe der Finanzierung von KandidatInnen durch die Gewerkschaften. (2) Die Wilson-Reformen von 1957 veränderten die finanziellen Regelungen erneut und sprachen sich gegen eine große Eigenbeteiligung der KandidatInnen an den Wahlkosten aus. (3) Die Einführung der Pflicht zur Wiederwahl von Abgeordneten im Jahre 1980. (4) Die Etablierung des Wahlgremiums im Jahr 1989. (5) 1989 erfolgte auch eine Veränderung der Bestimmung für die Zusammenstellung von Auswahllisten. (6) Beschluss zur Implementierung von Auswahllisten zur Förderung von Frauen (*all-women shortlists*) im Jahr 1993, der jedoch von männlichen Parteimitgliedern angefochten und 1996 unter Bezug auf den *Sex Discrimination Act* von 1975 für rechtswidrig erklärt wurde. (7) Zur weiteren Demokratisierung wurde 1993 ein neues Abstimmungsverfahren eingeführt – *one member, one vote* (Norris und Lovenduski 1995, S. 66-74/Norris 1997b, S. 51/Shaw 1994, S. 117/Seyd 1999, S. 388).

durch Vorschlag der örtlichen Parteiorganisationen. Wenn Organisationen nach geeigneten KandidatInnen suchen, können diese vier landesweite Bewerberlisten konsultieren, von denen jedoch keine die offizielle Zustimmung der Parteiführung garantiert. Die A-Liste hat hierbei den höchsten Stellenwert, denn die dort verzeichneten Personen werden von den Gewerkschaften finanziell unterstützt und haben die größten Chancen auf Erfolg. Die Liste der Wahlkreise, die so genannte B-Liste, hat einen weniger hohen Status und beinhaltet keine finanziellen Hilfeleistungen. Die *Cooperative Party* und die *cooperative societies*, welche der *Labour Party* angegliedert sind, unterstützen ebenfalls die BewerberInnen ihrer C-Liste finanziell. Obwohl die *Cooperative Party* in einigen Wahlkreisen über Einflussmöglichkeiten verfügt, ist ihre Rolle innerhalb der *Labour Party* marginal. Die vierte ist die mit einem ‚W' gekennzeichnete Frauenliste, die erst 1989 eingeführt wurde und alle Frauen benennt, die sich zur Kandidatur stellen.

Das Nominierungsrecht der Parteiorganisationen wird von diesen unterschiedlich wahrgenommen, denn während manche intensive Bewerbungsgespräche durchführen, verzichten andere gänzlich darauf. Dieses Stadium stellt eine große Hürde auf dem Weg zur Kandidatur dar, denn die durchschnittlich 23 verschiedenen Gruppierungen der Wahlkreise dürfen jeweils nur einen Kandidaten/eine Kandidatin benennen. Ist die Nominierungsphase abgeschlossen, werden die Vorschläge an das exekutive Wahlkreiskomitee weitergeleitet, das aus etwa 20 bis 25 Personen inklusive der kommunalen Entscheidungsträger besteht und jährlich vom allgemeinen Managementkomitee gewählt wird. Das exekutive Wahlkreiskomitee erstellt aus den eingegangenen Vorschlägen eine Auswahlliste. Für diesen Prozess gibt es kein standardisiertes Vorgehen.[69] Die Liste wird dem allgemeinen Managementkomitee vorgelegt, welches dieser entweder zustimmt oder Modifizierungen vornimmt. Das Komitee setzt sich aus 40 bis 100 jährlich gewählten Personen zusammen, die aus den örtlichen Gruppierungen hervorgehen. Jeder örtlichen Gruppierung steht pro zehn Mitglieder ein Delegierter/eine Delegierte zu, und Gewerkschaften dürfen bis zu fünf Delegierte entsenden. In der Vergangenheit lag die endgültige Entscheidung im Auswahlprozess auf der Ebene der Wahlkreise bei den Delegierten des allgemeinen Managementkomitees. Um den Parteimitgliedern mehr Mitbestimmungsrecht einzuräumen, wurde diese Befugnis 1989 dem Wahlgremium zugewiesen, bei dem die Mitglieder des örtlichen Wahlkreisvereins zunächst mindestens

---

[69] Vier Regeln wurden dafür 1987 implementiert, die ein Minimalset der Standardisierung darstellen. Demgemäß muss jede Auswahlliste erstens eine Frau enthalten (außer es wurden keine Frauen nominiert) und zweitens Abgeordnete des Unterhauses einbeziehen, wenn sie erneut kandidieren möchten. Gibt es drittens keinen Amtsinhaber/keine Amtsinhaberin, müssen bei entsprechender Bewerberzahl mindestens fünf der BewerberInnen aufgeführt sein. Die vierte Regel besagt, dass alle Personen, die mindestens ein Viertel der Nominierungen auf sich vereinigen konnten, auf der Auswahlliste vertreten sein müssen (Norris und Lovenduski 1995, S. 63).

60% der Stimmen erhielten, während bis zu 40% auf die angeschlossenen Organisationen entfielen. Die Strukturierung des Wahlgremiums rief innerparteiliche Debatten hervor, in deren Folge das Abstimmungsverfahren in *one member, one vote* geändert wurde. Der letzte Schritt des komplexen Auswahlverfahrens besteht in der Zustimmung durch die Parteispitze, dem NEC, erst an dieser Stelle verlässt der Prozess des Auswahlverfahrens die kommunale Ebene (Norris und Lovenduski 1995, S. 55-65/Lovenduski 1998, S. 178-179/Saalfeld 1998, S. 49-50).[70]

Die wesentlichen Entscheidungen fallen im System der *Labour Party* im Wahlkreis, während der Einfluss der Parteiführung sehr begrenzt ist, da diese die Auswahl der Listen nicht beeinflussen kann. Anzumerken ist hierbei jedoch, dass die Auswahllisten über eine limitierte Bedeutung verfügen; sie bestimmen weder die Entscheidungen der Parteiorganisationen, noch besteht seitens des nationalen Exekutivkomitees die Pflicht, diesen Entscheidungen zuzustimmen. In dieser Form des Auswahlverfahrens ist die Rolle der Gewerkschaften signifikant, denn sie machen ihren Einfluss auf diesen Prozess geltend. Während in der Forschung Dissens darüber besteht, ob die Gewerkschaften direkten Einfluss auf die Verteilung der sicheren Sitze nehmen, ist unbestritten, dass bei der Nominierung für die Auswahllisten die von ihnen finanziell unterstützten BewerberInnen erfolgreicher sind als andere. Demzufolge ist es von Bedeutung, wem diese Förderung zugute kommt.[71] Frauen sind bei der Konstituierung der A-Listen benachteiligt; beispielsweise lag ihr Anteil in den 1950ern bei lediglich 2,0 und 1983 bei 4,5%. Obwohl diese niedrige Quote überwunden werden konnte, sind Frauen nach wie vor auf den A-Listen schlechter repräsentiert als auf den weniger einflussreichen B-Listen. Dabei lassen sich erhebliche Unterschiede innerhalb der Gewerkschaften ausmachen. Deutlich unterrepräsentiert sind Bewerberinnen bei Gewerkschaften mit primär männlichen Mitgliedern, wie beispielsweise der *Amalgamated Engineering Union* und der *National Union of Mineworkers*, während sie bei Gewerkschaften mit einem höheren

---

[70] Für amtierende Abgeordnete gilt die Regelung, dass sie ohne Wahl erneut kandidieren, wenn im Wahlkreis zwei Drittel der Parteiorganisationen und zwei Drittel aller Gruppen, die Nominierungen hervorgebracht haben, dem zustimmen. Kommt es nicht zu einer Bestätigung der/des entsprechenden Abgeordneten, kann sich die Wahlkreispartei entscheiden, diese/diesen dennoch auf die Auswahlliste zu setzen (Becker 2002, S. 191).

[71] Der Personenkreis der A-Liste hat sich im Laufe der Zeit verändert. Zunächst profitierten vor allem männliche Arbeiter mit wenig Bildung von diesem System, jedoch sank deren Anteil zum Ende des 20. Jahrhunderts. Hierbei lassen sich Unterschiede zwischen den einzelnen Gewerkschaften ausmachen, denn während einige, wie z.B. die *National Union of Mineworkers*, die *Amalgamated Engineering Union* und die *National Union of Public Employees*, primär ArbeiterInnen des eigenen Verbandes aufstellen, die sich zudem durch Gewerkschaftsarbeit auszeichnen, öffneten andere, wie z.B. die *Transport and General Worker's Union* und die *General Municipal and Boilermaker's Union*, ihren Einzugsbereich für weitere Berufssparten und stellen lediglich eine lose formale Anbindung als Bedingung (Norris und Lovenduski 1995, S. 153-154).

weiblichen Mitgliederanteil, wie der *National Union of Public Employees*, besser vertreten sind (Norris und Lovenduski 1995, S. 154-155/Vallance 1984, S. 306). Generell ist festzuhalten, dass Beziehungen und Kontakte innerhalb der Arbeiterbewegung für das Auswahlverfahren der *Labour Party* von Bedeutung sind. Bevorzugte KandidatInnen für sichere Sitze gehen meist aus den eigenen Reihen hervor, sind bereits langjährig in den Kreisverbänden der Partei oder in Gewerkschaften aktiv und verfügen dadurch über ein Netz von Parteiverbindungen und einen gewissen Bekanntheitsgrad (Norris und Lovenduski 1995, S. 54).

Wie bereits mehrfach erwähnt, stieg der Anteil der Frauen im britischen Unterhaus durch die Wahl im Jahr 1997 drastisch an. Der Hauptgrund wird in Veränderungen beim Auswahlverfahren der *Labour Party* gesehen, die, wie bereits in Kapitel 2 dargelegt, 1993 Maßnahmen der positiven Diskriminierung einführte, welche 1996 per Gerichtsentscheid für gesetzeswidrig eingestuft und daraufhin abgeschafft wurden (Lovenduski 1997, S. 710/Stephenson 1998, S. 52). Im Jahr 2001 brachte die *Labour Party* einen Gesetzentwurf ein, welcher künftig Quotenregelungen zur Erhöhung des Frauenanteils im *House of Commons* ermöglichte. Nach der Verabschiedung des Gesetzes entschied die *Labour Party*, erneut *all-women shortlists* einzuführen, um bei der Wahl 2005 die Nominierung von Kandidatinnen für aussichtsreiche Sitze zu gewährleisten (Shepherd-Robinson und Lovenduski 2002, S. 21).

Wie die *Labour Party* modifizierten auch die Konservativen das Auswahlverfahren in den letzten Jahrzehnten mehrere Male.[72] Der Auswahlprozess der konservativen Partei ist jedoch weniger formalisiert und weniger komplex als der von der *Labour Party* angewendete. Es gibt vier Auswahlrunden zur Benennung eines Kandidaten/einer Kandidatin: die Bewerbung, die Zulassungsliste, die Auswahl und die Bestätigung.

Der größte Unterschied zwischen den Verfahrensweisen der beiden Parteien ist die Rolle der Parteiführung, denn diese entscheidet bei den Konservativen über die Konstellation der Zulassungsliste und definiert somit den Anwärterkreis. Der erste Schritt im Auswahlverfahren ist die Bewerbung für die landesweite Zulassungsliste. Im Kreisverband fertigt ein Zuständiger/eine Zuständige ein Gutachten über die Bewerbung an, und der/die stellvertretende Vorsitzende, der/die in der Partei für

---

[72] Obwohl das Auswahlverfahren weitestgehend seine Form behalten hat, sind drei einschneidende Veränderungen nach 1945 vorgenommen worden: (1) Der *Maxwell-Fyfe*-Bericht von 1948/49 beinhaltet finanzielle Reformen, um die Partei zu modernisieren. Ziel war es, durch finanzielle Unterstützung der KandidatInnen die althergebrachte Praxis des Handels mit Sitzen zu unterbinden. (2) Der *Chelmer*-Bericht von 1972 befasst sich mit einer größeren Demokratisierung des Verfahrens. Ein Resultat war das Zugeständnis von mehr Einfluss der Mitglieder bei der Auswahl der KandidatInnen auf der Vollversammlung. (3) Die Einführung eines Wochenend-Auswahlausschusses bei der Selektion der BewerberInnen (Norris und Lovenduski 1995, S. 47-48).

die KandidatInnen zuständig ist, gibt eine eigene Bewertung ab. Erfolgt die Zustimmung, treten die BewerberInnen vor ein Auswahlgremium der Parteiführung. In der Vergangenheit stellte dieses vom Auswahlgremium durchgeführte Sondierungsgespräch die größte Hürde bei der Nominierung für die Zulassungsliste dar. Dieses Gespräch hat auch heute noch einen hohen Stellenwert und filtert geeignete BewerberInnen heraus, die in einer weiteren Stufe in einem *Assessmentcenter* geprüft werden. Dieser Zwischenschritt wurde eingeführt, um mehr Transparenz im Entscheidungsprozess zu gewährleisten. In diesem *Assessmentcenter*, der so genannten *Sandhurst selection*, müssen sich die BewerberInnen einer Reihe standardisierter Tests unterziehen, die der Evaluierung der intellektuellen, persönlichen, rhetorischen und politischen Fähigkeiten dienen. Am Ende der *Sandhurst selection* werden die BewerberInnen von einem etwa neunköpfigen Gremium bewertet, das den Personenkreis für die Zulassungsliste selektiert.

Die KandidatInnen der Liste bewerben sich im nächsten Schritt in den Wahlkreisen, denn dort wird die endgültige Auswahl getroffen. Die konservativen Wahlkreisparteien haben in dieser Frage ein hohes Maß an Autonomie. In den Wahlkreisen wird die Auswahl in einem mehrstufigen Verfahren aufeinander folgender Wahlgänge getroffen, wobei die Zahl der Abstimmenden in jeder Runde zunimmt. Die Kreisverbände der Konservativen ernennen etwa 15 bis 20 Personen für ein Auswahlgremium, dessen Aufgabe dann darin besteht, die Bewerbungen zu sichten und Gespräche mit den KandidatInnen zu führen. Aus diesem Prozess gehen etwa eine Handvoll BewerberInnen hervor, die dem Exekutivgremium, das aus bis zu 100 Delegierten besteht, vorgeschlagen werden. Basis der dort getroffenen Entscheidung sind eine kurze Rede der BewerberInnen und eine anschließende Diskussion. Am Ende dieser Runde bleiben ein bis drei KandidatInnen übrig, über deren ‚Schicksal' im letzten Schritt auf der Vollversammlung des jeweiligen Wahlkreisverbandes, an der zwischen 200 und 1.000 Mitglieder teilnehmen, entschieden wird. Der Auswahlmodus auf dieser Ebene hat sich im Laufe der Zeit verändert. In der Vergangenheit wurde dort nur ein Anwärter/eine Anwärterin vorgestellt, der/die von der Vollversammlung in nahezu allen Fällen die Zustimmung erhielt. Aufgrund gestiegener Unzufriedenheit mit dieser Verfahrensweise können die Mitglieder seit den 80ern zwischen zwei oder drei Personen auswählen. Auch hier müssen sich die BewerberInnen mit einer kurzen Rede und anschließender Diskussion dem Auditorium präsentieren (Norris und Lovenduski 1995, S. 34-46/Lovenduski 1998, S. 177-178/Saalfeld 1998, S. 48-49).[73]

---

[73] Bereits amtierende Abgeordnete müssen von ihrer Wahlkreispartei wiedergewählt werden, bevor sie erneut für das Unterhaus kandidieren. In den meisten Fällen ist dies jedoch reine Formsache. Im Streitfall sehen die Richtlinien vor, dass die betreffende Abgeordnete/der betreffende Abgeordnete gemeinsam mit den anderen ausgewählten BewerberInnen vor das *Executive Council* der Wahl-

Wie bereits in Kapitel 2 deutlich wurde, mangelt es den Konservativen an der Bereitschaft, Regelungen einzuführen, die auf eine Erhöhung des Frauenanteils bei der Kandidatenkür abzielen (Vallance 1984, S. 302).[74] Lovenduski greift exemplarisch die Wahl aus dem Jahr 1997 heraus, in deren Folge die Frauenquote im Parlament erhöht wurde. Während die *Labour Party* die *all-women shortlists* anwendete, beschränkten sich die Konservativen auf gelegentliche Ermunterungen, dass sich mehr Frauen um eine Kandidatur bewerben sollten. Die Konservativen setzten demnach maßgeblich auf rhetorische Strategien und lehnten explizite Maßnahmen zur Erhöhung des Frauenanteils im Parlament ab (Lovenduski 1997, S. 712/Lovenduski und Norris 1989, S. 541). Die Konservativen stimmten dem Gesetz zur Förderung von Frauen in der Politik (*Sex Discrimination (Election Candidates) Act*) zwar zu, sind dadurch jedoch nicht verpflichtet, entsprechende Maßnahmen zu ergreifen. Dennoch kann die Zustimmung der *Tories* als Richtungswechsel gewertet werden, da die Partei zuvor jegliche Art der Quotenregelung vehement ablehnte (Shepherd-Robinson und Lovenduski 2002, S. 31). Des Weiteren beschloss der Parteivorstand 2002 eine Satzungsänderung, welche die Wahlkreisparteien künftig verpflichtet, die Kandidatin/den Kandidaten aus einer durch das Parteihauptquartier vorgefertigten Liste von 15 bis 20 BewerberInnen zu selektieren. Die Intention dieser Satzungsänderung ist die Erhöhung des Anteils von Frauen und ethnischen Minderheiten unter den KandidatInnen. Gleichzeitig wird die zuvor beschriebene Autonomie der Wahlkreisparteien deutlich eingeschränkt (Becker 2002, S. 190). Auch wenn diese Maßnahme ambitioniert erscheint, gilt sie als wenig effektiv und brachte in der Vergangenheit weder bei der *Labour Party* noch bei den *Liberal Democrats*, die beide diese abgeschwächte Form der Quotenregelung anwendeten, nennenswerte Erfolge. Auch wenn die konservative Partei in naher Zukunft keine *all-women shortlists* respektive effektive Quotenregelungen einführen wird, „there are signs that the Party is beginning to recognise the problem of its underrepresentation of women and is beginning to look at ways in which it can address this problem" (Shepherd-Robinson und Lovenduski 2002, S. 32).

Norris und Lovenduski stellen die These auf, dass das Auswahlverfahren den jeweiligen Diskurs der Partei widerspiegelt. Bei der *Labour Party* ist der Modus durch den Ethos der Arbeiterklasse charakterisiert, der wie folgt beschrieben wird: „a more working-class collectivist culture of loyalty to other workers, due rewards

---

kreispartei treten. Dort wird dann entschieden, wie die Kandidatenwahl stattzufinden hat (Becker 2002, S. 189-190).

[74] Würde die Partei weiterhin keinerlei Maßnahmen ergreifen, um den Frauenanteil zu erhöhen, und würde die Fraktion im Unterhaus den jetzigen (geringen) Umfang beibehalten, dann würde es nach Berechnung von Shepherd-Robinson und Lovenduski noch 69 Wahlen oder 276 bis 345 Jahre dauern, bis die weiblichen Abgeordneten der *Tories* Parität mit ihren männlichen Kollegen erzielen könnten (Shepherd-Robinson und Lovenduski 2002, S. 22).

for party service, skilled apprenticeships rather than formal qualifications" (Norris und Lovenduski 1995, S. 54). Der traditionelle Parteiethos ist zwar durch den Zuwachs von Angehörigen der Mittelschicht aufgeweicht worden, aber dieser hat nur bedingten Einfluss auf die vorherrschende politische Kultur der Partei genommen. Dem steht nach Norris und Lovenduski ein gänzlich anderes Verständnis von Schlüsselqualifikationen bei der konservativen Partei gegenüber, bei dem der Fokus auf Maximen der Leistungsgesellschaft liegt, d.h. der Betonung formeller Qualifikationen der BewerberInnen, die intersubjektiv nachvollziehbar sind und somit den geeignetsten Kandidaten/die geeignetste Kandidatin herausfiltern, ohne die regionale Verbundenheit zu berücksichtigen.

Während Parteien bereits als maßgebliche Determinanten für den Verlauf von politischen Karrieren identifiziert wurden, beschränkte sich die Analyse bisher auf deren strukturelle Begebenheiten. Sie muss jedoch um eine zweite Dimension erweitert werden, denn die ideologische Ausrichtung der Parteien hat ebenfalls Einfluss auf die Förderung von Politikerinnen. Bereits in den 50er Jahren kam bei einer vergleichenden Studie zum Vorschein, dass linke aber auch christlich geprägte Parteien eher geneigt sind, ein Forum für Kandidatinnen zu bilden und dass vor allem linke Parteien Frauen für aussichtsreichere Plätze nominieren (Duverger 1955, S. 82). Spätere Arbeiten bestätigen die Tendenz, dass Parteien des linken Spektrums eine größere Bereitschaft zeigen, Maßnahmen zur Förderung von Politikerinnen zu ergreifen (Norris 1987, S. 122/Randall 1991, S. 89/Hoecker 1998a, S. 391). Einige Ausnahmen lassen sich jedoch auch hierfür konstatieren, denn während in Westeuropa in den 1980ern in etlichen sozialdemokratischen, sozialistischen und grünen Parteien Gleichstellungsmaßnahmen implementiert wurden, sah die britische *Labour Party* zu diesem Zeitpunkt davon ab, und auch in Österreich und Griechenland ließen sich in dieser Hinsicht kaum Unterschiede zwischen den linken und konservativen Parteien ausmachen (siehe dazu Kapitel 2). Als ein Grund für die Bereitschaft, sich für ein ausgewogeneres Geschlechterverhältnis einzusetzen, gilt die eher egalitäre ideologische Ausrichtung der linken Parteien. Gleichstellungsmaßnahmen werden in diesem Kontext als gerechtfertigtes Mittel erachtet, um Veränderungen herbeizuführen und Benachteiligungen zu beseitigen. Etliche europäische Parteien haben aus diesem Grund Quoten eingeführt, um so eine verbesserte Integration von Frauen in Parlamenten zu gewährleisten. Bei konservativen Parteien, inklusive der britischen Konservativen, lässt sich hingegen eine Präferenz rhetorischer Strategien ausmachen. Ebenso wie diese Parteien ein minimales Regulieren der Wirtschaft durch den Staat propagieren, plädieren sie auch für den Verzicht auf aktives Einschreiten in Rekrutierungsprozesse. Statt die Nominierungsverfahren zu quotieren, sollen Frauen vielmehr ermutigt werden, sich in einer offenen und fairen Auswahl den zuständigen Gremien zu stellen. Die Maßnahmen der linken Parteien in einigen europäischen Ländern – allen voran Schweden – haben sich als nachahmungswürdig erwiesen und wurden von Parteien des gesamten Spektrums aufgegriffen (Norris 1987, S. 123, 126/Norris 1993, S. 320-321/Norris 1997b, S. 46-48). Dass die Einführung von Maßnahmen positiver Diskriminierung notwendig ist, um den Frauenanteil im Parlament zu erhöhen, wurde an den unterschiedlichen Erfahrungen der *Labour Party* und der *Tories* deutlich, denn es reicht nicht aus, die Partei zu ermuntern, mehr Frauen als Kandidatinnen zu nominieren. Nur ein klarer Eingriff in die Auswahlverfahren der Parteien ermöglicht Veränderungen und schmälert die Rolle der so genannten *gatekeepers*,[75] die im Rahmen der Auswahlverfahren darüber entscheiden, wer als KandidatIn akzeptiert wird: „In the UK's single member, majoritarian electoral system the only guaranteed ways to overcome discriminatory resistance to women's representation are those radical mechanisms that require the selectorate to choose some women, such as all-women shortlists." (Shepherd-Robinson und Lovenduski 2002, S. 32)

Abschließend wird der in diesem Abschnitt ausführlich beschriebene Prozess der Kandidatur von Frauen in folgendem Drei-Stufen-Modell zusammengefasst: Erstens müssen sich Frauen dazu entscheiden, sich zur Wahl zu stellen, zweitens müssen Frauen von den Parteien als Kandidatin nominiert werden, drittens müssen sie von der Wählerschaft die Stimmen erhalten. Abbildung 7 stellt diesen Prozess dar, der auch auf die meisten politischen Systeme anwendbar ist. D.h. alle darin enthaltenen Schritte – von den wählbaren Individuen über die KandidatInnen hin zu den Abgeordneten – kommen in den jeweiligen Staaten vor, ihre Ausprägungen variieren jedoch deutlich je nach Parteistrukturen und politischem System (Ballington, Julie und Robert E. Matland. 2004. „Political Parties and Special Measures: Enhancing Women's Participation in Electoral Processes". Verfügbar über: http://www.idea.int/gender/ (Zugriff: 19.04.2005)). Dieser Umstand der Variierung konnte bereits anhand des Vergleichs der *Labour Party* und der Konservativen gezeigt werden, deren Auswahlverfahren klare Differenzen aufweisen und für Frauen unterschiedliche Chancen beinhalten.

---

[75] Rasmussen definiert die Funktion der *gatekeepers* wie folgt: „Among the key regulations of political participation in any society are those governing entry to membership in the political elite – those people involved in making policy for the society. Those whose position enables them to determine whether and under what circumstances one may seek entry may be thought of as gatekeepers. While gatekeepers regulate entry to the elite, their actions also can be a means of keeping certain issues off the society's agenda by limiting the access of those groups especially interested in those issues." (Rasmussen 1981, S. 601)

Abbildung 7: *Rekrutierungssystem*

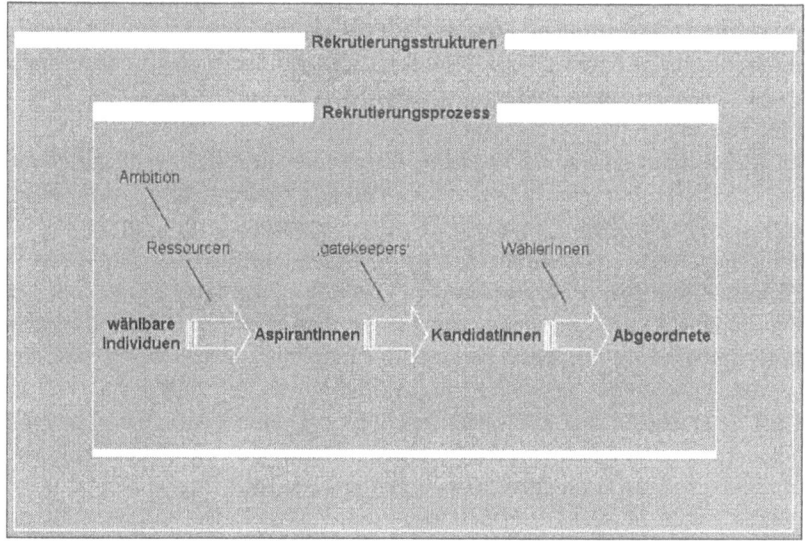

Quelle: Ballington, Julie und Robert E. Matland. 2004. „Political Parties and Special Measures: Enhancing Women's Participation in Electoral Processes". Verfügbar über: http://www.idea. int/gender/ (Zugriff: 19.04.2005)

3.3 Faktor politische Kultur

Die politische Kultur ist ein weiterer zentraler Einflussfaktor bei der politischen Teilhabe von Frauen (Hoecker und Fuchs 2004, S. 13/Norris 1993, S. 312/Norris und Inglehart 2001, S. 132/Reynolds 1999, S. 552/Hoecker 1998a, S. 389/Lovenduski 1998, S. 168/Hoecker 1995, S. 29). In diesem Abschnitt werden verschiedene Aspekte diskutiert, es geht dabei um Teilfaktoren wie Einführung des Wahlrechts, Einfluss von Kirche und traditionellen Wertvorstellungen, aber auch um die Besonderheiten der politischen Kultur Englands sowie um unterschiedliche Politisierungsprozesse von Männern und Frauen.

Gabriel Almond und Sidney Verba definieren die politische Kultur als „the particular distribution of patterns of orientation towards objects among the members of the nation" (Almond und Verba 1963, S. 14-15).[76] Politische Kultur bezeichnet die

---

[76] Die komparative Studie *The Civic Culture* von Almond und Verba aus dem Jahr 1963 gilt als „Pionierleistung auf dem Gebiet der politischen Kulturforschung" (Schwelling 2001, S. 604). Die Studie untersucht am Beispiel von fünf Ländern die kulturellen Faktoren, welche die Etablierung

subjektive Dimension, welche die Gesamtheit aller politisch relevanten Meinungen, Einstellungen und Werte der Mitglieder einer Nation umfasst. Diese werden durch politische Sozialisationsprozesse geprägt. In die politische Kultur sind auch die Einstellungen gegenüber der politischen Rolle von Frauen eingebunden, und sie unterscheiden sich je nach Kulturgefüge (Hoecker und Fuchs 2004, S. 13).

Die Staaten der EU lassen sich laut Hoecker in solche mit einer egalitären politischen Kultur unterteilen sowie in solche, die traditionell respektive patriarchalisch geprägt sind. Letztere sind jedoch nicht alle in gleichem Maße patriarchalisch (Hoecker 1998a, S. 388).[77] Es ist laut Hoecker anzunehmen, dass Länder mit eher traditionellen Wertvorstellungen eine geringere parlamentarische Repräsentation von Frauen aufweisen, während Staaten mit einer eher egalitären Kultur eine höhere Frauenquote haben. Dies zeigt sich z.B. an den nordischen Staaten, in denen Frauen, wie bereits in Kapitel 2 dargestellt, einen hohen Anteil in den jeweiligen nationalen Parlamenten erzielen (Hoecker 1998b, S. 186/Norris und Inglehart 2001, S. 131). Die nordischen Staaten zeichnen sich durch eine „„Leidenschaft für Gleichheit und Gerechtigkeit' aus, die Frauen den Weg in die Politik und hier in verantwortliche Positionen ebnet" (Hoecker 1998b, S. 186). Eng verbunden mit der egalitären Kultur ist laut Hoecker (1998a) der Umstand, dass in diesen europäischen Ländern die Katholische Kirche nahezu keine Rolle spielt. Die Katholische Kirche wird auch von Norris und Inglehart (2001) als eher emanzipationsfeindlich eingestuft und hat somit einen negativen Einfluss auf das Rollenbild der Frau. Länder, wie beispielsweise Spanien und Portugal, in denen die Katholische Kirche eine wichtige Position einnimmt, weisen niedrige Frauenquoten im Parlament auf und sind durch überdurchschnittlich traditionelle Einstellungen gegenüber Frauen in der Politik gekennzeichnet (Hoecker 1998a, S. 388/Norris und Inglehart 2001, S. 132). Inglehart (1989) hat festgestellt, dass ProtestantInnen generell häufiger über Politik diskutieren als KatholikInnen. Zudem identifiziert er eine geschlechtsspezifische Variable, denn in seiner Untersuchung gehören die protestantischen Länder zu den

---

demokratischer Institutionen behindern oder fördern. Almond und Verba legen in einem Unterkapitel die Rolle der Frau dar und stellen einen *gender gap* fest. Frauen partizipieren demnach seltener als Männer, engagieren sich verstärkt auf der kommunalen Ebene und sind konservativer (Almond und Verba 1963, S. 388). Die Autoren gehen laut Sauer jedoch implizit von einer systematisch nach Geschlechtern geteilten politischen Kultur aus, denn sie schreiben die Rolle der Frau als unpolitisch und privat fest (Sauer 1995, S. 172).

[77] Hoecker und Fuchs haben herausgearbeitet, dass in den postsozialistischen Staaten eine patriarchal geprägte politische Kultur dominiert. Frauen waren zwar vor der Wende deutlich stärker in den Arbeitsmarkt eingebunden als dies im Westen der Fall war, aber traditionelle Vorstellungen von Mann und Frau blieben unangetastet. Der autoritär-paternalistische Charakter des Staates ließ eine tatsächliche Emanzipation nicht zu. Um es auf eine kurze und plakative Formel zu bringen: „Frauen wurden zwar ökonomisch unabhängig vom Ehemann, aber abhängig vom Vater Staat." (Hoecker und Fuchs 2004, S. 290)

Nationen, in denen Frauen am häufigsten über Politik diskutieren. Inglehart kommt zu dem Schluss, dass Frauen in protestantisch geprägten Gesellschaften sowohl in Bezug auf die Elitenebene als auch auf die Ebene der breiten Masse der Bevölkerung stärker in das politische Leben integriert sind als in katholischen. Es besteht somit für Inglehart eine Korrelation zwischen einem hohen Frauenanteil im Parlament und einer überwiegend protestantischen Tradition. Dass Großbritannien Ausnahme dieser Regel ist, erklärt sich für ihn durch einen institutionellen Faktor, nämlich die Anwendung des Mehrheitswahlrechts (Inglehart 1989, S. 70-71).

An dieser These sind jedoch gerade in Bezug auf Großbritannien begründete Zweifel anzumelden – sicherlich nehmen institutionelle Faktoren (wie bereits dargelegt) Einfluss auf die politische Partizipation von Frauen, jedoch ist die Rolle der Kirche problematischer zu betrachten als dies bei Hoecker, Norris und Inglehart geschieht. Großbritannien gilt als eine „zutiefst säkulare Gesellschaft", in welcher der Anteil der Kirchenmitglieder und noch viel mehr der regelmäßigen KirchgängerInnen gering ist (Marwick 1998, S. 128).[78] Eine christdemokratische Partei kontinentalen Typs ist in Großbritannien undenkbar; so sind die britischen Konservativen im politischen Spektrum etwas weiter rechts anzuordnen als die konservativen Parteien in den meisten anderen europäischen Ländern, auch „reagieren sie regelmäßig irritiert, wenn etwa die Kirchen ihrem sozialen Gewissen Ausdruck verleihen" (ebd.).

Die konfessionelle Landschaft in Großbritannien ist zudem sehr heterogen, es gibt traditionelle Religionen wie die Anglikanische Kirche (*Church of England*), die größte Glaubensgemeinschaft mit der Königin/dem König als weltlichem Oberhaupt, PresbyterianerInnen (*Church of Scotland*), MethodistInnen, BaptistInnen und KatholikInnen. Daneben bestehen die nichttraditionellen Religionen (z.B. MormonInnen, Zeugen Jehovas, SpiritualistInnen) und die nichtchristlichen Glaubensgemeinschaften (vor allem Muslime, Sikhs, Hindus, Juden/Jüdinnen) (ebd., S. 129/Black 2000, S. 133). Die Anglikanische Kirche entspricht nicht gänzlich protestantischen Kirchen des Kontinents, sondern weist in einigen Aspekten eher eine Nähe zur Katholischen Kirche auf, obwohl sie von dieser nicht als gleichwertige Glaubensgemeinschaft angesehen wird. Beispielsweise ist die Anglikanische Kirche bezüglich des Frauenordinats sehr konservativ; dieses wurde zwar (bzw. erst) 1992 ermöglicht, es wird jedoch in den meisten Kirchen nicht angewendet. Traditionelle AnglikanerInnen verließen sogar aus Protest über das weibliche Bischofsamt die *Church of England* und traten der Katholischen Kirche bei (Black 2000, S. 135). Das Frauenbild der Anglikanischen Kirche ist demnach als deutlich traditioneller einzuschätzen als das protestantischer Kirchen anderer europäischer Länder.

---

[78] Obwohl sich viele BritInnen als ChristInnen bezeichnen, gehören nur wenige der Kirche an. Die Mitgliedschaft in traditionellen Kirchen fiel von 9,3 Millionen im Jahr 1970 auf 6,6 Millionen 1990 (ONS. „Church Membership 1970-1990". Verfügbar über: http://www.statistics.gov.uk/StatBase/ xsdataset.asp?vlnk =1450&More=Y (Zugriff: 17.02.2005)).

Deshalb kann bezüglich Großbritannien nicht die Gleichung aufgestellt werden, dass sich ein Vorkommen des Protestantismus positiv auf die politische Kultur und die Repräsentation von Frauen in der Politik ausgewirkt hat.

Des Weiteren wäre in Ergänzung zu den von Hoecker und Norris berücksichtigten Faktoren eine Einbeziehung des Faktors Faschismus bzw. einer faschistischen Vergangenheit in die Betrachtung der Teildeterminanten von politischer Kultur wünschenswert; dafür liegen allerdings keine vergleichenden Studien vor. Es kann jedoch angenommen werden, dass dem Faschismus – ähnlich wie der Religion – eine Rolle in dem Erklärungsansatz zugemessen werden kann und dass das Frauenbild in postfaschistischen Ländern – wie z.B. Deutschland, Spanien und Italien – durch die faschistischen Ideologien nachhaltig geprägt wurde. Beispielsweise rückten Frauen in Deutschland in der Zeit des Nationalsozialismus an den Rand des politischen Interesses, denn im nationalsozialistischen Weltbild nahm der Mann eine normative Funktion ein. Männer sollten die Verantwortung für Politik, Krieg, Gemeinschaft und Erwerb übernehmen, die Aufgaben der Frau waren laut Ute Frevert auf die Sorge um Familie, Haus und ‚Erhalt der Rasse' beschränkt (Frevert 1998, S. 222).[79] Auch wenn die Rolle der Frau auf den privaten Bereich ausgerichtet war und die Bedeutung der Hausfrau und Mutter hervorgehoben wurde, ist das Frauenbild des Nationalsozialismus komplexer, widersprüchlicher und politischer als dies auf den ersten Blick anmutet. Denn beispielsweise wurde durch die Professionalisierung von Mutterschaft und Hausfrauenarbeit durch Lehrgänge in Mütterschulen und -kursen eine außerhäusliche Karriere für Frauen ermöglicht; auch mussten Frauen aufgrund des Arbeitskräftemangels in den Kriegsjahren verstärkt einer Erwerbsarbeit nachgehen, um die Wirtschaft aufrecht zu erhalten (ebd., S. 229-231). Die offizielle Zurückdrängung der Frau in den privaten Bereich war somit durchbrochen. Festzuhalten bleibt jedoch, dass im nationalsozialistischen Weltbild die Rolle der Frau als Hausfrau und Mutter propagiert wurde, und es ist anzunehmen, dass dieses Konzept eine nachhaltige Wirkung auf die Mentalitätsstrukturen der Bevölkerung hat. Auch ist der Umkehrschluss, nämlich dass das Frauenbild in Ländern, die nicht faschistisch waren, weniger traditionell geprägt ist, für die Diskussion um die politische Kultur von Interesse.

Die Einführung des Frauenwahlrechts hängt nach Hoecker ebenfalls mit der politischen Kultur zusammen. Wird eine Korrelation zwischen dem Zeitpunkt der Einführung und der politischen Repräsentanz von Frauen angenommen, wäre eine hohe Frauenquote in den Parlamenten der Länder zu vermuten, welche das Frau-

---

[79] „Das Bild der gelobten deutschen Frau war klar gezeichnet: selbstlose Kameradin des Mannes, deren Platz grundsätzlich zu Hause war bzw. immer dort, wo sie gebraucht wurde, gläubig, hegend und pflegend, sauber, praktisch, tapfer, stolz, tüchtig, charakterfest und vor allem kinderfreudig und einsatzfroh für das große Ganze nach dem aggressiven Motto: ‚Du bist nichts, dein Volk ist alles'." (Benz 1998, S. 41)

enwahlrecht früh eingeführt haben, während die parlamentarische Vertretung von Frauen in solchen Ländern gering ausfallen müsste, in denen die staatsbürgerliche Anerkennung später erfolgte. Tendenziell lässt sich diese Hypothese bestätigen, denn Finnland führte das Frauenwahlrecht bereits 1906 ein und hat mit 37,5% einen hohen Frauenanteil, während beispielsweise Frankreich (1946), Italien (1946), Griechenland (1948) und Portugal (1974) – allesamt Staaten mit einer geringen Frauenquote im Parlament – die weibliche Bevölkerung lange außen vor ließ. Es ist jedoch anzumerken, dass Länder, in denen das Frauenwahlrecht zwar nach 1918 aber vor 1945 eingeführt wurde, sowohl hohe als auch niedrige Frauenquoten in den Parlamenten aufweisen können (Hoecker 1998a, S. 388-389). Somit gilt diese Regel nur eingeschränkt.

Wird dieser Kriterienkatalog auf Großbritannien angewendet, erscheinen die Umstände der politischen Partizipation von Frauen in vielerlei Hinsicht günstig – dennoch blieb die Repräsentation im Unterhaus bis 1997 auf ein marginales Maß beschränkt. Die politische Kultur gilt laut Hoecker als eher egalitär, Frauen erhielten 1918/1928 relativ früh das Wahlrecht. Zudem fand sowohl die erste als auch die zweite Frauenbewegung in Großbritannien viele Anhängerinnen, und dies hätte somit eine Auswirkung auf die Inklusion von Frauen im Parlament erwarten lassen (ebd., S. 388/Randall 1991, S. 89/Norris 1987, S. 126). Kritisch ist hingegen die Rolle der Kirche zu betrachten. Großbritannien ist nicht von einer starken katholischen Religion geprägt, die sich laut laut Hoecker, Norris und Inglehart in anderen europäischen Ländern als Hindernis für die Emanzipation der Frauen erwiesen hat. Wie jedoch dargelegt wurde, ist das Frauenbild der Anglikanischen Kirche nicht mit dem anderer protestantischer Kirchen gleichzusetzen und deutlich traditioneller.

Ein Blick auf die Besonderheiten und Charakteristika der politischen Kultur in Großbritannien verdeutlicht, wie die darin verwurzelten Mechanismen auf die Rolle der Frau einwirken. Zunächst muss jedoch festgehalten werden, dass es keine einheitliche britische politische Kultur gibt, da Großbritannien ein multinationaler Staat ist und immense Unterschiede zwischen den politischen Kulturen von England, Schottland und Wales bestehen (Coxall und Robins 1994, S. 52). Die nachfolgenden Ausführungen beziehen sich ausschließlich auf England.[80]

---

[80] Großbritannien besteht aus England, Wales und Schottland; Großbritannien und Nord-Irland bilden wiederum das Vereinigte Königreich (Lovenduski 1994, S. 299). Der Fokus auf die englische politische Kultur ist nicht spezifisch für die vorliegende Arbeit, sondern wird allgemein vorgenommen. Begründet wird diese Konzentration i.d.R. mit der konstitutiven Bedeutung, die den englischen Verhältnissen für die Entwicklung Großbritanniens historisch und auch aktuell beigemessen wird (Rohe 1984, S. 180).

In der bereits erwähnten, von Almond und Verba 1963 publizierten Vergleichsstudie[81] *The Civic Culture* wurde die politische Kultur Englands als besonders vorbildliche Zivilkultur bezeichnet.[82] Der Schlüsselbegriff *civic culture* umfasst eine Mischung aus Untertanenkultur, welche sich durch Gesetzestreue und Akzeptanz von Mehrheitsentscheidungen auszeichnet, und einer partizipativen politischen Kultur, in der die BürgerInnen bei Rechtsverletzungen durch die Herrschenden Bürgerinitiativen gründen und Kontakt zu ihren Abgeordneten im Unterhaus aufnehmen. Mittlerweile wurde diese Einschätzung der politischen Kultur Englands revidiert und deutlich abgeschwächt; beispielsweise gelten die BritInnen als weniger zufrieden mit ihrem politischen System als noch in *The Civic Culture* angenommen, und es sind Veränderungen in der politischen Partizipation auszumachen (Hübner und Münch 1999, S. 157/Parry, Moyser und Day 1992, S. 25). Inwiefern die Ergebnisse der Studie aus dem Jahr 1963 überholt sind und welche neueren Erkenntnisse ihnen gegenübergestellt werden können, ist jedoch nicht von Interesse für die vorliegende Arbeit. Vielmehr soll *The Civic Culture* als Ausgangspunkt für die nachfolgenden Überlegungen dienen, denn einige der darin formulierten Annahmen sind für die weitere Analyse von Bedeutung. Nachfolgend werden einige Elemente der (englischen) politischen Kultur diskutiert und auf ihren ausgrenzenden Gehalt in Bezug auf Frauen untersucht.

Die politische Kultur Englands wurde in der Phase nach 1945 mit drei Charakteristika umschrieben, nämlich Homogenität, Konsens und Ehrerbietung (*deference*) (Coxall und Robins 1994, S. 51). Vor allem Almond und Verba sahen den politischen Prozess durch *deference* bestimmt. *Deference* meint keine obrigkeitsstaatliche Orientierung, sondern das Verhältnis zu einer gesellschaftlichen Elite respektive das Vertrauen in sozial Höhergestellte (Hübner und Münch 1999, S. 159). Diese These oder auch das idealisierte Bild der britischen Gesellschaft erwiesen sich bei späteren Untersuchungen als nicht haltbar.[83] Gewaltsamer Protest, wie beispielsweise in den 70er Jahren, und realistischer Zynismus sind somit nicht als Indikator

---

[81] Die Studie gilt zwar als Pionierarbeit auf dem Gebiet der politischen Partizipationsforschung, sie wird aber zugleich kritisch rezipiert. Die Autoren haben sich mit dieser Kritik auseinandergesetzt und 1980 den Sammelband *The Civic Culture Revisited* herausgegeben, in dem die Kritik aufgegriffen wird und die insbesondere in den Aufsätzen von Carole Pateman und Dennis Kavanagh zu finden ist. Weitere kritische Auseinandersetzungen sind beispielsweise bei Kavanagh 1971/Gibbins 1989/Topf 1989 nachzulesen. KritikerInnen bemängeln u.a., dass in der Studie Wunsch und Wirklichkeit, normative Präskription und empirische Deskription vermischt werden (Döring 1998, S. 173).

[82] Von den fünf untersuchten Ländern – USA, Großbritannien, Mexiko, Italien und Deutschland – wurde neben Großbritannien nur noch den USA das Vorkommen einer *civic culture* bescheinigt (Almond und Verba 1963, S. 473).

[83] Die *deference*-These wurde vor allem von Kavanagh (1971/1980) und Norton (1984) kritisiert und widerlegt.

für den Zerfall der *civic culture* einzustufen, sondern sind in alten, periodisch auftretenden Traditionen politischen Protests verortet (Döring 1993, S. 83).
Im Gegensatz zu Kontinentaleuropa ist die politische Kultur Englands handlungsnormierend geprägt. Dies bedeutet, dass in England lange Zeit auf nicht-staatliche Lösungen gesetzt wurde, weil die Menschen laut Hübner und Münch (1999) in der Überzeugung lebten, dass sie ihren Mitmenschen vertrauen könnten. So wurde der professionelle *civil service* erst 1867 eingeführt, was Großbritannien den Ruf einer ‚verspäteten Bürokratie‘ einbrachte (Hübner und Münch 1999, S. 158/Döring 1998, S. 165). Auch die Industrielle Revolution wurde auf den britischen Inseln nicht von Ingenieuren und Naturwissenschaftlern getragen, sondern vom Erfindungsgeist der Handwerker und Techniker.[84] Die Leistung der Industriellen Revolution vollzog sich laut Herbert Döring im Kontext einer politischen Kultur, die von dem Leitbild des *gentleman*, des am vorindustriellen Leitbild orientierten Amateurs geprägt war, und die nicht den nach Innovationen und Gewinnen strebenden Unternehmer propagierte. Eine wichtige Rolle spielte nach Inglehart ein anderer Aspekt, nämlich die Wechselwirkung zwischen kulturellen Faktoren und wirtschaftlichen Veränderungen: Im Protestantismus entwickelte sich ein Wertsystem, in dem die Akummulation von Reichtum als Zeichen göttlicher Gnade gewertet wurde und nicht als Mittel zum Überleben. Gleichzeitig wurde eine asketische Selbstkontrolle propagiert, welche die Anhäufung von Reichtum begünstigte. Diese Lebenseinstellung wirkte sich positiv auf den Unternehmergeist aus und bahnte der Industriellen Revolution in Großbritannien den Weg. Wirtschaftliche Entwicklung und Protestantismus/protestantische Ethik gehören für Inglehart somit zusammen (Inglehart 1989, S. 74-76).
Das erwähnte Amateursprinzip oder der Laienkult gilt auch für den Bereich der Politik. Damit verbunden ist die Abneigung gegen ExpertInnen in politischen Strukturen und der Verwissenschaftlichung von Politik. Vielmehr besteht die Vorstellung, dass ein *gentleman* die politischen Geschicke gut lenken könne – auch wenn Politik in der Realität zunehmend zu einer professionellen Karriere geworden ist. „Das Erziehungsideal einer auf einem literarischen, geisteswissenschaftlichen Debattierstil beruhenden, jedoch auch sportlich tüchtigen Charakterbildung hat seine kulturelle Sublimierung im Leitbild des *Gentleman* gefunden." (Döring 1998, S. 166) Grundannahme ist, dass der Charakter eines *gentleman* über das nötige Maß an Zuverlässigkeit und Berechenbarkeit verfügt, welches erforderlich ist, um die politischen Geschäfte angemessen führen zu können. Die elitären privaten Schulen, die so genannten *public schools*, kultivieren dieses Leitbild und gelten als der Ort, an dem die *gentlemen* ihre Prägung erfahren (Rohe 1984, S. 172). Traditi-

---

[84] An dieser Stelle wird bewusst auf die Verwendung des Binnen-Is verzichtet, da zur Zeit der Industriellen Revolution Frauen keine Führungspositionen einnehmen oder Handwerker werden konnten.

onell besucht eine große Zahl der Abgeordneten des britischen Unterhauses eine der renommierten *public schools* mit anschließendem Hochschulabschluss an den Eliteuniversitäten in Oxford und Cambridge (auch Oxbridge genannt).[85] Obwohl die Anzahl der Abgeordneten, die AbsolventInnen von Eliteeinrichtungen sind, abgenommen hat, macht diese Gruppe noch immer einen großen Anteil im Parlament aus.[86] Gleichzeitig gewannen Angehörige der *middle class* sowohl in der *Labour Party* als auch in der konservativen Partei an Einfluss, d.h. bei den Konservativen verlor die Aristokratie ihre Vormachtstellung, während bei der *Labour Party* der Anteil der VertreterInnen der Arbeiterklasse zurückging (Norris und Lovenduski 1995, S. 10).[87]

Das beschriebene Leitbild des *gentleman* verdeutlicht, dass das Ideal eines Abgeordneten männlichen Geschlechts ist. Allein die Wortwahl gibt zu erkennen, dass es sich hierbei um eine Orientierung an männlichen Normen handelt. Diese sind nur sehr schwer aufzuweichen und haben über mehrere Jahrhunderte die politische Kultur des Landes beeinflusst. Die Nähe zu den Eliteeinrichtungen, Oxbridge und den *public schools*, wirkt sich nicht nur auf die Rekrutierung der PolitikerInnen aus, sondern auch auf die Ausrichtung des Unterhauses. In vielerlei Hinsicht ähnelt das *House of Commons* diesen Institutionen, denn es gibt einen Schießplatz, einen Schachclub und ein so genanntes *fagging system*.[88] Kinderbetreuungsmöglichkeiten

---

[85] Für mehr Hintergrundinformationen über Bildung und Beruf der Abgeordneten siehe beispielsweise Mellors 1978/Harrison 1986/Lovenduski 1986/Lovenduski und Norris 1989/Norris und Lovenduski 1995/Fisher 1996/Cowley, Darcy und Mellors 2001.

[86] Die ehemaligen SchülerInnen der *public schools* sind nicht nur in relativ hoher Zahl unter den Abgeordneten anzutreffen, sondern machen auch einen überproportional hohen Anteil in anderen gesellschaftlichen Schlüsselpositionen, wie beispielsweise unter den Obersten RichterInnen, ProfessorInnen in Oxbridge und BankdirektorInnen, aus (Döring 1993, S. 43).

[87] Zwischen 1920 und 1950 waren es 80% der konservativen Abgeordneten, die eine Eliteschule besucht hatten, 1997 lag diese Quote bei ‚nur' noch 65%. Die Quote der ParlamentarierInnen, welche die Bildung auf einer *public school* genossen, fiel bei der *Labour Party* immer geringer als bei den Konservativen aus. Zwischen 1945 und 1964 waren etwas über 20% der *Labour*-Abgeordneten AbsolventInnen einer *public school*. Dieser Anteil sank kontinuierlich auf 14% im Jahr 1997. Zum Vergleich: Nur 5% der britischen Bevölkerung besucht eine Eliteschule. Ein ähnliches Bild ergibt sich auch in Bezug auf Oxbridge: Während 1997 66% der konservativen MPs in Oxbridge studiert hatten, waren nur 26% der *Labour*-Abgeordneten auf einer dieser Universitäten (Norris und Lovenduski 1995, S. 100/Cowley, Darcy und Mellors 2001, S. 97-99/Fisher 1996, S. 46, 77).

[88] Das *fagging system* ist ein etabliertes Hierarchiesystem innerhalb der *public schools*, in dem die Jüngeren den Älteren Folge leisten müssen. Es wurde als Maßnahme angesehen, die sowohl Gruppenkonformität als auch Loyalität generiert. Häufig sind/waren mit diesem System auch Initiationsriten verbunden: „... in English public schools, a system under which, generally with the full approval of the authorities, a junior boy performs certain duties for a senior. In detail this custom varies slightly in the different schools, but its purpose – the maintenance of discipline among the boys themselves – is the same.... Fagging was a fully established system at Eton and Winchester in the

sind hingegen beispielsweise nicht vorhanden (Puwar 1997b, S. 5). Hier wird eine klare geschlechtsspezifische Aufteilung vorgenommen, denn während Schach und Schießen generell eher als Freizeitbeschäftigung von Männern gelten, wird die Kinderbetreuung im Verantwortungsbereich von Frauen verortet und gehört somit in den privaten Bereich; sie hat dadurch für das Unterhaus keine Relevanz. Da Westminster für Politiker und nicht für Politikerinnen erbaut wurde, scheint dies die logische Konsequenz der Geschlechtersegregation zu sein.

Mit dem Leitbild des *gentleman* sind zwei weitere Aspekte der politischen Kultur verbunden, nämlich die bereits erwähnte personalistische Orientierung. Die englische Politik wird von einem Clubcharakter oder vielmehr Herrenclubcharakter bestimmt. Die Form der ‚politischen Familie‘ gründet sich in England durch eine gemeinsame Schul- und Universitätsbildung, die sich, wie zuvor beschrieben, maßgeblich auf Eliteeinrichtungen stützt, sowie auf die vornehmen *Gentlemensclubs* in London, politisch-gesellschaftliche Institutionen mit großem Einfluss auf die Politik:

> „Die englischen Clubs, ebenso das berühmte *old boys' network*, d.h. das System von Beziehungen, die auf alten Bekanntschaften aus der Jugendzeit beruhen, reflektieren eine politische Kultur, die sich weniger auf ausformulierte Rechtsnormen als auf überlieferte Konventionalregeln verlässt und die in hohem Maße durch das Prinzip der persönlichen Bekanntschaft und Empfehlung gesteuert wird.“ (Rohe 1984, S. 172)

Durch dieses *old boys' network* existiert eine erfahrene Elite politischer Amateure – der Zugang zu diesem Netzwerk wird jedoch durch Geschlecht, ethnische Zugehörigkeit und Klasse reguliert, d.h. Frauen, ethnischen Minderheiten und Angehörigen niedriger sozialer Klassen bleibt er häufig verwehrt. Großbritannien gilt innerhalb der westlichen Industriestaaten als die Nation, in welcher der Klassenbegriff objektiv und subjektiv noch immer die größte Bedeutung besitzt, obwohl sich die Klassenunterschiede seit 1945 abgeschwächt haben (Marwick 1998, S. 121).[89] Aufgrund der zentralen Bedeutung der Klassengesellschaft für die britische Politik erschwert sie es, Auswirkungen der Kategorien Geschlecht und ethnische Minderheit zu erkennen (Lovenduski 1998, S. 175).

In Großbritannien wurden durch Anti-Diskriminierungsgesetze Maßnahmen getroffen, um die Situation der im Land lebenden ethnischen Minderheiten zu verbessern. Dies führte dazu, dass in den 1990ern keine umfassende Unterprivilegierung dieser

---

16th century, and is probably a good deal older.“ (PBS Online. „Time and Place: English Public Schools“. Verfügbar über: http://www.pbs.org/wgbh/masterpiece/mrchips/tg_setting.html#footnote (Zugriff: 21.02.2005))

[89] Das englische *class* weist neben dem ökonomischen Aspekt auch Dimensionen wie Lebenschancen, Lebenserwartungen, Lebensstile und Klassenbewusstsein auf (Rohe 1984, S. 180). Für eine Erläuterung des englischen Klassenbegriffs siehe beispielsweise Hobsbawm 1980.

Bevölkerungsgruppe festgestellt werden kann. Während InderInnen, ChinesInnen und *African Asians* höhere Bildungsabschlüsse erwerben und in die oberen Berufskategorien vordringen, leben MigrantInnen aus der Karibik, Pakistan und Bangladesh noch immer häufig in Armut, haben eine schlechte Bildung und sind von Arbeitslosigkeit betroffen (Hübner und Münch 1999, S. 44/Baringhorst 1998, S. 153). Im Parlament waren die ethnischen Minderheiten bisher schlecht vertreten; vor 1945 gab es insgesamt nur drei *Members of Parliament* (MPs) dieser Gruppe, zwischen 1979 und 1997 insgesamt 19 MPs (Norris und Lovenduski 1995, S. 102/Rallings und Thrasher 2000, S. 151).

Seit die erste weibliche Abgeordnete dem Unterhaus angehörte, hat die männliche Prägung dieser Einrichtung den Politikerinnen ihre Arbeit erschwert (Harrison 1986, S. 629). Der Herrenclubcharakter des *House of Commons* begründet sich teilweise in der beschriebenen Ähnlichkeit mit Oxbridge und den *public schools*, wird aber auch durch die Dominanz der *old boys' networks* gefördert, welche sehr einflussreich sind. So wird Westminster häufig als „mere extension of a clubland" (ebd.) bezeichnet oder als „the best gentlemen's club in the world" (Puwar 1997b, S. 5).[90] Auch die Sitzungszeiten des Parlaments spiegeln diese Ausrichtung wider, denn die Unterhausdebatten fanden bis noch vor kurzem am späten Abend und bis in die Nacht hinein statt. Bereits 1995 wurden erste Veränderungen in der zeitlichen Struktur des Unterhauses vorgenommen; die Sitzungszeiten wurden 1997 massiver in Frage gestellt und 2002 grundlegend und familienfreundlicher modifiziert.[91] Vor allem weibliche Abgeordnete, aber auch ein große Zahl männlicher, setzten sich für eine Reformierung ein.[92]

Das Leitbild des *gentlemans* reflektiert die personalistische Orientierung der englischen politischen Kultur, die weniger durch die formelle Darlegung von Doktrinen geprägt ist. Dies impliziert nicht, dass die britischen BürgerInnen keine Prinzipien haben, sondern „dass sie die Fähigkeit zur Realisation politischer Ziele in starkem Maße von der Handlungskompetenz einzelner Persönlichkeiten abhängig machen"

---

[90] Frühe Studien über die Situation von Frauen in der britischen Politik kamen bereits zu dem Schluss, dass der exklusive Herrenclubcharakter der politischen Kultur im Unterhaus und die bestehenden Strukturen Frauen marginalisieren (Brookes 1967, S. 82/Vallance 1979, S. 37).

[91] Tagte das Unterhaus in der Vergangenheit bis in die Nacht, gelten nun andere Sitzungszeiten: montags 14.30 bis 22.30 Uhr, dienstags und mittwochs 11.30 bis 19.30 Uhr, donnerstags 11.30 bis 18.30 sowie an ausgewählten Freitagen 9.30 bis 15.00 Uhr (The United Kingdom Parliament. „What are the sitting hours of the House of Commons?". Verfügbar über: http://www.parliament.uk/faq/business_faq_page.cfm (Zugriff: 12.05.2005)).

[92] Ein weiterer Beleg für die traditionelle Ausrichtung des Unterhauses an männlichen Bedürfnissen ist der Umstand, dass es in Westminster vor 1997 lediglich einen Friseur für Herren gab, der erst auf massiven Druck der Parlamentarierinnen gegen einen Unisex-Friseursalon ausgetauscht wurde. Des Weiteren waren die Toiletten ursprünglich mit ‚members only' gekennzeichnet und wiesen ausschließlich die Herren-WCs aus (Puwar 1997b, S. 5).

(Döring 1993, S. 76). Plakativ formuliert zeichnen sich die BritInnen eher durch Treue zu Personen als durch Glauben an Prinzipien aus. Eine Neuauswertung der vergleichenden Studie von Barnes und Kaase et al. (1979) hat ergeben, dass in Großbritannien das personale Verständnis von so genannten linken und rechten Positionen deutlich das abstrakt begriffliche und das emotional-wertende übersteigt. Mit anderen Worten dominiert die Vorstellung von konkreten Personen oder Parteien, während das Verständnis von Konzepten und Doktrinen sowie von Wertungen wie gut und böse eher untergeordnet ist. In England blieb, im Gegensatz zu Kontinentaleuropa, ein auf Personen bezogenes Öffentlichkeitsverständnis erhalten. Damit verbunden sind auch die Zurschaustellungen traditioneller Riten, Kleiderordnungen und Kopfbedeckungen. Die historischen Symbole und Formeln nehmen die Funktion ein, die gegenwärtige politische Ordnung durch zeremonielle Beschwörung der Tradition zu legitimieren (ebd., S. 79/Döring 1998, S. 169).

In Großbritannien entscheidet nicht die Justiz, sondern die politische Debatte zwischen den streitenden Parteien über Verfassungsfragen. Somit sind wechselnde Mehrheiten entscheidend, „aus deren Schlagabtausch sich nach längerem Hin und Her in der Regel wieder ein situationsgebundener Konsens ergibt" (Döring 1998, S. 172). Es gilt das Prinzip einer Streitkultur als Mittel zur Konsensfindung. Diese ist jedoch für viele Parlamentarierinnen abschreckend und löst Unbehagen sowie Unsicherheit aus (Harrison 1986, S. 629). Die weiblichen Abgeordneten scheuen nicht die politische Kontroverse oder die inhaltliche Auseinandersetzung, es geht hierbei vielmehr um das Diskussionsverhalten, welches sich im britischen Parlament durch lautes Schreien und Dominanzgebahren charakterisiert. Umfragen der *Fawcett Society*[93] haben ergeben, dass sowohl Wählerinnen als auch Parlamentarierinnen von diesem Diskussionsverhalten irritiert sind und es als unangemessen erachten. Während sich die Volksvertreterinnen negativ über „male public school attitudes and yob culture" äußern, fordern die Wählerinnen ein Parlament „less concerned with politicians bashing at each other" (Stephenson 1998, S. 35).

Obwohl Hoecker die politische Kultur Englands als egalitär eingestuft hat, kann das Fazit gezogen werden, dass diese vielmehr durch eine Vorherrschaft traditioneller Formen von Männlichkeit geprägt ist (Lovenduski 1998, S. 174/Stephenson 1998, S. 36/Puwar 1997b, S. 5). Das Unterhaus entwickelte sich historisch als männlicher Raum und ist, wie dargelegt, als solcher sowohl organisatorisch als auch institutionell gekennzeichnet. Mit dem Einzug von Frauen in Westminster und

---

[93] Die *Fawcett Society* ist eine britische Organisation, die sich für die Gleichberechtigung von Frauen einsetzt. Sie hat ihre Wurzeln in den Kampagnen der britischen Suffragetten im 19. Jahrhundert und wurde als die *National Union of Women's Suffrage Societies* gegründet. 1953 wurde die Organisation nach ihrer Gründerin Millicent Garrett Fawcett umbenannt (Fawcett Society. „Who we are". Verfügbar über: http://www.fawcettsociety.org.uk/About.htm (Zugriff: 19.04. 2005)).

vor allem seit dem sprunghaften Anstieg der Frauenquote im Jahr 1997 haben die Parlamentarierinnen die Kultur und Praktiken von Westminster, das von Männern für Männer errichtet wurde, in Frage gestellt und auch verändert. Politische Kultur ist nicht statisch, sondern sie unterliegt Veränderungen – die zwar nicht ad hoc erreicht werden können, die aber dennoch spürbar sind.

Neben den landesspezifischen Merkmalen, die auf den vorangegangenen Seiten beschrieben wurden, gibt es weitere Elemente, die bei der Betrachtung der politischen Kultur zu beachten sind: Die subjektiven Dimensionen der politischen Kultur werden durch politische Sozialisationsprozesse geprägt. Da die Diskussion um diese Prozesse in der feministischen Forschung einen wichtigen Stellenwert einnimmt, soll auf diesen Aspekt der politischen Kultur nachfolgend näher eingegangen werden. Mit politischer Sozialisation werden in diesem Kontext nicht politische Erziehung oder Bildung verbunden, vielmehr ist ein Modell gemeint, welches die Bedeutung intentionaler Lernprozesse relativiert und jene gesellschaftlich-politischen Systemzusammenhänge in den Blick nimmt, in denen politische Sozialisationsprozesse stattfinden. Politische Partizipation basiert auf Politisierungsprozessen, die ein Aspekt der politischen Sozialisation sind. Die Ursache für geschlechtstypische Einstellungen und Verhaltensweisen sind geschlechtsspezifische Sozialisationsprozesse, die partizipationsfördernde und -hemmende Werte, Normen und Einstellungen vermitteln (Sauer 2001, S. 209/Geißel 1995, S. 17). Christine Kulke und Brigitte Geißel argumentieren, dass das politische Lernen durch das Geschlechterverhältnis als gesellschaftlichem Organisationsprinzip massiv beeinflusst wird. Somit wirken sich Unterschiede zwischen männlichen und weiblichen Lebenszusammenhängen sowohl auf die politische Sozialisation als auch auf Politisierungsprozesse aus (Kulke 1991, S. 600/Geißel 1995, S. 18). Die Dynamik der Geschlechterverhältnisse ist als eine lebenslange Sozialisationsbedingung zu verstehen, wobei die Bedeutungen von Geschlecht sowie die geschlechtsbezogenen Bedeutungen entstehen und sich auch verändern können. Mit Fragen nach geschlechtsspezifischer Sozialisation sind auch Probleme verbunden, denn diese implizieren, „nach geschlechtsdifferenzierenden ‚typischen' Sozialisationsbedingungen und nach Geschlechtsunterschieden im Verhalten, Denken, Fühlen zu fragen" (Bilden 1991, S. 279). Als Resultat entstehen Konstrukte eines männlichen und weiblichen Sozialcharakters, die polarisierende gesellschaftliche Vorstellungen reproduzieren.

In Sozialisationstheorien wird angenommen, dass Individuen im Laufe ihrer Sozialisation und der Übernahme ihrer Rolle als Erwachsene auch ihre politisch-soziale Geschlechtsidentität ausbilden. Eine nach Geschlechtern polarisierte Gesellschaft konstruiert ‚zwei Kulturen', die verschiedene Denk- und Verhaltensweisen perpetuieren. Damit ist die Vorstellung verbunden, dass das Hineinwachsen in diese politisch-kulturellen Räume divergierende politische Geschlechtsidentitäten sowie nach „Geschlechtern differenzierte Vorstellungen von und Zugangsweisen zu Poli-

tik" entstehen lässt (Sauer 2001, S. 227).[94] Frauen würden traditionellen Geschlechterrollen zufolge damit in eine unpolitische weibliche Kultur sozialisiert.
Verschiedene Felder und Sozialisationsinstanzen bestimmen den Sozialisationsprozess; hierzu zählen Elternhaus, Schule, die Gruppen der Gleichaltrigen, Ausbildung, Beruf usw. Der Sozialisationsprozess lässt sich wiederum grob in zwei Phasen untergliedern: Sozialisation in der Kindheit und im Erwachsenenalter. Daraus
ergibt sich (nicht nur) für politische Sozialisation ein lebenslanger Sozialisationsprozess. Ansätze, die sich primär mit der Sozialisation in der Kindheit beschäftigen, argumentieren, dass Frauen schlechter in der Politik repräsentiert sind, weil sie
schon als Kind gesellschaftliche Vorstellungen von Politik als Männerdomäne internalisiert haben. Diese Orientierung führt dazu, dass Männer politisch aktiver und
Frauen inaktiver sind. „This perspective assumes that sexual differences in political
behavior stem from sex roles engendered in the socialization process and that they
appear fairly early in childhood." (Clark und Clark 1986, S. 6) Demgegenüber setzen Theorien, die von Geschlechterrollenmodellen im Erwachsenenalter ausgehen,
andere Akzente.[95] Geschlechterrollen werden demnach im Kindesalter auf abstrak-
ter Ebene internalisiert und erlangen erst Wirksamkeit, wenn Männer und Frauen
als Erwachsene sowie in Relation zum politischen System ihre politische Partizipation umsetzen. Sozialisationserfahrungen aus jungen Jahren werden dadurch vermittelt und verstärkt, dass Frauen von einer bestimmten, geschlechtssepzifischen
Erwachsenenrolle ausgehen, beispielsweise in Bezug auf Familie und Beruf (ebd.).
Kritisch ist jedoch anzumerken, dass sich die sozialisatorische Zuordnung von
Kindern und Jugendlichen zu jeweils spezifischen Geschlechtscharakteren als ein
statisches und zu individualisiertes Erklärungsmodell erweist. Sauer argumentiert,
dass nicht davon ausgegangen werden kann, Mädchen und Jungen würden Einstel-
lungs- und Denkmuster durch ihre Kindheitssozialisation erwerben, die unveränderlich sind, eindeutig zugeordnet werden können und in deren Folge das Verhaltensmuster des politisch interessierten Mannes und der politisch inaktiven Frau
entsteht. Sozialisationsprozesse sind ihrer Meinung nach viel mehr durch Wider-
sprüchlichkeiten gekennzeichnet (Sauer 2001, S. 227/Sauer 1995, S. 179).[96] Dem-

---

[94] Mehrere Studien haben die politische Sozialisation von Frauen zum Untersuchungsgegenstand
und beleuchten dabei verschiedene Aspekte der Thematik; beispielsweise analysiert Iva E. Deutchman (1986) Geschlechtsunterschiede in Bezug auf Machtstreben, während sich Margaret C. Trevor
(1999) mit der Rolle der Sozialisation als Erklärungsmodell für die Geschlechtsunterschiede bei der
Identifikation mit Parteien beschäftigt.

[95] Vgl. beispielsweise Sapiro 1983.

[96] Geißel weist auf die ‚doppelte Vergesellschaftung' hin, nach der Frauen durch Erwerbs- und
Hausarbeit sozialisiert werden. Auch für politische Sozialisation ist es ihrer Ansicht nach von Bedeutung, dass Frauen mit ambivalenten Anforderungen umzugehen haben, die seitens der Familie
und des Berufes an sie gerichtet werden. Diese divergierenden Bereiche haben nicht nur Auswir-

gemäß erhält das Sozialisationsmodell als Erklärung auch erst dann Dynamik, wenn die Konflikthaftigkeit und Brüche der Sozialisationserfahrungen von Mädchen und Frauen in den Blick genommen werden. Stimulierende Einflüsse können beispielsweise politische und individuelle Konfliktsituationen sein, die eine Initialfunktion beim Prozess des Rollenwechsels einnehmen und für Politik sensibilisieren. Daher kann von einem Zusammenwirken struktureller Diskriminierung und politischer Sozialisation von Frauen ausgegangen werden. Es besteht ein ‚mehrfacher Ausschlussmodus' von Frauen aus relevanten Politikbereichen, d.h. von Frauen als Subjekten des Diskurses, als Akteurinnen oder Kommentatorinnen von Politik. Sozialisationsverhältnisse, die sich antagonistisch zur tatsächlichen Politisierung von Frauen verhalten, werden dadurch aufs Neue hergestellt (Sauer 2001, S. 227/Kulke 1991, S. 596). Sauer argumentiert, dass eine Erklärung der Reproduktion stereotyper politisch-kultureller Geschlechtermuster „über den Sozialisationsaspekt hinaus institutionell verankerter Vorstellungsmuster, die die je spezifischen Aspekte der politischen Geschlechteridentität aktivieren und verstärken", in den Fokus der Analyse genommen werden sollten (Sauer 2001, S. 228).

Eng verbunden mit den Annahmen über unterschiedliche Politisierungsprozesse und politische Sozialisation von Männern und Frauen sind die kontrovers diskutierten Thesen über ein ‚anderes' Politikverständnis von Frauen. Der Kampf der britischen Suffragetten um das Frauenwahlrecht zu Beginn des 20. Jahrhunderts war von dem Gedanken begleitet, dass Frauen ‚weibliche' Elemente in die männerdominierte Politik einbringen oder eine ‚Feminisierung' der Demokratie hervorrufen könnten. Dabei wurden die Frauen zugeschriebenen sozialen Kompetenzen mit den Attributen ‚umsorgend' und ‚ausgleichend' charakterisiert (Holton 1986, S. 15). Auch heute wird vielfach davon ausgegangen, dass Frauen ein anderes Politikverständnis haben als Männer. Frauen sind jedoch nicht unpolitisch, sondern häufig mit den Formen traditioneller Politik unzufrieden. Wie bereits in Kapitel 2.1 erläutert wurde, resultiert daraus, dass Frauen verstärkt an sozialen Bewegungen partizipieren und sich eher unkonventioneller Beteiligungsformen bedienen.

Bestandteil der Kontroverse um ein weibliches Verständnis von Politik ist die feministische Moral-Debatte. Die amerikanische Psychologin Carol Gilligan, auf deren Ansatz in Kapitel 4.1 eingegangen wird, stellt die These auf, dass es eine weibliche und eine männliche Moralauffassung gibt, welche auf die unterschiedlichen Erfahrungswelten zurückzuführen sind (Gilligan 1999, S. 211-212). Aus dieser Perspektive legen Frauen bei der Entscheidungsfindung großen Wert auf den Erhalt von Beziehungen und auf einen moralischen Anspruch, während Männer eher rationalen und logischen Überlegungen folgen. Birgit Meyer sieht den ent-

---

kungen auf die Zeitressourcen von Frauen, sondern implizieren auch unterschiedliche Erfahrungskontexte (Geißel 1995, S. 24).

scheidenden Impuls in Gilligans Ansatz darin, dass eine Loslösung von der Interpretation der Frau durch die Defizitperspektive vollzogen wird und Frauen als anders sozialisierte aber dennoch gleichwertige Wesen postuliert werden (Meyer 1992, S. 11). Basierend auf Gilligans Annahmen stellt Meyer zwei Thesen für den Bereich der Politik auf: Frauen und Männer haben erstens aufgrund der Geschlechterpolarisierung moderner Gesellschaften sowie der sozialen und kulturellen Konstruktionen von Geschlechtlichkeit unterschiedliche Stile und Orientierungen im Politischen entwickelt. Die Determination erfolgt weder biologisch noch durch eine essenzialistische Normierung durch Referenz auf ein ‚weibliches Wesen'. Gründe für die Unterschiede im Politikverständnis sieht Meyer vor allem in den kulturellen Folgen der geschlechtsspezifischen Arbeitsteilung und in der Trennung der sozialen Erfahrungswelten. „Die durch die Geschlechterpolarisierung erzwungene unterschiedliche Ausprägung und Unterstützung allgemein menschlicher Fähigkeiten und Deutungsmuster sind also Resultate sozialer Konstruktion und als solche auch als *veränderbar* anzusehen" (ebd., S. 12). Das Politikverständnis von Frauen ist demnach durch die spezifischen Interessen und Lebenslagen geprägt sowie durch die doppelte Orientierung an den Sphären Öffentlichkeit und Privatheit. Zweitens geht Meyer davon aus, dass die in der Geschlechterpolarisierung einander gegenübergestellten Merkmale eigentlich keine Wertungen darüber enthalten, welcher Modus in der politischen Problemlösung der adäquatere ist. Meyer entwirft Kontrastpaare eines divergierenden Politikverständnisses, wie beispielsweise Kontextberücksichtigung bei Frauen versus Karriereplanung bei Männern, Querdenken und Vernetzen versus Ressortdenken, prozessorientiertes versus zielorientiertes Denken. Dabei plädiert sie für die Fähigkeit zur Reflexivität, die jeweilige Orientierung der Situation angemessen einzusetzen (ebd.).

Dennoch ist die Konzeption eines ‚weiblichen' Politikverständnisses kritisch zu sehen und wirft eine Reihe von Problemen auf. Als Ausgangsbasis werden hierbei nämlich dichotome gesellschaftliche Geschlechtscharaktere gesetzt, die ein binäres politisches Geschlechtermuster entstehen lassen, in welches Frauen als das ‚Andere' eingebunden werden. Männliches Verhalten wird somit als Norm festgelegt und das der Frauen als Komplement. Sauer wendet richtig ein:

> „[die] Idee eines weiblichen Politikverständnisses birgt mithin die Gefahr, in dem Versuch, die männlichen Strukturen zu transformieren bzw. ihnen etwas entgegenzusetzen, die traditionellen, essentialistischen Geschlechterstereotype und die binäre Codierung des politischen Bereichs wissenschaftlich und politisch zu reproduzieren" (Sauer 1994, S. 115).

In der Politik und auch in der *mainstream*-Forschung dominiert die Vorstellung eines bestimmten politischen Idealtyps, der sich an dem Modell des männlichen, weißen Abgeordneten der Mittelschicht mit einem gehobenen Maß an Bildung und einem bestimmten beruflichen Werdegang orientiert. Damit verbunden sind Formen und Stile von Politik, die als Norm erachtet werden. Durch die These des anderen Politikverständnisses von Frauen soll diese Normierung durchbrochen und ihr sollen verschiedene Orientierungen entgegensetzt werden – gleichzeitig führt dies aber, wie von Sauer konstatiert, zu deren Festschreibung.

Ein weiteres Manko liegt in der oft anzutreffenden Generalisierung weiblicher Identität. Es wird dabei außer Acht gelassen, dass Frauen keine homogene Gruppe oder Kategorie darstellen und dass wesentliche Unterschiede zwischen diesen bestehen. Aufgrund der Unterschiede zwischen den Frauen kann auch nicht davon ausgegangen werden, dass es ein einheitliches weibliches Politikverständnis und eine einheitliche weibliche politische Kultur gibt – ebenso wenig wie ein einheitliches männliches Pendant existiert. Vielmehr wirken geschlechtsspezifische Erfahrungen in einem komplexen Zusammenspiel mit Faktoren wie z.b. der politischen Orientierung oder der jeweiligen Parteiideologie zusammen und strukturieren den Inhalt und die Form des politischen Agierens (Kelly und Burgess 1989, S. 81).[97] Es kann also nicht angenommen werden, dass Frauen parteiübergreifend oder auch innerhalb derselben sozialen Bewegung die gleichen oder eben einheitliche ‚weibliche' Konzepte von Politik vertreten.

In diesem Abschnitt wurde die Bedeutung der Kategorie politische Kultur für die Partizipation von Frauen in drei Schritten herausgearbeitet. In der feministischen Forschung wird der Ansatz vertreten, dass Länder mit traditionellen Wertvorstellungen geringe Frauenquoten im Parlament aufweisen und dass tendenziell ein Zusammenhang zwischen dem Zeitpunkt der Einführung des Frauenwahlrechts und hohen Frauenquoten in der politischen Elite besteht.

Im nächsten Schritt erfolgte eine Betrachtung der Spezifika der englischen politischen Kultur. Beispielsweise bestehen in England ein Laienkult und die Auffassung, dass ein *gentleman* die politischen Geschicke des Landes angemessen führen kann. In elitären Privatschulen und Universitäten wird dieses Leitbild kultiviert, welches zudem die Normierung eines männlichen Idealbildes impliziert. In diesem Kontext wurden ebenfalls der Herrenclubcharakter und die personalistische Orientierung, d.h. die Präferenz von persönlichen Kompetenzen gegenüber formellen Doktrinen, der politischen Kultur erörtert. Insgesamt konnte das Fazit gezogen werden, dass die politische Kultur Englands durch traditionelle Formen von Männlichkeit geprägt ist.

Der dritte Betrachtungsgegenstand des vorliegenden Abschnitts waren die geschlechtsspezifischen Sozialisationsprozesse, die partizipationsfördernde und -

---

[97] Rita M. Kelly und Jayne Burgess untersuchten anhand des Beispiels der US-amerikanischen DemokratInnen und RepublikanerInnen, ob es bei Frauen ein spezifisches Verständnis von Politik und Macht gibt, und kamen zu dem Ergebnis, dass „a unique male or female subjective political culture" nicht existiert (Kelly und Burgess 1989, S. 47).

hemmende Werte und Normen vermitteln. In diesem Kontext wurde auch die Debatte um ein ‚anderes' Verständnis von Politik aufgegriffen, d.h. es wurde sich kritisch mit der These auseinandergesetzt, dass Frauen ein ‚anderes' Verständnis von Politik haben als Männer.

Die politische Kultur ist unbestritten ein zentraler Einflussfaktor, der im Zusammenspiel mit den institutionellen und sozialstrukturellen Gegebenheiten auf das politische Verhalten der Frauen einwirkt. Welcher Stellenwert der politischen Kultur in der vorliegenden Arbeit beigemessen wird und welche Implikationen damit für die weitere Untersuchung verbunden sind, wird im nachfolgenden Abschnitt erläutert.

3.4   Identität als Determinante der politischen Partizipation

Auf den vorangegangen Seiten wurden die Determinanten der politischen Partizipation von Frauen erörtert und am Beispiel Großbritanniens konkretisiert. Dass sozialstrukturelle Bedingungen einen Einfluss auf die politische Teilhabe von Frauen haben, ist unbestritten. Dissens besteht lediglich über den Grad dieser Korrelation. Die vorliegende Arbeit hat die Entwicklung des Zugangs von Frauen zu Bildung und Erwerbsarbeit in Großbritannien dargelegt; dabei konnte herausgearbeitet werden, dass Frauen in beiden Sektoren im Verlauf des 20. Jahrhunderts zwar an Bedeutung gewonnen haben, aber heute trotzdem noch immer finanziell schlechter gestellt sind als Männer. Zudem werden nach wie vor reproduktive Tätigkeiten größtenteils von Frauen geschultert. Frauen verfügen sowohl über ein geringeres ökonomisches als auch zeitliches Budget als Männer – beides sind jedoch Grundvoraussetzungen für eine Karriere in der Politik. Zusammenfassend bleibt festzuhalten, dass sozialstrukturelle Faktoren eine wichtige Determinante bei der politischen Partizipation von Frauen sind, jedoch nicht ausschließlich oder maßgeblich darüber entscheiden. Denn obwohl die Erwerbsquote von Frauen in Großbritannien im europäischen Vergleich überdurchschnittlich hoch ist, bleibt deren politische Repräsentation auf einem unterdurchschnittlichen Niveau.

Faktoren der institutionellen Ebene wurden in diesem Kapitel ebenfalls als determinierend für die politische Partizipation von Frauen eingestuft. Hier ist zum einen die Form des Wahlsystems zu nennen, d.h. das Verhältniswahlsystem gilt als begünstigend und das Mehrheitswahlsystem, welches in Großbritannien Anwendung findet, als hinderlich. Zum anderen spielen die Rekrutierungsverfahren der jeweiligen Parteien eine wichtige Rolle. Die Wirkungsmechanismen wurden exemplarisch an den beiden großen britischen Parteien, *Labour Party* und Konservative, dargelegt. Dabei kommt den bei der *Labour Party* zwischen 1993 und 1996 angewendeten *all-women shortlists* eine Schlüsselrolle zu, da durch diese Maßnahme der

Frauenanteil im Unterhaus vergleichsweise drastisch erhöht werden konnte. Auf den vorangegangenen Seiten wurde zudem betont, dass die ideologische Ausrichtung einer Partei ebenfalls von Bedeutung für die politische Partizipation von Frauen ist. Nachweislich neigen linke Parteien stärker dazu, Regelungen zur Förderung des Frauenanteils in der Politik einzuführen.

Die politische Kultur wurde als zentraler Einflussfaktor für die politische Partizipation von Frauen identifiziert. Hierfür gilt im Allgemeinen, dass eine egalitäre politische Kultur die Repräsentation von Frauen fördert, dass eine starke Katholische Kirche hemmend wirkt und dass die frühe Einführung des Frauenwahlrechts ebenfalls positive Auswirkungen hat. Großbritannien gilt jedoch als Ausnahme von diesen Regeln, denn obwohl die Katholische Kirche keinen großen Einfluss nimmt und das Wahlrecht früh eingeführt wurde, blieb die Repräsentation von Frauen im *House of Commons* bis Ende der 90er Jahre marginal. Besonderheiten der politischen Kultur des Landes konnten als Determinanten hierfür ausgemacht werden. So hat beispielsweise das Leitbild des *gentleman* einen großen Einfluss auf die Normierung politischen Verhaltens und das Stereotyp politischer AkteurInnen. Da hierbei von einem männlichen Idealbild ausgegangen wird, ist es für Frauen schwer, sich gegen diese Tradition durchzusetzen. Das Unterhaus ähnelt in vielerlei Hinsicht den *public schools*, zelebriert Rituale und verfügt über Einrichtungen, die auf so genannte männliche Bedürfnisse zugeschnitten sind. Der britischen Politik wird ein Herrenclubcharakter zugeschrieben, in dem alte Seilschaften gepflegt werden. Frauen sind aus diesem System i.d.R. ausgeschlossen. Nicht zuletzt sind der aggressive Debattierstil respektive die Konsensbildung durch das konfrontative Austragen von Konflikten ein Aspekt der politischen Kultur, der von Frauen mehrheitlich abgelehnt wird.

Als Bestandteil der politischen Kultur wurden politische Sozialisationsprozesse diskutiert, da durch diese partizipationsfördernde und -hemmende Werte, Normen und Einstellungen vermittelt werden. Jedoch erhält das Sozialisationsmodell als Erklärung erst dann Dynamik, wenn die Konflikthaftigkeit und die Brüche der Sozialisationserfahrungen von Mädchen und Frauen einbezogen werden.

Die drei Faktoren bedingen in einem komplexen Zusammenspiel die politische Partizipation von Frauen, jedoch können sie diese, wie in Kapitel 1 dargelegt, nicht gänzlich erklären. Einleitend wurde bereits auf die These Rules hingewiesen, derzufolge bei der Repräsentation von Frauen 30% durch Wahlsysteme zu erklären sind, weitere 60% durch sozio-ökonomische und kulturelle Faktoren. Die verbleibenden zehn Prozent können durch diese Dimensionen nicht erfasst werden und bleiben unerklärt (Rule 1994, S. 16). In dem Erklärungsmodell gibt es demnach einen *missing link*.

In Kapitel 1 wurde auch bereits darauf hingewiesen, dass die institutionellen und sozialstrukturellen Determinanten äußere oder situative Faktoren implizieren. Lediglich der Faktor politische Kultur nimmt in den Blick, wie die betroffene Person bei der politischen Teilhabe verortet ist. Da die institutionellen und sozialstrukturellen Gegebenheiten scheinbar keine ausreichende Erklärung für die Situation um die Repräsentation von Frauen liefern, wird in der vorliegenden Arbeit angenommen, dass das Individuum stärker in den Fokus der Analyse gerückt werden muss. Des Weiteren ist davon auszugehen, dass die Kriterien der politischen Kulturforschung nicht umfassend genug sind, um die Rolle des Individuums im Prozess der politischen Partizipation zu untersuchen. Daher wird der Vorschlag unterbreitet, eine vierte Determinante hinzu zu ziehen, die sich auf das Individuum konzentriert: die Kategorie Identität.

Warum Identität von Bedeutung ist, ergibt sich aus drei Gründen: Erstens impliziert bereits die Berücksichtigung der politischen Sozialisation im Kontext der politischen Kultur, das Individuum und seine Selbstwahrnehmung stärker in den Blickwinkel der Untersuchung zu nehmen; zweitens berühren einige empirische Studien zu Frauen in der Politik Bereiche, die mit der Identität der Politikerinnen verbunden sind, und deuten somit auf einen Zusammenhang der Kategorien Identität und politische Partizipation hin, und drittens findet sich in demokratietheoretischen Überlegungen ebenfalls eine Verbindung zwischen Identität und politischer Partizipation. Biografische Hintergründe und individuelle Entscheidungsprozesse spielen demnach eine maßgebliche Rolle dabei, ob und wie Frauen partizipieren.

In der politischen Kulturforschung werden die institutionellen und strukturellen Bedingungen der Politik mit individuellen Persönlichkeitsmerkmalen verknüpft respektive Sozialisationserfahrungen als Elemente des politischen Systems analysiert. Sauer fasst das Potenzial, welches in der Kategorie politische Kultur liegt, treffend zusammen:

„Die Chancen des Konzepts liegen ... gerade darin, dass subjektive und vermeintlich ‚private' Aspekte menschlichen Daseins als Elemente von Politik erkannt werden und dass individualhistorische Sozialisations- und Bildungserfahrungen, also die *Produktion* politischer Identitäten in die Analyse eingehen" (Sauer 2001, S. 215).

Eine Reihe qualitativer Studien setzt sich mit der Identität von Politikerinnen auseinander. Auch wenn sich die genannten Forscherinnen nicht mit Identitätstheorien beschäftigen und Identität nicht als Kategorie der politischen Partizipation von Frauen benennen, sind ihre Studien dennoch klar in den Bereich der Auseinandersetzung mit Identitätsfragen einzuordnen. Virginia Penrose (1993) befasst sich mit dem Karriereverhalten von Politikerinnen und untersucht deren Selbstbild. Bärbel Schöler-Macher (1994) thematisiert die Fremdheit von Frauen in der Politik und argumentiert, dass politische Institutionen männlich geprägt sind und dies Folgen für den Umgang mit den Strukturproblemen im politischen Alltag hat. Birgit Meyer (1997) analysiert subjektive Deutungen von Parlamentarierinnen und fragt nach einem anderen Politikverständnis von Frauen. Sarah Childs (2001b/2002a) untersucht, ob sich weibliche Abgeordnete als Vertreterinnen von Frauen verstehen und in diesem Sinne handeln. Dies sind allesamt Beispiele dafür, dass Fragen der Identität und des Selbstverständnisses für Frauen beim politischen Handeln eine große Rolle spielen.

Auch in der feministischen Demokratietheorie finden sich Ansätze, die sich für eine Verbindung von Identität und Repräsentation heranziehen lassen. Die Frage, warum Frauen stärker repräsentiert sein sollten, hat auch etwas mit Identität zu tun. Es gibt für die konzeptionelle Bearbeitung dieser normativen Fragestellung vier Argumentationsstränge: Der erste betont die Ebene der Gerechtigkeit, d.h. es wird davon ausgegangen, dass es schlicht ungerecht ist, wenn Männer die Repräsentation in Parlamenten und Regierungen monopolisieren und Frauen hierbei marginalisiert werden. Der zweite Argumentationsstrang geht davon aus, dass Frauen einen anderen Politikstil haben als Männer und dieser sich dadurch auszeichnet, dass er konsensorientiert und weniger konfrontativ ist. Frauen sollten aufgrund ihres Politikstils repräsentiert sein. Die symbolische Wirkkraft der politischen Teilhabe von Frauen ist der Kern des dritten Arguments. Frauen verfügen über die gleichen Fähigkeiten wie Männer und sind somit genauso qualifiziert, ein politisches Mandat auszuüben. Politikerinnen nehmen für andere Frauen Vorbildcharakter an und stellen ein Gefühl von Identität und Affinität zwischen sich selbst und den Wählerinnen her. Der vierte Argumentationsstrang geht davon aus, dass Politikerinnen sich für die Interessen von Frauen engagieren werden. Dies setzt voraus, dass es eine Verbindung zwischen den Erfahrungen von Frauen und ihren Einstellungen und Meinungen gibt (Childs 2002b, S. 94-95). Bis auf das erste Argument – dem der Gerechtigkeit – drehen sich die anderen um Fragen der Identität und bringen diese mit der politischen Partizipation von Frauen in Zusammenhang. Diesen Ansätzen ist die Annahme inhärent, dass es eine spezifische Geschlechtsidentität (eine weibliche Identität) gibt, die zu einem veränderten politischen Handeln führt und eben auch dazu, dass sich Frauen für Frauen engagieren.[98]

Zwei Ansätze sollen exemplarisch für eine Verbindung von Identität und Repräsentation herausgegriffen werden. Anne Phillips vertritt in ihrer Monographie *Engendering Democracy* die Ansicht, dass eine Demokratisierung über das Spiegelprinzip erfolgt. Sie argumentiert, dass sich die geschlechtliche, ethnische (usw.) Zusammensetzung der Gesellschaft in den politischen RepräsentantInnen widerspie-

---

[98] Jane Mansbridge diskutiert, ob Politikerinnen die Interessen von Frauen vertreten können, und setzt sich kritisch mit den essenzialistischen Implikationen auseinander, die mit diesen Vorstellungen verbunden sind: „The greatest cost in selective descriptive representation is that of strengthening tendencies toward 'essentialism', that is, the assumption that members of certain groups have an essential identity that all members of the group share and of which no others can partake." (Mansbridge 1999, S. 637)

geln sollte, ohne diese Repräsentation auf die Vertretung der spezifischen Gruppenidentitäten zu verpflichten (Phillips 1991, S. 151-156). Iris Marion Young gründet in *Justice and the Politics of Difference* ihr Plädoyer für eine Gruppenvertretung auf den Annahmen über ein differenziertes Konzept von fünf Formen der Unterdrückung – Ausbeutung, Marginalisierung, Machtlosigkeit, Kulturimperialismus und Gewalt. Eine Politik der Differenz erfordert die Partizipation und die Inklusion aller gesellschaftlichen Gruppen unter Berücksichtigung benachteiligter und unterdrückter Gruppierungen. Repräsentation sollte sich ihrer Meinung nach an sozialen und nicht an ideologischen Gruppen oder Interessengruppen orientieren (Young 1990, S. 39ff/Young 1988, S. 270ff). Durch diese Unterscheidung betont Young die Differenz der Identität und nicht die der Interessen oder Ideologien. Somit besteht eine inhaltliche Nähe zu dem von Phillips vertretenen Konzept der *politics of presence*. Phillips unterscheidet zwischen der *politics of presence* und der *politics of ideas*, die beide auf die politischen RepräsentantInnen angewendet werden können. VolksvertreterInnen können zwar die gesellschaftlichen Gruppen widerspiegeln, dies muss jedoch nicht zwangsläufig dazu führen, dass sie deren Interessen adäquat vertreten. Umgekehrt ist es möglich, dass die RepräsentantInnen dem Willen der Bürgerschaft nachkommen ohne statistische Repräsentativität aufzuweisen (Holland-Cunz 1998, S. 95, 97/Squires 1996, S. 83, 85).

Es sprechen, wie in diesem Abschnitt dargelegt, mehrere Gründe dafür, die Kategorie Identität bei der Untersuchung von politischer Partizipation in den Katalog der Determinanten aufzunehmen. Das Anliegen im Rahmen der vorliegenden Arbeit ist es, theoretische Konzepte in ihrer empirischen Bedeutung zu thematisieren. Deshalb erfolgt eine Diskussion theoretischer Ansätze, die für das Verhältnis von Identität und politischer Partizipation genutzt werden können, im anschließenden Kapitel, und eine empirische Auseinandersetzung mit der vierten Determinante in Kapitel 5.

Abschließend ist jedoch anzumerken, dass sich die in dieser Arbeit vorgeschlagene vierte Determinante von den drei anderen deutlich unterscheidet. Während sich die institutionellen und sozialstrukturellen Faktoren sowie die politische Kultur anhand klarer Kriterien messen lassen und somit einen Vergleich zwischen verschiedenen Ländern erlauben, ist die Determinante Identität weniger einfach zu fassen, bietet dafür aber sehr komplexe und differenzierte Analysemöglichkeiten und kann die Untersuchung zur (Unter-) Repräsentation von Frauen in der Politik gewinnbringend erweitern.

4. Identität und politische Partizipation von Frauen: eine theoretische Annäherung

Im vorangegangenen Kapitel wurde deutlich, dass die Partizipationsforschung den Fokus ihrer Analyse auf Parameter legt, die sich unter den Kategorien sozialstrukturelle und institutionelle Faktoren sowie politische Kultur subsumieren lassen. Diese drei Determinanten sind bei der Untersuchung von Partizipation unbestritten von zentraler Bedeutung, sie können jedoch die (Unter-) Repräsentation von Frauen in der Politik nicht vollständig erklären. Die vorliegende Arbeit argumentiert daher, dass eine vierte Determinante in das Erklärungsmodell aufgenommen werden sollte. Wie bereits im vorangegangenen Kapitel deutlich wurde, sprechen mehrere Gründe dafür, den Fokus bei der Analyse der politischen Teilhabe von Frauen stärker auf das Individuum zu richten, als dies bisher in der Partizipationsforschung der Fall war. Die Betrachtung des Individuums im Rahmen der Ansätze der politischen Kultur können als nicht weitreichend genug eingestuft werden; deshalb erfolgte in Kapitel 3 das Plädoyer, die Kategorie Identität in den Analysekatalog aufzunehmen.

Eine besondere Herausforderung hierbei besteht allerdings darin, dass das Konzept der Identität schwieriger zu operationalisieren ist als die übrigen Parameter der Partizipationsforschung. Somit wird zwar in die Reihe der Determinanten ein Konzept aufgenommen, welches weniger gut greifbar und schwieriger messbar ist, das aber durch seine Komplexität zugleich die Dimension der Analyse gewinnbringend erweitert. Die nachfolgenden Seiten setzen sich mit diesem Aspekt auseinander und nähern sich dem Verhältnis von Identität und politischer Partizipation auf theoretischer Ebene, wobei unterschiedliche identitätstheoretische Ansätze herangezogen und auf ihre Brauchbarkeit für den speziellen Untersuchungszusammenhang überprüft werden.

Ziel dieses Kapitels ist es, die Konzepte Identität und politische Partizipation miteinander in Verbindung zu setzen, um so Rückschlüsse auf die Gründe für die politische Beteiligung von Frauen ziehen zu können. Wenngleich im breiten Spektrum der Identitätstheorien bisher kein Ansatz zu Identität und politischer Teilhabe bzw. Teilhabe von Frauen zu finden ist, lassen sich doch verschiedene Theorien für die Auseinandersetzung mit der Fragestellung fruchtbar machen. Zwar äußern sich nicht alle rezipierten TheoretikerInnen explizit zu politischer Teilhabe, aber ihre Vorstellungen von Gesellschaft und von der Handlungsfähigkeit der Individuen bieten Anschlussmöglichkeiten für Überlegungen zum Thema Partizipation. Anschließend werden Themenkomplexe und Fragen entwickelt, deren Untermauerung und Beantwortung im fünften Kapitel auf empirischer Ebene erfolgt. Es werden also theoretische Überlegungen getroffen, welche direkt in die methodische Konzeption der qualitativen Studie über britische Politikerinnen einfließen.

Im Folgenden werden Ansätze aufgegriffen, die individualpsychologischer Provenienz sind, sich also mit der individuellen Identität des Individuums beschäftigen und Fragen der kollektiven Identität außer Acht lassen. Dass gerade solche identitätstheoretischen Ansätze herangezogen werden, begründet sich daraus, dass im Zentrum der Überlegungen die individuellen Entscheidungsprozesse von Frauen stehen und damit insbesondere die Frage, wie ihre Identität dazu beiträgt, sich für oder gegen politische Teilhabe zu entscheiden. Die nachfolgenden Abschnitte stellen zunächst die Identitätskonzepte einiger ausgewählter TheoretikerInnen vor und gehen im zweiten Schritt darauf ein, wie sich das jeweilige Verständnis von Identität zu politischer Partizipation in Beziehung setzen lässt. Die Ansätze erklären, aufgrund welcher Mechanismen oder aufgrund welcher Determinanten sich Identität entwickelt. In diesem Rahmen ist es möglich, herauszuarbeiten, wo sich die Voraussetzungen für politische Teilhabe identitätstheoretisch verorten lassen. Die rezipierten Theorien spiegeln ein breites Spektrum unterschiedlicher Identitätskonzepte wider, die dennoch kompatibel sind, da sie sich alle damit auseinandersetzen, wie sich die Identität von Individuen konstituiert und wie sich Individuen in gesellschaftlichen Prozessen zurechtfinden. Die Disparität und die Vielfalt der rezipierten Konzepte werden als gewinnbringend eingestuft, denn sie ermöglichen eine Diskussion der Fragestellung aus verschiedenen Perspektiven und geben kein starres Muster für die Analyse vor. So wird bei jeder Theoretikerin/bei jedem Theoretiker ein anderer Aspekt herausgearbeitet, der für den jeweiligen Ansatz von zentraler Bedeutung ist. Die Theorien erstrecken sich zudem von einem ‚festen‘ Identitätsbegriff bis hin zu einem dekonstruierenden Verständnis – ein Spektrum, das somit auch die Entwicklungen in der Identitätstheorie der letzten Jahrzehnte reflektiert. Am Anfang steht Erik H. Erikson, der ein einflussreiches Konzept der Identitätsbildung entwickelt hat und dabei von einem kontinuierlichen Stufenmodell im Prozess der Herausbildung einer Kernidentität ausgeht. Bei den Sozialpsychologen Henri Tajfel und John C. Turner stehen die Gruppenzugehörigkeit und die soziale Identität im Zentrum. Judith Butler und Seyla Benhabib bilden zwei Gegenpole in der feministischen Theorie. Während Benhabib für eine (im Vergleich zu Eriksons Ansatz weniger stabile) Kernidentität plädiert, verfolgt Butler einen dekonstruktivistischen Ansatz und sieht Identität als Effekt von Diskursen. Den Abschluss der vorgestellten Theorien bildet Avtar Brah, die sowohl eine postkoloniale als auch feministische Konzeption vertritt und ähnlich wie Butler dekonstruktivistische Ideen entwickelt. Ihrer Meinung nach wird Identität durch Machteffekte gebildet.

Das vorliegende Kapitel zielt darauf ab, ausgehend von einflussreichen Ansätzen in der Identitätstheorie verschiedene Positionen zum Verhältnis von Identität und politischer Partizipation zu skizzieren und für die weitere Analyse fruchtbar zu machen. Auf Basis der Erkenntnisse der verschiedenen Ansätze soll in einem abschließenden Abschnitt eine differenzierte Diskussion von Identität und politischer Partizipation erfolgen und in methodischen Annahmen münden.

4.1 Gesellschaftliche Prozesse und die Genese von Identität: Erik H. Erikson

Die in *Identität und Lebenszyklus* (1966a)[99] veröffentlichten Aufsätze des Psychoanalytikers Erik H. Erikson zählen zu den einflussreichsten Ansätzen im Kontext der Identitätstheorie und haben das Konzept der Identität auch in den Sozialwissenschaften maßgeblich beeinflusst (Gymnich 2000, S. 43/Gurin und Markus 1989, S. 152). Seine Annahmen werden gar als die „Schultern des Riesen" bezeichnet (Keupp et al. 2002, S. 26). Erikson strebt eine Beschreibung von Persönlichkeitsmustern an, die aus individuellen, aber sozial kontextualisierten Erfahrungen resultieren. Aus dieser Perspektive ist Identität das Ergebnis von individuellen und kollektiven Komponenten (Deschamps 1982, S. 86). Die Betonung des Zusammenhangs von persönlicher Erfahrung und sozialem Kontext erklärt die Attraktivität von Eriksons Modell sowohl für die Sozialwissenschaften als auch für die Sozialpsychologie.[100]

Erikson äußert sich zwar nicht explizit zum Verhältnis der Konzepte Identität und politische Partizipation, aber sein Acht-Phasen-Modell der Identitätsentwicklung kann für Überlegungen zum Zusammenhang der beiden Konzepte gewinnbringend herangezogen werden. Identität beruht für Erikson auf zwei Prämissen, nämlich der „unmittelbaren Wahrnehmung der eigenen Gleichheit und Kontinuität in der Zeit, und der damit verbundenen Wahrnehmung, dass auch andere diese Gleichheit und Kontinuität erkennen." (Erikson 1966b, S. 18) Für Erikson ist Identität demnach ein psychisches Phänomen, welches untrennbar mit dem sozialen Kontext verbunden ist, d.h. das definierte Ich eines Individuums entwickelt sich erst innerhalb der sozialen Realität. Erikson führt dafür den Begriff der ‚Ich-Identität' ein. Durch ‚synthetisierende Methoden' wird eine Kohärenz der Selbsterfahrung hergestellt, die auch für andere wahrnehmbar ist. Marion Gymnich weist

---

[99] Die Originalausgabe *Identity and the Life Cycle* erschien bereits 1959.

[100] Erikson spricht sich explizit für eine Zusammenarbeit von Psychoanalyse und Sozialwissenschaften aus, da die Entwicklung des Individuums stets im Zusammenhang mit gesellschaftlichen Bedingungen zu sehen ist. Kritisch merkt er an, dass diesem Aspekt in der Psychoanalyse bisher nicht ausreichend Rechung getragen wurde (Erikson 1966b, S. 11).

darauf hin, dass die synthetisierenden Methoden Identität als das Resultat einer subjektiven und selbstreflexiven Leistung erscheinen lassen, wobei eine Auseinandersetzung sowohl mit sich selbst als auch mit dem sozialen Kontext erfolgt (Gymnich 2000, S. 43). Somit repräsentiert die Ich-Identität eine psychologische Leistung des Individuums und ist zugleich durch Anerkennung seitens der sozialen Umwelt unauflösbar mit dieser Umwelt verbunden. Die Komplexität des Eriksonschen Ansatzes zu Identität resultiert laut Gymnich aus der Inklusion des sozialen Kontextes als relevante Determinante der Selbstdefinition sowie der Verquickung der „synchronen Achse lebensweltlicher Konsistenz, der ‚Gleichheit‘, mit der diachronen Achse der Kontinuität des Selbsterlebens" (ebd., S. 44).

Das Identitätsmodell Eriksons basiert auf der Freudschen Einteilung in verschiedene Entwicklungsphasen (Erikson 1966c, S. 56). Erikson charakterisiert jede der acht Phasen seines Modells durch eine binäre Opposition, wobei ein Pol die ‚gesunde Persönlichkeit‘ beschreibt und der jeweils andere ein ‚Scheitern‘ impliziert. Wie Freud geht auch Erikson davon aus, dass der Eintritt in eine neue Phase erst nach erfolgreicher Bewältigung einer Krise erfolgt. Andreas Langenohl weist darauf hin, dass die Abfolge der Krisen zwar biologisch angelegt ist, deren weiterer Verlauf sowie deren Einfluss auf die Persönlichkeitsentwicklung des Individuums aber nicht determiniert sind, sondern einen offenen Prozess darstellen. Die Offenheit liegt in dem „Wandel gesellschaftlicher Konstellationen" begründet, „die Einfluss auf die signifikante Umwelt des sich entwickelnden Individuums nehmen" (Langenohl 2000, S. 67).

Während sich Erikson ausführlich mit der Genese von Identität auseinandersetzt, thematisiert er politische Partizipation nicht explizit. Jedoch sind seine Annahmen über die Rolle der Gesellschaft bei der Identitätsbildung dahingehend interpretierbar, dass politische Partizipation als Bestandteil der Anforderungen gesehen werden kann, die an das Individuum gestellt werden und die das Individuum übernimmt. Bei Erikson besteht eine enge Bindung zwischen Identitätsgenese und sozialer Umwelt. Er sieht Identität als eine wechselseitige Beziehung, die einen Ausdruck von Sich-Selbstsein und die Teilhabe an den Idealen einer Gruppe umschließt (Erikson 1966c, S. 124-125). Wie sich Erikson die Identitätsgenese in seinem Phasenmodell vorstellt, wird nachfolgend erläutert; es wird zudem darauf eingegangen, wo sich das Verhältnis von Identität und politischer Partizipation in seinem Konzept finden lässt und welche Implikationen damit verbunden sind.

Den Ursprung von Vertrauen siedelt Erikson in der frühkindlichen Phase an. Diese erste Phase des Entwicklungsprozesses wird durch das Oppositionspaar ‚Ur-Vertrauen‘ und ‚Ur-Misstrauen‘ gekennzeichnet. Die Krise der oralen Phase beim

Kleinkind besteht in der Koinzidenz von drei Entwicklungen,[101] die Eindrücke und Gefühle wie Enttäuschung, Trennung und Verlassenwerden entstehen lassen können, welche wiederum das Ur-Misstrauen speisen (ebd., S. 62-69). Laut Erikson erweitert sich der Kreis der Personen, die für die Identitätsgenese des Individuums von Bedeutung sind, sukzessive. In der ersten Phase ist die Mutter die zentrale Person, während in der darauffolgenden beide Elternteile eine Rolle spielen.[102] In dieser zweiten Phase stehen sich die Pole ‚Autonomie' und ‚Scham und Zweifel' gegenüber. Für Erikson entscheidet eine erfolgreiche Bewältigung dieser Phase über das Verhältnis zwischen Liebe und Hass, Bereitschaft und Trotz sowie selbstbewusstem Auftreten und schüchterner Zurückhaltung (ebd., S. 78). Basis für Autonomie ist das in der ersten Phase erworbene Vertrauen; das Kleinkind bedarf der emotionalen Sicherheit, dass das Ur-Vertrauen in sich und seine Umwelt nicht durch die Entwicklung eigener Wünsche und Forderungen streitig gemacht wird. In der dritten Phase – ‚Initiative gegen Schuldgefühle' – wird die Bewältigung der Krise durch drei entscheidende Entwicklungsschübe begleitet: die Entwicklung der motorischen Fertigkeit und des Sprachvermögens sowie eine Erweiterung der Vorstellungswelt (ebd., S. 87-88). Sowohl Eltern als auch andere Kinder und Erwachsene nehmen in dieser Phase Einfluss auf die Bildung der Ich-Identität des Individuums. Erikson geht davon aus, dass das Individuum in diesem Stadium einen Kindergarten besucht; dort lernt es mit Gleichaltrigen und älteren Kindern „über seine eigenen Grenzen hinaus und zu zukünftigen Möglichkeiten hin" zu denken (ebd., S. 89).[103] In der vierten Phase, die Erikson mit den Polen ‚Werksinn' und ‚Minderwertigkeitsgefühl' erfasst, ist es die Aufgabe des Kindes, zu lernen, sich mit Inhalten und Aufgaben zu beschäftigen und mit anderen zu interagieren. Laut Erikson unterscheidet sich dieses Entwicklungsstadium von den vorherigen dadurch, dass keine starken inneren Triebe zu einer Bewältigung der Situation führen. In Hinblick auf soziale Bindungen ist die vierte Phase bedeutungsvoll, da sich in dieser Zeit ein Gefühl für gerechte Chancen und Arbeitsteilung entwickelt (ebd., S. 98-106). In dieser Phase erweitert sich der Kreis der Personen, die auf das Schulkind Einfluss nehmen: die Familie, gleichaltrige und ältere Kinder sowie LehrerInnen wirken auf das Individuum ein.[104]

‚Identität' und ‚Identitätsdiffusion' bilden die binäre Opposition der fünften Phase, welche in der Adoleszenz angesiedelt ist. In diesem Stadium werden alle Identifizierungen erneut in Frage gestellt, und das Individuum ist primär damit befasst,

---

[101] Die drei Entwicklungen umfassen eine physiologische, eine psychologische und eine Umweltentwicklung, die beinhaltet, dass sich die Mutter scheinbar anderen Aufgaben zuwendet, welche sie in den ersten Lebensmonaten des Kindes vernachlässigte (Erikson 1966c, S. 68).

[102] Für die erste Phase siehe ebd., S. 63, 65, 68; für die zweite Phase siehe ebd., S. 76, 82ff.

[103] Siehe hierzu ebd., S. 96-98.

[104] Siehe hierzu ebd., S. 98-104.

seine soziale Rolle zu festigen. „Die Integration, die nun in Form der Ich-Identität stattfindet, ist mehr als die Summe der Kindheitsidentifikationen." (ebd., S. 107) Erikson nennt sie das ‚innere Kapital', welches zuvor in den Erfahrungen sukzessiver Entwicklungsstufen kumuliert wurde, „wenn eine erfolgreiche Identifikation zu einer erfolgreichen Ausrichtung der Grundtriebe des Individuums auf seine Begabung und Chancen geführt hat" (ebd.). Am Ende jeder Hauptkrise muss das Selbstwertgefühl erneut Bestätigung finden, und daraus resultiert wiederum die Überzeugung, dass sich das Individuum zu einer Persönlichkeit innerhalb der sozialen Wirklichkeit entwickelt. Die Ich-Identität bildet sich somit aus einer gestuften Integration aller Identifikationen, d.h. sie verknüpft die verschiedenen Entwicklungsphasen des Kindes, die jeweils ihren unabdingbaren Beitrag zur Konstitution der Ich-Identität leisten. Das Scheitern dieser Phase ist mit ‚Identitätsdiffusion' beschrieben; dies meint einen inneren Zwiespalt und eine Unsicherheit bezüglich der eigenen Identität.

Die fünfte Phase wird von Erikson auch als normative Krise bezeichnet, die durch eine scheinbare Labilität der Ich-Stärke und durch ein hohes Wachstumspotenzial gekennzeichnet ist (Erikson 1966d, S. 144). In dieser Phase findet ein spezifischer Zuwachs an Persönlichkeitsreife statt; gleichzeitig kommt das Individuum in diesem Stadium mit der Gesellschaft im abstrakten Sinne in Berührung, was Erikson als „Aufnahme guter Beziehungen zu der Welt des Schaffens" bezeichnet (Erikson 1966c, S. 106). Die Heranwachsenden festigen ihre soziale Rolle, überprüfen ihr Selbstbild und versuchen, die Fremdwahrnehmung der eigenen Person durch ihre soziale Umwelt auszuloten. Erikson geht davon aus, dass die Individuen in dieser Phase bestrebt sind, gesellschaftliche Normen und Ideale mit der eigenen Rolle zu verknüpfen (ebd.). Zu den Idealen der Gesellschaft gehören für Erikson u.a. demokratische Strukturen; er wendet sich gegen Unterdrückung, Ausbeutung und Ungleichheit (Erikson 1966c, S. 121). Eine Gesellschaft kennzeichnet sich seiner Meinung nach durch universale Werte wie Liebe, Glaube, Wahrheit, Recht, Ordnung und Arbeit aus, die aus einer gemeinsamen Leistung der individuellen Ich-Entwicklung und der sozialen Prozesse resultieren (Erikson 1966d, S. 199). Die Vermittlung dieser Werte ist laut Erikson für die Bildung der Identität unabdingbar. Verbale Konventionen und formale Institutionen müssen „sinnvolle Korrespondenzen zwischen den institutionalisierten Werten und den großen Krisen der Ichentwicklung" herstellen (ebd.). Diese Annahmen können dahingehend interpretiert werden, dass für Erikson eine intakte Identität auch darin besteht, dass sich das Individuum in gesellschaftliche Strukturen einfügt und die damit einhergehenden Werte und Normen internalisiert.

Dies impliziert eine politische Dimension, die für die vorliegende Arbeit von besonderer Bedeutung ist, denn zu den gesellschaftlichen Werten gehören wiederum politische Kultur sowie Vorstellungen von politischer Partizipation. Durch das

Hereinwachsen in diese Normen und das Verlassen kindlicher Strukturen kommt das Individuum demnach erstmals mit dem Politischen in Berührung. Erikson umschreibt dies mit dem Begriff der ‚ideologischen Perspektive'. Der teilweise problematischen Konnotationen, die der Begriff Ideologie hat, ist sich Erikson bewusst;[105] dennoch unterstreicht er die Bedeutung von Ideologie bei der Genese von Identität: „So sind also Identität und Ideologie zwei Aspekte des gleichen Vorganges. Beide liefern die notwendige Vorbedingung für die weitere Reifung des Individuums" (Erikson 1966d, S. 202). Eine gelungene Bewältigung der Krise am Ende der fünften Phase mündet in ideologischer Polarisierung; den Gegenpol bildet die Diffusion der Ideale (ebd., S. 200/Erikson 1966c, S. 151).[106] Wie deutlich wurde, bietet die fünfte Phase in Eriksons Stufenmodell den offensichtlichsten Anknüpfungspunkt für die Fragestellung der vorliegenden Arbeit. In dieser Phase siedelt Erikson den Kontakt mit der Gesellschaft im abstrakten Sinne und die Festigung der sozialen Rolle des Individuums an. Durch die Verknüpfung gesellschaftlicher Normen – und hier eben auch demokratischer Werte – mit der eigenen sozialen Rolle, lernt das Individuum, sich in die Gesellschaft einzufügen. Damit gehen auch Konventionen über politische Partizipation einher, die sich das Individuum aneignet.

Werden Eriksons Überlegungen weitergedacht, kann die Konfrontation mit Politik in einem früheren Stadium beginnen, beispielsweise durch ein politisiertes Elternhaus oder den Sozialkundeunterricht in der Schule. Wie deutlich wurde, beginnt im Eriksonschen Stufenmodell Partizipation am eigentlichen Politischen jedoch erst in der Adoleszenz und damit zu einem späten Zeitpunkt. In dieses Stadium fällt zudem der Erhalt des aktiven und passiven Wahlrechts, d.h. dieses kann erst mit der Volljährigkeit und somit am Ende der fünften Phase erworben werden.

Die folgenden drei Stadien des Modells charakterisieren das Individuum als erwachsene Person; die erste dieser Phasen bzw. die sechste im gesamten Entwicklungsmodell bezieht sich auf ‚Intimität und Distanzierung gegen Selbstbezogenheit'. Erikson argumentiert, dass ein Mensch erst dann in der Lage ist, sich auf einen anderen einzulassen und emotionale Intimität zu bewältigen, wenn er ein sicheres Gefühl über die eigene Identität erlangt hat. Demgegenüber steht die Distanzierung, d.h. es kommt zu einer Abwehr und Isolierung derjenigen Personen und äußeren Einflüsse, welche als Bedrohung für das eigene Wesen betrachtet werden (ebd., S. 114-115). ‚Generativität gegen Stagnierung' bilden die Opposition der siebten Phase. Generativität meint den Wunsch, ein Kind – und somit die nächste

---

[105] „Das Wort ‚Ideologie' hat keinen allzu guten Ruf. Es liegt im Wesen der Ideologie, dass sie von anderen Ideologien als falsch und heuchlerisch bezeichnet wird" (Erikson 1966d, S. 202).

[106] Auch wenn der Ausdruck ‚ideologische Polarisierung' eine negative Konnotation auslösen kann, impliziert Erikson das Gegenteil: „Die Jugend braucht eine Grundlage für ihre negativen und positiven Einstellungen in Gestalt von ideologischen Alternativen" (ebd., S. 203).

Generation – zu erziehen, und ist für Erikson ein Kriterium ‚seelischer Gesundheit‘ (ebd., S. 117-118). Die letzte Phase trägt die Überschrift ‚Integrität gegen Verzweiflung und Ekel‘. Hier postuliert Erikson, dass nur jene Individuen, die bereits Verantwortung für Menschen und Aufgaben übernommen haben, in der Lage sind, von den vorangegangenen Stadien zu profitieren. Dies wird mit Integrität umschrieben und impliziert „die Annahme seines einen und einzigen Lebenszyklus und der Menschen, die in ihm notwendig da sein mussten und durch keine anderen ersetzt werden können" (ebd., S. 118). Die letzten drei Phasen des Eriksonschen Modells kreisen um das Individuum als erwachsene Person. Diese ist in diesen Phasen ein mündiges Mitglied der Gesellschaft, interagiert mit anderen Individuen, übernimmt Verantwortung und hat die Möglichkeit zur politischen Partizipation. Kam das Individuum in der fünften Phase erstmals mit dem Politischen konkret in Berührung und internalisierte dabei gesellschaftliche Normen, die es zu politischer Partizipation befähigen, kann es in den genannten drei Phasen die politische Teilhabe uneingeschränkt wahrnehmen.

Das Identitätskonzept Eriksons weist dem Individuum einen festen Platz in einem Sozialsystem zu und antizipiert eine Integration in die kollektiven Realitätsdefinitionen einer Gruppe (Krappmann 1972, S. 90). Bestandteil der gesellschaftlichen Normen, die mit der eigenen Rolle verknüpft werden, sind z.B. Konventionen über politische Partizipation. Die Ich-Identität entsteht als Resultat der erfolgreich abgeschlossenen fünften Entwicklungsphase und impliziert „einen spezifischen Zuwachs an Persönlichkeitsreife", der als Basis für die Herausforderungen des Daseins als Erwachsener erachtet wird (Erikson 1966d, S. 123). Sein Stufenmodell geht demnach von einer kontinuierlichen Entwicklung des Individuums aus, bei der in der Jugend die Identität herausgebildet und im Erwachsenenalter gelebt wird. Für Erikson hat das Individuum einen stabilen Kern oder auch eine feste Identität. Diese Eigenschaft vermag es, dem Individuum eine erfolgreiche Lebensführung zu sichern (Keupp et al. 2002, S. 29).

Wie deutlich wurde, finden sich in der fünften Phase auch die Konstitutionsbedingung für politische Partizipation. In diesem Stadium entwickelt das Individuum laut Erikson die Zugehörigkeit zu einer Gemeinschaft und festigt seine soziale Rolle. Diese Zugehörigkeit und die Teilnahme am öffentlichen Leben können als Grundvoraussetzung für politische Partizipation interpretiert werden. Politische Partizipation findet jedoch nach dem Stufenmodell innerhalb normativer Strukturen statt, denn für Erikson ist die Identitätsgenese nur dann erfolgreich, wenn gesellschaftliche Normen übernommen werden; abweichendes Verhalten – und somit wohl auch abweichende Formen politischer Partizipation – stuft er als Scheitern ein. In seinem Modell wirkt politische Partizipation identitätsbildend, d.h. sie steht als eine Variable bei der Konstituierung der Ich-Identität. Politische Partizipation kann im Konzept Eriksons als eine kollektive Handlung eingeordnet werden, denn aufgrund Eriksons Ausführungen ist anzunehmen, dass für ihn das Individuum als Teil der Gesellschaft in sozialen Gruppen partizipiert.

Das Eriksonsche Identitätskonzept wurde kontrovers diskutiert und u.a. dafür kritisiert, dass sozialer Wandel keinerlei Beachtung findet, d.h. dass eine gesellschaftliche Kontinuität angenommen wird, in welche sich die Identitätsbildung des Individuums verlässlich einbinden kann (ebd., S. 30). Exemplarisch soll nachfolgend die Kritik der Feministin Carol Gilligan herangezogen werden, die in *Die andere Stimme* (1999)[107] anmerkt, dass nicht von *einem* Entwicklungsprozess für Frauen und Männer ausgegangen werden kann, sondern dass zwischen männlicher und weiblicher Identität und Moral unterschieden werden muss. Gilligan kritisiert, dass Erikson für seine Annahmen ausschließlich vom männlichen Individuum ausgeht und somit zu einer einseitigen Darstellung tendiert, welche die Entwicklung der Frau ausblendet (Gilligan 1999, S. 10). In Anlehnung an feministische Arbeiten, wie beispielsweise die Nancy Chodorows,[108] weist Gilligan darauf hin, dass Geschlechtsunterschiede in der Persönlichkeitsbildung bereits in der frühen Kindheit bestehen und zum Zeitpunkt der Adoleszenz, also Eriksons fünfter Phase, disparate interpersonelle Orientierungen und geschlechtsabhängige soziale Erfahrungen die Mädchen und Jungen geprägt haben (ebd., S. 20). Sie argumentiert, dass Frauen aufgrund ihrer Sozialisation die soziale Realität anders wahrnehmen und die Unterschiede in der Interpretation auch zu divergierenden Perspektiven und Schwerpunktsetzungen führen. Daraus resultiert zudem ein Unterschied im Moralbegriff, der nach dem Verständnis von Frauen stärker von Sensibilität gegenüber den Bedürfnissen anderer und der Bereitschaft zur Übernahme von Verantwortung gekennzeichnet ist. Die Identität von Frauen ist nach Gilligan maßgeblich durch einen Kontext menschlicher Beziehungen definiert, und sie „beurteilen sich auch selbst nach ihrer Fähigkeit der Anteilnahme (*care*)" (ebd., S. 27). Während Erikson in seinem Acht-Phasen-Modell einen starken Fokus auf die Entwicklung von Autonomie legt, weisen die Untersuchungen von Gilligan darauf hin, dass sich Frauen über Beziehungen definieren: „Doch in der anderen Stimme der Frau liegt die Wahrheit einer Ethik der Anteilnahme, die Verknüpfung zwischen Beziehung und Verantwortung" (ebd., S. 212).

Werden Gilligans Annahmen über weibliche Identität und weibliche Ethik auf politische Partizipation bezogen, könnte angenommen werden, dass Frauen aufgrund ihrer Entwicklung und ihrer Selbstdefinition durch Beziehungen und Fürsorge ein anderes Verständnis von Politik haben als Männer. Ein erhöhter Anteil von Frauen

---

[107] Das Original *In Another Voice* erschien bereits 1982.

[108] In *The Reproduction of Mothering* (1978) beschäftigt sich Chodorow mit der Reproduktion bestimmter Unterschiede von Männern und Frauen in verschiedenen Generationen. Ihrer Ansicht nach beruhen die Differenzen zwischen den Geschlechtern nicht auf anatomischen Gegebenheiten, sondern sind auf eine geschlechtsspezifische Arbeitsteilung zurückzuführen.

111

in Parlamenten und Regierungen müsste nach Gilligan somit zu einem veränderten Klima im politischen Geschehen führen. Die Frage nach einem ‚weiblichen' Verständnis von Politik wurde bereits in Kapitel 3 im Rahmen der Diskussion um politische Kultur aufgegriffen. Die problematische Bedeutung, welche der Konzeption von einem ‚weiblichen' und ‚männlichen' Verständnis von Politik inhärent ist, wurde an dieser Stelle diskutiert. Es wurde argumentiert, dass dadurch traditionelle Geschlechtsstereotypen reproduziert werden können und daraus resultierend eine binäre Kodierung der Politik erfolgt. Des Weiteren kann durch die Generalisierung weiblicher Identität der Versuch unternommen werden, die Gruppe Frauen zu homogenisieren und somit bestehende Unterschiede zu verwischen.

Mit Eriksons Stufenmodell wurde ein einflussreiches Konzept der Identitätsbildung als Ausgangspunkt für die Diskussion um den Zusammenhang von Identität und politischer Partizipation genommen. Bei Erikson ist das innere Kapital des Individuums ein stabiler Kern und die Vorstellung von Identität somit etwas ‚Festes'. Identität entsteht laut Erikson zwar in enger Anbindung an gesellschaftliche Prozesse; er geht dabei aber von einer Kontinuität und Berechenbarkeit dieser Prozesse aus. Hier liegen sowohl die Stärken als auch die Schwächen des Modells, denn Erikson hat einerseits das Verhältnis von Individuen und ihrer Selbstverortung in der jeweiligen sozialen Welt komplex erfasst und trägt somit – auch wenn er von einer gesellschaftlichen Kontinuität ausgeht – der Prozesshaftigkeit dieser Entwicklung Rechnung. Dass er seine Ideen an einem männlichen Idealbild und unter Annahme gesellschaftlicher Kontinuität entwickelte, schränkt andererseits die Brauchbarkeit des Modells ein. Dennoch eignet sich Eriksons Modell als guter Ausgangspunkt für die Überlegungen, die in diesem Kapitel zu Identität und politischer Partizipation getroffen werden, da sich einige seiner Grundideen in späteren Ansätzen wiederfinden lassen.

4.2 Soziale Identität und politische Partizipation: Henri Tajfel und John C. Turner

Auch der identitätstheoretische Ansatz von Henri Tajfel und John C. Turner ist nicht in den Sozialwissenschaften verortet, sondern entstammt der Sozialpsychologie. Die *Social Identity Theory* (SIT) – auch *Social Identity Approach* (SIA) genannt – wurde in den 1970ern und 80ern in Abkehr von den methodischen und theoretischen Prämissen des sozialpsychologischen *mainstreams* entwickelt und stellt einen Paradigmenwechsel innerhalb dieser Disziplin dar. Die SIT beschäftigt sich mit sozialer Identität, Intergruppenbeziehungen und Gruppenprozessen. In der Sozialpsychologie wird zwischen personaler und sozialer Identität unterschieden; beide fügen sich im Selbstkonzept zusammen.

Personale Identität umfasst idiosynkratische Merkmale und kennzeichnet spezifische Attribute des Individuums wie psychologische Charakteristika, Vorlieben, physische Merkmale usw. Die soziale Identität hingegen basiert auf der Zugehörigkeit zu formellen und informellen Gruppen. Dies sind soziale Kategorien wie beispielsweise Geschlecht, Nationalität, politische Zugehörigkeit und Religion (Turner 1982, S. 18). Tajfel und Turner plädieren für ein differenziertes Verständnis von sozialen Gruppen und postulieren mit der SIT eine Neukonzeptionalisierung der Position eines Individuums im sozialen Kontext. Ein relevanter Aspekt ist dabei, dass ein Individuum mehreren sozialen Gruppen angehört und diese Mitgliedschaften sowohl negative als auch positive Implikationen für das Selbstkonzept haben. Einige dieser Mitgliedschaften sind mehr salient als andere oder variieren bezüglich der Salienz in Zeit und Funktion als Vielfalt sozialer Situationen. Zu einer sozialen Gruppe gehören laut Tajfel und Turner mindestens zwei Individuen, die eine soziale Identifizierung teilen bzw. sich derselben sozialen Kategorie zugehörig fühlen. Grundannahme ist hierbei, dass als Basis für kollektives Handeln die Selbstwahrnehmung der Mitglieder als soziale Einheit ausreicht (ebd., S. 15/Tajfel 1978b, S. 61/Tajfel 1982a, S. 3). Um den komplexen Bedingungen der Selbstdefinition eines Individuums gerecht zu werden, erfolgt bei der SIT die Berücksichtigung vier miteinander verbundener Konzepte: soziale Kategorisierung, soziale Identität, psychologische Eigenarten von Gruppen und sozialer Vergleich (Tajfel 1978b, S. 61).

Soziale Kategorisierung „can be understood as the ordering of social environment in terms of groupings of persons in a manner which makes sense to the individual" (ebd.). Somit ist die soziale Kategorisierung für das Individuum ein Orientierungssystem, welches ihm hilft, seinen Platz in der Gesellschaft zu definieren. Dieses Orientierungssystem vermittelt sozial abgeleitete Werte über die eigene(n) Gruppe(n) und über andere Gruppen, d.h. es wird eine Kategorisierung in ‚wir' und ‚sie' vorgenommen. Der Erwerb der Vorstellung von besagtem Wertunterschied ist ein integraler Bestandteil der Sozialisation.

Die soziale Identität ist der Teil des Selbstkonzeptes, welcher sich aus dem Wissen um die Mitgliedschaft in sozialen Gruppen speist sowie dem eigenen Wert und der emotionalen Bedeutung, mit denen diese Mitgliedschaft besetzt ist (ebd., S. 63/Tajfel 1982a, S. 2/Turner 1982, S. 17-18). Tajfel beschäftigt sich bewusst nicht mit der erwähnten personalen Identität.[109] Bei der Untersuchung von Identität liegt

---

[109] Für diese Limitierung nennt Tajfel zwei Gründe: Erstens geht es ihm nicht um eine Diskussion darüber, was Identität eigentlich ist. Zweitens steht für ihn die Praktikabilität der Definition für das eigene Vorhaben im Vordergrund. Tajfel zweifelt nicht an, dass das Selbstkonzept komplexer ist, als er es in seiner Definition der sozialen Identität abgebildet hat. Diese ist vielmehr eine Art Kürzel, um begrenzte Aspekte des Selbstkonzepts, welche wiederum für limitierte Aspekte des sozialen Verhaltens bedeutend sind, zu beschreiben (Tajfel 1978b, S. 62-63).

sein Fokus daher auf den Auswirkungen und den subjektiven Bedeutungen von Gruppenmitgliedschaften sowie auf jenen Aspekten des Verhaltens von Individuen, welche unmittelbare Relevanz für Intergruppenbeziehungen haben. Die Gesellschaft definiert in diesem Konzept die psychologische Realität der Gruppen, d.h. es kursiert ein Repertoire von Identitäten, das Teil des Wissens über die Mitglieder ist:

> „Every society contains a repertoire of identities that is part of the 'objective knowledge' of its members ... Society not only defines but creates psychological reality. The individual realizes himself in society – that is, he recognizes his identity in socially defined terms and these definitions become reality as he lives in society" (Berger in Tajfel 1978b, S. 63-64).

Dadurch, dass das Individuum seine Identität in sozial definierten Begriffen erkennt und sie in der Gesellschaft lebt, werden diese Begriffe zur Realität, woraus sich für die Gruppenmitgliedschaft einige Konsequenzen ergeben. Es ist erstens davon auszugehen, dass ein Individuum danach strebt, seine Gruppenmitgliedschaft aufrecht zu erhalten und weitere einzugehen, wenn diese einen positiven Beitrag zur sozialen Identität leisten. Genügt eine Gruppe diesen Anforderungen nicht, wird das Individuum zweitens dazu neigen, diese zu verlassen, es sei denn, dass dies aus unterschiedlichen Gründen nicht möglich ist oder das Ausscheiden wichtigen Werten zuwiderläuft, die Teil des akzeptierbaren Selbstbildes sind. Ist drittens ein Verlassen der Gruppe mit den genannten Schwierigkeiten verbunden, ergeben sich mindestens zwei Lösungsstrategien: Die negativ rezipierten Attribute der Gruppe werden erneut interpretiert, sodass diese entweder gerechtfertigt oder zumindest akzeptabel erscheinen. Eine weitere Möglichkeit besteht darin, an solchen sozialen Aktionen teilzunehmen, die eine Änderung bewirken wollen. Für die Gruppenmitgliedschaft ist viertens die Interdependenz der Gruppen von Bedeutung, denn diese existieren in der Gesellschaft nicht isoliert voneinander (Tajfel 1978b, S. 63-64).

Die letzte Prämisse schließt unmittelbar an den bereits erwähnten sozialen Vergleich an. Die Charakteristika der eigenen sozialen Gruppen erlangen erst in Relation zu wahrgenommenen Differenzen zu anderen Gruppen sowie den Wertkonnotationen dieser Differenzen Bedeutung. So ergibt die Definition einer Gruppe keinen Sinn, wenn nicht andere Gruppen als Referenz greifbar sind, d.h. die psychologischen Aspekte einer Gruppenmitgliedschaft erlangen nur aufgrund der Integration in ein System aus Gruppen Bedeutung. Die soziale Identität eines Individuums und sein Bewusstsein der eigenen Gruppenzugehörigkeit sowie die emotionale und wertbezogene Bedeutung, welche letzterer beigemessen wird, lassen sich nur durch die Auswirkungen der sozialen Kategorisierung definieren, die eine Unterscheidung des sozialen Umfeldes in eigene und fremde Gruppen trifft (ebd., S. 66-67).

Die bisher getroffenen Aussagen implizieren nicht, dass Individuen oder Gruppen stabile Gruppenidentifikationen besitzen. Ebenso finden die kognitiven, emotionalen und evaluativen Komponenten besagter Mitgliedschaften keine unterschiedslose Widerspiegelung im Verhalten der/des einzelnen. Zudem besteht eine dialektische Beziehung zwischen den sozialen Rahmenbedingungen oder Situationen sowie der Widerspiegelung subjektiver Gruppenmitgliedschaft in diesen.[110] Anzahl und Mannigfaltigkeit der sozialen Situationen, die ein Individuum als relevant für seine Gruppenzugehörigkeit einstuft, nehmen als Funktion der folgenden drei Aspekte zu: Erstens mit der Deutlichkeit des Bewusstseins der Mitgliedschaft in einer bestimmten Gruppe, zweitens mit dem Ausmaß der positiven und negativen Evaluationen, welche mit der Mitgliedschaft verbunden sind, sowie drittens mit dem Ausmaß des emotionalen Aufwandes (*emotional investment*) für dieses Bewusstsein und die genannten Evaluationen. Diese Aspekte erhöhen die Anzahl der Situationen, in denen ein Individuum sowohl kollektiv als auch individuell mit anderen Gruppen und deren Mitgliedern auf der Basis ihrer Gruppenidentifikation interagieren wird. Gleichzeitig ist davon auszugehen, dass Situationen auftreten können, in denen alle Beteiligten gezwungen sind, in Bezug zu ihrer Gruppenzugehörigkeit zu handeln, egal wie schwach die ursprüngliche Identifikation mit der Gruppe gewesen sein mag. Es besteht jedoch auch eine positive Rückkopplung für die Herausbildung der sozialen Identität zwischen den beschriebenen Prinzipien, denn soziale Situationen, in denen Individuen gezwungen sind, als Gruppenmitglieder zu handeln, stärken die Identifikation mit der Gruppe und können latente Gruppenmitgliedschaften beleben (ebd., S. 39).

Es besteht ein Unterschied zwischen sozialem Verhalten als interindividuellem Verhalten und als Intergruppenverhalten. Tajfel ordnet diese Unterschiede als Endpunkte auf einem Kontinuum an, auf dem zwischen diesen Polen natürliche und experimentelle soziale Situationen liegen. Für die Einstufung von sozialen Situationen lassen sich zwei Generalisierungen formulieren: Je näher erstens eine soziale Situation auf dem Kontinuum am reinen Intergruppenverhalten liegt, desto mehr Einheitlichkeit werden die Gruppenmitglieder gegenüber Mitgliedern der fremden Gruppen demonstrieren. Umgekehrt gilt, dass wenn die Situation näher am interpersonalen Endpunkt angesiedelt ist, das Verhalten gegenüber fremden Gruppenmitgliedern variabler wird. Die zweite Generalisierung besagt, dass wenn eine soziale Situation näher am Intergruppenverhalten liegt, die Mitglieder der anderen Gruppen tendenziell als undifferenzierte Items in einer einheitlichen Gruppe eingestuft werden, d.h. individuelle Eigenarten keine Berücksichtigung finden. Damit ist ein gestiegenes Bewusstsein von Eigen- und Fremdgruppe verbunden, durch das

---

[110] „There is a reciprocal (or 'dialectical') relationship between social settings and situations on the one hand, and the reflection or expression in them of subjective group memberships on the other." (Tajfel 1978a, S. 39)

Attribute für alle Mitglieder der fremden Gruppen festgeschrieben werden (ebd., S. 44-45).

Das Bewusstsein einer gemeinsamen Gruppenmitgliedschaft stellt die notwendige Voraussetzung für Individuen dar, sich als Gruppe zu fühlen und als solche zu handeln (Turner 1982, S. 27). Die Entscheidung, ob eine Handlung als Individuum oder Gruppenmitglied erfolgt, trifft der Mensch auf der Basis seiner sozialen Mobilität. Diese besteht in der Wahrnehmung, dass die eigene Position in einer sozialen Situation in wesentlichen Aspekten geändert werden kann. Das Individuum kann sich somit von einer sozialen Position zu einer anderen bewegen. Dabei wird eine subjektive Strukturierung des sozialen Systems vorgenommen, die auf der Annahme des Individuums aufbaut, das System sei flexibel und durchlässig.[111] Demgegenüber steht der soziale Wandel als anderes Extrem der subjektiven Strukturierung; sozialer Wandel und soziale Mobilität lassen sich auf einem Kontinuum von Überzeugungsstrukturen ansiedeln und nehmen dabei jeweils die Endpunkte ein. Im Fall des sozialen Wandels ist das Individuum davon überzeugt, dass es seine Gruppe weder zu verlassen noch einer anderen Gruppe beizutreten vermag und dass nur im Gruppenverband eine Transformation der Bedingungen erfolgen kann. Im Bewusstsein des Individuums ist verankert, dass viele zentrale Aspekte seines Lebens sowie die Aneignung oder Erhaltung einer akzeptablen sozialen Identität nur auf Basis von Veränderung in Bezug auf die Gesamtgruppe erfolgen können (Tajfel 1978c, S. 88-89/Tajfel 1982b, S. 91-93).[112]

Zusammenfassend lässt sich festhalten, dass zwei voneinander abhängige Variablen die Basis dafür bilden, ob Verhalten im Sinne der Gruppe oder als Individuum erfolgt. Jeder Mensch kommt in Situationen, in denen er sich als Individuum verhält, und in solche, bei denen sein Verhalten durch seine Gruppenmitgliedschaft bestimmt ist. Die bereits beschriebene Dichotomisierung der sozialen Welt in klar unterscheidbare Kategorien stellt eine Bedingung dar, die zweite beinhaltet die Problematik des Gruppenwechsels, welche im vorangegangenen Absatz unter dem

---

[111] „Social mobility in this sense consists therefore of a social system (however small or large the social system may be) in which the basic assumption is that the system is flexible and permeable, that it permits a fairly free movement from one group to another of the individual particles of which it consists." (Tajfel 1978a, S. 52)

[112] Es gibt vier Bedingungen, welche die Entwicklung einer Überzeugungsstruktur beeinflussen, die auf sozialen Wandel ausgerichtet ist. Die erste bezieht sich auf die Widerspiegelung der Überzeugungen in einem Schichtungssystem, das bereits in der wahrgenommenen Stabilität zusammenbricht. Die zweite Bedingung impliziert die Schaffung eines Systems des sozialen Wandels unter sozialen Voraussetzungen, die nicht den individuellen Wechsel von einer Gruppe zur anderen verhindert. Der Ursprung der dritten Bedingung liegt in spezifischen individuellen Bedürfnissen nach der Etablierung deutlicher sozialer Dichotomien. Die Folge eines expliziten Interessenkonflikts zwischen Gruppen, der nicht mit einer sozialen Schichtung in Beziehung steht, ist die vierte Bedingung (ebd., S. 58).

Aspekt soziale Mobilität versus sozialer Wandel erörtert wurde. Die Salienz von Gruppenzugehörigkeit wird auch von anderen Faktoren mitbestimmt, doch liegt die entscheidende Komponente gemäß der SIT in einer deutlichen kognitiven dichotomen Struktur des ‚wir' und ‚sie', sowie in dem Umstand, dass diese Struktur nicht einfach durch soziale und psychologische Bedingungen geändert werden kann (Tajfel 1978c, S. 88, 97-98).

Wie politische Partizipation und Identität miteinander verknüpft sind, sagen Tajfel und Turner nicht explizit. Es kann jedoch angenommen werden, dass gemäß ihrem Konzept politische Partizipation mit der sozialen Identität eines Individuums verbunden ist, die sich über seine Mitgliedschaft in bestimmten sozialen Gruppen und in Abgrenzung zu anderen Kategorien definiert. Politische Zugehörigkeit und somit auch politische Partizipation wirken im Modell von Tajfel und Turner auf die Identitätsbildung ein, da die soziale Identität auf der Zugehörigkeit zu sozialen Gruppen basiert. Die Annahmen von Tajfel und Turner zu Identität sind eng an gesellschaftliche Prozesse und die soziale Umwelt geknüpft; durch diese Anbindung gilt die soziale Identität nie als abgeschlossen. Individuen gehören laut Tajfel und Turner immer mehreren sozialen Gruppen an und sind nicht an feste Gruppenzugehörigkeiten gebunden. Von Bedeutung ist scheinbar die kontextabhängige Salienz der sozialen Kategorien. Kontextabhängig bedeutet, dass sich die Priorität der Gruppenzugehörigkeit in unterschiedlichen sozialen Situationen verändern kann. Somit können Individuen Gruppen verlassen und sich anderen anschließen. Dieser Aspekt impliziert eine Prozesshaftigkeit des Identitätskonzeptes, denn mit der Austauschbarkeit der Gruppenzugehörigkeit korreliert eine Veränderung der sozialen Identität. Letztere ist somit niemals statisch, sondern unterliegt Wandlungen, die wiederum sowohl positive als auch negative Auswirkungen auf das Selbstkonzept des Individuums haben können.

Handlungen können individualistisch und im Kontext der Gruppen vollzogen werden. Nach Tajfel und Turner entscheiden, wie bereits dargelegt, zwei Bedingungen darüber, ob ein Individuum kollektiv oder individualistisch agiert. Dies lässt sich auch auf den Bereich der politischen Partizipation transferieren; somit sind nach dem Modell der SIT beide Partizipationsformen möglich.

Da es sich bei der vorliegenden Arbeit um eine feministische Studie handelt, soll in den Ausführungen über Identität immer ein Bogen zu feministischen Ansätzen geschlagen werden, deshalb wird wie bei Erikson auch bei der SIT die feministische Rezeption kurz erläutert. Die Implikationen der SIT werden bei feministischen Wissenschaftlerinnen kontrovers diskutiert: Während die einen in diesem Ansatz großes Potenzial zur Untersuchung des Gruppenverhaltens von Frauen sehen, kritisieren ihn andere als unzureichend.

Die ersten, die eine feministische Auseinandersetzung mit der SIT führten, waren J. Williams und H. Giles. Sie argumentieren, dass Frauen eine benachteiligte soziale

Gruppe seien, deren Identität sich von dem Vergleich mit Männern ableite. Nach Ansicht von Williams und Giles eignet sich der Ansatz von Tajfel und Turner und der damit verbundene Fokus auf die Ebene der Intergruppenbeziehungen hervorragend, um den sich ändernden Status von Frauen in der Gesellschaft zu analysieren. „This theory ... not only clarifies the strategies women are currently using to assert themselves in society, but also allows us to examine more closely the dynamics of the situation." (Williams und Giles 1978, S. 432) Auch Patricia Gurin und Hazel Markus sehen in der SIT einen theoretischen Rahmen, der es ermöglicht, *gender* als eine von mehreren sozialen Identitäten von Frauen zu untersuchen. Dabei gehen sie davon aus, dass *gender*-Identität zum einen davon abhängt, wie zentral das ‚Frausein‘ für die Selbststruktur der einzelnen Frau ist, und zum anderen vom Umfang der Wahrnehmung eines gemeinsamen, von Frauen geteilten Schicksals (Gurin und Markus 1989, S. 153).

Obwohl die SIT berücksichtigt, dass eine Person sich mit mehreren Gruppen identifizieren kann, kommen einige feministische Wissenschaftlerinnen zum Schluss, Frauen würden bei diesem Ansatz als statische und einheitliche Kategorie behandelt (Griffin 1989, S. 176). Die sich daran anschließende Forderung, SIT solle *gender* in Relation zu anderen Gruppenmitgliedschaften analysieren, entspricht bereits dem Ansatz von Tajfel und Turner und kann nicht als ein reformierter Umgang mit der SIT angesehen werden. Zwar wird richtig erkannt, dass bei der Entwicklung der SIT Fragen von ethnischer und Klassenzugehörigkeit im Vordergrund standen und der *gender*-Aspekt keine bedeutende Rolle spielte und somit spezifische Implikationen, die mit *gender* verknüpft sind, nicht thematisiert werden, aber dem Schluss von Suzanne Skevington und Deborah Baker, die SIT sei ungeeignet, Frauen und ihre Lebensformen zu untersuchen (Skevington und Baker 1989, S. 195), kann dennoch nicht zugestimmt werden.

4.3 Ansätze in der Identitätstheorie mit Fokus auf *gender*: Judith Butler und Seyla Benhabib

Nachdem mit den identitätstheoretischen Ansätzen von Erikson und Tajfel/Turner zwei Richtungen der Identitätstheorie diskutiert wurden, die den Faktor *gender* nicht berücksichtigen bzw. sogar männliche Identität als Norm setzen, sollen nun Ansätze erörtert werden, die *gender* als identitätsrelevanten Faktor in den Mittelpunkt stellen. Anders als die Feministin Gilligan setzen Butler und Benhabib keine Differenzqualität von männlicher und weiblicher Identität voraus, d.h. die beiden Theoretikerinnen gehen im Gegensatz zu Gilligan, deren Identitätskonzept bereits im Zusammenhang mit ihrer Erikson-Kritik erwähnt wurde, nicht davon aus, es

gebe eine sexuelle Differenz der Geschlechter und somit eine Differenz der Identität. Zunächst soll darauf eingegangen werden, wie das Konzept von Judith Butler mit dem Konstitutionsverhältnis von Identität und politischer Partizipation umgeht. Butlers Zweifel an der Existenz einer Geschlechtsidentität ist mit ihrer Kritik an Identitätspolitik verbunden. Mit letzterer assoziiert sie die Annahme der feministischen Politik, dass Feminismus eine universale Grundlage haben müsse, die in einer Identität liege, welche losgelöst von verschiedenen Kulturen existiere. Des Weiteren korrespondiert mit dieser Annahme die Vorstellung, die Unterdrückung der Frau besitze eine spezifische Form, die in der hegemonialen Struktur des Patriarchats begründet sei (Butler 1991, S. 18). Butler wendet gegen diese feministische Position ein, dass die feministische Theorie und Praxis der diskursiven Herstellung von Identität bislang nicht gerecht geworden seien, sondern vielmehr auf der Annahme einer spezifisch weiblichen und damit letztlich essenzialistischen Identität aufgebaut worden seien. Der Feminismus gibt dem sozialen Geschlecht[113] als identifikatorischem Ort der politischen Mobilisierung Vorrang vor anderen Kategorien, wie beispielsweise Klasse, ‚Rasse‘, Sexualität oder geopolitische Positioniertheit, und geht somit von der Existenz eines Kollektivsubjekts ‚Frau‘ aus. Geschlechtsidentität ist jedoch laut Butler in verschiedenen historischen Kontexten unterschiedlich konstituiert worden und überschneidet sich zudem mit anderen Modalitäten von diskursiv gebildeten Identitäten (Butler 1994, S. 133). Butler kritisiert, der Feminismus erhebe lediglich einen Anspruch auf Repräsentationspolitik, d.h. er gehe davon aus, das der feministischen Politik vorgängige soziale Subjekt zu repräsentieren. Gleichzeitig stellt die Konstruktion der Kategorie ‚Frau‘ als kohärentes Subjekt eine unvermeidliche Regulierung der Geschlechterbeziehungen dar und läuft laut Butler dadurch diametral der eigentlichen Zielsetzung der feministischen Theorie und Praxis, nämlich den Anspruch auf Repräsentation zu erweitern, entgegen (Butler 1991, S. 21). Daraus folgert Butler: „Die Identität des feministischen Subjekts darf nicht die Grundlage feministischer Politik bilden, solange die Formation des Subjekts in einem Machtfeld verortet ist, das regelmäßig durch die Setzung dieser Grundlage verschleiert wird.“ (ebd., S. 22)
Butler strebt demnach an, die diskursiven Mechanismen, die der Perpetuierung der Kategorie ‚Geschlecht‘ Vorschub leisten, zu durchbrechen. Sie plädiert dafür, das Beharren auf Identität kritisch zu reflektieren und die konstitutiven Ausschlüsse, die aus der Identitätspolitik resultieren, zu überdenken, denn Identitätskategorien beinhalten nicht nur einen deskriptiven, sondern auch einen normativen und exklu-

---

[113] Das soziale Geschlecht bezeichnet konnotative Elemente einer Personenbezeichnung, in denen Geschlechterverhältnisse widergespiegelt werden. „Beispiele wie *Ärzte und Krankenschwestern* oder *der Chef und seine Sekretärin* drücken stereotype Erwartungen/Normen aus hinsichtlich der für Frauen bzw. Männer angemessenen gesellschaftlichen Rolle." (Hellinger 2002, S. 149)

siven Charakter. An diesen Ausführungen wird deutlich, dass Butler politische Partizipation nicht als kollektive Handlungsform sieht, sondern individualistisch konzeptualisiert. Jedes Individuum fordert seine Rechte als Einzelperson ein: „Was wir als Identitätspolitik bezeichnen, wird so gesehen durch einen Staat hervorgebracht, der nur solchen Subjekten Anerkennung und Recht zusprechen kann, die durch jene Partikularität totalisiert sind, die ihren Klägerstatus ausmacht." (Butler 2001, S. 96)[114]

Daraus kann jedoch nicht gefolgert werden, dass Butler gegen eine Verwendung der Kategorie ‚Frauen' argumentiert. Wenngleich sie davon ausgeht, dass Identitätskonzepte in hohem Maße individualistisch sind, räumt Butler ein, dass Vorstellungen von kollektiver Identität bisweilen im Interesse der Durchsetzung z.B. feministischer Belange hilfreich sein können:

> „Anscheinend gibt es innerhalb des Feminismus eine gewisse politische Notwendigkeit, als und für *Frauen* zu sprechen – eine Notwendigkeit, die ich nicht in Frage stellen möchte. ... Ich bin also damit einverstanden, dass Demonstrationen, legislative Bemühungen und radikale Bewegungen Forderungen im Namen der Frauen stellen müssen." (Butler 1993a, S. 48)

Butler plädiert dafür, ‚Frauen' als ein Feld von Differenzen und Umdeutbarkeit zu konzeptualisieren, also die Kategorie zu de-ontologisieren. Durch die Loslösung der Kategorie ‚Frauen' von feststehenden Referenten sowie die Option der Umdeutung[115] wird nach Butlers Ansicht Handlungsfähigkeit erst möglich. Wenn sich die Bedeutung von ‚Frauen' differenziert, werden die Bedingungen für einen erweiterten Sinn von Handlungsfähigkeit etabliert (Butler 1994, S. 135/Butler 1993a, S. 49-50).

Um die Identitätskonzeption Butlers zu verdeutlichen, muss zunächst ihr Verständnis von der Kategorie ‚Geschlecht' dargelegt werden, denn sie wendet sich gegen die in der feministischen Theorie und den *Gender Studies* häufig getroffene Unterscheidung von biologischem und sozialem Geschlecht (*sex* versus *gender*).[116]

---

[114] Villa weist darauf hin, dass Butler häufig auf die juristische Ebene des politischen Handelns Bezug nimmt. Dies liegt nach Ansicht Villas in der politischen Kultur der USA begründet, in der Politik mehr über die Rechtsprechung erfolgt als in Deutschland (Villa 2003, S. 113).

[115] Das Konzept der Umdeutung basiert auf Überlegungen zu der Wiedereinschreibung des Subjekts im Sinne von Foucault. Butler postuliert keine völlige Dekonstruktion der Kategorie ‚Frauen', sondern plädiert für eine Umarbeitung des Begriffs jenseits der Terminologie der ‚epistemologischen Gegebenheiten' (ebd., S. 47).

[116] Die Differenzierung in *sex* und *gender* erfolgt aus der Einsicht, dass Weiblichkeit und Männlichkeit historisch-zeitgebundene Konstruktionen sind. Sie begegnet somit der Kritik an einem biologischen Determinismus, der besagt, dass Eigenschaften und Verhaltensmuster aus biologischen Geschlechtsunterschieden resultieren. Die Unterscheidung soll die Annahme stützen, *gender* sei

Stattdessen zielt sie darauf ab, die Kategorie Geschlecht in weitaus grundsätzlicherer Weise zu entnaturalisieren, denn sie nimmt an, dass auch *sex* ein soziales Konstrukt ist und nicht den Status einer vordiskursiven Gegebenheit für sich beanspruchen kann:

> „Wenn also das ‚Geschlecht' (*sex*) selbst eine kulturell generierte GeschlechterKategorie (*gendered category*) ist, wäre es sinnlos, die Geschlechtsidentität (*gender*) als kulturelle Interpretation des Geschlechts zu bestimmen. ... Demnach gehört die Geschlechtsidentität (*gender*) nicht zur Kultur wie das Geschlecht (*sex*) zur Natur. Die Geschlechtsidentität umfasst auch jene diskursiven kulturellen Mittel, durch die eine ‚geschlechtliche Natur' oder ein ‚natürliches Geschlecht' als ‚vordiskursiv', d.h. als der Kultur vorgelagert oder als politisch neutrale Oberfläche, auf der sich die Kultur einschreibt, hergestellt und etabliert wird." (Butler 1991, S. 24)

Die Differenzierung in *sex* und *gender* erfasst laut Butler den Konstruktcharakter der Kategorie Geschlecht nicht, sondern leistet der Perpetuierung der Geschlechterdichotomie Vorschub, d.h. sie schreibt das biologische Geschlecht weiterhin als Faktum fest (Gymnich 2000, S. 59). Butler dekonstruiert den ontologischen Charakter des biologischen Geschlechts durch die Annahme, dass dieses keine vordiskursive Gegebenheit, sondern vielmehr ein Effekt von Institutionen, Verfahrensweisen und Diskursen sei (ebd., S. 9, 24). Zur Untermauerung ihrer These bedient sich Butler einer genealogischen Argumentation,[117] welche die Plausibilität einer binären Opposition zwischen biologischem und sozialem Geschlecht ablehnt:

> „Wir werden zeigen, dass das Geschlecht nicht länger als ‚innere Wahrheit' der Anlagen und der Identität gelten kann, sondern eine performativ inszenierte Bedeutung ist (und also nicht ‚ist'), die eine parodistische Vervielfältigung und ein subversives Spiel der kulturell erzeugten Bedeutungen der Geschlechtsidentität (*gendered meanings*) hervorrufen kann, sobald sie von ihrer naturalisierten Innerlichkeit und Oberfläche befreit ist." (ebd., S. 61)

---

eine kulturelle Konstruktion und unabhängig von der Bestimmtheit des vermeintlich ahistorischen, biologischen Geschlechts (Gymnich 2000, S. 59/Wende 2002, S. 141).

[117] Der Ansatz der ‚Genealogie' ist Foucault entlehnt und beinhaltet eine Form der kritischen Untersuchung, welche die grundlegenden Kategorien des Geschlechts, der Geschlechtsidentität und des Begehrens als Effekte einer spezifischen Machtformation enthüllt. Die genealogische Kritik wendet sich gegen eine Suche nach den Ursprüngen von Geschlechtsidentität und einer inneren Wahrheit von Geschlecht. „Vielmehr erforscht die Genealogie die politischen Einsätze, die auf dem Spiel stehen, wenn die Identitätskategorien als *Ursprung* und *Ursache* bezeichnet werden, obgleich sie in Wirklichkeit *Effekte* von Institutionen, Verfahrensweisen und Diskursen mit vielfältigen und diffusen Ursprungsorten sind." (Butler 1991, S. 9)

Demnach konstituieren sich für Butler sowohl das Geschlecht als auch die Geschlechtsidentität in performativen Akten,[118] d.h. nicht durch eine einmalige Genese, sondern durch wiederholte Prozesse. Performanz impliziert dabei jedoch weder eine schauspielerische Darstellung noch eine freie Wählbarkeit. Eine performative Handlung ist eine Wiederholung der Normen und eine ritualisierte Produktion spezifischer Akte, welche die Normativität von Geschlecht verkörpert. In diesem Prozess erlangen soziale Zwänge als eigentliche Bedingung von Performativität neue Bedeutung, da sie dieser keine Grenzen setzen, sondern sie hervorbringen (Butler 1997, S. 22, 133). Normative Vorstellungen von Weiblichkeit und Männlichkeit prägen Handlungsweisen, die Körper und Zweigeschlechtlichkeit formen.[119] Geschlechtsidentität wird fortwährend neu verhandelt und konstituiert; dadurch erfolgt eine Reproduktion der angeblich ontologischen Substanz des Geschlechts. Performative Akte verschleiern durch die Logik der Inszenierung einer vermeintlich vorgängigen Substanz ihren produktiven Charakter bzw. dass sie jene Natur produzieren, welche sie angeblich zum Ausdruck bringen (Villa 2003, S. 73).

Aufbauend auf Butlers Vorstellung von Geschlecht und Geschlechtsidentität soll nun auf ihre Konzeption des Subjekts eingegangen werden, die „eine radikalisierte, feministische Lesart der (älteren) Subjektivitätskonzeption" Michel Foucaults darstellt (Langenohl 2000, S. 76). Hierbei greift Butler primär auf das Motiv der diskursiven Subjektkonstituenten zurück. Die Butlersche Kritik an der Auffassung von einem kohärenten, autonomen Subjekt beinhaltet keine Verneinung des Subjekts, sondern Zweifel an seiner Konstruktion bezüglich einer „normativ als Grundlage dienende[n] Prämisse" (Butler 1993a, S. 41). Zunächst ist festzuhalten, dass Butler den Begriff ‚Subjekt' nicht synonym mit Person oder Individuum verwendet, sondern dass Subjekt für sie vielmehr eine sprachliche Kategorie darstellt. Subjekte sind demnach nicht gegeben, sondern werden diskursiv konstruiert. Nach ihrer Vorstellung ist die Konstitution des Subjekts niemals gänzlich abgeschlossen, sondern ein fortlaufender Prozess (ebd., S. 45). Butler wendet sich zudem gegen

---

[118] Die Verwendung des Begriffs ‚Performativität' erfolgt primär in Anlehnung an John L. Austin, bezieht sich jedoch auch auf Jacques Derrida und Paul de Man. Austins *How to Do Things with Words* (1967) hat die linguistische Sprechakttheorie entscheidend geprägt, während sich Derrida in „Signature, Event, Context" (1990) aus dekonstruktivistischer Perspektive mit Sprache auseinander setzt. De Mans *Allegorien des Lesens* (1988) beschäftigt sich ebenfalls mit Sprache und gilt als wichtiges Werk des Poststrukturalismus.

[119] Butler greift die Annahme Foucaults, dass Regulierungsverfahren die ‚Wahrheit des Sexus' erzeugen, auf. Demnach konstituieren für Butler Regulierungsverfahren der Geschlechter-Ausbildung die Identität des Subjekts. Dabei stellt Zwangsheterosexualität, also die dominierende Norm, welche Heterosexualität als ‚richtig' und ‚normal' erhebt, die regulierende Praxis dar. In diesem Kontext verwendet Butler auch den Begriff der ‚intelligiblen Geschlechtsidentitäten' und meint damit solche, die den gesellschaftlich hervorgebrachten Geschlechternormen entsprechen (Butler 1991, S. 38-39).

die Vorstellung eines kohärenten, autonomen Subjekts als prädiskursivem ontologischem Faktum, denn Subjekte sind für sie nur diskursiv bestimmbar (Villa 2003, S. 45). Eine zentrale Praxis bei der Konstituierung des Subjekts ist die ‚Anrufung‘, welche Butler dem Konzept der ‚Interpellation‘ von Louis Althusser entlehnt, demzufolge ein Subjekt durch eine Anrede oder Benennung konstituiert wird. Dieses Konzept gewinnt an Deutlichkeit anhand eines von Althusser gegeben Beispiels: Ein Polizist ruft auf der Straße einem Passanten ‚He, Sie da! ‘ zu (Althusser in Butler 2001, S. 91). Dieser Ruf konstituiert wesentlich denjenigen, an den er sich richtet. Durch die Reaktion des Passanten, das Sich-angesprochen-fühlen, erhält dieser eine Identität. Somit wandelt sich der Akt der Anrufung zu einem Akt der Konstituierung. Es besteht jedoch auch die Möglichkeit der Missachtung, d.h. überhört der Angerufene die Anrede oder missversteht er sie, scheitert die Hervorbringung des Subjekts. Butler wendet ein, dass bei der Anrufung nicht zwangsläufig ein Eigenname verwendet werden muss, sondern auch eine gesellschaftliche Kategorie und somit ein Signifikant möglich ist, der verschiedene Deutungsmuster beinhaltet. Ihren Einwand unterstreicht Butler durch ein Beispiel. Wird ein Individuum als ‚Jude‘ oder ‚Schwuler‘ angerufen, ist die Bedeutung kontextabhängig entweder eine Bekräftigung oder Beleidigung (ebd., S. 92).

Für ihre Konzeption des Subjekts greift Butler zudem die These Foucaults auf, die besagt, dass juridische Machtregime die Subjekte, welche sie repräsentieren, vorher produzieren (Butler 1991, S. 16). Butler argumentiert, dass es durch Subjektivation zum Prozess der Subjektwerdung kommt. Sie definiert Subjektivation als „den Prozess des Unterworfenwerdens durch Macht und zugleich den Prozess der Subjektwerdung" (Butler 2001, S. 8). Macht wirkt nicht nur auf ein Subjekt ein, sondern hat ebenso die Entstehung des Subjekts zur Folge, denn die Macht geht dem Subjekt als Bedingung voraus.

Butler unterscheidet bei Macht zwischen der, die ein Subjekt angeblich ausübt, und jener als Bedingung des Subjekts. Letztere ist nicht einfach auf die Macht übertragbar, welche die Instanz des Subjekts charakterisiert. Eine wichtige Umkehrung erfolgt erst dann, wenn sich der Status der Macht verändert, d.h. von der Macht als Bedingung der Handlungsfähigkeit hin zu der Handlungsfähigkeit des Subjekts. Aus diesem Prozess folgert Butler erstens, dass sich Handlungsfähigkeit nicht logisch aus ihren Bedingungen ableiten lässt und somit zweitens zwischen dem, was das Auftreten von Macht ermöglicht, und den verschiedenen Formen, die Macht annehmen kann, keine Kontinuität besteht. Macht ist nicht einfach übertragbar; der Akt der Aneignung beinhaltet potenziell eine Veränderung der Macht. Bedingungen der Unterordnung können jedoch die Übernahme von Macht ermöglichen; dann allerdings bleibt die übernommene Macht an diese Bedingungen geknüpft.

Macht wirkt laut Butler auf das Subjekt in mindestens zweierlei Weise ein: zum einen als Bedingung seiner Möglichkeit und Gelegenheit seiner Formung, zum anderen als das, was vom Subjekt aufgenommen und im so genannten eigenen Handeln wiederholt wird. Das Subjekt verdunkelt seine Entstehungsbedingungen und verschleiert nach Butler Macht mit Macht. Daraus resultiert, dass Macht dem Subjekt innewohnt und zugleich Ort des Subjekts selbst ist. Das heißt, dass kein Subjekt ohne Macht entsteht, aber die Subjektwerdung gleichzeitig eine Verschleierung der Macht beinhaltet. Um weiter zu bestehen, müssen die Bedingungen der Macht fortwährend wiederholt werden. Dabei ist das Subjekt Ort dieser Wiederholungen (ebd., S. 15-22, 81/Butler 1993a, S. 39-40):

> „Die durch die Wiederholung erzielte Verzeitlichung bahnt den Weg für die Verschiebung und Umkehr der Erscheinung der Macht. Die Perspektive der Macht verändert sich: Sie wird aus dem, was von Anfang an und von außen auf uns einwirkt, zu dem, was in unserem gegenwärtigen Handeln und seinem in Zukunft ausgreifenden Wirkungen unseren Sinn für Handlungsfähigkeit ausmacht." (Butler 2001, S. 21)

Demnach bezieht das Subjekt seine Handlungsfähigkeit von der Macht, gegen die es sich wendet. Es ist weder von dieser voll determiniert, noch kann es Macht vollständig determinieren.

Für Butler ist politische Partizipation eine individualistische Handlung, und sie wendet sich gegen die ihrer Meinung nach fundamentalistische Annahme, der politischen Partizipation müsse eine kollektive Identität vorgängig sein, welche die politischen Interessen dieser Gruppe zu artikulieren vermag. Diesem Ansatz hält sie entgegen, dass es keinen „Täter hinter der Tat gibt, sondern dass der Täter in unbeständiger, veränderlicher Form erst in und durch die Tat hervorgebracht wird" (Butler 1991, S. 209). Somit lässt sich die Konzeption Butlers hervorragend an den Ansatz der vorliegenden Studie anknüpfen, deren Fokus auf individueller und nicht kollektiver Identität liegt.

Butler unterstreicht den Konstruktcharakter des Subjekts, denn für sie ist Identität der Effekt eines regelgebundenen Diskurses, welcher die intelligible Anrufung eines Subjekts anleitet. Dabei wird das Subjekt respektive die Identität zwar innerhalb eines Macht- und Diskursgeflechts konstituiert, aber nicht von ihm determiniert. Konstruktion steht der Handlungsmöglichkeit nicht diametral entgegen, sondern ist „deren notwendige Bühne", in welcher sich Handlungsfähigkeit artikuliert und intelligibel wird (ebd., S. 216). Handlungsfähigkeit entsteht an den Schnittpunkten, an denen sich ein Diskurs erneuert, aber es existiert kein Subjekt, welches diesen Schnittpunkten vorgängig ist:

> „Dass ein ‚Ich' durch das Hersagen des anonymen sprachlichen Ortes des ‚Ich' (Benveniste) begründet wird, beinhaltet, dass das Zitat nicht von einem Subjekt erneuert wird, sondern eher eine Anrufung ist, durch die ein Subjekt in sein sprachliches Sein kommt. Dass dies ein wiederholter Prozess ist, ein wiederholbares Verfahren, ist ge-

nau die Bedingung dessen, was Handlungsfähigkeit heißt innerhalb eines Diskurses."
(Butler 1993b, S. 125)

Butler charakterisiert Handlungsfähigkeit als Umdeutung, die dadurch ermöglicht
wird, dass das Subjekt fortwährend diskursiv konstituiert wird. Die Handlungsin-
stanz ist in den Möglichkeiten der Umdeutung verortet, die durch den Diskurs eröffnet werden. Butler negiert die Lokalisierung des ‚Täters hinter der Tat‘ und
nicht den Täter an sich, denn dem Täter obliegt das ungewisse Funktionieren der
diskursiven Optionen, welche die Tat ermöglichen (ebd./Butler 1993a, S. 45).
Handlungsfähigkeit resultiert auch aus der Wirkung der Unterordnung des Subjekts
und ist eine Folge der Subjektivation. Für Butler ist die Konstitution des Subjekts
ein fortwährender Prozess des Subjektivierens und der Unterordnung. Die doppelte
Funktion der Subjektivation, also das Werden des Subjekts und dessen Unterordnung, impliziert mehrere Bedeutungen von Macht. Diese wirkt nicht nur auf ein
Subjekt ein, sie bewirkt auch dessen Entstehung. Macht wird jedoch ebenfalls vom
Subjekt aufgenommen und im eigenen Handeln wiederholt. Da Macht keine äußer-
liche, dem Subjekt vorgängige Bedingung ist und nicht ausschließlich mit diesem
identifiziert werden kann, müssen zur Sicherung des Fortbestehens des Subjekts die
Konditionen der Macht wiederholt werden. Butler folgert, dass das Subjekt seine
Handlungsfähigkeit von der Macht erhält, gegen die es sich stellt.
Butler verabschiedet sich nicht vom Subjekt, sie dekonstruiert es aber und stellt
damit die gängige Verwendung des Begriffs in Frage. Dadurch wird eine neue Lesart des Subjekts ermöglicht. Butlers Konzeption von Handlungsfähigkeit resultiert
aus der Annahme, dass Identität diskursiv erzeugt wird und somit ein Effekt ist.
Politische Partizipation entsteht für sie dadurch, dass Umdeutung (*resignification*)
neu definiert wird, d.h. das Subjekt resultiert aus konstituierenden Diskursen, wobei das Handeln in den Möglichkeiten der Umdeutung, die durch den Diskurs eröffnet werden, generiert wird. „In diesem Sinne ist der Diskurs der Horizont der
Handlungsfähigkeit, aber außerdem ist es wichtig, Performanz als Umdeutung neu
zu denken." (Butler 1993b, S. 125) Die Butlersche Konzeption von Identität und
Handlungsfähigkeit ist an ihre Kritik an der feministischen Identitätspolitik gekoppelt. Sie spricht sich gegen politische Partizipation auf der Basis kollektiver Handlungsformen aus. Das Beharren auf kohärenten Identitäten als Basis für politisches
Handeln impliziert eine Regulierung und Perpetuierung der Geschlechterbeziehungen. Eine De-Ontologisierung feministischer Theorie und Praxis eröffnet für Butler
eine Integration der vielfältigen kulturellen und gesellschaftlichen Überschneidungen, in denen Frauen konstruiert werden.

Nachfolgend wird auf den Ansatz von Seyla Benhabib eingegangen, die sich in
zahlreichen Schriften, die im Rahmen der so genannten ‚Butler-Benhabib-
Kontroverse‘ Beachtung gefunden haben, gegen postmoderne Konzeptionen von

Identität wendet, da diese ihrer Ansicht nach die Möglichkeit zur Formulierung der Emanzipationsbestrebungen von Frauen sowie die Verpflichtung des Feminismus gegenüber der Handlungsfähigkeit und dem Selbstgefühl von Frauen untergraben (Benhabib 1993a, S. 9, 14/Benhabib 1995, S. 231/Benhabib 1997, S. 54). Anhand der Benhabibschen Kritik an postmodernen Ansätzen sowie speziell an den Thesen Judith Butlers[120] wird herausgearbeitet, wie sich in ihrem Denkmodell die Kategorien Identität und politische Partizipation zueinander verhalten.

Nach Ansicht von Benhabib untergräbt die Postmoderne das Streben nach Utopie innerhalb des Feminismus. Unter Utopie versteht sie eine Sehnsucht nach dem, was noch nicht ist. Somit ist Utopie für Benhabib ein praktisch-moralischer Imperativ und die Basis für radikale Umwälzungen (Benhabib 1993a, S. 26). Diese Utopie sieht sie durch postmoderne Ansätze unterminiert und begründet diese Einschätzung damit, dass das postmoderne Denken auf drei zentralen Thesen aufgebaut ist, nämlich auf den Thesen vom ‚Tod des Menschen‘, vom ‚Tod der Geschichte‘ und vom ‚Tod der Metaphysik‘, von denen jeweils eine schwache und eine starke Version existieren.[121] Benhabib argumentiert, dass die schwachen Versionen der Thesen durchaus Zustimmung seitens nicht-postmoderner TheoretikerInnen[122] finden können, die starken Versionen hingegen eine Unterminierung der Bedingungen normativ kritischen Denkens bedeuten (Benhabib 1995, S. 235).

Der ‚Tod der Metaphysik‘ macht es laut Benhabib unmöglich, „Institutionen, Praktiken und Traditionen anders zu kritisieren oder zu legitimieren als über den immanenten Appell an die Selbstlegitimation der ‚kleinen Erzählungen‘“ (Benhabib 1993a, S. 26). Benhabib merkt an, dass die postmoderne Kritik an der westlichen Metaphysik teilweise selbst einer Meta-Erzählung[123] unterliege und dass die postmoderne Behauptung, die Philosophie sei essenzialistisch und monolithisch, eben-

---

[120] Benhabib ordnet Butler in die Reihe der postmodernen TheoretikerInnen ein. Butler weist diese Kategorisierung jedoch zurück: „Ich halte meine Arbeit nicht für ‚postmodern‘, und ich habe in der Tat versucht, in meinem Essay einige der Gründe darzulegen, weshalb dieser Begriff unangemessen ist für das, was ich vorbringe.“ (Butler 1993b, S. 122) Stattdessen ordnet sie sich selbst eher dem Poststrukturalismus zu: „Ich weiß zwar nicht, was der Terminus ‚postmodern‘ bedeutet, doch wenn es eine zentrale These gibt, und zwar eine präzise, die ich vielleicht eher dem Poststrukturalismus zuordnen würde, dann besagt diese These, dass die Macht sogar den Begriffsapparat, der versucht, über die Macht zu verhandeln, durchdringt, ebenso wie die Subjekt-Position des Kritikers.“ (Butler 1993a, S. 36)

[121] Benhabib greift mit ihrer Kritik die Argumentation von Jane Flax auf, die in *Thinking Fragments. Psychoanalysis in the Contemporary West* (1990) diese drei Thesen formulierte.

[122] Über die schwache Version könnten sich laut Benhabib VertreterInnen der kritischen Theorie und sogar des Liberalismus und Kommunitarismus verständigen (Benhabib 1995, S. 235).

[123] Die Meta-Erzählung der Postmoderne wurde laut Benhabib zuerst von Martin Heidegger geäußert und dann von Derrida weiterentwickelt und besagt im Kern, „dass die westliche Metaphysik zumindest seit Plato im Bann der ‚Metaphysik der Präsenz‘ stehe“ (ebd., S. 248).

falls nicht zutreffe. Die starke Version der These birgt ihrer Ansicht nach eine Metaerzählung, welche die Geschichte der modernen Philosophie und deren zuwiderlaufende Konzeptionen dadurch zugleich einebnet. Hingegen lässt sich die schwache Version dahingehend zusammenfassen, dass Philosophie der Metadiskurs der Legitimation ist, der gleichzeitig die Kriterien formuliert, von denen der Diskurs ausgeht (ebd., S. 18-21/Benhabib 1995, S. 248-251).

Die schwache Version vom ‚Tod der Geschichte‘ enthält die theoretische Implikation, die Praxis der monokausalen großen Erzählungen zu beenden und gleichzeitig die politische, die hegemonialen Ansprüche einer Gruppe oder Organisation zurückzuweisen und eine Repräsentation der Kräfte der Geschichte darzustellen. Dieser Ansatz birgt laut Benhabib durchaus Potenzial für Feministinnen, da der Fokus der androzentrischen Geschichtsschreibung durchbrochen wird. Die starke Version der These bedeutet hingegen eine Zurückweisung jeglicher geschichtlicher Erzählungen, die sich sowohl mit einem längeren Zeitraum als auch mit den Makro- statt Mikroebenen der Gesellschaft befassen. Benhabib mutmaßt, dass wenn das Interesse auf die Mikroebene beschränkt bleibt und die AkteurInnen der Makroebene außer Acht gelassen werden, eine detaillierte gesellschaftliche Analyse und somit auch eine engagierte feministische Theorie nicht praktikabel seien (Benhabib 1993a, S. 16-18).

Alle drei Thesen beziehen sich auf spezifische Formen der Repräsentation, wie die Repräsentation der Kräfte der Geschichte, der Legitimation und der Identität. Für die vorliegende Arbeit ist die Repräsentation von Identität und sind somit die feministischen Implikationen der These vom ‚Tod des Menschen‘, die gleichbedeutend mit dem ‚Tod des Subjekts‘ ist, am interessantesten, da hierbei Benhabibs Ansatz in Verbindung zum Konstitutionsverhältnis von Identität und politischer Partizipation gebracht werden kann. Die schwache Version vom ‚Tod des Menschen‘ situiert das Subjekt im Kontext gesellschaftlicher, sprachlicher und diskursiver Praktiken. Dadurch wird keine Dekonstruktion desselben formuliert. Traditionelle Attribute des Subjekts, wie beispielsweise autonomes Handeln und rationale Denkprozesse, werden unter Berücksichtigung der radikalen Situiertheit lediglich neu bestimmt und tragen seiner grundsätzlichen Situiertheit Rechnung. Bei der starken Version hingegen wird das Subjekt vollständig dekonstruiert und es löst sich in eine Reihe von Bezeichnungen auf, als deren Ursprung es früher gedacht wurde. Mit der Auflösung in eine „weitere Position in der Sprache" ist für Benhabib das Verschwinden von Attributen wie Handlungsfähigkeit, Autonomie und Selbstreflexivität verbunden (ebd., S. 13). Dadurch ist das Subjekt nicht mehr in der Lage, die Distanz zwischen sich selbst und der Reihe von Bezeichnungen, der es als Position der Sprache angehört, zu bewältigen. Diese Distanz würde es ihm jedoch ermöglichen, die Bezeichnungen zu reflektieren und zu transformieren. Durch die Dekonstruktion des Subjekts ist für Benhabib die starke Version der These vom ‚Tod des Subjekts' mit feministischen Zielen inkompatibel (ebd., S. 13-14/Benhabib 1995, S. 235-236). Benhabib räumt zwar ein, dass Subjektivität durch Sprache und symbolische Codes der Narration strukturiert wird, betont aber, dass Subjekte gleichermaßen AutorIn und DarstellerIn der eigenen Lebensgeschichte und somit handlungsfähig seien:

> „Das Subjekt ist wohl in seiner Eingebundenheit und in seiner Geschlechtsidentität fremdbestimmt, es strebt aber dennoch nach Selbstbestimmung. Es stellt sich in der Tat die Frage, wie man sich das Projekt der weiblichen Selbstbefreiung ohne ein solches regulatives Ideal der Handlungsfähigkeit, Autonomie und einer weiblichen Selbstidentität überhaupt vorstellen soll." (Benhabib 1995, S. 236)

Hier setzt auch Benhabibs Kritik an Judith Butler an: Der Dissens dreht sich um die Konzepte Subjektivität, Ich-Identität und soziale Handlungsfähigkeit. Butlers These, dass das Subjekt eine Serie von performativen Sprachäußerungen sei und somit als geschlechtlich festgelegtes Selbst nicht existiere, wird von Benhabib als problematisch erachtet. Um über den Dualismus der *gender*-Kategorien hinaus zu denken, postuliert Butler die Loslösung von der Vorstellung eines ‚Täters' hinter der Tat', also eines Selbst als autonomes Subjekt einer Lebensgeschichte. Benhabib widerspricht diesen Thesen vehement, denn sie machen ihrer Meinung nach (politische) Handlungsfähigkeit unmöglich und unterminieren die normative Vision feministischer Theorie und Politik. Der Kampf von Frauen um Autonomie und Selbstbestimmung ist für sie nur dann möglich und auch erfolgreich, wenn Subjekte verantwortliche Mitglieder der Gesellschaft sind (ebd., S. 236-238). Benhabib argumentiert, dass eine Analyse verschiedener Codes zur Konstituierung von Subjektivität oder diskursiver Praktiken von Individualität unzureichende Antworten auf die Frage geben, wie ein Individuum zu einem distinkten Selbst wird.[124] Ihres Erachtens beschäftigt sich die Erforschung kultureller Codes, die Individualität bestimmen, mit den historischen Prozessen der Zeichenverwendung und Bedeutungskonstitution, während die Erforschung sozialer Prozesse zur Konstituierung des Selbst strukturelle Prozesse der Sozialisation und Individuation zum Inhalt hat (Benhabib 1993b, S. 108).

Zusammenfassend ist festzuhalten, dass für Benhabib der Status der Subjektkategorie innerhalb der postmodernen Theorie problematisch ist. Sie fasst ihre Kritik in der These der ‚Fungibilität der Identität'[125] zusammen, welche beinhaltet, dass durch die Konstruiertheit der Diskurse die Subjekte nicht Ort der Handlungsfähig-

---

[124] Benhabib merkt hierzu an: „,... dennoch ist darauf zu beharren, dass kein Individuum nur eine leere Schiefertafel ist, auf der sich die Codes einer Kultur einschreiben, eine Art Lockescher *tabula rasa* in zeitgemäßem Foucaultschen Gewand!" (ebd., S. 240)

[125] Fungibilität bedeutet soviel wie Austauschbarkeit; ‚Fungibilität der Identität' weist demnach auf die Austauschbarkeit der Identitätskategorien hin (Benhabib 1997, S. 57).

keit sind und Identitätskategorien somit austauschbar werden. Hinzu kommt, dass die Fragmentierung von Identität und die Postulierung von Differenz die Formulierung gemeinsamer Visionen unterminiert und quasi unmöglich macht. Benhabib argumentiert, dass durch die Postmoderne das weibliche Subjekt verloren gegangen ist (Benhabib 1997, S. 57-58). Wie deutlich wurde, ist dieses (weibliche) handlungsfähige und kohärente Subjekt für sie jedoch die Basis für politische Partizipation. Kollektive Visionen und Zielvorstellungen bilden den Ausgangspunkt für gemeinsames Agieren. Benhabibs Ansatz besitzt dennoch keine essenzialistischen Implikationen, denn: „[w]ir müssen beim Begriff der ‚kohärenten Identitäten' nicht an die Gleichheit physikalischer Objekte denken; wir können Kohärenz auch als narrative Einheit auffassen." (Benhabib 1995, S. 219)

Benhabib stellt das narrative Modell der Subjektivität und Identität als Gegenpol zu Butlers Ansatz der Performativität vor und greift die für sie bedeutende Verbindung zwischen dem Subjekt und der politischen Handlungsfähigkeit auf.[126] Somit sind diese Überlegungen für die Fragestellung der Arbeit von besonderem Interesse, da sich die Verbindung von Subjekt und politischer Handlungsfähigkeit nahe an der Frage nach dem Verhältnis von Identität und politischer Partizipation befindet. Benhabib entwirft keine explizite Charakterisierung der Narrativität, sondern macht einen Exkurs zu zwei verschiedenen Ansätzen, die beide um das Konzept einer Kernidentität (*core identity*) kreisen. Es handelt sich um Virginia Woolfs Roman *Orlando* (1982)[127], bei dem Woolfs Ansatz zu Identität zum Tragen kommt, und Charles Taylors Monografie *Sources of the Self* (1989).[128] In Anlehnung an die genannten Schriften schlägt Benhabib vor, die Identität des Selbst als die Fähigkeit der Sinngebung zu konzeptualisieren. Sinngebung impliziert die psychodynamische Kompetenz des Wiedererzählens, des Erinnerns und Umgestaltens. Diese Kompetenzen führen zu mehr als einer einzelnen Narration; sie entwickeln sich in

---

[126] Benhabib merkt hierzu an: „What is the relation between subjectivity and political agency? Can we think of the political/moral/cultural agency only insofar as we retain a robust conception of the autonomous, rational, and accountable subject, or is a concept of the subject as fragmentary and riveted by heterogeneous forces more conducive to understanding varieties and cultural struggles of the present?" (Benhabib 1999, S. 338)

[127] *Orlando* ist eine fiktive Biografie, die einen Zeitraum von fünf Jahrhunderten umspannt und gegen die Konventionen realistischen Erzählens verstößt, da die Titelfigur im Handlungsverlauf ihr Geschlecht ändert und die genannte Zeitspanne durchlebt, ohne nennenswert zu altern (Gymnich 2000, S. 296). Durch diese Besonderheiten der Geschichte von Orlando wird sowohl die These aufgestellt, dass es eine Kernidentität gibt, als auch zugleich die Frage aufgeworfen, was das Unveränderliche des Selbst bedingt. Woolf gibt darauf keine eindeutige Antwort, es kann jedoch vermutet werden, dass sie davon ausgeht, es existiere eine Identität, die von geschlechtsübergreifenden Charakteristika geformt wird (Benhabib 1999, S. 343).

[128] Taylor widmet sich in *Sources of the Self* der Beziehung zwischen dem Verständnis einer Kernidentität und einem Repertoire von ‚starken Wertungen', das ebenso zum Selbst gehört (ebd.).

einem Narrationsgeflecht, das ebenso die Konversation mit anderen Individuen darstellt. Narrationen sind nicht abgeschlossen, denn sie sind immer Teil der Narration der anderen (Benhabib 1999, S. 347-348).

Das narrative Modell der Identität, wie es von Benhabib fragmentarisch umrissen wurde, verweist auf die Bedeutung von Kommunikation und Formbarkeit. Da Selbstnarrationen nicht stabil bleiben oder zeitlich abgeschlossen sind, verändern sie sich in sozialen oder interaktiven Prozessen.[129] Narrative Identität betont die Offenheit und Unabgeschlossenheit des Sich-Erzählens, denn Kohärenz und Kontinuität werden in einem fortwährenden Prozess neu erkämpft. Obwohl Benhabib sich dagegen ausspricht, aus Woolfs Roman Schlüsse zu ziehen, und Taylors These der ‚Horizonte‘ problematisch findet, wird dennoch deutlich, dass sie an deren Idee einer Kernidentität, die unveränderlich ist und durch geschlechtsübergreifende Charakteristika konstituiert wird, festhält. Die Ausführungen Benhabibs zu ihrem eigenen Modell einer narrativen Identität bleiben vage, können jedoch – kontextualisiert durch ihre Kritik an Butler und der Postmoderne – als ein deutliches Plädoyer für ein kohärentes Konzept der Identität sowie eine Absage an dekonstruierende, fragmentierende Ansätze gewertet werden.[130] Wie bereits deutlich wurde, sieht Benhabib in der starken Version der These vom ‚Tod des Subjekts‘ eine vollständige Dekonstruktion des Subjekts, mit der ein Verschwinden der Handlungsfähigkeit korreliert. Ihrer Ansicht nach ist ein Kampf um Autonomie und Selbstbestimmung nur dann möglich, wenn das Subjekt ein distinktes Selbst ist. Somit ist für Benhabib der Status der Subjektposition in postmodernen Ansätzen fragwürdig, denn Identitätskategorien erhalten dort ihrer Ansicht nach eine Austauschbarkeit und Subjekte sind nicht mehr Ort der Handlungsfähigkeit. Ein handlungsfähiges Subjekt ist für sie jedoch die Basis für politische Teilhabe. Politische Handlungsfähigkeit – und somit auch politische Partizipation – setzen für Benhabib wiederum eine gemeinsame Basis und kollektive Ziele voraus. Die von der Postmoderne postulierten fragmentierten Identitäten und die Betonung der Differenz wirken sich nicht nur kontraproduktiv auf die Generierung kollektiver Ziele aus, sondern haben nach Benhabibs Einschätzung auch negative Auswirkungen auf die Identitäts- und Differenzpolitik, die aus der ‚Fungibilität der Identität‘ resultieren. Dem postmodernen Identitätskonzept setzt Benhabib die Konzeption der Narrativität entgegen,

---

[129] Es lassen sich Parallelen zu den Ansätzen der narrativen Psychologie finden. Die narrative Psychologie geht davon aus, dass die dialogische Form der Selbstkonstruktion primär im Modus der Narration stattfindet, d.h. Individuen organisieren dadurch ihr Verhältnis zu sich selbst, zu anderen und zu ihrer physischen Umwelt und legen diese sinnhaft aus (Keupp et al. 2002, S. 102).

[130] „Der postmodernen Vorstellung eines fragmentierten Subjekts ist die Annahme entgegenzusetzen, dass das menschliche Subjekt ein fragiles, bedürftiges und abhängiges Geschöpf ist, dessen Fähigkeit, aus den divergierenden Ansprüchen an seine Identität eine zusammenhängende Lebensgeschichte zu entwickeln, gehegt und beschützt werden muss.“ (Benhabib 1997, S. 63)

bei dem sie explizit die Verbindung von Subjekt und politischer Handlungsfähigkeit aufgreift. Narrationen sind laut Benhabib nicht abgeschlossen und somit statisch, sondern wandeln sich durch den Einfluss sozialer Prozesse. Dem dynamischen Modell ist jedoch auch der Gedanke einer Kernidentität immanent, welche die Basis für die Selbstidentität bildet. Aus Benhabibs Argumentation geht somit hervor, dass für sie Gesellschaftskritik und politische Partizipation eng mit autonomem Denken und einer kohärenten Identität verknüpft sind. Bei Benhabib bildet das kohärente Subjekt oder auch die unitäre Identität die notwendige Ausgangsbasis für politisches Agieren.

4.4 Politische Partizipation und der postkoloniale Diskurs: Avtar Brah

In die Reihe der Diskussion identitätstheoretischer Ansätze wird abschließend mit Avtar Brah eine Vertreterin des postkolonialen Diskurses aufgenommen. In der feministischen und der postkolonialen Theorie lassen sich deutliche Parallelen in den jeweiligen Fragestellungen und Anliegen finden (Ashcroft, Griffiths und Tiffin 1989, S. 175/Fuss 1989, S. 85).[131] Frauen wurden ebenso wie kolonisierte Subjekte in vielen Gesellschaften in die Position der/des Anderen respektive Devianten verwiesen (Hartsock 1987, S. 191). Der Feminismus wie auch der Postkolonialismus sind Diskurse, die ein Ungleichgewicht in Gesellschaft und Kultur thematisieren und dessen Beseitigung anstreben. Beide begannen mit der Identifizierung dominanter Hierarchien und Strukturen und legten den Fokus auf bisher marginalisierte Traditionen und Erfahrungen. So formulierte der Feminismus beispielsweise einen Gegenentwurf zur männlich dominierten Geschichtsschreibung, und der Postkolonialismus thematisierte koloniale Praktiken. Sowohl Feminismus als auch Postkolonialismus entwickelten ihre Ansätze weiter und beschäftigen sich inzwischen auch sehr stark mit den Konstruktionsprozessen der Hierarchien, Kategorien und Kanonisierungen; sie stellen somit die Metaebenen und Legitimationsformen, welche diese Systeme stützen, in Frage. Das Anzweifeln dominanter Strukturen ist ein wesentlicher Punkt, welcher beiden Strömungen gemein ist – sie nehmen an, dass gesellschaftliches Wissen untrennbar mit Fragen von Herrschaft und Diskriminie-

---

[131] Ein Beleg für die Kompatibilität dieser beiden Ansätze ist der postkoloniale Feminismus, der weder einfach als eine Unterkategorie des Postkolonialismus noch als eine Facette des Feminismus angesehen werden kann. „Rather it is an intervention that is changing the configurations of both postcolonial and feminist studies. Postcolonial feminism is an exploration of and at the intersections of colonialism and neocolonialism with gender, nation, class, race, and sexualities in the different contexts of women's lives, their subjectivities, work, sexuality and rights." (Rajan und Park 2000, S. 53)

rung verbunden ist (Ashcroft, Griffiths und Tiffin 1989, S. 175/Ashcroft, Griffiths und Tiffin 1995, S. 249/Childs und Williams 1997, S. 198/Lossau 2002, S. 22). Julia Lossau argumentiert, dass sowohl die feministische als auch die postkoloniale Kritik vor dem Hintergrund der Annahme operiert, dass alles anders sein könnte. Die kontingenten Grundlagen hindern weder die feministischen noch die postkolonialen DenkerInnen daran, jene Positionen in das Blickfeld zu rücken, welche bislang marginalisiert wurden. Gelten die spezifischen Erfahrungen von Frauen für das feministische Projekt als ‚blinde Flecken‘ des dominanten Diskurses, fokussieren postkoloniale TheoretikerInnen vielfältige Erscheinungsformen kolonialer Marginalität, welche auch nach der formalen Abschaffung der Kolonisation präsent sind (Lossau 2002, S. 22). Der Ansatz von Brah ist nicht nur wegen der beschriebenen Parallelen zum Feminismus für die vorliegende Arbeit von Interesse, sondern auch deshalb, weil im Postkolonialismus die Frage der Identität eine zentrale Stellung einnimmt. Das dort entwickelte Identitätskonzept, so wie im Folgenden gezeigt wird, ist auch außerhalb postkolonialer Kontexte von Interesse. Doch bevor eine Darstellung der Position Brahs erfolgt, wird zunächst eine Einordnung des Postkolonialismus in den wissenschaftlichen Kontext vorgenommen.

Laut Stuart Hall weist der postkoloniale Diskurs[132] darauf hin, „die binären Oppositionen als Formen der Transkulturation, der kulturellen Translation neu zu lesen, die unweigerlich dazu führen, dass die kulturellen Hier-Dort-Polaritäten ein für allemal hinfällig werden." (Hall 1997, S. 227)[133] Der postkoloniale Diskurs erachtet Kolonisation nicht als eine marginale Nebenhandlung übergeordneter historischer Entwicklungen. Zudem ist Kolonisation hierbei nicht nur die Herrschaft imperialer Mächte über ‚inferiore‘ Territorien; sie umfasst den gesamten Prozess von Expansion, Erforschung, von Eroberung, imperialer Hegemonisierung und

---

[132] Der Postkolonialismus ist nach Peter Hulme ein Prozess der Loslösung von einem kolonialen Syndrom (Hulme in Hall 1997, S. 226). Stuart Hall argumentiert in Anlehnung an diese These, dass sich der Postkolonialismus auf einen Prozess der Entkolonialisierung bezieht, welcher die kolonialisierenden Gesellschaften ebenso geprägt hat wie die kolonisierten (Hall 1997, S. 226). Obwohl die Unterschiede zwischen kolonialisierten und kolonialisierenden Kulturen fundamental sind, beruhen sie laut Hall nicht auf einer binären Opposition: „Ja, ich würde sogar den Wandel seit den Konstellationen, in denen die antikolonialen Auseinandersetzungen scheinbar in binärer Form dargestellt werden konnten, bis heute, wo das nicht mehr möglich ist, als Übergang von einer Konzeption der Differenz zu einer anderen bezeichnen, von der Differenz zur *différance*; und es ist ebendieser Wandel, der den periodischen oder unregelmäßigen Übergang zum ‚Postkolonialismus‘ kennzeichnet." (Hall 1997, S. 227)

[133] Homi K. Bhabha versteht den Postkolonialismus ebenfalls als Intervention in ideologische Diskurse, welche den ungleichmäßigen Entwicklungen kolonialer und kolonisierter Länder eine „hegemoniale Normalität" zu verleihen suchen. „Die postkoloniale Theorie zeugt von den ungleichen und ungleichmäßigen Kräften kultureller Repräsentation, die innerhalb der modernen Weltordnung am Kampf um politische und soziale Autorität beteiligt sind." (Bhabha 2000, S. 255)

Kolonisation (ebd., S. 231). Das Präfix ‚post' impliziert nicht nur eine zeitliche, sondern auch eine inhaltliche sowie kritische Ambivalenz. Demzufolge ist der Postkolonialismus chronologisch nicht nur nach dem Kolonialismus einzuordnen – er weist über diesen hinaus (ebd., S. 237/Childs und Williams 1997, S. 3-4). Den Wechsel der Paradigmen in Analogie zur ‚Bewegung der Dekonstruktion-Rekonstruktion' bzw. im dekonstruktivistischen Sinne als ‚doppeltes Einschreiben' gilt für alle ‚posts' gleichermaßen (Hall 1997, S. 239). Eine so verstandene Konzeption von ‚post' richtet sich gegen abrupte und trennscharfe Brüche und deutet stattdessen auf einen Prozess hin, bei dem (kolonial geprägte) Strukturen fortgesetzt und transformiert werden – und dadurch zu etwas neuem oder auch anderem werden (Lossau 2002, S. 60-61).

Fragen der Identität und der Subjektivität sind laut Diana Fuss für marginalisierte Gruppen von Bedeutung, da ihnen der Zugang zu „ego or the cogito" verwehrt wurde, indem sie dem dominanten Diskurs untergeordnet waren (Fuss 1989, S. 96).[134] Es ist jedoch nicht möglich, *die* postkoloniale Konzeption von Identität zu formulieren – ein solches Vorhaben würde einem Grundgedanken dieses Ansatzes, nämlich der Akzentuierung von Pluralität, zuwiderlaufen. Dennoch können die Thesen Halls als Ausgangsbasis für die Diskussion in diesem Abschnitt herangezogen werden, da sich Elemente seiner Konzeption von Identität bei Brah wiederfinden. Hall greift Fragen der Identität in seinen Schriften wiederholt auf und spricht sich dabei mit Nachdruck gegen ein essenzialistisches Verständnis von Identität aus, welches eine kohärente Kernidentität annimmt. Stattdessen plädiert er für eine dekonstruktivistische Konzeption des Begriffs, welche akzeptiert, dass:

„identities are never unified and, in late modern times, increasingly fragmented and fractured; never singular but multiply constructed across different, often intersecting and antagonistic discourses, practices and positions. They are subject to a radical historicization, and are constantly in the process of change and transformation." (Hall 1996, S. 4)

Diesem Ansatz ist inhärent, dass Identitäten stets in Diskursen oder auch innerhalb der Repräsentation und in dialogischer Beziehung zu anderen konstruiert werden. Für Hall ist es undenkbar, dass das Individuum existiert und erst dann die Sprache folgt, in der es sich beschreibt. Somit ist Identität „eine Erzählung vom Selbst (*narrative*); sie ist die Geschichte (*story*), die wir uns vom Selbst erzählen, um zu erfahren, wer wir sind." (Hall 1999, S. 94) Von Bedeutung sind damit zum einen die Prozesshaftigkeit, welche zugleich impliziert, dass das ‚Produkt' Identität niemals

---

[134] Nancy Hartsock beschreibt den dominanten Diskurs als „white, male, Eurocentric ruling class, a way of dividing up the world that puts an omnipotent subject at the center and constructs marginal Others as sets of negative qualities." (Hartsock 1987, S. 192)

abgeschlossen ist, sowie zum anderen die historisierende Ebene, die diskursive Entwicklungen und Praktiken produziert. Somit sind Identitäten ein Effekt von Macht (Hall 1990, S. 222/Hall 1996, S. 4).

Welche Annahmen Brah über Identität entwickelt hat und wie diese in Zusammenhang mit politischer Partizipation gebracht werden können, wird nachfolgend erläutert. Hervorzuheben ist, dass in Brahs Ansatz das vernetzte Denken von postkolonialem und feministischem Projekt zentral ist.[135]

Brah lehnt ihre theoretischen Annahmen an die Schriften Foucaults und Althussers[136] an und argumentiert explizit anti-essenzialistisch. Sie wendet sich gegen ein Verständnis von Identität, welches von Kohärenz und Stabilität bestimmt wird; vielmehr begreift sie Identität als eine relationale Vielfalt, die sich fortwährend verändert:

> „Indeed, identity may be understood as the very process by which the multiplicity, contradiction, and instability of subjectivity is signified as having coherence, continuity, stability; as having a core – a continually changing core but the sense of a core nonetheless – that any given moment is enunciated as the 'I'." (Brah 1996, S. 123-124)

In ihrem Ansatz zu Identität thematisiert Brah multiple Zugehörigkeiten und multiple Marginalisierungen; sie verknüpft dabei ihre Annahmen von Identität mit postkolonialen und feministischen Schlüsselbegriffen. In den Vordergrund treten dabei die Konzepte Differenz und Diaspora. Fragen der Differenz nehmen in feministischen und postkolonialen Debatten eine wichtige Position ein, während Diaspora eine zentrale Kategorie des postkolonialen Diskurses darstellt.[137] Im Kontext von Differenz erörtert Brah die Bedeutung von Erfahrung, sozialen Beziehungen und Subjektivität, während sie bei der Diskussion von Diaspora die Kategorien Grenze und Verortung aufgreift.

In Bezug auf Differenz weist Brah auf die Doppeldeutigkeit dieser Kategorie hin. Zum einen impliziert Differenz eine Besonderheit der kollektiven Geschichte, zum anderen eine persönliche Erfahrung, welche als individuelle Biografie firmiert. Obwohl diese beiden Bedeutungen voneinander abhängig sind, gibt es keine direkte Übereinstimmung zwischen kollektiver Erfahrung und persönlicher Biografie.

---

[135] Beispielsweise untersucht Brah in ihrer bekanntesten Publikation *Cartographies of Diaspora* (1996) die Situation von asiatischen Frauen in Bezug auf ihre Einbindung in den Arbeitsmarkt Großbritanniens sowie ihre gesellschaftliche Stellung.

[136] Wie auch Butler greift Brah Althussers Konzeption der Anrufung auf, deren Stärke sie darin sieht, dass der Beziehung zwischen dem Sozialen und dem Psychischen bei der Herstellung von Subjekten der Klasse Rechnung getragen wird (Brah 2000, S. 275).

[137] Wie Differenz konstruiert wird, ist jedoch nicht nur für feministische Debatten wesentlich, sondern auch für Diskurse über Nation, Nationalismus, Rassismus und Ethnizität (Brah 1996, S. 15).

Kollektive Erfahrung ist nicht die Summe der individuellen Erfahrungen, ebenso wenig wie persönliche Erfahrung ein direkter Ausdruck der kollektiven ist (ebd., S. 89). In der Verbindung von Differenz und Erfahrung wird erneut die Nähe zum feministischen Projekt deutlich, denn dort ist Erfahrung ebenfalls ein Schlüsselbegriff.[138] Das Konzept der Differenz beinhaltet die Vorstellung, dass Erfahrung keine vorgegebene Realität reflektiert, sondern selbst ein kulturelles Konstrukt ist. Erfahrung wird als ein Prozess der Bedeutungszuweisung verstanden, der die Bedingung für die Konstitution dessen ist, was als Realität bezeichnet wird. Demgegenüber steht die Konzeption von Erfahrung als Ort der Subjektbildung (subject formation). Dabei werden Werte und Normen in Frage gestellt, die Dominanz und Ungleichheit dadurch legitimieren können, dass sie bestehende Differenzen naturalisieren.[139] „Attention to this point reveals experience as a site of contestation: a discursive space where different *and* differential subject positions and subjectivities are inscribed, reiterated, or repudiated." (ebd., S. 116) Ein Verständnis von Erfahrung und Subjektbildung als Prozess impliziert für Brah die Reformulierung der Frage nach Handlungsfähigkeit. Es verschwinden weder das ‚Ich' noch das ‚Wir' als Handelnde, dafür jedoch die Annahme, dass diese Kategorien kohärente und stabile Einheiten seien: „ ... but what does disappear is the notion that these categories are unified, fixed, already existing entities rather than modalities of multi-locationality continuously marked by everyday cultural and political practices" (ebd., S. 117). Hinter der Verbindung von Differenz mit sozialer Beziehung verbirgt sich der Gedanke, dass Differenz durch multiple ökonomische, politische und ideologische Diskurse und Praktiken konstruiert und organisiert wird. Die Repräsentation und Konstruktion von *gender* erfolgt nach Ansicht Brahs auf verschiedene Weise; dabei spielt die jeweilige Verortung in dem Geflecht globaler Machtbeziehungen eine entscheidende Rolle. Bei diesem Geflecht wirkt eine Vielzahl ökonomischer, politischer und ideologischer Prozesse auf die Individuen ein. In diesen sozialen Bedingungen existieren Frauen als differenzierte Kategorien (*differentiated categories*), wie beispielsweise ‚Frauen der Arbeiterklasse' oder ‚migrierte Frauen'. Jede dieser Beschreibungen weist auf eine Zuordnung der sozialen Bedingung hin; Differenz bedeutet hierbei einen Unterschied zwischen den sozialen Umständen. Das so verstandene Konzept der Differenz wird dann mobilisiert, wenn die historischen Genealogien der kollektiven Erfahrungen einer Gruppe thematisiert werden. Differenz und soziale Beziehung unterstreichen die historisch variable Artikulation von

---

[138] Brah weist darauf hin, dass Frauenbewegungen danach strebten, den persönlichen Erfahrungen von Frauen in Bezug auf die sozialen und psychischen Kräfte, die das ‚Weibliche' der ‚Frau' bedingen, eine kollektive Stimme zu verleihen (ebd., S. 115).

[139] Zur Erläuterung gibt Brah einige Beispiele; so fragt sie beispielsweise, wie mit dem Rassismus einer Feministin umgegangen werden sollte oder mit der Homophobie einer Person, die rassistischen Anfeindungen ausgesetzt ist (ebd., S. 116).

Makro- und Mikrobezügen von Macht, in welchen Differenzierungsmodi wie *gender*, Klasse oder ‚Rasse' im Sinne von strukturierten Formationen implementiert werden (ebd., S. 102-103, 117-118). Ist z.b. von pakistanischen Frauen in Großbritannien die Rede, wird zum einen Bezug auf die sozialen Beziehungen des geschlechtsspezifischen Postkolonialismus in Großbritannien genommen, zum anderen erfolgt eine Aussage über die alltägliche Erfahrung, die Frauen mit dem Postkolonialismus machen, obwohl unklar ist, wie sie diese individuell wahrnehmen. In beiden Fällen hat die Frage Priorität, wie Differenz definiert wird.[140] Die Idee der Differenz als soziale Beziehung hinterfragt die Privilegierung des Strukturellen als Entstehungsort sozialer Bildungen und plädiert für eine Perspektive, die verschiedene Elemente ins Spiel bringt (ebd., S. 119).

Brah argumentiert, dass Subjekte keine starren Verkörperungen von Kulturen sind. Da alle Kulturen differenziert und niemals statisch sind, wird die Subjektivität der Individuen durch heterogene diskursive Praktiken geformt. In einem einzigen kulturellen Kontext entsteht eine Vielzahl von Subjektpositionen, welche die Möglichkeit des politischen Wandels eröffnen.[141] Die Bildung von Subjektivität in diskursiven Praktiken impliziert eine Existenz sich verändernder Identitäten, welche sich über Beziehungen zwischen ‚Rasse', *gender*, Klasse und Ethnizität verflechten. Inwiefern Individuen mit den Differenzen und über diese hinaus arbeiten, hängt von den politischen und konzeptuellen Rahmenbedingungen ab, die das Verständnis dieser Differenzen bedingen. Nach Ansicht Brahs beeinflussen politische Perspektiven und Zugehörigkeiten die Basis der Bildung von Koalitionen. Durch eine Politik der Identifizierung – und nicht durch eine Politik der Identität – werden solche Koalitionen möglich (ebd., S. 93). Brah spricht sich, wie auch Butler, gegen eine Identitätspolitik aus und somit gegen das Beharren auf kohärenten Identitäten als Basis für politisches Handeln. In einer ‚Politik der Identifikation' sieht sie größeres Potenzial für politische Teilhabe: „I believe that coalitions are possible through a politics of identification, as opposed to a 'politics of identity'." (ebd.) Ihr Ansatz wird anhand des Beispiels ‚Wohngegend' deutlicher. Das erste Gefühl der Gemeinschaft wird laut Brah innerhalb der Nachbarschaft entwickelt. Weitere Zugehörigkeiten zu imaginären Gemeinschaften (*imagined communities*) kommen

---

[140] Zur Verdeutlichung wirft Brah eine Reihe von Fragen auf: Fungieren Wahrnehmungen der Differenz als Mittel zur Bestätigung der Verschiedenheit oder als Mechanismus für exklusive und diskriminierende Praktiken? Legitimieren Diskurse der Differenz eine progressive oder regressive Politik und Praxis? Inwiefern sind verschiedene Kategorien von Frauen in derartigen Diskursen repräsentiert? Wie reagieren Frauen auf diese Repräsentationen? (ebd., S. 119)
[141] Brah merkt zudem an, dass bei der Infragestellung der Hegemonie beispielsweise von Rassismus wesentlich ist, die Wirkpotenziale der Macht richtig zu deuten. Das bedeutet, dass die Analyse der Macht, welche weiße Subjektivität kennzeichnet, dann zu einem wesentlichen Element wird, wenn nicht-weiße Personen von Rassismus betroffen sind (ebd., S. 93).

schnell hinzu. Dieser Terminus impliziert, dass kein persönliches Treffen mit allen Personen dieser Gruppen zustande kommt. Dennoch lernen die Individuen, sich mit den Gruppen, ihren jeweiligen Erfahrungen und Kämpfen zu identifizieren. Die Prozesse der politischen Identifikation führen, so folgert Brah, vielmehr dazu „not [to] erase the diversity of human experience; rather they enable us to appreciate the 'particular' within the 'universal', and the 'universal' within the 'particular'." (ebd.) Effektivität und Bedeutung erlangt die Politik der Identifikation dadurch, dass sie mit dem Verständnis von der materiellen und ideologischen Basis der Unterdrückung in ihren globalen Manifestationen verbunden ist. Brah sieht demnach eine Verbindung von Identifikation und politischer Partizipation – kollektive politische Handlungen sind für sie dadurch möglich, dass sich Individuen mit einer Gemeinschaft identifizieren. Individuen verfügen ihrer Ansicht nach nicht über eine gemeinsame Identität, sondern identifizieren sich aufgrund ihrer spezifischen Erfahrungen mit anderen einer Gruppe, die auf einen ähnlichen Erfahrungsschatz zurückgreifen.

Fragen der Differenz sind bei der Diskussion um Subjektivität von zentraler Bedeutung. Nach Brahs Ansicht kreisen viele kritische Stimmen um das humanistische Konzept des Subjekts „as a unified, unitary, rational and rationalist 'point of origin'; as centred in consciousness; and, in terms of the idea of the universal 'Man' as the embodiment of an ahistorical essence" (ebd., S. 119). Beispielsweise haben poststrukturalistische, feministische, anti-kolonialistische und anti-rassistische Ansätze in je spezifischer Weise und zumeist unabhängig voneinander die universalistische Annahme einer großen Erzählung kritisiert, welche EuropäerInnen ins Zentrum rückt. In Anbetracht verschiedener und teilweise disparater Ansätze zur Untersuchung von Subjektivität plädiert Brah für die Entwicklung konzeptueller Analyserahmen, die in Gänze den Punkt erfassen können, an dem die Prozesse der Bildung der Subjektivität sozial und subjektiv zugleich sind (ebd., S. 123).

Das Konzept der Diaspora sollte nach Ansicht Brahs im Sinne Foucaults als historisch kontingente Genealogie verstanden werden, also als ein Zusammenspiel von investigativen Technologien „that historicise trajectories of different diasporas, and analyse their relationality across fields of social relations, subjectivity and identity" (ebd., S. 180). Als eine Beschreibung distinkter historischer Erfahrungen repräsentiert Diaspora eine heterogene Kategorie, welche sich entlang der Parameter Klasse, *gender* usw. differenziert. Brah plädiert für eine Einbindung der Konzeption von Diaspora in ein multi-perspektivisches Verständnis von Macht, welches die Problematik von Minderheit und Mehrheit berücksichtigt. Eine multi-perspektivisch performative Konzeption von Macht betont die Umstände, unter denen eine Gruppe als Minderheit konstruiert wird, während sie unter anderen Umständen als Mehrheit firmiert. Das bedeutet, dass Minderheiten nicht mehr ausschließlich in Relation zu Mehrheiten gesetzt werden können, sondern ebenso in Relation zu anderen Minderheiten (ebd., S. 189-190). Im Kontext der vorliegenden Arbeit bedeutet dies, dass weibliche Abgeordnete im britischen Unterhaus als Minderheit angesehen werden, die teilweise ähnliche Marginalisierungen erfahren wie farbige Abgeordnete.

Wie deutlich wurde, ist Identität für Brah eine relationale Vielfalt und befindet sich in einem fortwährenden Prozess der Veränderung. Brah thematisiert im Kontext von Identität weitere Konzepte, die sowohl für den Postkolonialismus als auch den Feminismus von zentraler Bedeutung sind. So thematisiert Brah ,Erfahrung' als ein kulturelles Konstrukt und als einen Prozess der Bedeutungszuweisung. Die Prozesshaftigkeit von Erfahrung und Subjektbildung fordern heraus, dass die Frage nach der Handlungsfähigkeit neu gestellt wird. Für Brah impliziert dies nicht, dass die Agierenden als Individuen oder als Kollektiv aufgelöst werden; vielmehr erfolgt eine Loslösung von der Vorstellung, dass diese Kategorien stabile Einheiten sind. Der Schlüsselbegriff der ,sozialen Beziehung' beinhaltet für Brah, dass Differenz durch unterschiedliche Diskurse, wie z.B. ökonomische, politische und ideologische, beeinflusst wird. Frauen sind somit keine kohärente Gruppe, sondern konstituieren differenzierte Kategorien, die durch ihre jeweiligen Beschreibungen auf eine soziale Bedingung verweisen. Dadurch verwischt Brah auch die Exklusionslinien, welche die politische Allianzbildung beeinflussen, denn sie thematisiert multiple Zugehörigkeit und multiple Marginalisierung. Für sie werden politische Allianzen dadurch möglich, dass politische Perspektiven und Zugehörigkeiten Einfluss auf die Subjekte nehmen. Identifizieren sich diese mit anderen, ist kollektives Handeln möglich. Kollektives politisches Handeln entsteht somit nicht durch Identitätspolitik, sondern durch eine Politik der Identifikation. Brah spricht damit einen Aspekt an, der für die vorliegende Arbeit von Interesse ist, denn sie thematisiert explizit multiple Zugehörigkeiten, die zu Interessenskonflikten führen können, aber nicht müssen. In Bezug auf die Gruppe der *Labour*-Frauen impliziert dies, dass beispielsweise die Zugehörigkeit zu unterschiedlichen Klassen Einfluss auf die Frauen nimmt. So identifizieren sich manche aufgrund ihrer Zugehörigkeit eher mit Männern der Arbeiterklasse als mit feministischen *Labour*-Frauen der Mittelklasse.

Die Brahsche Verknüpfung von Identität mit Differenz und Diaspora unterstreicht ihre Konzeption von Identität als Machteffekt. Für Brah ist Identität keine Voraussetzung für politische Partizipation, sondern Identität ist vielmehr deren historisches Produkt. Im Konzept Brahs ist politische Partizipation eine individualistische Handlung; kollektives Handeln ist für sie jedoch ebenso möglich. Identität und politische Partizipation bestehen aus einer Wechselseitigkeit, d.h. schwarze emigrierte Frauen politisieren sich Brahs Meinung nach aufgrund ihrer spezifischen Identität und den dazu gehörigen Zuschreibungen. Politische Mobilisierung führt auch zu einer Veränderung von Identität. Handlungsfähigkeit entsteht durch diskursive Bildung von Subjektivität und Erfahrung, welche nicht die Individuen als Handelnde dekonstruiert, sondern die Annahme, diese seien eine kohärente Einheit.

4.5 Identität – eine relevante Kategorie bei der Analyse politischer Partizipation

In diesem Kapitel wurden verschiedene Ansätze diskutiert, die sich für eine Erörterung des Verhältnisses von Identität und politischer Partizipation aus unterschiedlichen Gründen gut eignen. Der abschließende Abschnitt wird die Vielfältigkeit der zuvor diskutierten Ansätze nutzen und wird aufgrund der großen Disparität keine übergreifende Arbeitsdefinition des Verhältnisses von Identität und politischer Partizipation entwickeln. Anstatt sich für die Präferenz eines Identitätskonzepts auszusprechen, wird die Gegenüberstellung teilweise sehr heterogener Ideen vielmehr als Chance begriffen, sich dem Thema Identität und politische Partizipation offen anzunähern. Die Pluralität der vorgestellten Identitätskonzepte ermöglicht die Entwicklung eines Katalogs von Themenkomplexen und Fragen für die Analyse der Interviews mit britischen Abgeordneten. Dabei stehen die verschiedenen Konzeptionen des Zusammenhangs von Identität und politischer Partizipation im Zentrum. Eriksons Verständnis von Identitätsgenese im Kontext gesellschaftlicher Prozesse lässt den Schluss zu, dass er politische Partizipation als identitätsbildend begreife. Tajfel und Turner sehen politische Partizipation mit der sozialen Identität eines Individuums verbunden, die sich aus dem Wissen um die Mitgliedschaft in sozialen Gruppen speist sowie aus dem Wert und der emotionalen Bedeutung, mit denen diese Mitgliedschaft besetzt ist. Für Benhabib ist Identität die Fähigkeit der Sinngebung, welche die psychodynamische Kompetenz des Wiedererzählens, des Erinnerns und Umgestaltens impliziert. Für sie bedarf politische Partizipation einer gemeinsamen Basis und kollektiver Ziele und ist eng mit autonomem Denken und einer kohärenten Identität verknüpft. Diese drei Ansätze sehen Gesellschaft als Rahmenbedingung für Identitätsbildung und eine dadurch ermöglichte politische Partizipation.

Butler und Brah erachten bestimmte gesellschaftliche Diskurse als politisch differenzierte Bedingung der Subjektivierung. Langenohl argumentiert, dass die bereits von Erikson angedeutete Perspektive auf die Beziehung zwischen Gesellschaft und Identität durch Butler (und somit auch durch Brah, Anm. d. Verf.) eine Radikalisierung erfährt, „indem Identität selbst als eine Unterwerfungskategorie konzipiert wird" (Langenohl 2000, S. 81). Für Butler ist Identität der Effekt eines regelgebundenen Diskurses; Handlungsfähigkeit bezieht das Subjekt von der Macht, gegen die es sich wendet. Es ist weder von dieser voll determiniert, noch kann es Macht vollständig determinieren. Brah konzipiert Identität als relationale Vielfalt, die sich fortwährend verändert. Identität ist keine Voraussetzung von politischer Partizipation, sondern deren historisches Produkt.

Es wurde deutlich, dass im dekonstruktivistischen Diskurs ein Bruch mit der Vorstellung vollzogen wird, es gebe stabile und gesicherte Identitäten.[142] Die Idee der Konstruierbarkeit von Identität ist jedoch kein Novum der Postmoderne, sondern vielmehr Grundgedanke der gesellschaftlichen Moderne (Keupp et al. 2002, S. 71). Konzepte wie Kohärenz, Kontinuität, Einheit und Entwicklungslogik wurden vom dekonstruktivistischen Diskurs in Frage gestellt und ihnen wurden Kontingenz, Diskontinuität, Fragmentierung und Reflexivität entgegengesetzt. Identität wird somit auch nicht mehr als fester innerer Kern konzipiert, sondern vielmehr als Prozesshaftigkeit „beständiger alltäglicher Identitätsarbeit" (ebd., S. 30). Wie Langenohl treffend konstatiert, weisen Rekonzeptualisierungen von Identität allesamt die Idee eines Handlungselementes auf, das dynamisch und gesellschaftlich nicht kontrollierbar ist und nur dadurch sichtbar wird, weil kein essenzialistischer Identitätsbegriff verwendet wird. Somit ist „Identität nicht als allem Handeln vorgängig, sondern als *Handlungsform*" eine Option zur Einflussnahme auf die eigene Biografie (ebd., S. 82). Vorwürfe, konstruktivistische Ansätze propagierten den ‚Tod des Subjekts', sind nicht haltbar. Diese Ansätze dekonstruieren die Kategorien Subjekt und Identität und bieten eine neue Lesart an, halten sie somit aufrecht. Subjekt und Identität sind in diesen Rekonzeptualisierungen hybrid, temporär und diskursiv konstruiert. Sie entstehen in einem fortwährenden Prozess der Differenzierung und Identifikation (Hall 1999, S. 91/Lossau 2002, S. 53). Zu Recht merkt Hall an, dass das Konzept der Identität neu gedacht werden muss:

> „Das Subjekt, das vorher so erfahren wurde, als ob es eine einheitliche und stabile I-
> dentität hätte, ist nun im Begriff, fragmentiert zu werden. Es ist nicht aus einer einzi-
> gen, sondern aus mehreren, sich manchmal widersprechenden Identitäten zusammen-
> gesetzt. ... Dadurch entsteht das postmoderne Subjekt, das ohne eine gesicherte, we-
> sentliche oder anhaltende Identität konzipiert ist. Identität wird ein ‚bewegliches
> Fest'. Sie wird im Verhältnis zu den verschiedenen Arten, in denen wir den kulturel-
> len Systemen, die uns umgeben, repräsentiert oder angerufen werden, kontinuierlich
> gebildet und verändert." (Hall in Keupp et al. 2002, S. 54-55)

Subjekte haben somit keine einheitliche und stabile Identität, sondern sind fragmentiert und bestehen aus mehreren, sich teilweise widersprechenden Identitäten. Der traditionelle Kohärenzbegriff suggeriert eine innere Einheit und auch Stabilität, die beide nicht haltbar sind. Es wäre demnach angebracht, den Begriff der Kohä-

---

[142] Hall vertritt die Ansicht, dass der Postmoderne unterstellt wird, dass „jede gesicherte und essenzialistische Konzeption der Identität, die seit der Aufklärung den Kern oder das Wesen unseres
Seins zu definieren und zu begründen hatte, der Vergangenheit angehört" (Hall in Keupp et al.
2002, S. 30).

renz neu zu überdenken. Wie bereits erwähnt, geht es nicht um die Propagierung des ‚Todes des Subjekts', sondern um eine Rekonzeptualisierung des Identitätskonzepts. Kohärenz kann somit auch als eine offene Struktur gedacht werden, „in der – zumindest in der Wahrnehmung anderer – Kontingenz, Diffusion im Sinne der Verweigerung von Commitment, Offenhalten von Optionen eine idiosynkratische Anarchie und die Verknüpfung scheinbar widersprüchlicher Fragmente sein dürfen" (ebd., S. 245). Eine Auflösung des Kohärenzgedankens findet sich nicht nur bei den dekonstruktivistischen Ansätzen, sondern auch in Benhabibs Konzeption der narrativen Identität und bereits in Tajfel und Turners Vorstellung, dass Individuen verschiedenen sozialen Gruppen angehören, welche sowohl positive als auch negative Implikationen für das Selbstkonzept haben. Die Überlegungen in diesem Kapitel verdeutlichen, dass Identität nicht statisch gedacht werden sollte, sondern vielmehr als fortschreitender Prozess einer Lebensgestaltung, der sich fortwährend neu konstruiert.

Nachfolgend wird anhand der explizierten Ansätze eine Reihe von Themenkomplexen und Fragen für die empirische Untersuchung der Gründe für politische Partizipation bei britischen Politikerinnen generiert. Bei der Diskussion der divergierenden Identitätskonzepte ist eine Doppeldeutigkeit der Identitätskategorien festzustellen, die für die nachfolgende Analyse von Bedeutung ist. Erikson, Tajfel, Turner und Benhabib lassen sich so interpretieren, dass sie deskriptive Kategorien zur Untersuchung von Identität entwickeln. Sie – und im Besonderen Erikson – beschäftigen sich damit, welche Rolle gesellschaftliche Normen spielen und welche Auswirkungen diese auf das Individuum und dessen Identitätsbildung haben. Bei der Analyse gesellschaftlicher Prozesse geht es, anders ausgedrückt, um eine deskriptive Ebene der Betrachtung. Die dekonstruktivistischen Theoretikerinnen würden hingegen eher postulieren, dass Identität eine durch Machtverhältnisse beeinflussbare Kategorie sei. Nach diesem Verständnis wird Identität durch politische Partizipation gebildet oder beeinflussen sich diese Kategorien wechselseitig. Die Frage, die sich in diesem Kontext stellt, ist, inwieweit sich Subjekte Identität aneignen. Die Wechselseitigkeit und die Infragestellung stabiler Entitäten kann als reflexive Ebene der Betrachtung interpretiert werden. Diese beiden Analysedimensionen, d.h. die deskriptive und die reflexive, ermöglichen, dass mit einer doppelten Perspektive auf das Datenmaterial geblickt werden kann; es erfolgt auf diese Weise eine Analyse der deskriptiven und der reflexiven Ebene. Bei der deskriptiven Ebene liegt das Augenmerk auf den Inhalten der Aussagen, die Interviewpartnerinnen werden beim Wort genommen. Durch das Hinzuziehen der reflexiven Ebene soll die Analyse erweitert werden, denn sie impliziert eine Interpretation des Gesagten und sucht nach Widersprüchen und Brüchen in den Darstellungen sowie nach Informationen, die sich ‚zwischen den Zeilen' finden lassen.

Im nächsten Schritt sollen die in diesem Kapitel gewonnenen theoretischen Erkenntnisse für eine methodische Konzeption umgesetzt werden. Es lassen sich, ausgehend von den Diskussionen der theoretischen Ansätze, Annahmen formulieren, die für die Methodik dieser Arbeit von Bedeutung sind. Durch die beiden Gruppen von Identitätskonzepten entsteht bei allen nachfolgenden Themenkomplexen die beschriebene doppelte Perspektive – es geht dabei sowohl um biografische Fakten als auch um eine reflexive Ebene. Welche Erfahrungen werden von den Befragten berichtet? Wie reflektieren Individuen diese Erfahrungen? Die doppelte Perspektive beinhaltet die Möglichkeit, Widersprüche offen zu legen, d.h. dass Individuen von bestimmten Erfahrungen erzählen oder sich inhaltlich zu einem Themenkomplex positionieren, aber dennoch Selbstbilder von sich haben oder Meinungen zum Ausdruck bringen können, die den berichteten Erfahrungen und Meinungen nicht entsprechen. Wie nachfolgend dargestellt wird, können aus den diskutierten Ansätzen fünf verschiedene Themenkomplexe extrahiert werden, die mehr oder minder deutlich eine doppelte Perspektive aufweisen, d.h. sowohl eine biografische als auch eine reflexive Ebene haben.

Ein zentraler Themenkomplex, der aus den theoretischen Ausführungen zum Verhältnis von Identität und politischer Partizipation resultiert, ist die Frage nach den **‚Formen der Partizipation'**: Kann von einem kollektiven oder individualisierten Modell ausgegangen werden? Während Erikson und Benhabib Partizipation als kollektive Handlungsform auffassen, sind bei Tajfel und Turner sowohl individualisierte als auch kollektive Partizipationsformen möglich. Für die dekonstruktivistischen TheoretikerInnen ist Partizipation eine subjektreflexive Form der Handlung. Aus diesen divergierenden Polen lassen sich mehrere Fragen ableiten: Ist die Unterscheidung zwischen individualistischen und kollektiven Formen der politischen Partizipation bei den britischen Politikerinnen wiederzufinden? Verstehen sich die Frauen eher als Einzelkämpferin oder nehmen sie sich als Teil einer Gruppe wahr? **‚Gesellschaftliche Normen und die Zugehörigkeit zu sozialen Gruppen'** spielen ebenfalls in mehreren der diskutierten Konzeptionen eine wichtige Rolle. Bei Erikson besteht eine enge Bindung zwischen Identitätsgenese und sozialer Umwelt. Identität ist eine wechselseitige Beziehung; die Teilhabe an den Idealen einer Gruppe ist hierbei von großer Bedeutung. Zudem geht Erikson davon aus, dass Individuen bestrebt sind, gesellschaftliche Normen und Ideale mit der eigenen Rolle zu verknüpfen. Ein relevanter Aspekt bei Tajfel und Turner ist, dass ein Individuum mehreren sozialen Gruppen angehört und diese Mitgliedschaften sowohl negative als auch positive Implikationen für das jeweilige Selbstkonzept haben. Diese Annahmen können auf Sozialisations- und Politisierungsprozesse übertragen werden. Welche Rolle nehmen im Politisierungsprozess das Elternhaus, der Freundeskreis bzw. das soziale Umfeld ein? Welche Rolle wurde den Eltern/dem Freundeskreis von den Befragten zugeschrieben? Werden politische Meinungen von diesen Personengruppen übernommen, oder findet die eigene Positionierung in Abgrenzung dazu statt?

Die Beschäftigung mit der Zugehörigkeit zu sozialen Gruppen führt zum Themenkomplex der ‚**Identifikation**‘. Tajfel und Turner haben sich mit dieser Fragestellung auseinander gesetzt. Für sie gibt es keine stabilen Gruppenidentifikationen; ein Individuum partizipiert nicht ausschließlich in einer spezifischen Gruppe, sondern macht sein Handeln von verschiedenen Faktoren abhängig. Diese bedingen die Situationen, in denen ein Individuum sowohl kollektiv als auch individuell mit anderen Gruppen und deren Mitgliedern auf der Basis ihrer Gruppenidentifikation interagieren wird. Benhabib nähert sich dem Thema auf eine andere Weise: Sie plädiert für die Identifikation mit einem Kollektiv, spricht sich aber gegen Identitätspolitik aus. Politische Partizipation ist für sie an ein kollektives Ziel gekoppelt, das aus der Zugehörigkeit zu einer sozialen Gruppe resultiert. Auch Butler wendet sich gegen Identitätspolitik bzw. Repräsentationspolitik. Ihrer Ansicht nach muss feministische Politik keine universale Grundlage haben, die in einer Identität liegt, welche losgelöst von verschiedenen Kulturen existiert. Das bedeutet nicht, dass sich Butler gegen die Kategorie ‚Frau‘ ausspricht. Vielmehr plädiert sie für ein differenziertes Verständnis dieser Kategorie und sieht darin eine Etablierung der Bedingungen für einen erweiterten Sinn von Handlungsfähigkeit. Brah thematisiert in ihrem Konzept multiple Zugehörigkeiten und multiple Marginalisierungen. Ihrem Verständnis nach beeinflussen politische Perspektiven und Zugehörigkeiten die Bildung von Koalitionen. Auch bei Brah finden sich eine Ablehnung der Identitätspolitik und die Präferierung einer Politik der Identifizierung. Brah charakterisiert das Verhältnis von Identität und politischer Partizipation als Wechselseitigkeit; Politisierung erfolgt aufgrund einer spezifischen Identität, welche wiederum durch die politische Mobilisierung verändert wird. Die Beschäftigung mit dem Aspekt der Identifikation wirft eine Reihe von Fragen auf: Nehmen sich die weiblichen Abgeordneten als Repräsentantinnen der Belange von Frauen wahr? Gibt es ein Gruppenbewusstsein der weiblichen Abgeordneten im Parlament, bilden sie Koalitionen? Empfinden sich die Politikerinnen als Teil einer marginalisierten Gruppe und welche Rolle spielt Identität überhaupt in der Selbstbeschreibung? Falls sie sich als Teil einer marginalisierten Gruppe wahrnehmen, welche Schlüsse ziehen sie daraus?

Von der Frage nach der Gruppenidentifikation kann zu dem Themenkomplex der ‚**weiblichen Identität**‘ übergeleitet werden. Erikson selbst hat sich zwar nicht damit befasst, da er sein Konzept an einem männlichen Ideal ausgerichtet hat; seine Kritikerin Gilligan argumentiert jedoch, dass zwischen männlicher und weiblicher Identität und Moral unterschieden werden muss. Ihrer Ansicht nach haben Frauen einen anderen Moralbegriff als Männer, der durch Sensibilität und Bereitschaft zur Übernahme von Verantwortung charakterisiert ist. Auch bei Benhabib findet sich die Idee einer weiblichen Identität, die sie als Voraussetzung und regulatives Ideal der Handlungsfähigkeit erachtet. Von diesen Annahmen lassen sich wiederum die nachfolgenden Fragen ableiten: Inwiefern spielt eine (weibliche) Identität eine Rolle, ob sich Frauen zur politischen Partizipation befähigt fühlen bzw. nicht befähigt fühlen? Nehmen die Politikerinnen einen weiblichen Politikstil wahr?

In einem abschließenden Themenkomplex wird die Problematik der ‚**Minderheits- und Mehrheitsverhältnisse**' erörtert. Die Ausführungen dazu finden sich vor allem bei Brah. In ihrer Konzeption von Diaspora spricht sie sich für ein multiperspektivisches Verständnis von Macht aus, welches die Problematik von Minderheit und Mehrheit berücksichtigt. Die britischen Politikerinnen befinden sich nicht in einer Diaspora, aber ihre Position als Minderheit in einem mehrheitlich von Männern dominierten Kontext lässt Analogien zu,[143] denn Frauen müssen sich im Parlament neu orientieren und werden mit Marginalisierungen konfrontiert. Daraus resultierende Fragen sind eng mit den vorherigen Themenkomplexen verknüpft. Wie nehmen die weiblichen Abgeordneten ihr politisches Umfeld wahr – empfinden sie Frauen als Minderheit, die von der Mehrheit dominiert und behindert wird? Wie sehen sie ihre Situation in der Partei und im Parlament? Leiten sie aus ihrer persönlichen Situation strukturelle Schwierigkeiten ab?

Dieses Kapitel zielte darauf ab, verschiedene Blickwinkel auf das Verhältnis von Identität und politischer Partizipation darzustellen und für die weitere Analyse fruchtbar zu machen. Es sollten zwei Aspekte deutlich geworden sein: Zum einen kann festgehalten werden, dass die Kategorie Identität bei der Auseinandersetzung mit politischer Partizipation eine differenzierte Analyse der Situation von Frauen in der Politik ermöglicht. Zum anderen hat die theoretische Diskussion der divergierenden Ansätze zu der Entwicklung eines Fragenkatalogs geführt, der im nächsten Kapitel in die Konstituierung methodischer Annahmen mündet. Die Beantwortung der in diesem Abschnitt generierten Fragen erfolgt im anschließenden Kapitel anhand der Interviews mit britischen Politikerinnen. Das Kapitel bietet somit sowohl eine theoretische als auch eine methodische Rechtfertigung für die Berücksichtigung von Identität.

---

[143] Frauen sind im britischen Unterhaus nicht die einzige Gruppe, die in der Minderheit ist – Marginalisierung sind auch entlang anderer Kategorisierungen anzutreffen, wie beispielsweise in Bezug auf die ethnische Herkunft und die Zugehörigkeit zu einer unterprivilegierten gesellschaftlichen Schicht.

5. Identität und politische Partizipation: eine empirische Annäherung

Die Argumentation in Kapitel 3 hat verdeutlicht, dass bei der Analyse der politischen Partizipation von Frauen eine Diskussion der ‚gängigen' Determinanten, also der sozialstrukturellen und institutionellen Faktoren sowie der politischen Kultur, zu kurz greift. In dieser Arbeit wird dafür plädiert, die individuelle Ebene der Politikerinnen stärker in die Analyse einzubeziehen und deshalb die Kategorie Identität in das Erklärungsmodell aufzunehmen. In Kapitel 4 erfolgte eine theoretische Auseinandersetzung mit dem Verhältnis von Identität und politischer Partizipation, und es wurde dargelegt, wie dieses aus dem Blickwinkel unterschiedlicher TheoretikerInnen gesehen werden kann. Dabei wurde deutlich, dass die Kategorie Identität für die Auseinandersetzung mit politischer Partizipation von Bedeutung ist und eine differenzierte Analyse der Gründe für politische Partizipation oder deren Ausbleiben ermöglicht. Die Diskussion der unterschiedlichen identitätstheoretischen Ansätze mündete am Ende des 4. Kapitels in der Formulierung eines Kategorien- und Fragenkatalogs, welcher in diesem Kapitel in die methodische Konzeption einfließt.[144] Im Zentrum der empirischen Untersuchung stehen Interviews mit Politikerinnen der *Labour Party*, die allesamt Abgeordnete des *House of Commons* sind. Anhand dieser Interviews wird überprüft, inwiefern die zuvor angestellten Überlegungen zum Verhältnis von Identität und politischer Partizipation greifen, d.h. inwiefern die Kategorie Identität bei der politischen Partizipation tatsächlich eine Rolle spielt. Die Analyse der Interviews mündet in die Bildung von Typen, welche das jeweilige Verhältnis widerspiegeln, d.h. diese Typen geben Aufschluss darüber, welche Rolle der Kategorie Identität bei der politischen Teilhabe von Frauen zukommen kann. Als zusätzliche Informationsquelle und zur Überprüfung der gebildeten Typen wurden außerdem solche Frauen schriftlich befragt, die zunächst im Rahmen der *Labour Party* eine politische Karriere in Westminster anstrebten, sich dann aber für einen Abbruch dieses Weges entschieden. Die Vermutung lag nahe, dass in den Schilderungen dieser Frauen weitere Informationen über den Zusammenhang von Identität und politischer Partizipation zu finden seien.

Auf den folgenden Seiten wird zunächst das methodische Vorgehen erläutert, d.h. es wird dargelegt, welcher methodische Ansatz der Untersuchung zugrunde liegt und welche Verfahren bei der Auswahl der Befragten, der Datenerhebung

---

[144] Diese methodischen Überlegungen kommen vor allem bei der Auswertung der erhobenen Daten zum Tragen und werden im Abschnitt 5.1.4 näher erläutert.

sowie deren Auswertung angewendet wurden. Anschließend werden die Ergebnisse der Inhaltsanalyse der Interviews in Form einer Querschnittsanalyse sowie der Charakterisierung der gebildeten Typen präsentiert.

5.1 Zum methodischen Vorgehen

5.1.1 Methodischer Ansatz

Aufgrund der angestrebten Analyse von Identität im Kontext der politischen Partizipation liegt die Anwendung qualitativer Verfahren nahe. Die Versendung standardisierter Fragebögen schien wenig sinnvoll, denn die Studie zielt darauf ab, die latenten Sinn- und Handlungsstrukturen aufzudecken, die dem Denken und Handeln der Frauen zugrunde liegen, und diese sind mit qualitativen Verfahren besser zu eruieren. Hierfür wurden Interviews mit weiblichen Abgeordneten des britischen Unterhauses durchgeführt. Als zusätzliche Informationsquelle diente eine schriftliche Befragung mit Frauen, die zunächst für das *House of Commons* kandidierten, sich dann jedoch dagegen entschieden.

In Anlehnung an Forschungsarbeiten von Christel Hopf et al. lässt sich das Vorgehen der vorliegenden Studie als theorie-orientierte qualitative Forschung einordnen. Dies erfolgt in Abgrenzung zu Methodentexten, in denen die Meinung vertreten wird, „dass im Vorhinein formulierte Hypothesen die Unvoreingenommenheit und Aufmerksamkeit bei der Erhebung und Interpretation der eigenen Daten einschränken und das Prinzip ‚theoretische Offenheit' verletzen" (Hopf et al. 1995, S. 23). Hopf et al. gehen jedoch davon aus, dass der explizite Bezug auf Theorien nicht automatisch zu einer Verengung des eigenen Blickes führt. Hypothesen bieten vielmehr zum einen die Option, das Forschungsfeld gezielter, aufmerksamer und genauer zu untersuchen, und zum anderen die Möglichkeit, eine spezifischere Auswahl der Erhebungsinstrumente zu treffen. In dieser Studie werden Hypothesen aufgestellt und keine bereits bestehenden Konzepte überprüft: Ziel des methodischen Vorgehens ist es, die Hypothesen, die auf der Auseinandersetzung mit identitätstheoretischen Konzepten beruhen, anhand der Interviews zu überprüfen, zu präzisieren und weiterzuentwickeln.[145]

Eine qualitative Untersuchung kann sowohl deduktiv als auch induktiv konzipiert sein. Eine streng induktive Vorgehensweise zeichnet sich dadurch aus, dass sie ohne Prädetermination durch die Forschende/den Forschenden geschieht und auf Basis der Einzelbeobachtung auf die Regel schließt, die diese erklärt. Bei der Deduktion hingegen werden von einer Regel ausgehend Einzelaussagen abgeleitet

---

[145] Hopf et al. weisen darauf hin, dass es sich bei dieser Art der Überprüfung von Hypothesen nicht um einen generellen Geltungsanspruch handelt, denn dieser ist nur im Rahmen repräsentativer Stichproben möglich (Hopf et al. 1995, S. 23).

(Lamnek 1995, S. 383, 389). In der vorliegenden Arbeit wird insofern deduktiv gearbeitet, als theoretisches Vorwissen in die Untersuchung einfließt. Bei der Inhaltsanalyse kommen jedoch auch induktive Aspekte zum Tragen.

5.1.2 Die Auswahl der Befragten
a. Die Interviews

Die Untersuchung fällt in zwei Bereiche der empirischen Forschung, denn zum einen gehören Interviews mit Politikerinnen zur Elitenforschung, zum anderen ist der hier vertretene Ansatz in den Bereich der feministischen Forschung einzuordnen. Beide Forschungsfelder beschäftigen sich mit der Verteilung von Macht und Raum bei der Interviewführung, nehmen dabei aber disparate Perspektiven ein. In der Elitenforschung[146], die sich u.a. mit politischen und gesellschaftlichen Eliten auseinandersetzt, ist das Machtgefälle zwischen Forschenden und Beforschten vor und während des Interviews ein zentraler Fokus, und es wird davon ausgegangen, dass das Ungleichgewicht meist zu Ungunsten der/des Forschenden besteht (Hunter 1995, S. 151). In der Elitenforschung kreisen die Diskussionen zudem um die Schwierigkeiten des Zugangs zum Feld, die Vereinbarung eines ausreichenden Zeitraums und um die Kontrolle des Leitfadens. Im Gegensatz zur Elitenforschung wird in der feministischen Forschung[147] davon ausgegangen, dass das Machtgefälle zugunsten der/des Forschenden besteht. Oberstes Prinzip in der feministischen Forschung ist das Teilen des Forschungsraumes innerhalb des Interviews und nicht das Umkämpfen desselben. Während in der Elitenforschung die Kontrolle der InterviewpartnerInnen angestrebt wird, zielt die feministische Forschung auf eine Maximierung des Beitrages der Befragten ab (Oakley 1992, S. 41/Puwar, Nirmal. 1997a. „Reflections on Interviewing Women MPs". In: *Sociological Research Online*, Bd. 2 (1). Verfügbar über: http:// www.socresonline.org.uk/socresonline s/2/1/4.html (Zugriff: 20.10.2003)).

Die hier angedeuteten möglichen Probleme der Interviewsituation flossen in die Konzipierung der vorliegenden Studie ein. Es wurden mögliche Gesprächssituationen und Reaktionen der Interviewten vorab durchdacht. Bereits Puwar hat angemerkt, dass Interviews mit Politikerinnen nicht immer eindeutig der Eliten- oder der feministischen Forschung zugeordnet werden können, sondern dass die jeweilige Interviewsituation „meets, criss-crosses and contradicts research reflections that are to be found in both of the above fields" (ebd.). Die Interviews mit den weibli-

---

[146] Für eine Diskussion über die Untersuchung von (politischen) Eliten siehe Ball 1994/Kogan 1994/Walford 1994/Hunter 1995/Ostrander 1995.

[147] Eine Diskussion über feministische Ansätze der Datenerhebung ist zu finden bei Oakley 1992/Maynard und Purvis 1994/Mickelson 1994/Herzog 1995/Puwar 1997a/Ross 2000/Ross 2001.

chen Abgeordneten entsprachen größtenteils den Paradigmen der feministischen Forschung, nach denen Interviews mit Frauen ein „sisterly exchange of information" sind (Oakley 1992, S. 55). Es gab jedoch auch Situationen, die eher in den Bereich der Elitenforschung fielen und in denen Interviews mit Abgeordneten als „events of struggle, as a complex interplay of dominance/resistance and chaos/freedom" (Ball 1994, S. 113) charakterisiert werden können.

Im britischen Unterhaus waren zum Zeitpunkt der Erhebung, d.h. im März 2004, insgesamt 119 weibliche Abgeordnete vertreten. Davon gehörten 94 der *Labour Party* an, 14 den Konservativen, sechs den Liberalen und fünf kleinen Parteien (The United Kingdom Parliament. „Members of Parliament by Gender". Verfügbar über: http:// www.parliament.uk/directories/hciolists/gender.cfm (Zugriff: 12.05.2004)). Da die vorliegende Studie den Fokus auf Frauen in der *Labour Party* legt, wurden als mögliche Interviewpartnerinnen ausschließlich Personen dieser Gruppe kontaktiert.

Die 94 *Labour*-Politikerinnen wurden für die Kontaktaufnahme in drei Gruppen unterteilt, d.h. sollten sich aus der ersten Gruppe nicht genügend Politikerinnen für ein Interview bereit erklären, würde im nächsten Schritt die zweite Gruppe kontaktiert. Es wurde angestrebt, etwa 12 Interviewzusagen zu erhalten. In der ersten Phase wurden 26 Abgeordnete angeschrieben, die nach einem *Sample* ausgewählt waren. D.h. im Sinne des *Theoretical Samplings*[148] sollte in Bezug auf die nachfolgenden Aspekte eine Vielfalt respektive Maximierung von Differenzen erzielt werden, die darauf schließen ließ, dass die bestehenden Unterschiede und damit verbundene Erfahrung zu Unterschieden in den jeweiligen Perspektiven führten. Für das *Sample* waren die folgenden Aspekte von Bedeutung:

1. Eintritt in das Parlament (Ist die Abgeordnete vor oder nach der Welle von 1997 in das Unterhaus eingezogen?),
2. Familienstand,
3. Kinder/keine Kinder,
4. Alter, Klassenzugehörigkeit,
5. berufliche Laufbahn,
6. regionale Herkunft (aus der Stadt/vom Land, aus dem Süden oder dem Norden Großbritanniens) und
7. Zugehörigkeit zu einer ethnischen Minderheit oder nicht.

Da die biografischen Daten der Abgeordneten leicht zugänglich auf der Internetseite des *House of Commons* einzusehen sind, konnten die relevanten Informationen

---

[148] Für eine Diskussion des *Theoretical Samplings* siehe z.B. Lamnek 1995/Kelle und Kluge 1999/Flick 2000.

für das *Sampling* einbezogen werden. Viele Abgeordnete verfügen zudem über eigene Internetseiten.

In der ersten Phase der Kontaktaufnahme konnten sechs Zusagen gewonnen werden.[149] In der zweiten Phase, bei der die Parlamentarierinnen erneut nach dem oben beschriebenen *Sample* ausgewählt wurden, entschlossen sich sieben Politikerinnen für ein Interview.[150] Da somit insgesamt 13 Zusagen vorlagen, die allesamt realisiert werden konnten, und dies der anvisierten Zahl entsprach, musste die dritte Anschreiberunde nicht mehr durchgeführt werden.

Durch das beschriebene *Sample* entstand eine heterogene Gruppe von Interviewten. Vier Befragte erlangten ihren Sitz vor dem erdrutschartigen Sieg der *Labour Party* im Jahr 1997 und dem damit verbundenen drastischen Anstieg der Anzahl der weiblichen Abgeordneten, neun Interviewpartnerinnen zogen 1997 oder später in das Unterhaus ein. Die Befragten haben somit sehr unterschiedliche Erfahrungen bei der Kandidatur und als Parlamentarierin gesammelt. Zudem profitierten einige der Befragten von der Einführung der *all-women shortlists* (siehe zu diesem Verfahren Kapitel 2). Sieben Frauen waren verheiratet (in erster oder zweiter Ehe), drei geschieden respektive getrennt lebend und drei ledig. Von den 13 befragten Politikerinnen hatten sieben Kinder. Wie in Kapitel 3 deutlich wurde, hat die Familienplanung durchaus Auswirkungen auf die politische Karriere von Frauen. Es konnten Gesprächspartnerinnen verschiedener Altersstufen und sozialer Klassen gewonnen werden. Zwar bestanden Unterschiede in den beruflichen Laufbahnen der Befragten, aber alle Abgeordneten hatten einen höheren Schulabschluss und konnten – mit einer Ausnahme – einen Hochschulabschluss vorweisen. Die Interviewpartnerinnen kamen aus verschiedenen Regionen Großbritanniens, d.h. dem Süden und dem Norden Englands, den Midlands und aus Schottland sowie aus urbanen und ländlichen Strukturen. Es konnte leider keine der beiden weiblichen Abgeordneten einer ethnischen Minderheit gewonnen werden.[151]

---

[149] Im Anschluss an das initiale Schreiben wurden zwei Erinnerungen verschickt. Insgesamt gaben 18 Politikerinnen eine Rückmeldung, wovon zwölf negativ und sechs positiv ausfielen.

[150] In der zweiten Phase erhielten 51 Abgeordnete ein Anschreiben, von denen sich zwölf meldeten. Da sieben Zusagen eingingen und somit insgesamt 13 Interviewtermine feststanden, wurde auf die Versendung weiterer Erinnerungsschreiben verzichtet.

[151] Ein Blick auf die Frauen, die kein Interesse an einem Interview hatten (die Absagen und die ausbleibenden Reaktionen zusammen genommen), ergibt folgendes Bild: Auswertungskriterium ist hierbei, ob die weiblichen Abgeordneten vor 1997 oder in 1997 bzw. danach in das Unterhaus einzogen. Die Vermutung lag nahe, dass Frauen, die schon länger im Parlament sind, weniger Bereitschaft zeigen würden, an der Studie teilzunehmen. Es wurde vermutet, dass bei ihnen eine Sättigung vorliegt, da sie schon sehr viele Interviews – auch in dem Bereich ‚Frauen und Politik' – gegeben haben. In der ersten Phase wurden insgesamt 14 Politikerinnen angeschrieben, die ihren Sitz vor 1997 erlangten. Von diesen hatten elf kein Interesse an einem Interview. Neun der zwölf Frauen, die in/nach 1997 in das Unterhaus einzogen, wollten nicht an der Studie teilnehmen. In der zweiten

b.   Die schriftliche Befragung

Die schriftliche Befragung[152] fand zwei Monate nach Erhebung der Interviews, also im Mai 2004, statt. Die Befragung dieser Personengruppe erfolgte aus zwei Gründen schriftlich. Der Fokus dieser Studie liegt auf Parlamentarierinnen, die ‚Abbrecherinnen' nehmen somit einen untergeordneten Stellenwert ein. Sie dienen als zusätzliche Informationsquelle. Des Weiteren bestand zunächst die Schwierigkeit, die Namen und Adressen der ‚Abbrecherinnen' zu erfahren, und es trat im zweiten Schritt ein logistisches Problem auf, denn diese Frauen leben in den verschiedensten und teilweise recht entlegenen Regionen Großbritanniens, eine Befragung durch Interviews war im Rahmen der vorliegenden Studie demnach nicht zu leisten.

Die Gesamtgruppe der Frauen, die zunächst einen Sitz für die *Labour Party* im Unterhaus anstrebten, dann jedoch ihre Kandidatur zurückzogen, war nicht ermittelbar, da keine offiziellen Statistiken über die ‚Abbrecherinnen' existieren. Der Kontakt zu dieser Personengruppe wurde durch eine Mitarbeiterin von EMILY'S LIST hergestellt. EMILY'S LIST (Akronym für *Early Money Is Like Yeast*) wurde 1993 nach US-amerikanischem Vorbild von *Labour*-Politikerinnen gegründet und versteht sich als Netzwerk zur finanziellen und ideellen Unterstützung von *Labour*-Frauen bei der Kandidatur für das Parlament (Labour Women's Network, S. 23). Auch dieses Netzwerk verfügt über keine Abbrecherstatistik, eine Mitarbeiterin konnte jedoch aus der Datenbank die Personen herausfiltern, die dem Kriterium dieser Studie entsprachen. Dieses umfasste den Rückzugsgrund, denn es waren Frauen gesucht, die sich selbst entschlossen, von der Kandidatur zurückzutreten oder nach einer verlorenen Wahl nicht erneut anzutreten. Es ging nicht um Frauen, die im Auswahlverfahren der Partei nicht weiterkamen oder aus anderen strukturellen Gründen ausschieden, denn es wurde vermutet, dass in den Rückzugsgründen Hinweise auf die Identitätskonzeptionen der Frauen zu finden seien und dass sich diese Personen mit ihren Gründen für politische Partizipation sowie den Gründen für einen Abbruch der Teilhabe intensiver auseinandersetzen als Frauen, die wegen struktureller Bedingungen ausschieden.

Phase wurden 12 Parlamentarierinnen kontaktiert, die bereits vor 1997 dem Unterhaus angehörten. Nur eine Person aus diesem Kreis erklärte sich zu einem Interview bereit. Von den 39 Politikerinnen, die in/nach 1997 einzogen, zeigten 33 Desinteresse an der Befragung. Die eingangs erwähnte Annahme bezüglich der Sättigung wurde sowohl in der ersten als auch in der zweiten Anschreibephase bestätigt, d.h. es haben in beiden Phasen etwas mehr Politikerinnen aus der Gruppe der ‚Parlamentarierinnen vor 1997' Desinteresse gezeigt. Weitere systematische Absagemerkmale waren nicht zu erkennen.

[152] Anmerkungen zum Verfahren der schriftlichen Befragung finden sich bei Kromrey 2002/Atteslander 2003.

Mit Hilfe von EMILY'S LIST konnten 13 Frauen ermittelt werden, die entweder 1997 oder 2001 für einen Sitz im Parlament kandidierten. Den ‚Abbrecherinnen‘ wurde ein Fragebogen zugeschickt. Ein *Sample* wurde hierbei nicht angewendet, denn zum einen war die Gruppe zu klein, um aus dieser noch eine Auswahl zu treffen, zum anderen wurden von EMILY'S LIST keinerlei Informationen übermittelt, die ein *Sample* ermöglicht hätten. Von den Fragebögen kamen sechs ausgefüllt zurück. Da drei Frauen unbekannt verzogen waren und ein Fragebogen in der Post verloren ging, ist der Rücklauf zufriedenstellend.

Die Daten dieser Befragten wurden nach einem Maskierungsschlüssel anonymisiert. Die schriftlich Befragten bildeten ebenfalls eine heterogene Gruppe: Zwei waren verheiratet, drei geschieden, und für eine lag zum Familienstand keine Angabe vor. Fünf Frauen gaben an, Kinder zu haben. Die ‚Abbrecherinnen‘ gehörten unterschiedlichen sozialen Klassen und Altersstufen an. Wie bereits erwähnt, leben die Befragten in verschiedenen Regionen Großbritanniens, im Süden und Norden Englands, in Wales und Schottland sowie in ländlichen und urbanen Strukturen. Über den beruflichen Werdegang und die ethnische Zugehörigkeit lagen keine Informationen vor.

5.1.3 Die Datenerhebung

a. Die Interviews

Allen Interviewpartnerinnen wurde im Anschreiben Anonymität zugesichert. Bereits in einem sehr frühen Stadium wurden alle Dateien nach einem Maskierungsschlüssel anonymisiert. Auch wurden für die Darstellung der Ergebnisse solche Informationen und Aussagen entfernt, die eine eindeutige Zuordnung ermöglicht hätten.

Im Vorfeld der Interviews wurde für jede Gesprächspartnerin in Orientierung am biografischen Fragebogen (Penrose 1993, S. 30) eine Übersicht über die biografischen Daten erstellt. Wie zuvor erwähnt, sind diese über das Internet leicht zugänglich, da es sich bei den Abgeordneten um Persönlichkeiten des öffentlichen Lebens handelt. Für den biografischen Fragebogen wurden die folgenden Informationen zusammengestellt:

1. Geburtsdatum,
2. Familienstand,
3. Anzahl der Kinder,
4. Bildungsstand,
5. berufliche Laufbahn,
6. Länge der Parteimitgliedschaft sowie
7. das Jahr des Eintritts ins Parlament.

Das Wissen über biografische Eckdaten ermöglichte es, im Interview einige der Fragen gezielter, d.h. auf die Situation der Interviewpartnerin zugeschnitten, zu stellen.

In der qualitativen Forschung gibt es eine Vielzahl von Ansätzen und Methoden, die wiederum in einer Vielzahl von Interviewtypen mündet, d.h. da in der qualitativen Forschung die Methoden den Fragestellungen, Gegenständen und Populationen angepasst werden, resultiert daraus eine Vielfalt der Formen und Bezeichnungen. Beispielsweise werden zentrierte, narrative, problemzentrierte, situationsflexible, biografische oder auch diskursive Interviews durchgeführt (Lamnek 2002, S. 172).[153] Für die vorliegende Studie wurde die Methode des teilstandardisierten respektive teilstrukturierten Einzelinterviews ausgewählt. Bei dieser Methode wird dem Interview ein Leitfaden zugrunde gelegt, der jedoch kein starres Verlaufsmodell darstellt, sondern eine flexible Handhabung und Variierung der Reihenfolge erlaubt (Atteslander 2003, S. 148/Hopf et al. 1995, S. 25/Hopf 1995, S. 177). Da die Interviews in dieser Studie durchaus Gesprächscharakter haben sollten, ermöglicht diese Methode eine Anpassung der Reihenfolge der Themenkomplexe und Fragen an die Schilderungen der Befragten.

In Anlehnung an die Ergebnisse der Analyse der Determinanten und an den im Theoriekapitel generierten Kategorien- und Fragenkatalog wurden vier Themenkomplexe für den Leitfaden[154] erarbeitet:

- **Themenkomplex 1:** Politische Sozialisation
- **Themenkomplex 2:** Sozialisation in der *Labour Party*
- **Themenkomplex 3:** Frauen und Politik
- **Themenkomplex 4:** Selbstwahrnehmung

Diesen Themenkomplexen wurden insgesamt 18 offene Fragen[155] zugeordnet, welche den Interviewpartnerinnen Spielraum für eigene Antworten ließen. Die Beantwortung mancher Fragen erforderte Beschreibungen, andere richteten sich an die Fähigkeit zur Bewertung und Analyse von Situationen sowie der eigenen Person. Der Interviewleitfaden wurde in *Pretests* mit vier deutschen Politikerinnen[156] angewendet und im Anschluss daran überarbeitet.

---

[153] Für eine Diskussion unterschiedlicher Interviewtypen siehe beispielsweise Lamnek 2002/Lamnek 1995/Flick 2000/Atteslander 2003.

[154] Der Interviewleitfaden und der Fragebogen für die schriftliche Befragung der Frauen, die sich gegen eine Karriere im Parlament entschieden, befinden sich im Anhang.

[155] Für eine Diskussion verschiedener Fragetypen vgl. Atteslander 2003/Legard, Keegan und Ward 2003/Lamnek 1995.

[156] Für die *Pretests* stellten sich freundlicherweise drei weibliche SPD-Abgeordnete des Hessischen Landtages zur Verfügung sowie eine SPD-Kreistagsabgeordnete des Landkreises Gießen.

Die Interviews mit den 13 weiblichen *Labour*-Abgeordneten des britischen Unterhauses fanden in London im März 2004 statt. Bei den 13 Interviews konnten – in unterschiedlicher Abfolge – alle Fragen durchgegangen werden. Die Gesprächsdauer variierte jedoch stark; so dauerte das längste Interview 65 und das kürzeste 15 Minuten. Meist war eine zeitliche Begrenzung im Vorfeld unter Hinweis auf den vollen Terminkalender der Abgeordneten vereinbart.[157] Alle Interviews fanden in den Räumlichkeiten von Westminster statt. Ein Teil der Interviews wurde im jeweiligen Büro der Abgeordneten geführt. In einem Fall hatte eine Politikerin ein Konferenzzimmer mieten lassen, einige luden zum Tee in ein Café oder Restaurant des Unterhauses ein, und ein Interview wurde in der Lobby aufgezeichnet. Aufgrund der Lokalitäten fanden die Interviews nicht immer in einer ruhigen Atmosphäre statt, doch auch bei den Treffen im Büro waren zuweilen andere Personen anwesend. Dies erforderte eine erhöhte Konzentrationsleistung von beiden Gesprächspartnerinnen und hatte in manchen Fällen auch Auswirkungen auf den Aufbau eines Vertrauensverhältnisses.[158]

Alle Interviews wurden digital aufgezeichnet; direkt im Anschluss an jedes Gespräch wurde ein Protokoll verfasst. Die Protokolle umfassen Eindrücke, Vermutungen und Beobachtungen, d.h. Angaben zur Umgebung und zu den Bedingungen, unter denen das Interview stattfand, zum Gesprächsverlauf, zum Verhalten der Gesprächspartnerin und eine Einschätzung darüber, welcher Eindruck von ihr gewonnen werden konnte. Des Weiteren flossen Notizen über die Gespräche mit den Befragten ein, die kurz vor oder nach dem Interview stattfanden. Für jedes Interview wurde ein so genanntes Deckblatt erstellt, welches nach Arnulf Deppermann eine „Identitätskarte der Gesprächsaufnahme" ist (Deppermann 2001, S. 32). Auf diesem sind die wichtigsten Rahmendaten des Interviews (Aufnahmedatum, Uhrzeit, Dauer der Aufnahme, Ort, Charakterisierung des Gesprächsverlaufs sowie allgemeine Bemerkungen zu besonderen Bedingungen und Vorkommnissen) und der Bearbeitungsstand vermerkt.

b.   Die schriftliche Befragung

In Anlehnung an den Interviewleitfaden wurde ein Fragebogen konzipiert, der sechs offene Fragen umfasst. Dieser Fragebogen entspricht somit den nicht standardisierten Modellen der quantitativen Forschung und gibt keine Antwortmöglichkeiten vor (Atteslander 2003, S. 161). Die Befragten mussten ihre Meinung also eigenständig formulieren.

---

[157] Für eine Diskussion der Schwierigkeiten bezüglich der Terminvereinbarung und des Zeitbudgets bei Interviews mit Politikerinnen siehe Puwar 1997a/Ross 2000/Ross 2001.
[158] Die Problematik der Räumlichkeit und Anwesenheit Dritter wird bei Puwar 1997a erörtert.

Um möglichst umfangreiche Informationen zu gewinnen, waren die Fragen sehr komprimiert aufgebaut. Die Frage nach der Motivation für das politische Engagement wurde mit Fragen nach dem familiären Hintergrund, dem sozialen Kontext und Schlüsselthemen als Stimulus verknüpft. Des Weiteren sollten die Frauen angeben, wie sie die *Labour Party* in Bezug auf die Förderung von Frauen einschätzen, wie sie ihre eigene Kandidatur erlebten, d.h. ob und wie sie dabei unterstützt wurden, und wie sie zu der These stehen, dass Frauen nicht für eine Karriere im Parlament geeignet seien. Die Befragten wurden auch gebeten, eine Einschätzung ihrer eigenen Persönlichkeit vorzunehmen und herauszufiltern, welche Eigenschaften ihr Antriebsmotor für eine politische Karriere waren. Die letzte Frage bezog sich auf die Gründe für ihren Rückzug von der Kandidatur.

Die Beantwortung des Fragebogens erfolgte überwiegend sehr ausführlich. Nur eine Befragte antwortete in kurzen Sätzen, die meisten schrieben mehrere Zeilen bis hin zu einer halben, dicht beschriebenen Seite pro Frage.

5.1.4 Die Auswertung und Interpretation der Daten
a.   Die Interviews

Die qualitative Inhaltsanalyse der Studie ist theoriegeleitet und nimmt eine entsprechende theoriegeleitete Differenzierung der Fragestellung vor. Dies bedeutet, dass „die Fragestellung der Analyse vorab genau geklärt sein muss, theoretisch an die bisherige Forschung über den Gegenstand angebunden und in aller Regel in Unterfragestellungen differenziert sein muss." (Mayring 2003, S. 52) Da die vorliegende Arbeit darauf abzielt, das Verhältnis von Identität und politischer Partizipation bei britischen Politikerinnen zu untersuchen, wird eine Typenbildung, die das Konstitutionsverhältnis der beiden Aspekte widerspiegelt, angestrebt. Um diese zu erlangen, wird das Stufenmodell empirisch begründeter Typenbildung nach Susann Kluge (Kluge 1999/Kelle und Kluge 1999) angewendet und durch Hinzuziehen einzelner Elemente der qualitativen Ansätze von Philipp Mayring (2003) sowie die der *Qualitative Research Unit* (in Ritchie und Lewis 2003) angereichert.

Eine Typologie ist „das Ergebnis eines Gruppierungsprozesses, bei dem ein Objektbereich anhand eines oder mehrerer Merkmale in Gruppen bzw. Typen eingeteilt wird" (Kelle und Kluge 1999, S. 77-78). Die Elemente innerhalb eines Typus sind sich möglichst ähnlich, d.h. es besteht eine interne Homogenität, während die Ebene der Typologie eine externe Homogenität aufweist, denn die Typen sollten sich möglichst deutlich voneinander abheben. Kluge identifiziert vier Auswertungsstufen für den Prozess der Typenbildung wie Abbildung 8 zu entnehmen ist: Erarbeitung relevanter Vergleichsdimensionen, Gruppierung der Fälle und Analyse empirischer Regelmäßigkeiten, Analyse inhaltlicher Sinnzusammenhänge und Typenbildung sowie Charakterisierung der gebildeten Typen.

Abbildung 8: *Stufenmodell empirisch begründeter Typenbildung*

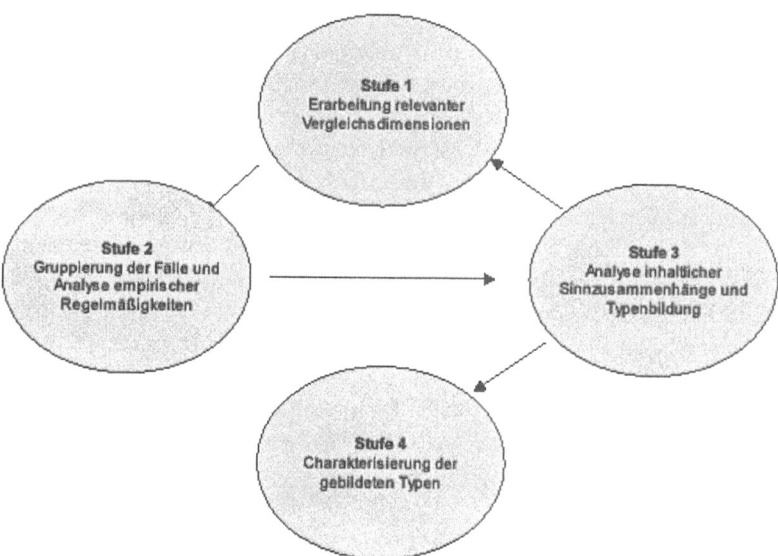

Quelle: Kelle und Kluge 1999, S. 82

Doch bevor das Stufenmodell für die Analyse der vorliegenden Studie Anwendung finden konnte, mussten die Daten zunächst aufbereitet werden. Im ersten Schritt wurden alle 13 Interviews transkribiert. Hierbei wurde lediglich das gesprochene Wort zu Papier gebracht; komplexe Transkriptionsverfahren, wie z.B. das gesprächsanalytische Transkriptionssystem (GAT) (vgl. Deppermann 2001, S. 41ff), fanden keine Anwendung, da diese als nicht zweckmäßig eingestuft wurden.

Um sich einen Überblick über das Datenmaterial zu verschaffen, wurden alle Transkripte, Protokolle, Deckblätter und biografischen Fragebögen genau betrachtet und anschließend zu Exzerpten verschriftlicht.[159] Dadurch entstand für jedes Interview eine Zusammenfassung der für die Fragestellung wichtigsten Informationen und Inhalte; analytische und interpretatorische Elemente waren hierfür nicht vorgesehen (Schöler-Macher 1994, S. 52).

---

[159] Die Protokolle, das Deckblatt und die biografischen Fragebögen entsprechen der Mayringschen Analyse der Entstehungssituation (Mayring 2003, S. 47).

Nach diesen ersten Maßnahmen im Rahmen der Inhaltsanalyse wurde das Stufen-modell angewendet, welches nach dem Verständnis von Kluge kein starres Aus-wertungsschema ist, sondern ein mehrmaliges Durchlaufen der einzelnen Stufen ermöglicht (Kluge 1999, S. 261). In der ersten Stufe ‚Erarbeitung relevanter Ver-gleichsdimensionen' erfolgte zunächst die Konzipierung des Kodierleitfadens oder auch des Kategoriensystems, welches aus insgesamt zehn Kategorien und 50 Sub-kategorien besteht. Diese entstanden zum einen durch subsumptives Vorgehen, welches auf theoretisches Vorwissen zurückgreift, und zum anderen durch eine Art offenen Kodierens (Kelle und Kluge 1999, S. 59). Die Kategorien, die im vorange-gangenen Theoriekapitel durch die Diskussion der identitätstheoretischen Ansätze von Erikson, Tajfel und Turner, Butler, Benhabib und Brah gewonnen wurden, kamen beim subsumptiven Vorgehen zum Tragen. In Kapitel 4 wurden fünf The-menkomplexe und dazugehörige Fragen herausgefiltert, die als zentraler Bestand-teil des Kategoriensystems für die Analyse der Interviews eingesetzt werden konn-ten. Die Kategorien lauten:

- Formen der politischen Partizipation
- Gesellschaftliche Normen und Zugehörigkeit zu sozialen Gruppen
- Identifikation
- Weibliche Identität
- Minderheits- und Mehrheitsverhältnisse

Zudem wurden einzelne Themenkomplexe des Interviewleitfadens aufgegriffen und in das Kategoriensystem integriert. In einer Art offenen Kodieren wurden Ka-tegorien und eine Vielzahl von Subkategorien ad hoc gebildet (ebd.). Dafür wurden alle Transkripte intensiv gelesen und auf wiederkehrende Themen und Phänomene untersucht. Die dadurch entstandenen Kategorien bilden zusammen mit den aus dem Interviewleitfaden gewonnenen die folgenden Punkte:

- Politische Partizipation von Frauen
- *Labour Party*
- Verschiedene Einflussfaktoren für politische Partizipation/Zurechtkommen als MP
- Selbstwahrnehmung
- Fremdwahrnehmung

Die genannten ad hoc gebildeten Kategorien und die aus der Theorie abgeleiteten sowie eine dazugehörige Vielzahl von Subkategorien wurden zu einem Kodierleit-faden zusammengefasst, mehrfach überarbeitet und auf die Interviews angewendet.[160] Unter Zuhilfenahme einer Software, die der Unterstützung von qualitativer Inhaltsanalyse dient, konnten die Daten den Kategorien zugeordnet werden, d.h. es erfolgte für alle Interviews eine Kodierung[161] – auch Indizierung genannt – des gesamten Datenmaterials.[162] Die kodierten Textsegmente wurden anschließend sortiert respektive alle betreffenden Materialien in Reihenfolge der Subkategorien den Kategorien zugewiesen. Dadurch konnte ein besserer Überblick darüber gewonnen werden, welche Aussagen zu einem bestimmten Bereich vorliegen. Die Strukturierung des Materials zu diesem frühen Zeitpunkt ermöglichte eine intensive Durchsicht der Inhalte, welche für spätere Arbeitsschritte (nämlich die Einzelfallanalyse und die generalisierende Analyse) von Vorteil waren (Ritchie, Spencer und O'Connor 2003, S. 229).

Danach erfolgte eine Reduzierung des Materials. Mayring nennt dies auch Zusammenfassung, deren Ziel es sei, „das Material so zu reduzieren, dass die wesentlichen Inhalte erhalten bleiben, durch Abstraktionen einen überschaubaren Corpus zu schaffen, der immer noch Abbild des Grundmaterials ist." (Mayring 2003, S. 58) Um die weitere Arbeit zu erleichtern, wurden bei der Reduzierung des Materials die Textpassagen vom Englischen ins Deutsche übersetzt. Zentrale Zitate blieben jedoch sowohl in Englisch als auch ungekürzt erhalten. Des Weiteren wurde bei der Reduzierung auf Interpretationen verzichtet und lediglich eine Streichung ausschmückender und wiederholender Textbestandteile vorgenommen. Generell fand keine Entfernung von ganzen Textsegmenten statt, denn alle Passagen wurden bei der Paraphrasierung in ihrem Sinn erfasst und auf eine verkürzte Sprachregelung gebracht (ebd., S. 61/Ritchie, Spencer und O'Connor 2003, S. 229).

---

[160] Bei der Kodierung können Probleme auftreten, welche die Güte einer Inhaltsanalyse beeinflussen. Diese Probleme werden als Reliabilität und Validität bezeichnet, d.h. Inhaltsanalysen müssen sowohl reliabel als auch valide sein. Die/der Forschende muss sich ein Bild davon machen, ob die Messinstrumente zuverlässig messen und die Messergebnisse über die Forschungsfrage Auskunft geben. Im Kontext der Reliabilität stellt sich das Problem beim Kodieren sowohl im Fall mehrer KodiererInnen (Inter-Coder-Reliabilität) als auch einer einzigen kodierenden Person (Intra-Coder-Reliabilität). Die Frage der Validität bezieht sich meist auf die Kategorien. Werden diese ohne Berücksichtigung der Daten erstellt, entsteht die Gefahr, dass das Material wenig Gültigkeit in Bezug auf das Zielvorhaben aufweist. Werden die Kategorien wiederum nah an den Daten gebildet, können diese wenig relevant für die Zielvariablen sein (Kromrey 2002, S. 331-332/Atteslander 2003, S. 228/Schnell, Hill und Esser 1999, S. 148ff).

[161] Für eine Diskussion der Problematik des Kodierens respektive Indizierens siehe Kelle und Kluge 1999/Ritchie, Spencer und O'Connor 2003.

[162] Die Zuordnung einer Kategorie zu einer Textpassage entspricht dem Prozess, der als hypothetisches Schlussfolgern bezeichnet wird. „Ein empirisches Phänomen, repräsentiert durch eine Textstelle, wird begrifflich ‚auf den Punkt gebracht' und durch die Zuordnung zu einer Klasse von Begriffen beschrieben, verstanden und ggf. auch erklärt." (Kelle und Kluge 1999, S. 58)

Anschließend erfolgte die Anfertigung von Einzelfallanalysen, die dem Verstehen der Texte dienen (Kelle und Kluge 1999, S. 75). Hierbei wurden die einzelnen Fallverläufe rekonstruiert und auch erstmals interpretiert. Einzelfallanalysen zielen auf eine Konzentration des Materials ab, bei der nur noch die wichtigsten Textteile berücksichtigt und einer inhaltsanalytischen Bewertung unterzogen werden (Lamnek 1995, S. 109). Auch bei den Einzelfallanalysen blieben die zentralen Aussagen als Zitat erhalten. An dieser Stelle wurde erstmals die doppelte Perspektive angewendet, die im vorangegangenen Kapitel erarbeitet wurde. Durch die in Kapitel 4 getroffene Gruppierung der Identitätskonzepte entsteht eine doppelte Perspektive – es geht dabei sowohl um biografische Fakten als auch um eine reflexive Ebene. Die doppelte Perspektive beinhaltet die Möglichkeit, dass Individuen von bestimmten Erfahrungen erzählen oder sich inhaltlich zu einem Themenkomplex positionieren, aber dennoch Selbstbilder von sich haben oder Meinungen zum Ausdruck bringen können, die den berichteten Erfahrungen und Meinungen nicht entsprechen. Wie zuvor beschrieben, treffen in Kapitel 4 divergierende Identitätskonzepte aufeinander und es wird eine Doppeldeutigkeit der Identitätskategorien sichtbar. Die Ansätze von Erikson, Tajfel, Turner und Benhabib lassen sich so interpretieren, dass diese deskriptive Kategorien zur Untersuchung von Identität postulieren und auf biografische Entwicklungen abzielen. Bei den dekonstruktivistischen Theoretikerinnen kann hingegen eher ein Plädoyer dafür gefunden werden, dass Identität eine beeinflussbare Kategorie ist, die in Wechselwirkung mit politischer Partizipation steht. Für die Anwendung der Einzelfallanalysen bedeutet dies, dass in einem ersten Schritt die Aussagen respektive die biografischen Schilderungen der Interviewpartnerinnen in Bezug auf die einzelnen Kategorien zusammengefasst und charakterisiert wurden. Im zweiten Schritt fand die reflexive Dimension Anwendung: Es wurde interpretativ vorgegangen sowie nach Brüchen und Widersprüchen in den Darstellungen gesucht. Denn auch wenn eine Interviewpartnerin über bestimmte Erfahrungen berichtet, kann sie dennoch ein Selbstbild unterhalten, welches diesen Erfahrungen nicht zwangsläufig entspricht. Die durch die reflexive Dimension gewonnenen Erkenntnisse wurden den Charakterisierungen der biografischen Ebene gegenübergestellt und in späteren Auswertungsschritten erneut aufgegriffen. In der Politikwissenschaft wird i.d.R. nicht mit derartigen interpretatorischen Elementen gearbeitet. Die Zwischentöne sind jedoch einerseits aufschlussreich, andererseits liefern sie wertvolle zusätzliche Informationen, deshalb sollen sie auch in dieser politikwissenschaftlichen Arbeit zur Geltung kommen.

Nach den Einzelfallanalysen wurden generalisierende Analysen durchgeführt, die über das einzelne Interview hinausblicken und allgemeinere Erkenntnisse anstreben (ebd.). In diesem Schritt erfolgte die Analyse der einzelnen Kategorien und es wurde nach Gemeinsamkeiten und Gegensätzen gesucht, die zwischen den Interviews in Bezug auf die jeweiligen Kategorien bestehen. In diesem Arbeitsschritt spielte die doppelte Perspektive keine Rolle, denn die Kategorien wurden losgelöst von den Individuen untersucht. Da die reflexive Dimension stark an die Analyse von Individuen gebunden ist, kann sie auf einer abstrakteren Ebene keine sinnvolle Anwendung finden.

Stufe 2: Gruppierung der Fälle und Analyse empirischer Regelmäßigkeiten

In der zweiten Stufe des Analysemodells stehen die ‚Gruppierung der Fälle und Analyse empirischer Regelmäßigkeiten' im Zentrum der Betrachtung, wobei die Interviews anhand der definierten Kategorien gruppiert und die so gebildeten Gruppen auf empirische Regelmäßigkeiten untersucht werden (Kelle und Kluge 1999, S. 86). Um die Gruppierung der Interviews nachvollziehbar und systematisch aufzubereiten, fand das Konzept des Merkmalsraums Anwendung,[163] d.h. es wurden mehrere Kategorien/Merkmale[164] herausgefiltert und diese in einer dreidimensionalen Kreuztabelle angeordnet. Hierfür wurden alle Einzelfallanalysen und generalisierenden Analysen im Hinblick darauf gelesen, welche Kategorien und Subkategorien in den Interviews als zentral hervortreten. Um die geeignete Kombination der Kategorien zu bestimmen, wurden mehrere Kreuztabellen unter Verwendung unterschiedlicher Kategorien angelegt, von denen eine für die weitere Analyse ausgewählt wurde. Zentral war bei der Bildung der Kreuztabellen erstens, dass sich die Kombination eignen sollte, um das Verhältnis von Identität und politischer Partizipation zu analysieren, zweitens sollte die Kombination der Kategorien einen Kausalzusammenhang repräsentieren; hierbei erwies sich, dass manche Konstellationen einen Kausalzusammenhang zwischen den einzelnen Kategorien herstellten, die nicht haltbar waren.[165]

Da eine weitere Reduzierung vorgenommen werden musste und nicht alle Subkategorien Berücksichtigung finden konnten, wurde jeder Kategorie eine besonders relevante Subkategorie zugeordnet (z.B. wurde der Kategorie ‚Fremdwahrnehmung' die Subkategorie ‚Wahrnehmung als Frau statt als Politikerin' zugewiesen). Die Relevanz ergab sich aus den Interviewdaten und der Aussagekraft der jeweili-

---

[163] Das Konzept des Merkmalsraums geht auf Allen H. Barton und Paul F. Lazarsfeld zurück. Sie gehen davon aus, dass bei einer Definition von Merkmalskombinationen jede Typologie einen n-dimensionalen Merkmalsraum aufspannt, „innerhalb dessen jedes Untersuchungselement mit der ihm eigenen Kombination von Merkmalsausprägungen verortet werden kann." (Kluge 1999, S. 93) Die Dimensionen des Merkmalsraums entsprechen den berücksichtigten Merkmalen. Der Merkmalsraum kann durch ein Koordinatensystem oder eine Kreuztabelle grafisch dargestellt werden.

[164] Die Begriffe ‚Merkmal' und ‚Merkmalsausprägung' entsprechen den Termini ‚Kategorie' und ‚Subkategorie' (Kelle und Kluge 1999, S. 78).

[165] Beispielsweise wurden die Kategorien ‚Gesellschaftliche Normen – Herkunft', ‚weibliche Identität – Vorbehalte' und ‚Selbstwahrnehmung – Vertrauen in eigene Fähigkeiten' versuchsweise miteinander kombiniert.

gen Subkategorien, d.h. anhand der gewählten Subkategorien lassen sich aussage-
kräftige Annahmen über das Verhältnis von Identität und politischer Partizipation
treffen. Aus den insgesamt zehn Kategorien erfolgte die Auswahl dreier Merkmale
mit jeweils einer Merkmalsausprägung, die als Grundlage für die Analyse selektiert
wurden:

Tabelle 7: Kreuztabelle Analyse ‚Identität und politische Partizipation'

	weibliche Identität			
	geschlechtsspezifisch		geschlechtsunspezifisch	
	Identifikation		Identifikation	
antizipierte Fremdwahr- nehmung	Frauennetzwerke positiv	Frauennetzwerke negativ	Frauennetzwerke positiv	Frauennetzwerke negativ
primär als Frau				
primär als Politikerin				

Darstellung: eigene Darstellung, in Anlehnung an Kluge 1999, S. 273

Das Merkmal ‚weibliche Identität' bezieht sich darauf, was die Befragten vermuten, warum sich Frauen ungeeignet für Politik halten könnten. Dabei gibt es zwei
Argumentationsstränge: Es ist typisch weiblich, sich für ungeeignet zu halten, versus Vorbehalte sind geschlechtsunspezifisch. Für das Merkmal ‚Identifikation'
wurde die Subkategorie Zustimmung und Ablehnung von Frauennetzwerken ausgewählt, und für das Merkmal ‚(antizipierte) Fremdwahrnehmung' wurde die Subkategorie genommen, die sich mit der Fragestellung beschäftigt, ob sich die Befragten eher als Politikerin oder eher als Frau wahrgenommen fühlen.
Alle Merkmalsausprägungen konnten bei der Zuordnung der Interviews eindeutig
bestimmt werden, wie in Abschnitt 5.2 gezeigt wird.

Stufe 3: Analyse inhaltlicher Sinnzusammenhänge

Bei der ‚Analyse inhaltlicher Sinnzusammenhänge', der dritten Stufe des Modells,
erfolgte zunächst eine Analyse der Gruppen hinsichtlich der Merkmale, d.h. alle
Gruppen wurden durch entsprechende Textpassagen der Einzelfallanalysen angereichert und im Anschluss daran auf ihre interne Homogenität untersucht. Zudem
wurden weitere Kategorien ausgewählt, um diese der Analyse hinzuzufügen, jedoch nicht, um diese zur Differenzierung der Typen zu nutzen. Als sinnvolle Kate-

gorien zur Erweiterung der Analyse und Perspektivierung der Gruppen wurden die folgenden Kategorien und Subkategorien eingestuft, da aus diesen zusätzliche Informationen gewonnen werden können, die Aufschluss über das Verhältnis von Identität und politischer Partizipation geben:

Tabelle 8: Kategorien zur Erweiterung der Analyse

Kategorie	Subkategorie
gesellschaftliche Normen	Einfluss des Elternhauses
verschiedene Faktoren	politische Karriere war eigene/ nicht eigene Entscheidung
Formen der politischen Partizipation	individualistische/kollektive Formen
Selbstwahrnehmung	Vertrauen in eigene Fähigkeiten, Selbstbewusstsein

Darstellung: eigene Darstellung

Bei der Einbeziehung der Kategorie ‚gesellschaftliche Normen' steht die Subkategorie bezüglich des Einflusses des Elternhauses im Blickpunkt, d.h. welche Rolle den Eltern bei der eigenen Politisierung zugeschrieben wird. Ob der Entschluss, eine politische Karriere zu machen, eine eigene Entscheidung war oder vielmehr von anderen angeregt wurde, ist Inhalt der Kategorie ‚verschiedene Faktoren'. Bei den ‚Formen der politischen Partizipation' geht es darum, ob die Politikerinnen individualistische oder kollektive Formen der politischen Teilhabe bevorzugen. Die vierte und letzte Kategorie bei der Erweiterung der Analyse umfasst die ‚Selbstwahrnehmung' und wird von der Subkategorie bezüglich des Vertrauens in die eigenen Fähigkeiten konkretisiert.

Auch diesen Kategorien wurden die entsprechenden Passagen der Einzelfallanalysen zugeordnet. An dieser Stelle erfolgte auch der Einbezug der bereits beschriebenen doppelten Perspektive, denn die beiden letzten Kategorien – ‚Formen der politischen Partizipation' und ‚Selbstwahrnehmung' – können fast ausschließlich durch diese beantwortet werden. Bei den Kategorien ‚gesellschaftliche Normen' und ‚verschiedene Faktoren' fließen ebenfalls die durch die doppelte Perspektive gewonnenen Überlegungen teilweise mit ein. Hierbei wird darauf geachtet, welche Brüche und Widersprüche sich in den Darstellungen der Befragten ergeben und wie die Positionen der Interviewten verortet werden können.

Welche Gruppen herausgearbeitet werden konnten, die wiederum die verschiedenen Typen der Studie bilden, ist Inhalt des Abschnitts 5.2. An dieser Stelle sei jedoch noch angemerkt, dass am Ende der dritten Stufe charakterisierende Namen für die Typen festgelegt wurden.

In der vierten und letzten Stufe des Analysemodells wurde eine ‚Charakterisierung der Typen' vorgenommen, deren Ergebnisse in Abschnitt 5.2.2 zu finden sind. Für die Charakterisierung bieten sich mehrere Darstellungsmöglichkeiten an, wie z.B. Prototypen oder Idealtypen. Die Wahl fiel auf Prototypen, die Untersuchungselemente oder auch Fälle sind, die für einen gebildeten Typus repräsentativ und eben typisch sind. Prototypen stimmen mit dem gebildeten Typus in nahezu idealer Weise überein. Des Weiteren dienen Prototypen als Hilfe für die Zuordnung weiterer Fälle (Kluge 1999, S. 84). „Zu beachten ist dabei, dass der prototypische Fall zwar als Maßstab für die Typenordnung wichtige Dienste leistet, aber nicht der Typus ‚ist', sondern ihm lediglich ‚entspricht'." (Kelle und Kluge 1999, S. 95) Aufgrund der Forschungsfrage schien es sinnvoll, für die Charakterisierung Prototypen zu verwenden, da mit diesen die gesamte Gruppe anschaulich beschrieben werden kann. Hingegen kann bei der Bildung eines Idealtyps, einer Beschreibung des Idealzustandes oder auch der Konstruktion eines Typus, der die wesentlichen Merkmale in reiner Form beinhaltet, die Zuspitzung darin resultieren, dass die Unterschiede zwischen den Fällen und den Typen größer erscheinen als sie sind (Kluge 1999, S. 62). Der gebildete Idealtypus kann zudem leicht den Bezug zur Realität verlieren (Kelle und Kluge 1999, S. 96). In Abschnitt 5.2 werden vier britische Politikerinnen charakterisiert, die prototypisch für die gebildeten Typen sind. Die Wahl fiel auf Frau D, Frau E, Frau G und Frau L, da diese ihre jeweiligen Typen besonders gut repräsentieren.

b.   Die schriftliche Befragung

Die Auswertung der Fragebögen ist stark an die der Interviews angelehnt; das Stufenmodell fand dabei in verkürzter Form Anwendung. In der ersten Stufe ‚Erarbeitung relevanter Vergleichsdimensionen' erfolgte die Verkodung der Antworten nach demselben Kodierleitfaden wie bei den Interviews. Da weniger Fragen auszuwerten waren, wurden zwar nicht alle Kategorien dabei benötigt; um die Nummerierung der Subkategorien beizubehalten, wurde jedoch von einer Kürzung des Kodierleitfadens abgesehen. Stattdessen erfolgte teilweise eine Umbenennung der Subkategorien, d.h. es wurde der Tatsache Rechnung getragen, dass es sich bei den Befragten nicht um Abgeordnete, sondern um Kandidatinnen handelte. Des Weiteren wurde eine zusätzliche Subkategorie bei der Kategorie ‚Selbstwahrnehmung' hinzugefügt. Diese subsumiert die Rückzugsgründe. Nach der Kodierung erfolgte die Zuordnung der Textsegmente zu den Kategorien sowie eine Paraphrasierung des Materials. Auf das Verfassen von Einzelfallanalysen wurde verzichtet, denn die Intention bei der Berücksichtigung der Fragebögen ist die Überprüfung der gebildeten Typen. Da die Fragebögen einen untergeordneten Stellenwert einnehmen und als zusätzliche Informationsquelle fungieren, müssen sie nicht in dem gleichen Maße aufgearbeitet werden wie die Interviews. Generalisierende Analysen wurden lediglich selektiv angefertigt.

In der zweiten Stufe ‚Gruppierung der Fälle und Analyse empirischer Regelmäßigkeiten‘ entfielen die Arbeitsschritte zur Konstituierung eines Merkmalsraums, da hier die Kreuztabelle der Interviews Anwendung fand.

Wie bereits erwähnt, musste bei der Konzipierung des Fragebogens eine Auswahl der Fragen des Interviewleitfadens getroffen werden. In Bezug auf die Kreuztabelle bedeutet dies, dass nicht alle drei verwendeten Kategorien explizit abgefragt wurden. Die ‚Abbrecherinnen‘ wurden um ihre Einschätzung zu dem Bereich ‚weibliche Identität‘ gebeten. ‚Identifikation‘ war zwar nicht Inhalt des Fragebogens, dennoch äußerten sich alle Frauen positiv über die Arbeit von Frauennetzwerken und die Bedeutung der gegenseitigen Unterstützung. Sie gaben diese Antwort meist im Kontext ihrer Erfahrungen mit dem Auswahlverfahren und der Einschätzung der *Labour Party*. Nach der ‚antizipierten Fremdwahrnehmung‘ wurde ebenfalls nicht direkt gefragt; dennoch konnten eindeutige Einschätzungen vorgenommen werden, da sich die Befragten bei ihren Berichten über ihre Erfahrungen mit der Kandidatur darüber äußerten.

Die Stufen drei (‚Analyse inhaltlicher Sinnzusammenhänge‘) und vier (‚Charakterisierung der Typen‘) wurden nicht angewendet, da die Fragebögen hauptsächlich der Überprüfung der bereits gebildeten Typen dienen.

5.2 Identität und politische Partizipation aus der Perspektive britischer Politikerinnen

Die Analyse erfolgt in zwei Schritten, d.h. es ergeben sich zwei Analyseebenen: Auf der ersten Analyseebene werden die Kategorien und Aspekte diskutiert, die im Rahmen der Inhaltsanalyse der Interviews durch die generalisierende Analyse gewonnen wurden und die bei der Typenbildung nicht einbezogen werden können;[166] dabei stehen nicht die jeweiligen Einzelfälle oder Typen im Vordergrund, sondern die Untersuchung der Kategorien (siehe 5.2.1).

Auf der zweiten Analyseebene erfolgt die Charakterisierung der Prototypen (siehe 5.2.2); dabei wird auf die Merkmalsbeschreibung der Kreuztabelle eingegangen sowie auf die zusätzlich herangezogenen vier Kategorien. Nach Einordnung der

---

[166] Wie bereits in Abschnitt 5.1.4 dargelegt, wurde zur Analyse der Interviews ein Kodierleitfaden entwickelt, welcher aus zehn Kategorien und 50 Subkategorien besteht. Für die Bildung der Typen konnte nur ein Teil dieser Elemente verwendet werden – in den verbleibenden Kategorien sind jedoch weitere wertvolle Informationen enthalten, die auf der zusätzlichen Analyseebene zur Geltung kommen sollen.

Interviews in die erarbeitete dreidimensionale Kreuztabelle lassen sich vier Typen benennen, die das Verhältnis von Identität und politischer Partizipation reflektieren. Bei den Merkmalen der Kreuztabelle herrscht für jeden Typus eine innere Homogenität, d.h. alle Fälle des Typus stimmen in diesen Punkten überein.

Tabelle 9: Kreuztabelle zur Typenbildung

	weibliche Identität			
	geschlechtsspezifisch		geschlechtsunspezifisch	
	Identifikation		Identifikation	
antizipierte Fremdwahrnehmung	Frauennetzwerke positiv	Frauennetzwerke negativ	Frauennetzwerke positiv	Frauennetzwerke negativ
primär als Frau	A, C, D = Typ I		E, F, J, K = Typ II	L, M = Typ IV
primär als Politikerin			B, G, H, I = Typ III	

Darstellung: eigene Darstellung, in Anlehnung an Kluge 1999, S. 273
Erläuterung: Die Buchstaben stehen entsprechend des Maskierungsschlüssels für die Interviews.

Die Merkmale/Kategorien der Kreuztabelle umfassen die nachfolgenden Charakteristika:

- **Kategorie 1: Weibliche Identität:** Hierbei stand die Frage im Vordergrund, ob die Politikerinnen Vorbehalte bei Frauen vermuten, sich in der Politik zu engagieren. Die beiden Argumentationsstränge – antizipierte Vorbehalte und ein Plädoyer für geschlechtsunspezifisches Verhalten – lassen zudem Rückschlüsse auf die Selbstwahrnehmung der Politikerinnen zu und sagen etwas darüber aus, ob sich die weiblichen Abgeordneten eher als Frauen oder als Individuen sehen.
- **Kategorie 2: Identifikation:** Für dieses Merkmal wurde die Subkategorie Zustimmung und Ablehnung von Frauennetzwerken ausgewählt. Dieses spielt auf das Rollenverständnis als Politikerin an und gibt Aufschluss darüber, ob sich die Befragten mit anderen Frauen solidarisieren und mit Frauenfragen identifizieren.
- **Kategorie 3: Antizipierte Fremdwahrnehmung:** Hierbei wurde die Frage in den Blickpunkt gerückt, ob sich die Befragten eher als Politikerin oder als Frau wahrgenommen fühlen. Auch dieser Aspekt lässt Rückschlüsse auf

die Selbstwahrnehmung und das Rollenverständnis der weiblichen Abgeordneten zu.

Werden die Kategorien/Merkmale auf die Typen angewendet, lassen sich diese wie folgt charakterisieren: Die Politikerinnen des **Typs I ‚dezidiert gynozentrierte Einstellung mit antizipierter geschlechtsbezogener Fremdwahrnehmung'** gehen davon aus, dass sich manche Frauen ungeeignet für die Politik halten, und sie setzen sich mit den Gründen auseinander, warum dies so ist. Sie identifizieren dadurch eine typisch weibliche Identität. Auch für sich selbst sehen sie eine weibliche Identität. Diese Politikerinnen sind Frauennetzwerken gegenüber sehr positiv eingestellt, weisen ein großes Interesse für die Belange und Rechte von Frauen auf und engagieren sich auch in dieser Angelegenheit. Des Weiteren gehen die Befragten dieser Gruppe davon aus, dass sie primär als Frauen und nicht als Politikerinnen wahrgenommen werden. Dies gilt sowohl für den Umgang mit männlichen Kollegen als auch für die Wahrnehmung durch die Presse.

Die Politikerinnen des **Typs II ‚moderat gynozentrierte Einstellung mit antizipierter geschlechtsbezogener Fremdwahrnehmung'** gehen nicht davon aus, dass es ein typisch weibliches Verhalten gibt, das Frauen als ungeeignet für die Politik ausweist, sondern dass es bei der Eignung um individuelle Entscheidungen geht und Männer und Frauen gleichermaßen von der Aggressivität der Politik abgeschreckt werden. Die Befragten stufen Frauennetzwerke als wichtig für die gegenseitige Unterstützung sowie für die Verbesserung der Strukturen ein. Sie engagieren sich selbst für die Belange von Frauen. Auch diese Interviewpartnerinnen sind der Ansicht, dass sie eher als Frauen denn als Politikerinnen wahrgenommen werden. Ihrer Ansicht nach werden weibliche Abgeordnete dominant nach dem Aussehen und nicht nach ihren Leistungen beurteilt.

Die Politikerinnen des **Typs III ‚moderat gynozentrierte Einstellung mit antizipierter berufsrollenbezogener Fremdwahrnehmung'** gehen ebenfalls nicht von geschlechtsspezifischen Verhaltensformen oder Eigenschaften aus, die Frauen als ungeeignet für die Politik ausweisen. Es wird zwar teilweise eine männliche Prägung der Politik wahrgenommen, das Zurechtkommen in diesen Strukturen hängt jedoch nach Ansicht dieses Typs von der jeweiligen Persönlichkeit des Individuums ab. Frauennetzwerke werden von diesen weiblichen Abgeordneten bejaht. Sie haben großes Interesse an Frauenthemen und stufen die Förderung von Frauen als wichtig ein. Die Befragten dieses Typs sind der Meinung, dass sie als Politikerinnen wahrgenommen werden und dass kein Fokus auf ihr Geschlecht besteht.

Auch die Befragten des **Typs IV ‚moderat gynokritische Einstellung mit antizipierter geschlechtsbezogener Fremdwahrnehmung'** sind der Ansicht, dass es kein typisch weibliches Verhalten gibt, welches Frauen von der Politik fernhält. Dass Menschen für die Politik ungeeignet sind, sei nicht geschlechtsspezifisch.

Von Frauennetzwerken halten die Befragten wenig und haben auch nicht daran teil. Die weiblichen Abgeordneten in dieser Gruppe fühlen sich dennoch von der Presse wie auch von Kollegen dominant als Frauen und nicht als Politikerinnen wahrgenommen. Um die Analyse der Typen zu erweitern, wurden vier weitere Kategorien herangezogen; diese weisen jedoch keine interne Homogenität auf, d.h. es sind keine Muster für jeden Typus zu identifizieren:

- **Kategorie 4: Gesellschaftliche Normen:** Das Elternhaus stand hierbei im Fokus der Analyse; es wurde danach gefragt, ob die Eltern auf die eigene Politisierung Einfluss genommen haben.
- **Kategorie 5: Verschiedene Einflussfaktoren:** Aus der Vielzahl möglicher Einflussfaktoren wurde die Frage herausgegriffen, ob die Entscheidung zur politischen Laufbahn respektive zur Kandidatur für das Unterhaus aus eigenem Antrieb getroffen oder von anderen angeregt wurde.
- **Kategorie 6: Formen der politischen Partizipation:** Bevorzugen die Befragten eher kollektive oder individualistische Partizipationsformen, d.h. sind sie Gruppenmenschen oder eher Einzelkämpferinnen?
- **Kategorie 7: Selbstwahrnehmung:** Wie selbstbewusst sind die Befragten? Bei allen 13 Interviewpartnerinnen ließen sich drei Gruppierungen ausmachen: sehr selbstbewusste Politikerinnen neigen zur Selbstdarstellung, selbstbewusste Politikerinnen nehmen eine realistische Einschätzung ihrer Kompetenzen vor, und wenig selbstbewusste Politikerinnen äußern Selbstzweifel und Unsicherheit.

5.2.1 Querschnittsanalyse

Die Querschnittsanalyse entspricht der so genannten ersten Analyseebene; im Rahmen dieser werden die Kategorien und Aspekte diskutiert, die bei der Inhaltsanalyse der Interviews durch die generalisierende Analyse gewonnen wurden und die bei der Typenbildung nicht einbezogen werden können. Es geht hierbei nicht um die Darstellung von Einzelpersonen, sondern um die inhaltliche Ebene. Diese vier Kategorien werden nachfolgend beschrieben:

- **Kategorie A:** Vereinbarkeit von Politik und Privatleben sowie von Kindern und einer politischen Karriere
- **Kategorie B:** Wahrnehmung als Minderheit im Parlament
- **Kategorie C:** Wählererwartungen an weibliche Abgeordnete und deren Einfluss auf die Befragten

- **Kategorie D:** Interessengebiete der Politikerinnen

Es geht hierbei nicht um eine zusätzliche Charakterisierung der jeweiligen Typen, sondern es erfolgt eine Betrachtung der Kategorien.

Kategorie A: Vereinbarkeit von Politik und Privatleben sowie von Kindern und einer politischen Karriere

Bei dieser Kategorie wird erörtert, inwiefern sich die Tätigkeit als Politikerin mit dem Wunsch nach Privatleben verbinden lässt und inwiefern Kinder mit einer politischen Karriere kompatibel sind. Einstimmigkeit herrscht bei allen 13 weiblichen Abgeordneten darüber, dass es sehr schwierig ist, Privatleben und Politik miteinander zu vereinbaren. Einige der Befragten stellen gar die These auf, dass Abgeordnete kein Privatleben mehr haben. Für die Schwierigkeiten werden mehrere Gründe angeführt:

- Der Beruf erfordert ein großes Zeitbudget. (Frau G: „But being an MP is never going to be a 9 to 5 job. It is like a vicar. You can't not be.")
- Die Sitzungszeiten im Parlament dauerten früher bis in die späten Abendstunden, wurden nun jedoch vorverlegt. (Frau A: „Also the hours that we did keep here were very unwelcoming for women, especially young women with family obligations. We have changed the hours.")
- Abgeordnete leben an zwei Orten, im Wahlkreis und in London. (Frau F: „You are operating in two different places – in London and in your constituency. That makes it difficult to manage the other bits of your life.")
- Die Kontinuität in den Beziehungen zu Familie und Freundeskreis geht verloren. (Frau B: „Because when you are away from home you lose continuity in your relationships within the family and within the neighbourhood. You can become isolated very easily.")
- Großes Medieninteresse – dieses hängt jedoch auch davon ab, wie berühmt oder umstritten ein MP ist. (Frau F: „It depends on how public and controversial your persona is. ... But the less important you are, the more extreme has your relatives' behaviour to be before it gets into the press.")
- Das Verlassen des Hauses ist immer ein öffentlicher Auftritt – und sei es nur der Gang zum Zeitungskiosk. (Frau L: „When I go to a shop on a Sunday morning in order to get the newspaper, I always have to think what to wear.")

Aus der schwierigen Situation werden von den Befragten unterschiedliche Schlüsse abgeleitet, die zum einen eigene Handlungen betreffen und zum anderen auch generelle Beobachtungen einschließen:

Schlüsse bezüglich der privaten/eigenen Lösung:
- Es ist geglückt, einen Kompromiss zu finden, sich Zeit für die Familie zu nehmen. (Frau C: „You have to find a way in which you manage that within your own family. ... My husband and I found a system.")
- Es ist nicht geglückt, Familie und Politik zu vereinbaren. (Frau D: „I suppose I have never been very good at combining it. ... And probably the style and the absorption that politics give may well have contributed to our marriage breakdown.")
- Die Familie muss sich entscheiden, ob sie mit der Abgeordneten pendelt oder an einem Ort leben möchte. (Frau F: „And this imposes choices on your family. They have to make a choice whether they want to live in London or in your constituency, or they have to move backwards and forwards with you.")
- Wenn eine Familie existiert hätte, wäre es nicht zur Kandidatur gekommen. (Frau J: „When I was younger I thought that I might get married and have a family. Being based in London would have been something very difficult to manage ... When I got to my late thirties it was clear that I was unlikely to have a family. So I wasn't concerned about this anymore.")

Schlüsse bezüglich der allgemeinen Beobachtung/Erkenntnis:
- Die Vereinbarkeit von Familie und Beruf wirft auch in anderen Professionen Probleme auf. (Frau F: „But those are the same constraints as with other jobs.")
- Es ist möglich geworden, als Abgeordnete ein Kind zu bekommen. (Frau E: „One of our women MPs has now her third or fourth baby while she is in Parliament. This would have been unthinkable in the past. It wasn't possible for a minister to take maternity leave. Women just didn't have babies when they were in office.")
- Für junge Familien ist die Belastung größer. (Frau I: „People with young families have particular problems.")

Die Politikerinnen argumentieren in Bezug auf die Vereinbarkeit von Privatleben und Politik auf zwei Ebenen: Während einige Befragte ihre eigene Situation anführen und erläutern, wie es ihnen gelungen ist oder auch nicht gelungen ist, diese Anforderung zu bewältigen, und welche Entscheidungen für die Familie damit einhergehen, beziehen sich andere weibliche Abgeordnete auf generelle Entwicklungen und legen dar, welche Probleme diesbezüglich für MPs bestehen und wo es Parallelen zu anderen Berufsgruppen gibt.

Die Schwierigkeit, Kinder und eine politische Karriere miteinander zu vereinbaren, bestätigen die meisten Abgeordneten. Einige der Befragten wurden zwar politisch aktiv, als ihre Kinder noch klein waren, aber diese Aktivität bezog sich eher auf Basisarbeit und war nicht auf eine politische Karriere ausgerichtet. Nur eine Interviewte gibt an, bereits für das Parlament kandidiert zu haben, als ihre Kinder noch klein waren. Die meisten entschlossen sich zu einer Kandidatur auf der kommunalen Ebene respektive für das Unterhaus erst dann, als die Kinder schon älter waren. Eine Interviewte strebte eine Kandidatur für das Unterhaus erst an, nachdem feststand, dass sie keine Kinder mehr bekommen würde.

Die Struktur der Politik wird von allen Befragten als familienunfreundlich eingestuft, denn Familien mit kleinen Kindern haben besondere Probleme, die Vielzahl der Termine mit dem Familienleben zu koordinieren. Hinzu kommt, dass Sitzungen häufig abends stattfinden und in dieser Zeit auf die Kinder aufgepasst werden muss. Da die meisten Leute dann ihr politisches *Take-off* haben, wenn sie jünger sind, fällt das meist auch in die Phase, in der Familien gegründet werden, woraus sich eine problematische Situation ergibt. Es wäre diesbezüglich auch zu überlegen, wie sich diese Problematik für junge Politiker darstellt, d.h. für die jungen Politiker, die nicht die klassische Rollenverteilung in der Familie anstreben.

Kategorie B: Wahrnehmung als Minderheit im Parlament

Die Kategorie B geht der Frage nach, ob sich die weiblichen Abgeordneten aufgrund der Unterrepräsentation von Frauen im Unterhaus als Minderheit wahrnehmen, die von einer männlichen Mehrheit dominiert wird. Alle befragten Politikerinnen gaben an, sich als Minderheit zu fühlen. Es lassen sich drei Argumentationslinien in Bezug auf die Fragestellung feststellen.

Den Hauptpunkt bilden die Unterschiede in der Wahrnehmung der Abgeordneten als Minderheit in Bezug auf die Situation vor und nach 1997. Die Befragten, die bereits vor 1997 einen Sitz im Parlament hatten, thematisieren den Unterschied aus eigener Erfahrung, aber auch einige der Frauen, die mit der ‚Welle' ins Unterhaus kamen, berichten von den veränderten Verhältnissen. Vor 1997 waren die Frauen im Parlament sehr isoliert und ihnen wurde mit großer Feindseligkeit begegnet. Es gab Situationen, in denen sie von männlichen Abgeordneten des Aufenthaltsraumes verwiesen wurden. Wenn sie in kleinen Gruppen durch Westminster liefen, wurde bisweilen gar ein Komplott vermutet, wie Frau G erläutert: „When we walked across the hall with two or three women, they would assume a plot was going on. About five or six of us once went to sit in the smoking room, and then men came and suggested we should go somewhere else."

Die Politikerinnen empfanden die Strukturen und das Klima des Unterhauses als sehr männlich geprägt. Dies hatte zur Folge, dass Frauenthemen nur mit großer Mühe eingebracht werden konnten. Einige der Parlamentarierinnen setzten sich für Verbesserungen und Veränderungen im Unterhaus ein; doch unter den gegebenen Umständen war es sehr schwierig, etwas zu bewegen. Zudem empfanden die Politiker diese Bestrebungen als lästig und verweigerten jegliche Unterstützung. Sowohl von den Parlamentariern als auch von den Angestellten wurden die Politikerinnen respektlos behandelt. Dies wandelte sich erst mit dem Anstieg der Frauenquote 1997. Frau A beschreibt die Situation sehr eindrücklich:

> „What I understand from women who were here pre 1997, it wasn't easy for them. They weren't treated very well. They weren't treated very well by the staff in the sense that when you were a woman, you weren't an MP. You might be a cleaner or a secretary. They were always stopped and asked for passes. ... Women are now no longer perceived as secretaries but are recognized as MPs. Additionally, the staff is now treated better and is more respected, which they weren't necessarily before, so they in return show respect."

Die eingetretenen Veränderungen betrafen sowohl die Struktur als auch die politische Kultur des Unterhauses. Obwohl sich die Parlamentarierinnen lange dafür eingesetzt hatten, wurde erst nach 1997 die Zahl der Frauentoiletten erhöht und der Herrenfriseur durch einen Unisex-Frisiersalon ersetzt. Mittlerweile herrscht auch ein respektvolles Verhältnis zwischen den Angestellten und den weiblichen Abgeordneten. Frau A äußert sich hierzu wie folgt:

> „When I came in 1997, we were 120 women. It still is only 1 in 6, but it is a substantial number. And I think it very quickly made a difference. There were certain things to start with. There were only two women's toilets. There are about 6,000 people working in here. I don't know what all the women workers have done. And then there was a barber. They have been trying for years to have that barber turned into a unisex hairdresser. But once there were 120 women in here, there had to be a change."

Ein weiteres Argument kreist um das Verhalten der Kollegen, das sich zwar seit 1997 verändert hat, jedoch noch immer eine negative Rolle spielt. Vor allem altgediente Politiker der Konservativen legen Frauen gegenüber oft noch immer ein unangemessenes Verhalten an den Tag, wie Frau F berichtet:

> „When we first got elected in 1997, it was clear that some of the male MPs, who had been here for a long time, got in the habit of an inappropriate behaviour towards women MPs. This behaviour would have been completely unacceptable in other places. And a few of them still do it. Almost all of them are on the Conservative side. ... You know that in the chamber it can be very rowdy when an MP speaks. We

shout, both men and women MPs. But some of the barking is directed at being a woman. And this comes more from the Tory side."

Dies ist ein Aspekt, der nach Ansicht vieler befragter Politikerinnen nicht nur auf die Kollegen der konservativen Partei zutrifft, sondern auch auf die Presse. Die Frauen fühlen sich noch immer dominant nach ihrem Aussehen beurteilt und nicht nach ihren Leistungen. Zwar sind nicht alle Kollegen generell feindselig; während einige sich sehr kooperativ verhalten, lehnen andere jedoch jede Form der Frauenförderung und der kollegialen Zusammenarbeit ab.

Die dritte Argumentationslinie umfasst die Auswirkungen, welche mit der Rolle der weiblichen Abgeordneten als Minderheit verbunden sind, und wie diese von den Betroffenen wahrgenommen werden. Da das Parlament über Jahrhunderte von Männern geprägt wurde, werden sich nach Ansicht einer Abgeordneten die Frauen als ‚Späteinsteigerinnen' immer unwohl fühlen. Es wird des Weiteren angemerkt, dass Frauen nur in Debatten über solche Themen gerufen werden, die als Frauenthemen gelten. Auch wenn Parlamentarierinnen in anderen Bereichen qualifiziert sind, werden sie übergangen. Ein gutes Beispiel hierfür ist laut Frau A die Debatte um den Krieg in Irak, denn hierfür wurde nur eine Frau angehört. Obwohl zwei Frauen in NATO-Angelegenheiten spezialisiert sind, wurden diese ignoriert:

„The most obvious thing is that it is very hard for women to be called into debates … like the war debates. I think that for the first debate on Iraq there was only one woman called in. This is really upsetting. Those matters are not regarded as women's issues. We had two women on NATO and none of them was called for that debate."

Gefragt nach den Schlüssen, welche aus der Situation der Frauen im Unterhaus gezogen werden sollten, identifizieren die Befragten eine Reihe von Punkten, die bereits positive Wirkungen erzielt haben und die noch weiter vorangetrieben werden müssen, sowie zusätzliche Aspekte, die ebenfalls geändert werden sollten.

In der Vergangenheit gab es etliche Parlamentarierinnen, die sich vehement für Änderungen im Unterhaus einsetzten, auch wenn dieses Engagement aufgrund der bestehenden Feindseligkeit häufig sehr unangenehme Konsequenzen hatte. Die weiblichen Abgeordneten konnten beispielsweise eine Änderung der Sitzungszeiten bewirken und haben auch weitere Regelungen beeinflusst, die nachhaltige Auswirkungen auf die Struktur und die politische Kultur von Westminster hatten. Jedoch sind weitere Veränderungen in der politischen Kultur und der Einstellung gegenüber Frauen im Parlament von Bedeutung, um die verkrusteten Strukturen verändern zu können. Eine neutralere respektive nicht sexistische Darstellung in den Medien und eine positivere Haltung derselben gegenüber den weiblichen Abgeordneten ist nach Meinung einer Befragten eine Aufgabe, die nicht kurzfristig zu lösen ist.

Um die Situation nachhaltig zu beeinflussen, sollte die Anzahl der Frauen weiter angehoben und nicht auf dem Status Quo belassen werden, da noch immer viele Defizite zu bemängeln sind. Das Parlament würde immens profitieren, wenn noch mehr weibliche Abgeordnete auch in der Opposition vertreten wären, und es würde nach Einschätzung von Frau B zudem ein Klima geschaffen, in dem es leichter fiele, frauenspezifische Themen anzusprechen und die Gesetze zu verändern: „But on the other hand I think that the House of Commons will benefit enormously when there are more women on the opposition side. Before 1997 there were issues, which were difficult to discuss. But the intake of women helped to raise these issues."

Frau A ist der Ansicht, dass es nicht allein Aufgabe der *Labour Party* ist, die Anzahl der weiblichen Abgeordneten zu erhöhen, auch die anderen Parteien sollten entsprechende Quotenregelungen einführen, um einen Anstieg zu sichern: „You know, in order to reach a larger number of women MPs, also the other parties have to do something and have to make use of positive discrimination. It can't only be my party."

Die erhöhte Frauenquote im Parlament ist nicht nur von Vorteil für die politische Kultur des Landes, sondern hat auch positive Auswirkungen auf Großbritannien im internationalen Vergleich. Die Menschen, die sich gegen positive Diskriminierung aussprechen, nehmen nach Ansicht der Befragten offenbar die bestehenden Barrieren für Frauen nicht wahr. Hier gilt es, Aufklärungsarbeit zu leisten.

Kategorie C: Wählererwartungen in weibliche Abgeordnete und deren Einfluss auf die Befragten

Inhalt dieser Kategorie ist die Einschätzung der Befragten, ob bei den WählerInnen unterschiedliche Erwartungshaltungen in Bezug auf männliche und weibliche Abgeordnete bestehen. Des Weiteren ist hierbei von Interesse, ob diese Erwartungshaltungen direkten Einfluss auf das Verhalten der Politikerinnen nehmen.

Die Mehrzahl der Befragten geht davon aus, dass WählerInnen keine anderen Erwartungen an weibliche als an männliche Abgeordnete haben. Begründet wird diese Wahrnehmung von den Politikerinnen auf unterschiedliche Weise. Die Erwartungshaltung der WählerInnen hat zum einen nichts mit dem Geschlecht des MPs zu tun, sondern es werden nach Einschätzung von Frau B vielmehr Unterschiede zum Vorgänger/zur Vorgängerin erwartet: „I personally haven't come across any situation where I felt people expect me to do things differently to a male MP. They expect me to do things differently in terms of my political stand because I am in a different political party from my predecessor."

Die WählerInnen wissen es laut Frau K zum anderen zu schätzen, dass die weiblichen Abgeordneten stärker als ihre männlichen Kollegen auf die Bedürfnisse der

Menschen im Wahlkreis eingehen und sich für diese einsetzen: „I don't think they (the voters, Anm. d. Verf.) particularly make a difference. I think what they know is that women work hard and are more likely to respond to their constituents. They are less interested in here (Arbeit im Parlament, Anm. d. Verf.) and more interested in their constituency."

Eine Befragte sieht eine Verbindung zwischen Wählererwartungen und Schwerpunktsetzung bei den Themen. Da sie sich nicht mit Frauenthemen beschäftigt, haben die WählerInnen auch keine Erwartungen an sie als Frau. Zudem wird von Frau G angemerkt, dass die Vorurteile und Einwände gegenüber Kandidatinnen nicht von den WählerInnen, sondern der Partei kommen: „I think the narrow-mindedness about women as candidates comes first and far most from the party and not the electorate. I think the electorate accepts without problem."

Es ist nach Einschätzung von Frau F zu beobachten, dass die Reaktionen der WählerInnen auf Kandidatinnen häufig sehr positiv ausfallen und diese gar äußern, dass sie sich als Nichtwählerinnen zur Wahl entschlossen haben, da die Partei eine Kandidatin aufgestellt hat: „In the 1997 election campaign, in a number of occasions, several women told me that they have never voted before, but that they will this time because there is a woman candidate."

Einige Politikerinnen können bereits auf eine Tradition politisch aktiver Frauen in ihrem Wahlkreis zurückblicken und sehen dadurch ein angenehmes und frauenfreundliches Klima gegeben. Die WählerInnen haben die Politikerinnen sogar zur Kandidatur ermutigt, wie das Beispiel von Frau J zeigt, da deren Ansicht nach zu wenige Frauen im Unterhaus seien:

> „So I come from an area, which is unusually high represented by women. And what you tend to find is that when the MP has been a woman, people got used to it and show respect. I was actually approached and told that I should stand because there are only so few women in Parliament. Most of the people who said that to me were women."

Eine Reihe weiblicher Abgeordneter berichtet von einer veränderten Erwartungshaltung der WählerInnen, die nichts mit dem Geschlecht der Abgeordneten zu tun hat, sondern mit deren Fleiß und Einsatzbereitschaft. Frau H argumentiert, dass wenn ein MP den Ruf hat, faul zu sein, weniger Beschwerden eingehen. Gelten Abgeordnete aber als fleißig, fordert die Bevölkerung auch verstärkt deren Aufmerksamkeit:

> „I think that it depends on the harder you work, the more they expect of you. If you have the reputation of being a lazy MP, they don't complain. But if you have the reputation of being a hardworking MP, they expect more from you. I think the expectation has more to do with how you work rather than your gender."

Zudem sind die WählerInnen heute besser als früher über die Aktivitäten der Abgeordneten informiert und können nachverfolgen, wie diese abgestimmt und wofür sie sich eingesetzt haben. Die WählerInnen suchen mittlerweile häufiger den Kontakt zu den Abgeordneten, denn die Anzahl der Briefe, die täglich aus dem Wahlkreis eingehen, ist immens angestiegen. Das gilt nach Darstellung von Frau A sowohl für männliche als auch für weibliche Abgeordnete: „What has changed, and I only know this from MPs who have been here for a long time, is now the number of people who write to their MP. Twenty years ago an MP might get five or ten letters a month, now it is around hundred letters a day." Worin bei der Kontaktaufnahme jedoch ein Unterschied besteht, ist nach Einschätzung von Frau F der Inhalt der Anschreiben, denn an Politikerinnen werden häufig sehr private Probleme herangetragen: „But the way in which constituents talk to you is different with women MPs. They tell you things you actually don't want to know. They tell you an enormous amount of details about their problems and their private life. I think they don't do this to the same extent to male MPs."

Der Gruppe der Befragten, die keine geschlechtsspezifischen Wählererwartungen wahrnehmen, steht eine Reihe von Politikerinnen gegenüber, die überzeugt ist, dass es Unterschiede gibt. Auch hier gehen die Begründungen auseinander. Nach Ansicht einer weiblichen Abgeordneten sind die Erwartungshaltungen nur geringfügig anders, vor allem Frauenorganisationen sind über Politikerinnen erfreut und verbinden mit ihnen viele Hoffnungen.

Frau E argumentiert, dass in allen Berufen, die als Männerdomäne gelten, die Erwartungen an Frauen höher sind; so auch in der Politik:

„I think that in every job women do the expectations are higher for the women than for the men. There are exceptions to this. When women work in jobs where the majority are women, such as nurses, then they are the norm and there is no difference in expectation. But once you have women in jobs and professions where the majority of people are still male, then the women are expected to be better and are judged more harshly. And there is no question about that."

Frauen haben bei den WählerInnen einen guten Stand und kommen besser an als Männer; daraus lassen sich auch unterschiedliche Erwartungen ableiten. Mit den divergierenden Erwartungen ist auch eine negative Entwicklung verbunden, denn eine Befragte merkt an, dass die WählerInnen bei Frauen eher dazu neigen, diese persönlich anzugreifen und die sachliche Ebene zu verlassen.

Wählererwartungen spielen bei den meisten Abgeordneten keine große Rolle. Sie besetzen zwar Themen, die für den Wahlkreis wichtig sind, und arbeiten viel, um die nächste Wahl zu gewinnen, aber Erwartungen an die eigene Person weisen sie meist zurück. Begründet wird dies damit, dass durch die Tätigkeit in der Politik eine ‚dickere Haut' entwickelt wurde, an der Forderungen und Erwartungen abprallen. Durch die zuvor beschriebenen Veränderungen in der Kommunikation zwischen MP und Wahlkreis entsteht ein großer Arbeitsaufwand, der auch kräftezehrend wirkt. Diese Situation wird allerdings nicht als Einfluss auf die eigene Person wahrgenommen. Frau C gibt jedoch an, dass sie immer versucht, viele Leute in ihrem Wahlkreis durch ihr Engagement anzusprechen, und dass dadurch Erwartungen an sie herangetragen werden, die durchaus Einfluss darauf nehmen, wie sie sich verhält, denn sie ist bemüht, auf diese Belange einzugehen: „I always tried to reach out to different groups in my constituency. And there are expectations which have an influence on how I behave. And I try to respond to some of the things which come out locally. ... I have always tried to reach people."

Kategorie D: Interessengebiete der Politikerinnen

Bei dieser vierten und letzten Kategorie im Rahmen der Querschnittsanalyse liegt der Fokus auf den Interessengebieten der Politikerinnen. Gefragt nach ihren politischen Interessen nennen die Befragten jeweils mehrere Bereiche und besetzen sowohl so genannte klassische ‚Frauen'- als auch ‚Männerthemen'. Wie bereits in Kapitel 2 deutlich wurde, gelten als klassische Themenfelder für Frauen die Bereiche Bildung, Gesundheit und Soziales, während Äußere Angelegenheiten, Verteidigung, Wirtschaft und Finanzen traditionell als ‚Männerdomäne' eingestuft werden. In Kapitel 2 wurde auch darauf hingewiesen, dass mit der Zuschreibung von Themenfeldern als ‚männlich' und ‚weiblich' laut Riley eine doppelte Feminisierung vorgenommen wird. Frauen gelten zum einen als an bestimmten Themenbereichen oder auch ‚Frauenthemen' interessiert, der Wirkungsgrad dieser Themen zielt wiederum auf die weibliche Bevölkerung und den privaten Bereich ab. Durch die enge Bindung von Frauen an so genannte ‚Frauenthemen' wird zudem zum einen eine an Geschlecht gebundene Kompetenzzuschreibung und zum anderen eine Hierarchisierung von Politikfeldern vorgenommen (Riley 1988, S. 51).
Lediglich zwei der befragten Politikerinnen geben an, sich ausschließlich auf so genannte ‚Frauenthemen' spezialisiert zu haben, und nur zwei nennen ausschließlich Themen, die gemeinhin als von Männern okkupiert gelten.
Die verbleibenden neun weiblichen Abgeordneten greifen Bereiche auf, die in beide Kategorien fallen. Insgesamt werden 51 Themen genannt, wobei es zu inhaltlichen Überschneidungen kommt, d.h. ein Thema wird von mehreren Politikerinnen aufgeführt. Von diesen Nennungen fallen 31 in die Kategorie ‚Frauenthemen' und 20 in die Kategorie ‚Männerthemen'. Im Bereich der ‚Frauenthemen' werden von den Befragten die Felder Gesundheit, Soziales, Bildung, Rechte von sozialen Gruppen und Frauen- und Geschlechterfragen genannt. Aber auch die ‚klassischen Männerthemen' finden bei den weiblichen Abgeordneten großes Interesse; so nen-

nen gleich fünf wirtschaftliche Entwicklungen und sechs die Internationalen Beziehungen als einen inhaltlichen Schwerpunkt der eigenen Arbeit.

Die Einbeziehung der vier Kategorien im Rahmen der Querschnittsanalyse respektive die Anwendung einer zusätzlichen Analyseebene hat viele interessante und wichtige Informationen über die politische Partizipation von Frauen in die Studie einfließen lassen. Eine Einordnung in die Gesamtbewertung der qualitativen Erhebung erfolgt im abschließenden Abschnitt dieses Kapitels.

5.2.2 Charakterisierung der gebildeten Typen

Die durch die Kreuztabelle gebildeten und bereits konzise beschriebenen Typen sollen nun anhand von Prototypen verdeutlicht werden. Prototypen sind für einen gebildeten Typus repräsentativ und stimmen mit dem gebildeten Typus in nahezu idealer Weise überein. Die in 5.2 genannten Kategorien fungieren nachfolgend als Analysekriterien und geben die Struktur der Typenbeschreibungen vor; d.h. die Prototypen werden auf Basis dieser Merkmale dargestellt. Dabei werden zum einen folgende drei Kategorien der Kreuztabelle berücksichtigt:

- **Kategorie 1:** Weibliche Identität – geschlechtsspezifische Gründe
- **Kategorie 2:** Identifikation – Zustimmung zu Frauennetzwerken
- **Kategorie 3:** Antizipierte Fremdwahrnehmung – als Politikerin oder Frau

Zum anderen werden auch die vier zusätzlichen Kategorien und die dazugehörigen Subkategorien in die Analyse mit einbezogen:

- **Kategorie 4:** Gesellschaftliche Normen – Einfluss des Elternhauses
- **Kategorie 5:** Verschiedene Einflussfaktoren – eigene Motivation für politische Karriere
- **Kategorie 6:** Formen der politischen Partizipation – kollektive/individualistische Formen
- **Kategorie 7:** Selbstwahrnehmung – Selbstbewusstsein

5.2.2.1 Typ I: Frau D als Vertreterin einer dezidiert gynozentrierten Einstellung mit antizipierter geschlechtsbezogener Fremdwahrnehmung

Kategorie 1: Weibliche Identität – geschlechtsspezifische Gründe

Frau D, die bereits vor der Trendwende 1997 Abgeordnete war,[167] ist der Meinung, dass viele Frauen die Relevanz, die ihre Erfahrungen für die Politik haben, unterschätzen: „Women underestimate the way in which their life experiences are relevant to the world of politics. They make good politicians. But the role model and the self-expectations go very, very deep." Frau D argumentiert, dass es ein typisch weibliches Verhalten gibt, das sich auf deren Karrierestreben auswirkt, deren Rolle in der Politik beeinflusst und aus einem weiblichen Politikverständnis resultiert.

Zum weiblichen Verhalten gehört nach Frau D die Tatsache, dass Frauen meist kein stark ausgeprägtes Karrierebewusstsein haben. Sie selbst hatte auch nie die Motivation, Karriere zu machen: „Well, again, I never really had a really strong career instinct. I suppose I am a typical woman."

Frau D identifiziert einen weiblichen Politikstil, der ihrer Ansicht nach aus den Rollen resultiert, die Frauen seit vielen Generationen in Familie und Beruf eingenommen haben:

> „I think it (the female approach to politics, Anm. d. Verf.) partly does go back to basic roles that women have held for generations and generations within labour and within their families. They are very good at getting agreements, building consensus, settling arguments and using the practicalities of life in order to get the right way forward. They are working hard when it is necessary. All those things can actually be translated into good political ways of making decisions. And so women, I think, do bring both an emphasis on practicalities and an emphasis on talking about it. Perhaps they feel less comfortable with the sort of barrister type of having arguments. ... So there are different aspects of politics where they are good at."

Für Frau D gehört zu einem weiblichen Zugang zu Politik auch eine spezifische Themenwahl; d.h. ihrer Ansicht nach bestehen unterschiedliche Interessenfelder von Männern und Frauen. Sie nimmt keine Auflistung dieser Themen vor, doch anhand der Einschätzung ihrer eigenen Situation können Rückschlüsse darauf gezogen werden. Frau D engagierte sich während ihrer lokalpolitischen Laufbahn für Wirtschaftsangelegenheiten und ordnet diese Tätigkeit wie folgt ein:

> „I was chair of a large direct works department ... So I was working mainly with trade unionists and business people. This was a very male environment, and I fairly enjoyed it. I became increasingly conscious that a woman's word was actually quite important in that environment and that it actually made things work better."

---

[167] Da vor 1997 nur wenige Frauen dem Parlament angehörten, wird aus Datenschutzgründen davon abgesehen, das genaue Eintrittsjahr anzugeben.

Die Erfahrungen im wirtschaftlichen Bereich wirken sich nach Einschätzung von Frau D positiv auf ihr politisches *Standing* aus: „And then with my economic development background I am not written off by the industrialists and unionists." Dies impliziert, dass Frau D davon ausgeht, dass eine Hierarchie zwischen den Themen besteht, die von Männern besetzt werden, und solchen, die als Frauenthemen gelten. Während ‚Frauenthemen' gemeinhin als weniger wichtig oder interessant eingestuft werden, gelten die ‚harten' Bereiche der Männer als prestigeträchtig und einflussreich. Dringt eine Frau in diese Sphäre vor und kann sich dort behaupten, wird ihr nach Einschätzung von Frau D eher Anerkennung zuteil, als wenn sie sich in Frauenbereichen wie Soziales und Umwelt engagiert.

Kategorie 2: Identifikation – Zustimmung zu Frauennetzwerken

Bezüglich der Kategorie Identifikation und der Frage nach der Zustimmung oder Ablehnung von Frauennetzwerken gibt Frau D an, dass im Parlament ein gut funktionierendes Frauennetzwerk existiert, welches informell arbeitet und der gegenseitigen Unterstützung dient. Auch sie ist Teil des Netzwerks: „Yes, there is. No doubt about it. We meet and have an informal supporting network."
Es gibt ein Frauennetzwerk innerhalb der *Labour Party*, dem Frau D ebenfalls angehört und in dem sie sich zunehmend einbringt: „Over the years I have become more active in the women's movement within the party. And certainly the last twenty years I have been increasingly self-aware of how the party needs to change and how society needs to change. Not just here, also internationally."
Durch ihr feministisches Engagement in der *Labour Party* verstärkte sich laut eigener Aussage ihr Bewusstsein sowohl bezüglich struktureller Probleme in der Partei, die den Weg von Frauen in die Politik behindern, als auch bezüglich bestehender gesellschaftlicher Defizite. Sie setzte sich intensiv damit auseinander, wie diese verändert werden könnten. Frau D übte in der Vergangenheit Kritik am Auswahlverfahren ihrer Partei und engagierte sich für die Verbesserung der Chancen von Frauen, die eine politische Karriere anstreben: „I made an effort to argue within the party that we have to make sure we improve the situation of women at that selection stage. And eventually we opted for the all-women shortlists. I actually played a great part in that movement."
Frau D identifiziert sich also stark mit den Belangen von Frauen und feministischen Fragestellungen. Sie ist in den entsprechenden Strukturen in der Partei und im Parlament engagiert und setzt sich für die Verbesserung der Situation von Frauen ein. Dabei nimmt sie einen weiten Blickwinkel ein, denn sie beschäftigt sich mit Frauenfragen auf verschiedenen Ebenen: der Rolle von Frauen in der Partei und in der Gesellschaft sowie im internationalen Kontext. Ihre Interessen beschränkt

Frau D nicht auf Frauenfragen, sondern sie geht bewusst und auch gerne gerade in diejenigen Bereiche, die von Männern dominiert werden.

Kategorie 3: Antizipierte Fremdwahrnehmung – als Politikerin oder Frau

Zu der Frage, ob sie sich eher als Frau denn als Politikerin wahrgenommen fühlt, macht Frau D zwei verschiedene Angaben. Zunächst wendet sie ein, dass sie nur manchmal mehr als Frau in den Blickpunkt gerät und dass dies immer dann der Fall ist, wenn sie Frauenthemen anspricht: „Sometimes. When I emphasize women's issues."

Frau D gibt aber auch an, dass die Presse primär die Frau in ihr sieht und weniger die Abgeordnete: „And I am sure the press do think of me as being a woman politician. But I don't mind that because this is what I am."

Zusammenfassend ist zu dieser Kategorie anzumerken, dass sich Frau D als Frau sieht, die in die Politik gegangen ist. Wenn andere sie zuerst als Frau und erst nachrangig als Politikerin einstufen, so findet sie daran keinen Anstoß, da dies ihrem Selbstbild entspricht. Da Frau D diesen Umgang seitens der Presse und auch seitens ihrer Kollegen unproblematisch findet, macht sie sich den Fokus auch nicht ständig bewusst, sondern nimmt ihre Rolle als weibliche Abgeordnete nur dann verstärkt wahr, wenn sie sich öffentlich mit Frauenthemen befasst.

Kategorie 4: Gesellschaftliche Normen – Einfluss des Elternhauses

Bezüglich des Einflusses des Elternhauses auf das eigene politische Engagement beschreibt Frau D ihre Eltern als politisch interessiert und als *Labour*-Sympathisanten. Eine aktive Rolle nahmen diese jedoch nicht in der Politik ein: „I suppose my family was interested, but they weren't members. …They were always very interested. I can remember the excitement in 1954 … and one of my older brothers was interested in politics when he was a student. But no one was active in the party."

Inhaltlich orientierte sich Frau D vielmehr an ihrem Ehemann: „I was interested in worker's education. Because my husband then was working in adult education."

Frau D stammt aus einem politisch interessierten Haushalt, der zudem die Politik der *Labour Party* unterstützte. In diesem Kontext erhielt Frau D die erste politische Prägung und bildete ihre Meinung in Anlehnung an die der Eltern. Durch die Heirat erschloss sich für sie ein Interessengebiet, welches sich inhaltlich gut in ihr politisches Profil einfügte.

Im Fokus dieser Kategorie steht die Frage, ob die politische Karriere auf eigenen Wunsch angestrebt wurde oder ob sie von Dritten angeregt wurde. Eine politische Laufbahn strebte Frau D nicht an, sie sah sich eher als Frau im Hintergrund, die mitorganisiert, aber keine politische Karriere absolviert. Bei ihrer Argumentation nimmt Frau D eine Perspektive ein, die von Klassenbewusstsein geprägt ist. Da sie gut gebildet ist (und der Mittelschicht angehört), sah Frau D ihre Position innerhalb der Arbeiterbewegung eher im organisatorischen Bereich: „I always thought that I was quite well educated and therefore would – from the Labour Party point of view – be better placed as an organizer and would let the working-class people be the representatives."

Dass Frau D dennoch für ein politisches Mandat auf der kommunalen Ebene kandidierte, resultierte aus mehreren Umständen: „I had a number of friends who already were city councillors. ... And I got a bit sick of xxx (her job, Anm. d. Verf.).[168] I then had to leave xxx in order to be on the council."

Frau D äußert sich nicht explizit, ob die Entscheidung für die Kandidatur auf der kommunalen Ebene ihre eigene war oder ob sie von ihren politischen FreundInnen dazu animiert wurde. Da sie sich selbst mehrfach als wenig karriereorientiert beschreibt, ist zu vermuten, dass der Einfluss von außen sie dazu bewogen hat. Bezüglich des Entscheidungsfindungsprozesses für die Kandidatur um einen Sitz im Unterhaus sagt Frau D deutlich, dass der Impuls von anderen kam:

„And I haven't really considered it at all when the family was young. I then stepped into a learning curve when I was on the city council and I thoroughly enjoyed it. ... When it was clear that the local seat was going to become vacant, somebody asked me whether I would stand. And literally, I hadn't even thought about it. First I said no. And then when I started thinking about it, I said 'Why not?'."

Wie in der vorherigen Kategorie ‚weibliche Identität' deutlich wurde, nimmt Frau D an, dass Frauen in Bezug auf Karriere einen anderen Zugang haben als Männer und dass es ein typisch weibliches Verhalten ist, nicht karriereorientiert zu sein. Sie sagt über sich selbst, dass sie nie eine Karriere anstrebte, und stuft sich auch explizit in diesem Punkt als typisch weiblich ein. Für ihre Person gab es somit zwei Gründe, sich nicht in der *Labour Party* um ein repräsentatives Amt zu bemühen – ihre soziale Herkunft respektive ihre Bildung sowie fehlenden Ambitionen. Als Motor für ihr politisches Engagement identifiziert Frau D ihr Bewusstsein für soziale Gerechtigkeit und ihre Ablehnung von Krieg und Gewalt: „I have a very strong

---

[168] An dieser Stelle nennt Frau D ihren Beruf, dessen sie überdrüssig wurde und den sie für das politische Amt aufgab. Aus Datenschutzgründen wurde die Berufsbezeichnung unkenntlich gemacht. Dies gilt auch für spätere Darstellungen.

social conscience. I get really upset about exploitation and I get really upset about cruelty and wars. You can't overestimate that as the biggest motivation."

Kategorie 6: Formen der politischen Partizipation – kollektive/individualistische Formen

Bevorzugt Frau D individualistische oder kollektive Formen der politischen Partizipation? Aus den bisherigen Darstellungen geht hervor, dass sich Frau D in Frauennetzwerken, sowohl im Parlament als auch in der *Labour Party*, einbringt. Zudem kann aus ihren Ausführungen auf ein Selbstverständnis geschlossen werden, welches nicht auf Einzelkämpfertum setzt. Frau D betont, dass sie gerne mit anderen kommuniziert, sich gerne austauscht und dabei konfrontative respektive aggressive Diskussionsformen als weniger angenehm empfindet. Dies weist darauf hin, dass Frau D kollektive Formen der politischen Partizipation bevorzugt.

Kategorie 7: Selbstwahrnehmung – Selbstbewusstsein

Wie zuvor erwähnt, werden bei der Kategorie ‚Selbstwahrnehmung' drei Differenzierungen vorgenommen: sehr selbstbewusste Politikerinnen neigen demnach zur Selbstdarstellung, selbstbewusste Politikerinnen nehmen eine realistische Einschätzung ihrer Kompetenzen vor, und wenig selbstbewusste Politikerinnen äußern Selbstzweifel und Unsicherheiten.

Frau D kann als selbstbewusste Frau eingestuft werden, was sich durch mehrere Punkte begründen lässt. Auch wenn Frau D keine Karriere anstrebte und auch als Abgeordnete keine ministeriale Laufbahn favorisiert, legt sie großen Wert darauf, dass ihre Leistungen anerkannt werden: „I was never really motivated in my life to work on my career. I don't have high expectations of myself being here. But I like to be respected and I get upset when I am belittled or put down. As long as I am respected here I feel that it is a wonderful job to have."

Ihr Selbstbewusstsein zieht Frau D aus ihren vielfältigen Qualifikationen und Erfahrungen, die sie in ihrem ursprünglichen Beruf und als Politikerin auf der regionalen und nationalen Ebene sammeln konnte. Wie bereits in der Diskussion der Kategorie ‚weibliche Identität' deutlich wurde, differenziert Frau D zwischen männlichen und weiblichen Interessengebieten. Sie erweckt den Eindruck, dass sie stolz ist, sich in der Männerdomäne Ökonomie behauptet zu haben, und ist der Meinung, dass sie durch ihre Perspektive Gutes dazu beigetragen hat. Aufgrund dieser Errungenschaften wird ihr noch immer Respekt gezollt, und diese Errungenschaften haben auch dazu geführt, dass sich Frau D als kompetente Expertin auf diesem Gebiet wahrnimmt.

Die Charakteristika, die ihren Weg in der Politik begünstigten, fasst Frau D wie folgt zusammen:

„I find it very stimulating, mentally. So I like those challenges. It is very thought-provoking and keeps you going. I like the interaction with a wide variety of people. I think I respond well to people. I feel comfortable talking to them and talking in a group. ... I like working hard. ... And I have quite a lot of patience. And that perhaps helps ... I have a very strong social conscience. I get really upset about exploitation, cruelty and wars. You can't underestimate that as the biggest motivation."

Wie bereits bei der Beschreibung des weiblichen Politikstils, hebt Frau D auch bei der Charakterisierung ihrer eigenen Persönlichkeit die Fähigkeit zur Interaktion mit Menschen hervor. Sie diskutiert gerne, ist aber offenbar nicht auf Konfrontation bedacht, sondern sucht Interaktion und Ausgleich.

Zusammenfassung

Unter Einbezug aller sieben Kategorien kann die Charakterisierung von Frau D – oder auch des Prototyps einer dezidiert gynozentrierten Einstellung mit antizipierter geschlechtsbezogener Fremdwahrnehmung – wie folgt zusammengefasst werden: Nach Einschätzung von Frau D gibt es ein typisch weibliches Verhalten, das Auswirkungen auf das Karrierestreben der Frauen hat und deren Rolle in der Politik beeinflusst. Ihrer Ansicht nach hat dies auch ein weibliches Politikverständnis und eine spezifische Themenwahl zur Folge. Bezüglich ihrer eigenen Situation ist Frau D stolz, sich in harten Politikfeldern durchgesetzt zu haben. Frau D stuft die Notwendigkeit des Bestehens von Frauennetzwerken hoch ein und identifiziert sich stark mit den Belangen von Frauen und feministischen Fragestellungen. Sie engagiert sich in verschiedenen feministischen Strukturen und setzt sich für die Verbesserung der Situation von Frauen ein. Bezüglich der antizipierten Fremdwahrnehmung ist festzuhalten, dass sich Frau D als Frau sieht, die in die Politik gegangen ist. Wenn daraus bei anderen eine Einschätzung ihrer Person in erster Instanz als Frau und nachrangig als Politikerin vorgenommen wird, empfindet sie das nicht als negativ.

Das Elternhaus spielte bei der eigenen Politisierung nach Einschätzung von Frau D durchaus eine Rolle, da ihre Eltern politisch interessiert waren und die *Labour Party* wählten. Als wichtigen Einflussfaktor identifiziert sie auch ihren Ehemann. Frau D strebte anfänglich keine politische Laufbahn an und wollte vielmehr im Hintergrund wirken. Sie wurde von anderen animiert, sich um politische Ämter zu bewerben. Frau D bevorzugt kollektive Formen der politischen Partizipation, sie arbeitet bevorzugt in Netzwerken, tauscht sich gerne aus und empfindet konfrontative Diskussionsformen als weniger angenehm. Insgesamt kann Frau D als selbstbewusste Persönlichkeit eingestuft werden, die ihr Selbstbewusstsein aus ihren vielfältigen Qualifikationen und Erfahrungen zieht, die sie in ihrem ursprünglichen Beruf und als Politikerin auf der regionalen und nationalen Ebene sammeln konnte.

5.2.2.2 Typ II: Frau E als Vertreterin einer moderat gynozentrierten Einstellung mit antizipierter geschlechtsbezogener Fremdwarhnehmung
Kategorie 1: Weibliche Identität – geschlechtsspezifische Gründe

> „First of all I think that everything should be individual choice. Nobody should be forced to do it. And no woman should think that she is inadequate because she decided no to do something which is challenging. Becoming an MP, a local councillor or active in politics, where you have to speak out, is a tiny minority in this country. It is a tiny minority who are in party politics.“

Nach Ansicht von Frau E, die dem Parlament schon bereits vor der Trendwende 1997 angehörte, geht es bei der Eignung für Politik um individuelle Entscheidungen; sie wendet sich deutlich gegen die Einschätzung, dass Vorbehalte geschlechtsspezifisch seien. Was jedoch ihrer Meinung nach besonders Frauen abschreckt, ist das vorherrschende Stereotyp eines MPs, denn nach wie vor denken Menschen zuerst an einen Mann, wenn sie dieses Wort hören. Zudem schätzt sie das parlamentarische System in Großbritannien als sehr konfrontativ ein:

> „This parliamentary system we have in the UK is very confrontational. So they (the people, Anm. d. Verf.) think of it as a place where the big beasts, which is what our senior politicians are called, where the big beasts log horns and have a battle. So this huge amount of military terminology is associated with Parliament. It is just seen to be a male preserve. And of course it has been a male preserve for centuries.“

Die männliche Prägung des Parlaments, die sich über Jahrhunderte entwickelt hat, empfindet Frau E als sehr problematisch und sie plädiert dafür, die politische Kultur des Unterhauses zu verändern:

> „But what we have to do as women and what we have to insist of the men is that we actually change the Parliament. We change the attitudes and we change the culture. We make it more like ordinary people. It is not just about is it male rather than female, it is more about the people we represent. And it isn't. So making it more like the people we represent and making it clear that this is a place where a woman can be who is pregnant for example. We should make it a place where both male and female MPs might want to bring their children. ... And I would say that it is not about 'is this place for a woman' or whether a woman can do this job. It is about the individual. If you want to do it, you can do it.“

Wie deutlich wurde, plädiert Frau E dafür, dass Vorbehalte für ein parteipolitisches Engagement und die Kandidatur um ein politisches Mandat nicht an geschlechtsspezifische Verhaltensweisen gebunden sind. Ihrer Ansicht nach fühlen sich sowohl Männer als auch Frauen von den bestehenden Strukturen abgeschreckt und sie plädiert dafür, diese zu ändern, um das Parlament zu einem ‚menschlicheren

Ort' zu machen. Generell identifiziert Frau E durchaus geschlechtsspezifische Verhaltensweisen und geht auch davon aus, dass es einen weiblichen Politikstil gibt: „Yes, I think there is. Some women will deny this and some women don't want to accept this or be part of it.“

Frau E spricht sich klar gegen eine Defizitperspektive aus, d.h. ihrer Ansicht nach gibt es eine weibliche Perspektive auf die Politik, die dazu führt, dass Frauen bestimmte Themen auf die Tagesordnung setzen, aber diese Perspektive hat weniger etwas damit zu tun, dass sich Frauen nicht für politische Ämter bewerben. Sie identifiziert die politischen Strukturen als Ausschlussmechanismus, in dessen Folge auch Männer von einer Kandidatur absehen.

Aus ihren Aussagen lassen sich auch Rückschlüsse auf ihre eigene Wahrnehmung ziehen – demnach kann angenommen werden, dass sich Frau E selbst eher als Individuum wahrnimmt und erst in zweiter Instanz als Frau. Somit unterscheidet sie sich sehr deutlich von Frau D.

Kategorie 2: Identifikation – Zustimmung zu Frauennetzwerken

Bezüglich ihrer Einstellung zu Frauennetzwerken verweist Frau E zunächst auf ihre Anfangszeit im Parlament; sie beschreibt diese als schwierig, da dort kein gutes Klima für Frauen herrschte. Die weiblichen Abgeordneten bildeten auch kein Frauennetzwerk, sondern waren Einzelkämpferinnen. Frau E ist jedoch überzeugt, dass sich Frauen gegenseitig unterstützen und Netzwerke aufbauen müssen:

> „It was a totally unfriendly environment for women when I was first involved. It was extremely hostile to women. The very small number of women who were MPs were by and large women who didn't really want to help other women. They weren't feminists and they thought that when they have made it on the same terms as men, then they were as good as men. They took that attitude. The exception was xxx, who was and still is a feminist ... She believes that you have to help other women and that you have to make your way as women, not just as MPs.“

Frau E erwähnt eine Kollegin, die sie für ihr Engagement und ihre Überzeugungen bewundert. Im Laufe des Interviews fällt der Name dieser Politikerin mehrere Male und es kristallisiert sich heraus, dass sie für Frau E als Mentorin fungierte. Für Frau E sind die so erfahrene Unterstützung und die gelebte Solidarität von Frauen wichtig und sie erkennt, dass die Vernetzung bedeutsam für ein Vorankommen ist. Sie setzte sich schon früh zusammen mit ihrer Mentorin und anderen Politikerinnen für ein Aufweichen der traditionellen Strukturen ein und nahm dafür in Kauf, sich bei den anderen Abgeordneten unbeliebt zu machen:

„Our campaign was to get more women's toilets. And it took us ten years to get a tampon machine. It (the Parliament, Anm. d. Verf.) was a very, very hostile place. I always say it was a cross between a boys' public school and a gentlemen's private club. xxx and I and other feminists have just battled and battled and made ourselves very unpopular at the time. We were told to stop complaining."

Als 1997 die Anzahl der weiblichen Abgeordneten sprunghaft anstieg und auf Medieninteresse stieß, verteidigte sie die Neuankömmlinge gegen Kritik und unterstützte sie. In den Medien und auch unter Kollegen wurde häufig argumentiert, dass die Frauen, die über die *all-women shortlists* ins Parlament kamen, unqualifiziert seien und nur durch diese Form der Protegierung ihren Weg gehen konnten. Nach Ansicht von Frau E spiegelt das aber nicht die tatsächliche Situation wider:

„But some of us made attempts to argue the case and to protect some of our newly arrived women. Some of them felt really challenged and took it to heart. We needed to say to them 'Just think what this is. This is a nonsense.' They had all been women. And in order to get here they have to be unusual, have to be determined, have to really work so hard. The majority of them had been selected on the all-women shortlists and were then told that they weren't any good. But there was of course a huge competition to become a candidate for a particular seat."

Frau E plädiert sehr stark für den Aufbau und die Nutzung von Netzwerken, um die Kräfte von Frauen zu bündeln und um strukturelle Schwierigkeiten zu beseitigen. Sie kritisiert, dass sich einige ihrer (früheren) Kolleginnen eher als Einzelkämpferinnen gebärdeten und anderen Frauen die Unterstützung verweigerten. Sie selbst hat sich über Jahre hinweg aktiv für die Etablierung von Netzwerken und die Verbesserung der Strukturen eingesetzt. So wie sie in ihrer Anfangszeit von einer Mentorin im Parlament profitierte, mit der sie sich später zusammen für die Verbesserung der Strukturen einsetzte, gewährte sie den Politikerinnen, die nach ihr in das Unterhaus einzogen, ebenfalls ihre Unterstützung. Sie verteidigte ihre Kolleginnen und machte ihnen Mut.

Kategorie 3: Antizipierte Fremdwahrnehmung – als Politikerin oder Frau

Nach Ansicht von Frau E werden weibliche Abgeordnete primär als Frauen und nicht als Politikerinnen wahrgenommen. Sie nennt dafür mehrere Beispiele. Die 101 *Labour*-Parlamentarierinnen, die durch die Wahl im Jahr 1997 ins Unterhaus einzogen, wurden von der Presse abwertend ‚*Blair's babes*' genannt und in den Schmutz gezogen:

„In 1997 when 101 Labour women were elected, we had photographs and the Prime Minister had a photograph with all the women, which went around the world. But it was horribly named the 'Blair's babes'. And from that moment they were demeaned. And after 6 and 12 months there were plenty of articles asking what have these women done? Actually they have done what the men have done. They have been different MPs doing different things. They all voted for the government. But they said that these women haven't changed the world. They must be failures. But this is ridiculous. And I would say to journalists 'Find 101 men and do a proper comparison. Compare our 101 women with 101 men and then see where you get.'"

Die Boulevardpresse wird nach Ansicht von Frau E Politikerinnen immer respektlos behandeln und sexualisiert darstellen:

„Our tabloid press will always treat women in a trivial way and with a lack of respect. They will always sexualize women. If a woman makes a mistake, then she is not only a politician who has gone wrong. She is a woman who has gone wrong. It is the woman who they emphasize. I think that men can get away with making gaps, women can't. Women have to be very aware of the media."

Aus den Ausführungen wird deutlich, dass Frau E annimmt, Politikerinnen werden von anderen primär als Frauen wahrgenommen und als solche stigmatisiert. Sie erwähnt sexualisierte Darstellungen in der Presse und überhöhte Erwartungshaltungen, die sie als sexistisch ablehnt. Frau E kritisiert stark, dass an weibliche Abgeordnete andere Maßstäbe gelegt werden als an männliche und findet die sexualisierte Wahrnehmung der Politikerinnen diskriminierend.

Kategorie 4: Gesellschaftliche Normen – Einfluss des Elternhauses

Gefragt nach der Rolle des Elternhauses bei der eigenen Politisierung, identifiziert Frau E ihren Vater als großen Einflussfaktor:

„When I was a child, my father was working full-time and getting reasonably paid in a factory. My mother worked part-time, because we needed the money. ... My father was very active in his workplace. He was a supervisor. He was always telling me about industrial relations. He wasn't anti-union, but he was always in dispute with them. So I grew up with that background. It made me want to know what the other side of it was."

Frau E war bereits im Studium politisch aktiv und engagierte sich auch in der Zeit danach in sozialen Bewegungen, wo sie Führungspositionen übernahm. Zu mehreren Gruppierungen hat sie noch immer Kontakt und ist bemüht, deren Interessen zu vertreten. Den Grundstein für ihr politisches Engagement wurde nach Einschätzung von Frau E bereits in ihrer Kindheit und Jugend gelegt, da ihr Vater sie stets über politische Entwicklungen informierte.

Die Entscheidung für eine politische Karriere hat Frau E selbst und bewusst getroffen. Sie war in sozialen Bewegungen aktiv und arbeitete in sozialen Einrichtungen. Diese Tätigkeit gewährte ihr Einblicke in strukturelle Schwierigkeiten, und sie entschloss sich, diese zu ändern:

> „We have an organization that we call the xxx. It is a huge organization and it gets a lot of government funding. I was running a big one of these. I was doing the annual report one day, and we had 22,000 inquiries. And I realized that they were about the same problems. So I thought that we have to change things. That made me think that I should stand for Parliament."

Interessant an dieser Aussage ist auch die Art der Darstellung. Frau E berichtet, dass ihr strukturelle Probleme auffielen und dass sie zu der Erkenntnis gelangte, nicht länger an den Symptomen zu arbeiten, sondern die Ursachen beheben zu wollen. Daraus leitete sie ab, dass sie sich selbst um ein politisches Mandat bewerben müsse, um Einfluss auf die Strukturen zu nehmen. Dieser Gedankengang ist bemerkenswert und zeugt von viel Engagement sowie von Vertrauen in die eigenen Kompetenzen.

Frau E kann als zielstrebig und karriereorientiert eingestuft werden, denn sie strebt in vielen Kontexten nach Führungspositionen und möchte sich nicht mit bloßer Mitarbeit begnügen. Bereits an der Universität, wo ihr politisches Engagement begann, war sie Vorsitzende einer politischen Gruppierung. Sie äußert auch großes Bedauern darüber, dass sie im Parlament keine Karriere gemacht hat. Allerdings legt sie großen Wert darauf, ihren Weg selbst zu gehen und sich ihre Erfolge selbst zu erkämpfen: „When I got first elected I wasn't very popular. People who are popular outside Parliament are not popular inside Parliament. So I decided to keep my head down. I didn't want promotion. I felt I needed to learn my way in here."

Das Thema ‚Gerechtigkeit' taucht bei Frau E sowohl in der Beschreibung ihrer Kindheit als auch ihren Handlungsbegründungen und ihren politischen Zielen auf. Gerechtigkeit als ein wiederkehrendes Thema und die wahrscheinlich größte Motivation für ihr politisches Engagement nimmt in den Darstellungen von Frau E einen zentralen Stellenwert ein. Es gab für Frau E kein Schlüsselerlebnis, welches ihre Entscheidung beeinflusste, politisch aktiv zu werden. Sie charakterisiert sich als einen Menschen, der von Kindheit an für Gerechtigkeit sensibilisiert war und für den Gerechtigkeit auch weiterhin eine große Rolle spielt: „I can't say how it happened. But I suppose I just grew up with some sense of justice and recognizing injustice. That was what really motivated me most I think." Das Interesse an der Herstellung von Gerechtigkeit war die größte Motivation für den Beginn ihrer politischen Aktivität, aber es ist auch die Kraft, die Frau E weiter antreibt: „It is my sense of wanting to change things, my sense of injustice and inequality. ... At the end of the day you have to have a certain determination."

Kategorie 6: Formen der politischen Partizipation – kollektive/individualistische Formen

Gehört Frau E in die Gruppe der Einzelkämpferinnen oder der Gruppenmenschen? Die Etablierung von Frauennetzwerken ist für Frau E, wie bereits erwähnt, von Wichtigkeit. Sie kritisiert die weiblichen Abgeordneten, die nicht bereit sind, andere Frauen zu unterstützen, und hebt eine Kollegin und Mentorin hervor, die sich zum Feminismus bekennt und anderen Frauen aus Überzeugung hilft. Obwohl diese Aussagen darauf hinweisen, dass Frau E ein starkes Gruppenbewusstsein hat und kollektive Formen der politischen Partizipation bevorzugt, gibt es Momente, die eher eine Präferenz individualistischer Formen andeuten. Dies kann an zwei Beispielen belegt werden: Während ihrer Tätigkeit als Leiterin einer sozialen Einrichtung stellte sie fest, dass die meisten Anfragen um die gleichen Probleme kreisten und dass 'wir' die Strukturen ändern müssen, um diese Probleme zu lösen. Aus dem kollektiven 'wir' zieht sie dann jedoch den Schluss, dass sie selbst für das Parlament kandidieren sollte, um an diesen Änderungen mitzuwirken. Des Weiteren erwähnt Frau E, dass sie jederzeit bereit sei, neue Kampagnen zu initiieren – es geht ihr scheinbar nicht um die Teamarbeit oder auch die Mitarbeit, sondern um die Verwirklichung ihrer eigenen Vorstellungen: „But if that fits with my scope of interest, then I am sure I will have a new campaign."
Diese disparaten Aussagen lassen sich dahingehend zusammenführen, dass Frau E zielstrebig ist und die Initiative ergreift, um Dinge zu verändern. Sie möchte gern den Ton angeben, sieht sich als Gründerin und Frontfrau von Bewegungen, erkennt aber gleichzeitig auch, dass sie als Einzelkämpferin keinen Erfolg hat, sondern die Unterstützung anderer braucht und diese auch anderen gewährt. Frau E ist demnach Einzelkämpferin und Gruppenmensch zugleich.

Kategorie 7: Selbstwahrnehmung – Selbstbewusstsein

Frau E ist sehr selbstbewusst und wiederholt mehrmals, dass sie in einer früheren beruflichen Funktion in Großbritannien berühmt wurde. Sie folgert daraus, dass diese Berühmtheit dazu führte, dass sie im Parlament einen schweren Stand hatte, doch sie wollte diese Situation allein und ohne Protegierung meistern. Aus den Erzählungen geht immer wieder hervor, dass Frau E erfolgreich war, dass sie leitende Funktionen in ihrem Berufsleben übernahm und ihr sogar mehrere sichere Wahlkreise zur Auswahl standen, als sie sich zur Kandidatur entschied: „I had many invitations to enter contests for safe seats. The one I eventually succeeded in is the one I still stand in now." Sie beschreibt sich auch als sehr beliebt bei den

WählerInnen: „In the last election, 70 percent of those who voted, voted for me. You can't do much better than that."

Das ständige Wiederholen des eigenen Erfolges und der Berühmtheit wirken so, als habe Frau E Geltungsdrang. Es klingt wenig glaubwürdig, wenn sie sagt, dass sie ihren Weg im Parlament alleine schaffen wollte, denn sie erwähnt auf der anderen Seite, dass der ehemalige Parteivorsitzende Neil Kinnock, mit dem sie befreundet war, ihr sicherlich ein hohes Amt gegeben hätte, wenn er PM geworden wäre:

> „I never set out to have a career within the party. I happened to be a friend of our previous leader Neil Kinnock and his wife Glenys. ... I was always in a good position when he was the leader. And I have no doubt that I would have been a minister, and probably a senior minister, if he had become Prime Minister."

Auch wenn sich Frau E als unpretentiös darstellt, entsteht dennoch der Eindruck, dass sie sehr wohl ihre Kontakte nutzen und davon profitieren möchte.

Das Scheitern ihrer ministerialen Karriere beschreibt Frau E als schmerzvolle Erfahrung, die sie als ungerecht empfindet. Allerdings wird nicht klar, warum Tony Blair sie als Ministerin hätte auswählen sollen, denn Frau E argumentiert nicht, dass sie besonders qualifiziert sei. Vielmehr klingt ihre Darstellung so, als habe sie einen bestimmten Posten für sich beansprucht und sei nun verärgert, dass sie ihn nicht erhalten hat:

> „When he left (Neil Kinnock, Anm. d. Verf.) ... I haven't prospered since. By accident. Because the job I was doing and which I had asked Tony for had to be given to a senior person. This was because of changes he wanted to make in his shadow cabinet. And so I just fell out of the packing order. ... So that was the end of my ministerial career. That was extremely hurtful. And I think it was very unjust. But now I can be quite sanguine about it, because the work that I do now is probably as important as the work of a minister."

Frau E sagt nicht offen, dass sie einen Machtanspruch hat, aber ihre Enttäuschung über das Scheitern ihrer ministerialen Karriere und ihr Streben nach Führungspositionen lassen sich dahingehend interpretieren, dass sie Macht ausüben möchte: „Once you have it in your blood, you gotta go for it."

Wie bereits erwähnt, kann Frau E es nur schwer ertragen, nicht in einer führenden Position zu sein. Auch wenn sie angibt, mit ihrer derzeitigen Arbeit zufrieden zu sein und diese als nahezu gleichwertig mit der eines Ministers einstuft, entsteht dennoch der Eindruck, dass sie über das Scheitern noch immer nicht hinweg ist und dies ähnlich einer persönlichen Zurückweisung einstuft.

Der Typ der moderat gynozentrierten Einstellung mit antizipierter geschlechtsbezogener Fremdwahrnehmung kann am Beispiel von Frau E wie folgt zusammengefasst werden: Frau E wendet sich gegen die Einschätzung, dass Vorbehalte gegenüber einer Karriere in der Politik geschlechtsspezifisch sind. Bei der Eignung für
Politik spielen vielmehr individuelle Entscheidungen eine Rolle. Sie identifiziert
dennoch geschlechtsspezifische Verhaltensweisen und geht auch davon aus, dass es
einen weiblichen Politikstil gibt. Dieser Umstand hat nach ihrer Einschätzung jedoch nichts mit dem Weg in die Politik zu tun. Die Notwendigkeit der gegenseitigen Unterstützung und der Etablierung von Netzwerken stuft Frau E als sehr hoch
ein, da diese für eine Karriere in der Politik von Bedeutung sind. Sie setzt sich seit
vielen Jahren gemeinsam mit anderen Politikerinnen für feministische Anliegen ein
und arbeitet an der Veränderung der Strukturen im Unterhaus. Nach Ansicht von
Frau E werden weibliche Abgeordnete primär als Frauen wahrgenommen und erst
sekundär als Politikerinnen. Dies ist besonders in den Darstellungen der Presse
auszumachen.

Frau E stuft die Rolle ihres Vaters bei ihrer eigenen Politisierung als sehr bedeutend ein, da er sie bereits als Kind in politische Gespräche einbezogen hat. Bei der
Entscheidungsfindung bezüglich der politischen Karriere waren nach Darstellung
von Frau E Einflüsse von anderen Personen nicht von Bedeutung, da sie sich sehr
bewusst für diesen Weg entschied. Durch ihr langjähriges Engagement in sozialen
Bewegungen und Einrichtungen war sie mit strukturellen Schwierigkeiten vertraut,
die sie dann als Politikerin ändern wollte.

Bei Frau E sind sowohl Ansätze für eine Präferenz von kollektiven als auch von
individualistischen Partizipationsformen auszumachen. Auf der einen Seite gefällt
sie sich in der Rolle der leitenden Person und ‚Vorkämpferin', auf der anderen Seite erkennt sie, dass sie nur im Team etwas verändern kann. In ihrer Selbstwahrnehmung kann Frau E als sehr selbstbewusst eingestuft werden. Sie wiederholt
mehrfach ihre eigenen Erfolge, ihre Berühmtheit und ihren Anspruch auf Führungspositionen; dabei klingt gleichzeitig eine hohe Frustration über das Scheitern
ihrer ministerialen Karriere durch.

5.2.2.3 Typ III: Frau G als Vertreterin einer moderat gynozentrierten Einstellung mit antizipierter berufsrollenbezogener Fremdwahrnehmung

Kategorie 1: Weibliche Identität – geschlechtsspezifische Gründe

Frau G, die bereits vor der Trendwende 1997 Abgeordnete des Unterhauses war, ist
der Ansicht, dass eine große Anzahl von Frauen in die Politik gehen sollte: „You
just have to got to do a sheer number of women in it and change it. There is no way
of accepting the way it is."

Frau G argumentiert, dass Politik männlich geprägt sei, was für sie eine logische Konsequenz daraus ist, dass Männer Parteien und Parlamente etablierten, organisierten und über Jahrhunderte dominierten:

> „I think that if something has been created for, organized for and run for men by men for centuries, and women come along later, they always gonna feel a bit like a square peck in a round hole or a round peck in a square hole. It takes time to change that. Even with the number of women we have got, politics is still very macho, very football oriented and not suited the way women prefer. And that's because they were there first and they organized the rules.“

Die Antwort von Frau G ist sehr konsistent mit dem Eindruck, den sie erweckt. Sie macht sich keine Gedanken darüber, warum sich Frauen für ungeeignet halten könnten, sondern fordert einen Anstieg der Frauenquote und eine Änderung der Strukturen. Dass Frauen sich in der Politik unwohl fühlen, ergibt sich für Frau G ganz automatisch und wird von ihr nicht als Defizit empfunden, da Politik traditionell von Männern bestimmt wurde und sie diese nach ihren Bedürfnissen und Vorstellungen formten. Die Selbstzweifel der Frauen sind nach Frau G insofern nicht angebracht, als es objektive Gründe für den Status Quo gibt. Frau G geht zwar davon aus, dass ein weiblicher Politikstil existiert, sie möchte aber keine zu starken Generalisierungen vornehmen und diesem keine allzu große Bedeutung beimessen. Den weiblichen Politikstil beschreibt sie wie folgt:

> „I think it (the women's style of politics, Anm. d. Verf.) is less confrontational and rational. But it is a big generalization. I mean some women can be as irrational and sort of whatever as men. I think that men tend to organize in tribes. They are doing each other favours. There are unspoken hierarchies. I don't think women generally organize like that. They don't get included in that kind of network.“

Es ist sehr interessant, dass Frau G Männer als irrational beschreibt und argumentiert, dass auch Frauen manchmal zu diesem Verhalten neigen, denn mit diesem Charakteristikum wird weithin weibliches Verhalten stigmatisiert und abgewertet. Durch ihre Charakterisierung der Frauen als rational und weniger konfrontativ weist sie diese implizit als die überlegteren und infolge dessen auch besseren Abgeordneten aus.

Kategorie 2: Identifikation – Zustimmung zu Frauennetzwerken

Wie in der vorangegangen Kategorie deutlich wurde, argumentiert Frau G, dass sich Männer in Gruppen organisieren, die implizite Hierarchien haben, dass Frauen darin nicht integriert sind und sich auch tendenziell nicht in dieser Form zusammenschließen. Nach Ansicht von Frau G gibt es im Parlament ein *old boys' net-*

work, und sie merkt kritisch an, dass Frauen nicht einflussreich genug seien, um ähnliche Strukturen aufzubauen: „Women aren't powerful enough to do that. The only place to happen something like that is New Zealand. They have a woman as Prime Minister and women ministers who are senior enough to have an effect on the overall atmosphere."

Im britischen Parlament gibt es ebenfalls ein Frauennetzwerk, doch dieses ist nach Einschätzung von Frau G nicht so mächtig: „But it (the women's network, Anm. d. Verf.) is not like Gordon Brown's network or Tony Blair's network."

Frau G identifiziert sich stark mit Frauen respektive mit der gegenseitigen Unterstützung und findet Netzwerkbildung sehr wichtig. Sie betont, dass sowohl für die Gleichberechtigung von Frauen als auch für die Förderung ethnischer Minderheiten sehr viel erreicht wurde, obgleich die Arbeit in diesem Bereich noch nicht abgeschlossen ist. Sie betont dabei auch ihre eigene Rolle in diesem Prozess:

> „We have made great strives in terms of equal opportunities. Not only for women, but also for ethnic minorities. That work is ongoing and I have been very involved in it. I did quite a lot to bring forward the quotas. ... I worked for the trade union movement as well. Basically six or seven unions were involved and they managed to bring together the work in order to introduce quotas and then subsequently all-women shortlists."

Aus den Ausführungen und auch der Art und Weise, wie sie über diese Errungenschaft berichtet, wird deutlich, dass Frau G sehr stolz auf die geleistete Arbeit ist. Sie betont zwar, dass sie eine wichtige Rolle in diesem Prozess innehatte, aber es durch die gute Zusammenarbeit und somit durch eine kollektive Kraftanstrengung erst möglich wurde, Maßnahmen zur Förderung von Frauen in der Politik durchzusetzen.

Kategorie 3: Antizipierte Fremdwahrnehmung – als Politikerin oder Frau

Auf die Frage, ob sie sich manchmal mehr als Frau denn als Politikerin wahrgenommen fühlt, antwortet Frau G mit einem klaren und resoluten Nein. Dann wendet sie jedoch ein, dass:

> „I think if you look at the coverage of women in the media, they are as nasty as they possibly can. The sketch writers who sit in the gallery are very nasty. They comment on how women look and what they are wearing. This is a sort of thing, which wouldn't be an issue anywhere else. The argument then always is 'if you can't stand the heat, get out of the kitchen'."

Auch wenn Frau G von den negativen Darstellungen in der Presse berichtet, kann nicht davon ausgegangen werden, dass sie sich generell eher als Frau denn als Politikerin wahrgenommen fühlt. Sie nimmt diskriminierendes Verhalten wahr, schätzt dieses aber als Randerscheinung ein. Anfeindungen und unsachliche Angriffe gehören für sie zum politischen Geschäft und müssen ausgehalten werden. Durch ihre langjährigen und vielfältigen Erfahrungen in der Partei- und Gewerkschaftsarbeit hat sie gelernt, damit umzugehen und ist sich ihrer Qualitäten als Politikerin bewusst.

Kategorie 4: Gesellschaftliche Normen – Einfluss des Elternhauses

Die Familie von Frau G gehört seit mehreren Generationen der *Labour Party* an, d.h. das Engagement für die Partei geht bis auf die Großeltern zurück. Frau G ist sich darüber im Klaren, dass dies einen großen Einfluss auf sie hatte: „They (the parents, Anm. d. Verf.) always voted Labour and my dad was active in the trade union movement. There was an atmosphere of Labour politics, which must have had an influence."
In dem Elternhaus von Frau G wurde viel über Politik und soziale Bedingungen gesprochen. Diese Gespräche beeinflussten Frau Gs Bild von einer gerechteren Gesellschaft: „I just always had a very strong sense of how society should be. I thought it could be fairer. Some of that was developed because of family stories. We were told what had happened to our family members, stories about lack of education and opportunities."
Auf ihre *Labour*-Tradition in der Familie ist Frau G stolz, und sie identifiziert diese als maßgeblichen Einflussfaktor für ihre eigene Politisierung.

Kategorie 5: Verschiedene Einflussfaktoren – eigene Motivation für politische Karriere

Wurde die politische Karriere von Frau G von Dritten angeregt, oder geht diese auf ihre eigene Motivation zurück? Über ihren beruflichen Werdegang sagt Frau G, dass sie keinen langen Entscheidungsfindungsprozess durchmachen musste: „I never had the decision making process what I wanted to do with my life." Ihre Ausführungen schmückt sie mit einer Anekdote aus ihrer Kindheit aus:

„I always wanted to be (a politician, Anm. d. Verf.) from a very young age. I made my first political speech and stood in front of a crowd in the general election when I was nine. We had a mock election in school and I was the Labour candidate. And I stood up and gave my speech about comprehensive education and various other things. And I lost, of course, since this was a very conservative area. I can't remember when I didn't want to be."

Auf ihr frühes politisches Interesse ist Frau G stolz und stuft dieses Charakteristikum als etwas Besonderes ein:

„I am not sure whether I am typical, because I developed my political allegiance really, really early. Many people don't even think about that until they are in their late teens or early twenties. Whereas I was already writing speeches when I was nine. They must have been very cute to watch, although I am not sure whether they were any good."

Das Unterhaus beschreibt Frau G als einen Ort, der sie seit ihrer Kindheit faszinierte und an dem sie sein wollte: „For me the House of Commons was always an amazing place. And I wanted to be in it. But not for the sake of it." Mit diesem Ort und dem Weg dorthin verbindet sie Idealvorstellungen und politische Ziele. So lag ihre Hauptmotivation, sich in der Partei zu engagieren und für das Parlament zu kandidieren, in ihren starken Wurzeln in der *Labour Party* begründet und der Überzeugung, dass Politik wichtig sei: „I have been always real Labour. I came from a Labour family. I wanted to get involved in politics because I thought it was important. To change the world is the answer to that question."

Frau G geht voll in ihrem Beruf auf und interessiert sich leidenschaftlich für Politik. Als im Interview ihre politischen Wurzeln und ihre Idealvorstellungen von Gesellschaft thematisiert wurden, geriet Frau G ins Schwärmen.

Für ihre politische Karriere brauchte Frau G keinen Anstoß von außen. Da sie schon früh wusste, dass ihr Ziel das Unterhaus ist, war sie bereit, alle Ämter in der Partei zu übernehmen und sich zu engagieren, um die nötigen Qualifikationen zu erwerben.

Kategorie 6: Formen der politischen Partizipation – kollektive/individualistische Formen

Bezüglich der Formen der politischen Partizipation äußert sich Frau G sehr klar: „I am tribal as well, which is old-fashioned these days." Sie trifft somit eine explizite Aussage, dass sie kollektive Formen der politischen Partizipation bevorzugt. Einzelkämpfertum lehnt sie ab und präferiert das Engagement in einer Gruppe. Diese Aussage geht auch mit dem einher, was Frau G über die Etablierung und die Bedeutung von Netzwerken sagt. Sie hält diese nicht nur für wichtig oder nützlich, sondern sie entsprechen einer Form der politischen Teilhabe, die Frau G gerne ausübt.

Kategorie 7: Selbstwahrnehmung – Selbstbewusstsein

Die Beschreibung ihrer eigenen Persönlichkeit respektive der Eigenschaften, die sie in das Parlament brachten, fällt bei Frau G realistisch aus. Sie stellt sich als das dar, was sie auch durch ihr Auftreten und in der Kommunikation vermittelt: „I don't know. I think I was just focused and involved and committed and lucky. There has to be commitment. A record of activity within the party, enthusiasm,

political understanding, the ability to stand up and talk in front of a large number of people."
Frau G listet selbstbewusst eine Reihe von Fähigkeiten auf, über die sie verfügt und die sie für ihr Amt qualifizieren. In ihren Darstellungen schwingt keinerlei Arroganz oder Überheblichkeit mit. Frau G ist sich ihrer Kompetenzen bewusst und trägt diese uneitel vor, aber sie schmälert diese auch nicht oder schränkt sie ein.

Zusammenfassung

Eine abschließende Betrachtung der Charakterisierung von Frau G respektive des Prototyps einer moderat gynozentrierten Einstellung mit antizipierter berufsrollenbezogener Fremdwahrnehmung kommt zu folgendem Ergebnis: Frau G setzt sich nicht damit auseinander, warum sich Frauen für ungeeignet halten könnten, in die Politik zu gehen, sondern sie fordert einen Anstieg der Frauenquote und eine Änderung der Strukturen. Es ist für sie nachvollziehbar und keine Schwäche, dass sich Frauen in der Politik unwohl fühlen, da diese traditionell von Männern dominiert wird. Frau G geht zwar davon aus, dass es einen weiblichen Politikstil gibt, diesem möchte sie jedoch keinen wichtigen Stellenwert zukommen lassen. Mit Frauennetzwerken identifiziert sich Frau G stark, sie ist seit Jahren in feministische Projekte involviert. Zudem betont sie, dass es durch eine kollektive Kraftanstrengung möglich wurde, Maßnahmen zur Förderung von Frauen in der Politik durchzusetzen. Frau G fühlt sich nicht primär als Frau und somit weniger als Politikerin wahrgenommen, obwohl sie der Presse eine negative Rolle bei der Darstellung der weiblichen Abgeordneten beimisst. Sie nimmt diskriminierendes Verhalten wahr, schätzt dieses aber als Randerscheinung ein.
Das Elternhaus von Frau G ist sehr politisch und von einem großen Interesse für die *Labour Party* geprägt. Die intensiven Gespräche mit den Eltern beeinflussten ihr Bild von Politik und einer gerechten Gesellschaft, und Frau G identifiziert dies als maßgeblichen Einflussfaktor für ihre eigene Politisierung. Bezüglich ihrer politischen Karriere sagt Frau G sehr klar, dass sie schon in ihrer Kindheit wusste, dass sie Politikerin werden wollte und dieses Ziel konsequent verfolgt hat.
Frau G präferiert explizit kollektive Formen der politischen Partizipation und lehnt Alleingänge und Einzelkämpfertum ab. Sie nimmt eine realistische Einschätzung ihrer Kompetenzen und Fähigkeiten vor und kann als selbstbewusste Persönlichkeit eingestuft werden.

5.2.2.4 Typ IV: Frau L als Vertreterin einer moderat gynokritischen Einstellung mit antizipierter geschlechtsbezogener Fremdwahrnehmung
Kategorie 1: Weibliche Identität – geschlechtsspezifische Gründe

Für Frau L, die seit 1997 Angehörige des *House of Commons* ist, gibt es kein geschlechtsspezifisches Verhalten, welches Frauen davon abhält, sich in der Politik zu engagieren: „Some people may not be suited for politics. Not everyone is and it is a peculiar kind of game to play. And I don't think it is gender specific at all." Ihrer Ansicht nach sind nicht alle Menschen gleichermaßen für das politische Geschäft geeignet, welches sie zudem als sehr eigenwillig einstuft. Sie nimmt bei den Männern einen Generationsunterschied wahr, der zu veränderten Einstellungen bezüglich Frauen in der Politik und in leitenden Funktionen führt:

> „What I do think is that at the moment, but this state of affairs may not continue, we have a particular generation of men whose formative years were in the 1970s and who have reached positions. The Prime Minister is that age. They have reached positions now of some power and some influence. Hmm, they are in their forties and fifties. And that generation of men mostly was brought up to be deferred to and weighted upon a woman. And what they find now is that in their workplace they work with women who will not defer to them but expect to work on equal terms. And they feel rather threatened by it. And I suspect that younger men, that men from the younger generation, don't feel so threatened. Their mothers were more likely to go to work and to bring them up to treat women as equals."

Ein weibliches Politikverständnis existiert nach Ansicht von Frau L zwar bis zu einem gewissen Grad, aber sie möchte dies nicht überbetonen. Das weibliche Politikverständnis zeichnet sich für sie durch einen weniger aggressiven Debattierstil aus:

> „Up to a point, I wouldn't emphasize that too much. I don't like shouting. I just hate that. When you are in the chamber and men start to shout insults at each other. I just don't like it and I think that this turns people off. Women don't like it; older people don't like it. Maybe young men like it, but this is not the point."

Frau L thematisiert in diesem Kontext eine weitere Facette des Diskutierverhaltens und identifiziert dabei geschlechtsspezifische Unterschiede:

> „I guess women are used to not being listened to. We all have this experience. We come to Parliament, and usually we all have done other things before that. We all had the experience of being in a meeting somewhere and you make a suggestion. And nobody really responds. And then five minutes later a man makes the same point and everyone thinks it is a good idea. That happens a lot, not just here. And you develop a

way to be persistent and not to be discouraged. You have to keep up at it and repeat the same thing until somebody listens to you."

Obwohl sich Frau L dagegen ausspricht, dass es ein typisch weibliches Verhalten gibt, das Frauen von der Politik fernhält, identifiziert sie einen weiblichen Politikstil, den sie jedoch nur eingeschränkt gelten lassen möchte. Diesen Stil macht sie am Debattierverhalten fest; sie ist überzeugt, dass Frauen weniger aggressiv und laut seien als Männer. Zudem ist sie davon überzeugt, dass Frauen oft in Diskussionen marginalisiert werden und sie deshalb effektive Strategien entwickeln müssen, um sich durchzusetzen.

Kategorie 2: Identifikation – Zustimmung zu Frauennetzwerken

Frau L äußert sich positiv über Maßnahmen, welche die Förderung von Frauen in der Politik begünstigen, denn ihrer Ansicht nach stellen diese die einzige Möglichkeit dar, den Frauenanteil im Parlament zu erhöhen:

„I supported them (the all-women shortlists, Anm. d. Verf.). I couldn't see another way of getting more women in Parliament. When I was elected in 1997 I didn't come in via the all-women shortlists. My constituency decided not to use them. But I did support them and I still do."

Aufgrund dieser Aussage liegt die Vermutung nahe, dass sich Frau L für das vernetzte Arbeiten von Frauen einsetzt und auch daran partizipiert. Im weiteren Verlauf des Gesprächs wird jedoch deutlich, dass sie dies nicht tut, denn sie gehört weder dem Frauennetzwerk im Parlament noch dem in der Partei an. Frau L berichtet von einer schwierigen Situation, die sie in ihrem Wahlkreis hat und die ihr auch Probleme im Parlament bereitet. Die kurzen Ausführungen über die Situation wühlen Frau L derart auf, dass sie während des Interviews gegen ihre Tränen kämpfen muss. Es ist aus Datenschutzgründen nicht möglich, den Konfliktpunkt an dieser Stelle zu spezifizieren, da infolge dessen deutlich werden würde, wer sich hinter dem Pseudonym Frau L verbirgt. Im Rahmen dieses Konflikts ist zudem erkennbar, dass Frau L an den unterstützenden Strukturen für Frauen nicht teilhat und dass sie von ihren Kolleginnen enttäuscht ist. In ihren Antworten klingt durch, dass Frau L mehr Unterstützung erwartet hätte. Ob ihr die Unterstützung der anderen Parlamentarierinnen nicht gewährt wurde, weil sie nicht zu deren Netzwerk gehört, oder ob Frau L sich aus Trotz davon zurückgezogen hat, kann hier nicht mit Sicherheit entschieden werden.

Danach gefragt, ob sich Frau L eher als Frau denn als Politikerin wahrgenommen fühlt, bejaht sie dies: „Yes, most of the time. I am not happy with that. It has so much to do with how you look. ... It is not so much here in the chamber, but it is certainly in the press." Nach Einschätzung von Frau L werden Politikerinnen nicht primär nach ihrer Leistung, sondern nach ihrem Aussehen beurteilt. Auch in ihrem Wahlkreis würden weibliche Abgeordnete anders behandelt als männliche.

> „They (people from the local Labour Party, Anm. d. Verf.) put me through difficulties. They were more personal with me. ... They made reference to my family and to my children. There are remarks which you get from male colleagues and which are meant to be funny. But they are in fact not very amusing. For example, if I did disagree with somebody and addressed him rather forcefully, then they asked me whether this was my time of the month. You get used to this sort of thing. You get this in other walks of life as well; it is not only in politics. But this is an illustration of the kind of thing you have to cope with when you are a woman."

Mit diesem Beispiel illustriert Frau L diskriminierendes respektive sexistisches Verhalten in der Politik und führt dies als Ergänzung zu ihren vorherigen Aussagen an. Während Männer einen aggressiven Debattierstil unterhalten, wird dies für Frauen als unangemessen eingestuft. Greift eine Frau einen Mann verbal an, wird ihr unterstellt, sie sei hysterisch. Dass dabei die Argumentationsebenen vermischt werden, wird von ihren Kritikern außer Acht gelassen. In diesem Beispiel wird auf das sachliche und mit Nachdruck vorgetragene Argument von Frau L mit einem persönlichen, unsachlichen und zudem biologisch verorteten Übergriff geantwortet. Hier wird also genau das praktiziert, was Frauen (in dem Fall Frau L) vorgeworfen wird: Irrationalität und Emotionalität. Frau L gibt an, dass sie derartig unangemessenes Verhalten aus ihrer politischen Arbeit und auch aus anderen Kontexten kennt und sich daran gewöhnt hat.

Kategorie 4: Gesellschaftliche Normen – Einfluss des Elternhauses

Frau L schreibt ihrem Elternhaus keinen Einfluss in Bezug auf die eigene Politisierung zu: „I don't come from a political family. My parents were always Labour supporters, but they weren't politically active." Obwohl Frau L sagt, dass ihre Eltern bei ihrer Politisierung keine Rolle spielten, kann durchaus deren Einfluss ausgemacht werden. Auch wenn die Eltern nicht politisch engagiert waren, so waren sie dennoch an Politik im Allgemeinen und der Politik der *Labour Party* im Speziellen interessiert, unterstützten also diese Partei. Unterstützung meint in diesem Kontext, dass sie die *Labour Party* wählten und deren politisches Konzept mittrugen. Frau L engagiert sich demnach nicht zufällig in dieser Partei, da zu vermuten ist, dass politische Diskussionen im Elternhaus pro *Labour Party* geführt wurden. Ihren Weg in die *Labour Party* fand Frau L durch ihre langjährige Aktivität in der Gewerkschaft: „I have had several jobs and I have always been a member of the corresponding union. It was the trade union, which brought me into the Labour Party."

Kategorie 5: Verschiedene Einflussfaktoren – eigene Motivation für politische Karriere

Führte Frau L eine eigene und bewusste Entscheidung in das Unterhaus, oder wurde ihre politische Karriere von Dritten angeregt? Um diese Frage zu beantworten, kann bereits auf ihre Funktionen auf der lokalen Ebene geblickt werden, wo sie ermutigt wurde, sich um Ämter zu bewerben:

> „I didn't really set out to have posts in the constituency party, although I did hold some junior offices from time to time. And I was then encouraged by a senior male colleague to stand for the council. I didn't really have the confidence to do it. But he told me that we need more women to stand for elected office."

Wie es zu der Entscheidungsfindung bezüglich der Kandidatur für das Unterhaus kam, stellt Frau L widersprüchlich dar. Zunächst berichtet sie, dass sie sich selbst dazu entschloss, für das *House of Commons* zu kandidieren und dass sie ab Mitte der 1990er Jahre darüber nachdachte:

> „And then I thought that I want to try to be a parliamentary candidate. In the early mid 90s I started to think about that. My children were quite grown up then. I didn't really want to go along the country and be off every weekend when they were still young. So I thought that I could be a candidate in xxx where I live. I thought that I couldn't win. I made the decision in 1995 and the party selected the candidate in late 1995. Then the tide turned in favour of the Labour Party and I got elected in 1997."

Wenig später berichtet sie jedoch, dass intensive Gespräche mit einem Parteifreund ausschlaggebend waren:

> „I think it was because of the serious conversations I had with a friend in the party. ... We talked about what kind of person would be the best candidate for our constituency. And after a couple of conversations we agreed that it would be best if the candidate was female, lived locally and had local connections. And then it narrowed down to me. And when I thought who could do it best, I thought that this would be me."

Frau L beschreibt sich als Person, die nicht selbstbewusst genug war, um für einen Sitz im Kommunalparlament zu kandidieren und dazu erst überredet werden musste. Sowohl im Fall des Kommunalparlaments als auch im Fall des Unterhauses spielten männliche Mentoren bei der Entscheidungsfindung eine entscheidende Rolle. Auch wenn Frau L zunächst angibt, dass es ihre Entscheidung war, sich um einen Sitz im *House of Commons* zu bewerben, wird im weiteren Verlauf des Interviews klar, dass sie diese Entscheidung erst nach vielen langen Gesprächen mit einem Parteifreund traf. Scheinbar wurde Frau L durch die Arbeit im Kommunalparlament selbstbewusster, denn sie musste zur Kandidatur für das Unterhaus nicht überredet werden. Sie entschied selbst – angeregt durch die langen Gespräche – dass sie eine gute Kandidatin sei.

Kategorie 6: Formen der politischen Partizipation – kollektive/individualistische Formen

Es können keinen eindeutigen Aussagen bezüglich dieser Kategorie getroffen werden; in Anlehnung an die Schlussfolgerungen, die bei der Kategorie ‚Identifikation' gezogen wurden, kommen bezüglich der Einschätzung einer Präferenz der Partizipationsform jedoch folgende Annahmen in Betracht: Wegen Frau Ls Plädoyer für frauenfördernde Maßnahmen könnte in ihrem Fall eine Präferenz kollektiver Formen der politischen Partizipation zutreffen. Aufgrund ihrer beschriebenen problematischen Position in der Partei sowie der offenbar mangelnden feministischen Vernetzung scheinen jedoch eher individualistische Formen plausibel. Auch hier stellt sich wieder die Frage, ob Frau L als Folge der zuvor beschriebenen Geschehnisse zur Einzelkämpferin wurde oder ob sie es schon immer war und ihr deshalb der Rückhalt fehlt. Die Vermutung liegt nahe, dass Frau L tendenziell weniger an kollektiven Partizipationsformen interessiert und eher als Einzelkämpferin anzusehen ist. Auch die Art und Weise, wie sie mit dem Konflikt in ihrem Wahlkreis umgeht, lässt darauf schließen, dass die Kontakte zu den Mentoren nicht (mehr) sehr stark sind, denn Frau L trägt den Konflikt alleine aus und zieht für sich die Konsequenzen: „I have been the receiving end of it for the last years. But I stood up to it."

Kategorie 7: Selbstwahrnehmung – Selbstbewusstsein

Insgesamt entsteht der Eindruck, dass Frau L durch ihre politische Arbeit selbstbewusster geworden ist. Auch schüchtern sie die Aufgaben, die mit der Tätigkeit der Politikerin verbunden sind, nicht mehr ein:

> „This is going to sound trivial, but I really, really enjoy talking to people and go knocking on people's doors in order to talk to them. It doesn't intimidate me. So campaigning for the party is easy for me. When you are a candidate you have to stand in front of people and have to say 'Look at me, I am wonderful and interesting. Vote for me.' A lot of people find that very difficult, but I don't."

Zudem genießt sie es mittlerweile, Reden zu halten und im Mittelpunkt zu stehen: „I enjoy that (public speaking, Anm. d. Verf.) as well. I get nervous when I am going to speak. But I think if you stop being slightly nervous, it is time to leave and do something else. It took me a long time to be comfortable with public speaking. When I started doing it I was just not good at it. But you learn."

Während sie sich anfangs unwohl fühlte, öffentliche Reden zu halten, wuchs sie in diese Aufgabe hinein. Dasselbe gilt für ihr Selbstvertrauen bezüglich der Bekleidung eines politischen Mandates. Wie unter der Kategorie ‚Verschiedene Einflussfaktoren' deutlich wurde, musste Frau L zur Kandidatur für ein kommunales Amt erst überredet werden und hatte nach eigenen Angaben zunächst nicht genügend Selbstbewusstsein dafür. Bei der Kandidatur um einen Sitz im Unterhaus war zwar erneut ein Mentor im Spiel, dieser musste Frau L jedoch nicht mehr überreden, denn sie erkannte selbst, dass sie dafür nicht nur geeignet, sondern auch die beste Wahl war.

Zusammenfassung

Die Charakteristika von Frau L, die prototypisch für den Typ einer moderat gynokritischen Einstellung mit antizipierter geschlechtsbezogener Fremdwahrnehmung ist, kann wie folgt zusammenfassend dargestellt werden: Nach Einschätzung von Frau L gibt es kein geschlechtsspezifisches Verhalten, das sich negativ auf die politische Partizipation von Frauen auswirkt. Sie identifiziert zwar zu einem gewissen Grad ein weibliches Politikverständnis, aber sie spricht sich explizit gegen eine Überbetonung desselben aus. Einen weiblichen Stil im Verständnis von Politik sieht Frau L im Debattierverhalten; sie ist der Ansicht, Frauen seien in der politischen Auseinandersetzung weniger aggressiv und laut als Männer. Frau L hat ein sehr ambivalentes bis ablehnendes Verhältnis zu Frauennetzwerken. Obwohl sie frauenfördernde Maßnahmen befürwortet, ist sie nicht in feministische Netzwerke eingebunden und hat keine ‚schwesterliche' Unterstützung im Unterhaus oder im Wahlkreis. Seitens der Presse fühlt sich Frau L eindeutig primär als Frau und erst nachrangig als Politikerin wahrgenommen. Politikerinnen werden ihrer Ansicht nach noch immer dominant nach ihrem Aussehen und nicht nach ihrer Leistung beurteilt.

Ihrem Elternhaus misst Frau L für die eigene Politisierung keine Bedeutung bei; dennoch kann zum gewissen Grad dessen Einfluss konstatiert werden, da die Eltern an Politik und an der *Labour Party* interessiert waren und somit bestimmte Werte und Einstellungen vermittelten. Frau L strebte auf lokaler Ebene keine politische Karriere an, wurde aber von anderen dazu ermutigt. Den Sprung ins Unterhaus stellt sie widersprüchlich dar, denn während sie zunächst angibt, dass dies ihre eigene Entscheidung war, erwähnt sie an einer späteren Stelle im Interview den Einfluss eines Parteifreundes als ausschlaggebend dafür.

Frau L ist an kollektiven Formen der politischen Partizipation weniger interessiert und setzt bei ihrer politischen Aktivität primär auf individualistische Formen. Dies wird am Beispiel des Konflikts, den sie mit der Partei im Wahlkreis hat, deutlich. Insgesamt ist der Eindruck entstanden, dass Frau L durch ihre politische Arbeit nach anfänglichen Selbstzweifeln und Unsicherheiten selbstbewusster wurde. Die Aufgaben einer Abgeordneten beschreibt sie als solche, die ihr Freude bereiten; sie hat keine Schwierigkeiten, in der Öffentlichkeit zu stehen und für sich selbst einzustehen.

5.2.3 Identität und politische Partizipation: eine abschließende Betrachtung der empirischen Untersuchung

In Kapitel 4 wurde dafür plädiert, Identität nicht statisch zu denken, sondern als fortschreitenden Prozess einer Lebensgestaltung zu verstehen, der sich fortwährend neu konstruiert. Individuen suchen in diesem Konstruktionsprozess eine Passung von innerer und äußerer Welt. Sie haben keine einheitliche und stabile Identität, sondern sind fragmentiert und bestehen aus mehreren, gar einander widersprechenden Identitäten. Dies impliziert auch eine Abkehr vom traditionellen Kohärenzbegriff, der eine innere Einheit und Stabilität suggeriert, die nicht zutreffend sind. Eine Loslösung von diesem Verständnis und die Rekonzeptualisierung als offene Struktur finden sich in den diskutierten Ansätzen sowohl bei den Dekonstruktivistinnen Butler und Brah als auch bei Benhabib und deren Konzeption einer narrativen Identität sowie bei Tajfel und Turners Vorstellung der Zugehörigkeit zu verschiedenen sozialen Gruppen.

Doch wie sieht dieser Konstruktionsprozess der Passung von innerer und äußerer Welt bei Politikerinnen aus? Für die Analyse der Interviews wurden anhand der identitätstheoretischen Konzepte Kategorien entwickelt, die zusammen mit den vom Material abgeleiteten Kategorien den maßgeblichen Rahmen der Inhaltsanalyse bilden. Des Weiteren ergibt sich durch die Diskussion der theoretischen Konzepte eine doppelte Perspektive auf das Datenmaterial, die eine Analyse der deskriptiven und der reflexiven Ebene ermöglicht. Bei der deskriptiven Ebene liegt der Fokus auf dem Verständnis des gesprochenen Wortes, während bei der reflexiven Ebene eine Interpretation des Gesagten sowie eine Suche nach Brüchen und Widersprüchen in den Darstellungen erfolgt. Die doppelte Perspektive geht auf die divergierenden Identitätskonzepte zurück: Bei Erikson, Tajfel, Turner und Benhabib finden sich deskriptive Kategorien zur Untersuchung von Identität; sie thematisieren gesellschaftliche Normen und deren Auswirkungen auf das Individuum sowie dessen Identitätsgenese. Bei Butler und Brah findet sich hingegen ein Verständnis von Identität, welches davon ausgeht, Identität würde durch Machtverhältnisse beeinflusst, d.h. es besteht vielmehr eine Wechselseitigkeit zwischen Identität und Machtverhältnissen. Diese Wechselseitigkeit sowie die Infragestellung stabiler Identitäten sind Basis der reflexiven Ebene. Die beschriebene doppelte Perspektive kam bei der Typenbildung zum Tragen; dadurch konnten zusätzliche Informationen gewonnen werden.

In dem vorliegenden Kapitel wurde deutlich, dass die Kategorie Identität eine große Rolle bei dem politischen Handeln von Frauen spielt. Um dies herauszuarbeiten, wurden zwei Analyseebenen angewendet: zum einen die Querschnittsanalyse unter Einbezug von vier Kategorien, zum anderen die bereits genannte Typenbildung.

Die Querschnittsanalyse ergab, dass in Bezug auf die ‚Vereinbarkeit von Politik und Privatleben‘ die Befragten einhellig der Meinung waren, dass dies ein großes Problem darstellt und Abgeordnete nahezu kein Privatleben haben. Während einige Politikerinnen für sich und ihre Familie ein System gefunden haben, die Situation zu bewältigen, geben andere offen zu, dass ihnen dies nicht geglückt ist. Aus allen Interviews geht hervor, dass die Befragten ein großes Bedürfnis nach Privatleben und Rückzugsmöglichkeiten haben, und dass die ständige Präsenz in der Öffentlichkeit überwiegend als Bürde empfunden wird.

Wie bei der Kategorie ‚Minderheit‘ zu beobachten ist, spielen Faktoren der Identität mit strukturellen Determinanten zusammen. Die weiblichen Abgeordneten fühlen sich als Minderheit, die in der Männerdomäne Politik zurechtkommen muss. Sie verstehen sich sehr deutlich als eine Gruppe, die zwar heterogen ist,[169] die aber dennoch als Gruppierung einen Sonderstatus genießt. Dies sind Begründungen, die aus den Identitäten der Politikerinnen resultieren, die dann aber in strukturellen Konsequenzen münden, denn die Frauen konnten aufgrund ihrer gestiegenen Zahl Veränderungen in der Struktur des Unterhauses erreichen und plädieren dafür, dass die Frauenquote unter den Abgeordneten weiter steigen muss.

Ein Großteil der Befragten ist der Ansicht, dass WählerInnen keine anderen Erwartungen an weibliche Abgeordnete stellen als an männliche, Unterschiede werden vielmehr in Bezug auf den Vorgänger/die Vorgängerin erwartet. Während die WählerInnen positiv auf Politikerinnen reagieren, sind nach Ansicht der weiblichen Abgeordneten auf der Seite der Partei eher Vorbehalte auszumachen. Einige Befragte sehen durchaus unterschiedliche Wählererwartungen an weibliche Abgeord-

---

[169] Exemplarisch kann hierfür die Äußerung von Frau F betrachtet werden, die sich, wie etliche Befragte auch, gegen eine Vereinheitlichung verwehrt: „The obvious example here is the phrase that the press coined when Labour was first elected in 1997, which was ‘Blair's babes’. The connotation is ridiculous, because it indicates we were all young, which we weren't. They tried to put us all in one corner, and we were a large group – more than a hundred – very disparate women. We were all Labour and we were all women. But those were the only two things we had in common.“

nete, da Politik eine Männerdomäne ist und Frauen sich erst bewähren müssen. Von den allgemein bestehenden Erwartungshaltungen lassen sich wiederum nur wenige Interviewpartnerinnen beeinflussen; den meisten gelingt es, sich davon frei zu machen. Diese Antworten spiegeln wider, dass sich die meisten Befragten von den WählerInnen wertgeschätzt und nicht benachteiligt fühlen.

Der vierte und letzte Punkt im Rahmen der Querschnittsanalyse setzt sich mit den Interessengebieten der Politikerinnen auseinander. Das Gros der Befragten nennt dabei inhaltliche Schwerpunkte, die gemäß der klassischen Aufteilung sowohl ‚Männer-' als auch ‚Frauenthemen' zugeordnet werden können. Nur zwei Frauen interessieren sich ausschließlich für ‚Frauenthemen' und nur zwei ausschließlich für so genannte ‚Männerthemen'. Dies weist darauf hin, dass die allgemein getroffene geschlechtsspezifische Unterscheidung nicht haltbar ist, sondern dass sich Frauen für eine Vielzahl von Themenfeldern interessieren.

Wie auf den vorangegangenen Seiten dargelegt, ergeben sich aus dem Datenmaterial vier Typen, die das Verhältnis von Identität und politischer Partizipation widerspiegeln. Diese wurden anhand von Prototypen erörtert: Frau D ist prototypisch für **Typ I, eine ‚dezidiert gynozentrierte Einstellung mit antizipierter geschlechtsbezogener Fremdwahrnehmung'**, denn ihrer Ansicht nach gibt es eine typisch weibliche Identität, die Auswirkungen darauf haben kann, dass sich Frauen als ungeeignet für Politik einstufen. Sie selbst musste auch von anderen dazu ermutigt werden. Frauennetzwerke findet Frau D wichtig; sie ist seit Jahren in diesen engagiert und setzt sich für die Förderung von Frauen ein. In Bezug auf Fremdwahrnehmung ist für Frau D festzuhalten, dass sie sich von Kollegen und der Presse primär als Frau und nicht primär als Politikerin wahrgenommen fühlt. Dies empfindet sie jedoch nicht als störend.

Frau E, Vertreterin einer **‚moderat gynozentrierten Einstellung mit antizipierter geschlechtsbezogener Fremdwahrnehmung'** und somit des **Typs II**, ist davon überzeugt, dass es bei der Eignung für Politik um individuelle Entscheidungen geht und dass ein typisch weibliches Verhalten hierbei keine Rolle spielt. Auch Frau E ist von der Notwendigkeit und Effektivität von Frauennetzwerken überzeugt und ist in diese seit vielen Jahren eingebunden. Ebenso ist sie der Ansicht, dass weibliche Abgeordnete primär als Frauen wahrgenommen und nach ihrem Aussehen beurteilt werden. Für Frau E ist diese Einstufung deutlich negativ besetzt.

Frau G als Vertreterin des **Typs III ‚moderat gynozentrierte Einstellung mit antizipierter berufsrollenbezogener Fremdwahrnehmung'** ist davon überzeugt, dass es kein geschlechtsspezifisches Verhalten gibt, das Frauen von der Politik fernhält. Frauennetzwerke sind nach Ansicht von Frau G wichtig für das Vorankommen der Politikerinnen; auch sie ist seit Jahren in diesen Strukturen engagiert. Von Kollegen fühlt sich Frau G primär als Politikerin wahrgenommen.

Für Frau L, dem Prototyp ‚**einer moderat gynokritischen Einstellung mit antizipierter geschlechtsbezogener Fremdwahrnehmung**' respektive des **Typs IV**, gibt es kein typisch weibliches Verhalten, welches Frauen von der Politik fernhält. Frau L ist keine Befürworterin von Frauennetzwerken und auch nicht darin involviert. Zudem fühlt sich Frau L von Kollegen und der Presse primär als Frau und nicht als Politikerin wahrgenommen; diese Haltung oder Fremdwahrnehmung kritisiert sie.

Diese vier Typen wurden anhand einer Gruppe von 13 *Labour*-Politikerinnen gebildet – welche Faktoren könnten bei einer anderen oder größeren Zusammensetzung der Untersuchungsgruppe von Bedeutung sein? Es ist zu vermuten, dass die Parteizugehörigkeit einen entscheidenden Einfluss darauf nimmt, wie häufig die jeweiligen Typen vorkommen, d.h. es kann davon ausgegangen werden, dass eine Befragung konservativer Politikerinnen zu einer Gewichtsverlagerung bei der Typenbildung führt. Beispielsweise ist anzunehmen, dass in seltenen Fällen konservative Politikerinnen des Typs I ‚dezidiert gynozentrierte Einstellung mit antizipierter geschlechtsbezogener Fremdwahrnehmung' anzutreffen sind, da sich diese weniger als Vertreterinnen von Fraueninteressen sehen. Exemplarisch kann hier das Zitat der ehemaligen konservativen Abgeordneten Edwina Currie genommen werden, die über sich sagt: „I'm not a woman. I'm a Conservative!" (Currie in Campbell, Beatrix. 2003. „The revolution betrayed". Verfügbar über: http://www.guardian.co.uk/weekend/story/0,3605,1059293,00.html (Zugriff: 05.11.2003)). Wie bereits in Kapitel 2 dargelegt, lehnten die Konservativen in der Vergangenheit Maßnahmen zur positiven Diskriminierung kategorisch ab und wenden diese bis heute nicht an, auch wenn sie der Gesetzesänderung, die Quotenregelungen legalisiert hat, zustimmten. Eine Untersuchung der Gruppe der konservativen Abgeordneten kann jedoch im Rahmen der vorliegenden Studie nicht geleistet werden und sollte Gegenstand weiterführender Forschungsarbeiten sein.

Des Weiteren kann die These aufgestellt werden, dass ein fünfter Typ möglich ist, der als direkter Gegensatz zu Typ I ‚dezidiert gynozentrierte Einstellung mit antizipierter geschlechtsbezogener Fremdwahrnehmung' gelten kann. Wird sich die in Kapitel 5.1.4 aufgeführte Kreuztabelle vor Augen gerufen, wäre **Typ V ‚dezidiert gynokritsche Einstellung mit antizipierter berufsrollenbezogener Fremdwahrnehmung'** im frei gebliebenen Feld auf der rechten Seite einzuordnen:

Tabelle 10: Erweiterte Kreuztabelle zur Typenbildung

	weibliche Identität			
	geschlechtsspezifisch		geschlechtsunspezifisch	
	Identifikation		Identifikation	
antizipierte Fremdwahr-nehmung	Frauennetzwerke positiv	Frauennetzwerke negativ	Frauennetzwerke positiv	Frauennetzwerke negativ
primär als Frau	Typ I		Typ II	Typ IV
primär als Politikerin			Typ III	Typ V

Darstellung: eigene Darstellung, in Anlehnung an Kluge 1999, S. 273

Die Frauen dieses Typs würden sich selbst keine weibliche Identität zuschreiben, fühlten sich als Politikerin und nicht als Frau wahrgenommen und hätten in Bezug auf Frauennetzwerke ein ablehnendes bis ambivalentes Verhältnis. D.h. sie würden entweder explizit nicht an diesen teilhaben wollen oder fänden diese zwar prinzipiell sinnvoll, sähen aber für sich keinen Handlungsbedarf, sich in diese Strukturen einzubringen. Es ist zu vermuten, dass aufgrund der Zusammensetzung der Untersuchungsgruppe dieser fünfte Typ nicht aufgetreten ist, und dass dieser bei Politikerinnen der konservativen Partei eher zu finden wäre, da sich feministisch orientierte Frauen verstärkt in linken Parteien einbringen und das Frauenbild in den konservativen Parteien traditioneller ist; d.h. feministische Tendenzen können bei den *Tories* nicht festgestellt werden (Norris und Lovenduski 1993, S. 56).[170] In Bezug auf die Bedeutung von Frauennetzwerken (also in Bezug auf die Kategorie 'Identifikation') ist demnach ein Unterschied zwischen Frauen der *Labour Party* und der Konservativen zu vermuten, in Bezug auf die 'antizipierte Fremdwahrnehmung' liegt es jedoch aufgrund der grundsätzlichen Bedeutung von *gender* für die politische Partizipation nahe, dass sich auch konservative Frauen primär als Frauen und nicht primär als Politikerin wahrgenommen fühlen, somit eher Typ IV zuzuordnen

---

[170] Auf Großbritannien bezogen, ist gerade für die lange Ära unter Margaret Thatcher festzuhalten, dass diese besonders negative Auswirkungen auf die Einflussmöglichkeiten von Feministinnen hatte. Nach Chappell stufte Thatcher Feministinnen wie folgt ein: „feminists were part of the 'loony left' and, a different angle, treated as representatives of a 'special interest group'" (Chappell 2002, S 95). Beatrix Campbell argumentiert, dass Thatchers Motto eher „femininity, not feminism" war (Campbell, Beatrix. 2003. „The revolution betrayed". Online im Internet: URL: http://www.guardian.co.uk/weekend/story/0,3605,1059293,00.html (Stand: 05.11.2003)).

sind. Daher ist zu vermuten, dass auch bei Politikerinnen der *Tories* Typ V weniger häufig auftritt und dieser generell selten vorkommt.

Ferner ist anzunehmen, dass die Felder auf der linken Seite der Kreuztabelle auch durch weitere Interviews nicht besetzt würden. Denn Politikerinnen, die in ihrem Selbstverständnis eine ausgeprägte weibliche Identität aufweisen, würden Frauennetzwerken nicht negativ gegenüberstehen. Sie identifizieren sich vielmehr mit den Belangen von Frauen und plädieren für deren Förderung. Auch ist es aufgrund ihrer Konzeption von weiblicher Identität unwahrscheinlich, dass sie sich von anderen primär als Abgeordnete wahrgenommen fühlen, da für sie das Frausein einen zentralen Stellenwert hat und dies auch bei anderen Personen antizipiert wird.

Um die Hypothesen respektive die Typenbildung zu überprüfen, wurde eine zusätzliche Untersuchungsgruppe herangezogen. Es handelt sich hierbei um politisch aktive Frauen, die für die *Labour Party* in das Unterhaus einziehen wollten, dann aber an einem Punkt ihrer Laufbahn entschieden, diesen Weg nicht weiter zu gehen. Aus der nachfolgenden Kreuztabelle geht hervor, dass sich die in der vorliegenden Arbeit gebildeten Typen bei dieser Personengruppe bestätigen:

Tabelle 11: Kreuztabelle zur Überprüfung der Typenbildung

	weibliche Identität			
	geschlechtsspezifisch		geschlechtsunspezifisch	
	Identifikation		Identifikation	
antizipierte Fremdwahrnehmung	Frauennetzwerke positiv	Frauennetzwerke negativ	Frauennetzwerke positiv	Frauennetzwerke negativ
primär als Frau	Aa, Ea, Ha = Typ I		Na, Oa = Typ II	
primär als Politikerin			Da = Typ III	

Darstellung: eigene Darstellung, in Anlehnung an Kluge 1999, S. 273
Erläuterung: Die Buchstaben stehen entsprechend des Maskierungsschlüssels für die ‚Abbrecherinnen'.

Von den vier Typen sind in der Gruppe der ‚Abbrecherinnen' drei wiederzufinden. Es ist zu vermuten, dass Typ IV ‚Vertreterin einer moderat gynokritischen Einstellung mit antizipierter geschlechtsbezogener Fremdwahrnehmung' deshalb nicht vorkommt, weil die Adressen der Befragten über das *Labour*-Frauennetzwerk EMILY'S LIST in Erfahrung gebracht wurden. Die Befragten sind somit alle vernetzt und profitierten von den bestehenden Strukturen. Es liegt die Annahme nahe, dass sich deshalb in dieser Gruppe keine Frau befindet, die sich negativ über Frauennetzwerke äußert oder diese ablehnt und sich nicht damit identifiziert.

Anhand der Untersuchung der ‚Abbrecherinnen' wurde zudem deutlich, dass bei Frauen Identität nicht nur ein Faktor bei der Entscheidung für eine politische Karriere darstellt, sondern auch eine Rolle bei ihrem Rückzug spielt. Alle Befragten gaben explizit an, dass sie kein weiteres Mal um einen Sitz im Unterhaus kandidieren werden. Während eine Frau erneut antreten würde, wenn sie genug Geld dafür hätte, schließen die restlichen Ex-Kandidatinnen dies für sich kategorisch aus. Zwei Frauen äußern sich nicht negativ über ihre Erfahrungen mit der Kandidatur und vermitteln den Eindruck, dass sie für sich diese Episode abgeschlossen haben. Vier Frauen sind jedoch sehr enttäuscht über den Verlauf der Kandidatur und klingen teilweise sehr negativ. Mangelnde Unterstützung durch die Parteibasis und öffentliche Anfeindungen trugen dazu bei, dass sie sich nicht respektiert fühlten.

Die Gründe, warum die Frauen kein weiteres Mal kandidieren würden, lassen sich wie folgt zusammenfassen. Die Befragten gaben meist mehrere Ursachen für ihren Rückzug an:

- Vier Befragte nannten finanzielle Gründe. Teilweise verbrauchte das Auswahlverfahren ihre gesamten Ersparnisse bzw. führte zu finanziellen Einbußen, da berufliche Schwierigkeiten im Anschluss an die Kandidatur folgten. (Frau Aa: „Fighting the 1997 election had been extremely expensive for my family and used all our savings. Following the election it was essential for me to bring income into the family …“)
- Zwei Befragte gaben zeitliche Gründe für ihren Rückzug an. Während eine Frau alleinerziehend ist und den Nachwuchs nicht allein lassen konnte, war eine andere aus beruflichen Gründen zeitlich gebunden. (Frau Aa: „I was therefore unable to financially undertake another election campaign as I did not have the time to travel to another area if selected or the financial means.“)
- Zwei Frauen fühlten sich vom Wahlkreis im Stich gelassen. Hier wurden mangelnde Unterstützung durch die Basis und durch Frauen in der Partei genannt sowie Ressentiments aufgrund der Klassenzugehörigkeit. (Frau Ea: „The local Labour Party did nothing to assist me in my nomination although the actual process was managed 'by the book' so there was nothing tangible about which to complain. … No other local woman Labour Party member came to assistance either and again, I believe this was because I was perceived as being 'middle-class' and because I had a professional career.“)
- Bei zwei Frauen scheiterte in der Phase des Auswahlverfahrens die Ehe – während eine Befragte keine direkte Verbindung herstellte, gab die zweite

dies explizit als Grund an. (Frau Oa: „I lost my marriage, my home and my job as a result of trying too hard.")

- Durch das Verhalten der ParteikollegInnen, bestehende Vorurteile in der Partei und infolge von Machtkämpfen fühlten sich zwei Frauen gedemütigt und öffentlich angefeindet. (Frau Ea: „Once was enough for me! It was a harrowing experience in personal terms.")
- Gesundheitliche Gründe, Unbehagen mit der Politik und mangelnde Kontakte zu sicheren Wahlkreisen und Gewerkschaften wurden jeweils einmal genannt. (Frau Oa: „I just could not afford it and my health comes first – last time I nearly had a breakdown because of all the dirty tricks.")

Die Befragten identifizieren sowohl strukturelle Gründe für ihren Rückzug (wie z.B. finanzielle oder zeitliche) als auch Aspekte, die ihre Selbstwahrnehmung betreffen. So fühlten sie sich teilweise respektlos behandelt und als Persönlichkeit, die über eine Reihe von Qualifikationen und Erfahrungen verfügt, nicht angemessen gewürdigt. Alle Befragten gehen davon aus, dass sie besondere Fähigkeiten und Kompetenzen mitbringen, die sie als gute Politikerin ausweisen und die sie für das Amt einer Abgeordneten prädestinieren. Sie fühlen sich durch die Erfahrungen mit der Kandidatur als Person zurückgewiesen und sind nicht bereit, dies ein zweites Mal in Kauf zu nehmen. Frau Ea merkt dazu an: „Having analysed the situation, it seemed fruitless to continue to punish myself and therefore I have now redirected my energies and talents elsewhere."

Nachdem die Typen, welche das Verhältnis von Identität und politischer Partizipation widerspiegeln, in diesem Kapitel dargelegt wurden, bleibt abschließend die Frage, welche der genannten Typen einen positiven Einfluss auf die Partizipationschancen von Frauen nehmen können. Vertreterinnen des Typs IV ‚moderat gynokritische Einstellung mit antizipierter geschlechtsbezogener Fremdwahrnehmung' und des Typs V ‚dezidiert gynokritische Einstellung mit antizipierter berufsrollenbezogener Fremdwahrnehmung', die keinen Frauennetzwerken angehören, können durchaus erfolgreich sein. In diesem Fall wäre das jedoch ein individueller Erfolg – es ist zu vermuten, dass durch ihr Verhalten keine Änderungen an der Frauenquote im Parlament bewirkt werden, denn diese Politikerinnen sind mutmaßlich auf den eigenen Erfolg bedacht und setzen sich tendenziell nicht für die Förderung anderer Frauen ein. Positive Auswirkungen auf die Frauenquote sind vielmehr bei Vertreterinnen der Typen I ‚dezidiert gynozentrierte Einstellung mit antizipierter geschlechtsbezogener Fremdwahrnehmung', II ‚moderat gynozentrierte Einstellung mit antizipierter geschlechtsbezogener Fremdwahrnehmung' und III ‚moderat gynozentrierte Einstellung mit antizipierter berufsrollenbezogener Fremdwahrnehmung' anzunehmen, da sich diese Politikerinnen in Frauennetzwerken einbringen und sich für Fördermaßnahmen von Frauen engagieren. Mit den gebildeten Typen lassen sich demnach nicht nur Politikerinnen in Bezug auf das Verhältnis von Identität und politischer Partizipation einordnen, sondern zudem Aussagen über deren Rolle bei der Erhöhung des Frauenanteils in der Politik treffen.

6. Frauen in der britischen Politik: eine abschließende Betrachtung des Verhältnisses von Identität und politischer Partizipation

In der vorliegenden Arbeit wurde das Verhältnis von Identität und politischer Partizipation anhand des Beispiels britischer Politikerinnen diskutiert. Dabei wurden zwei zentrale Ziele verfolgt: Erstens wurde eine kritische Auseinandersetzung mit den bestehenden Erklärungsansätzen für die politische Teilhabe von Frauen vorgenommen, und es wurden die drei Determinanten, welche diese bedingen, dargelegt. Dabei konnte festgestellt werden, dass das Erklärungsmodell nicht ausreichend ist. Unter Bezug auf frühere Studien, die Fragen der Identität aufgegriffen haben, hat die vorliegende Arbeit daher zweitens die Auseinandersetzung mit Identitätsfragen systematisiert und anhand einer theoretischen Herleitung zu einer Kategorie zusammengefasst. Die Diskussion um die Kategorie Identität als vierte Determinante erfolgte sowohl auf theoretischer als auch auf empirischer Ebene durch neue, im Rahmen der Studie erhobene Daten. In diesem Kapitel sollen nun abschließend die Ergebnisse der Studie zusammengefasst werden.

Den Ausgangspunkt von Kapitel 2 bildete eine definitorische Bestimmung des Begriffes ‚politische Partizipation'. Darunter werden solche Handlungen gefasst, die motivational bewusst mit der Erreichung eines politischen Zieles verbunden sind respektive Verhaltensweisen von BürgerInnen implizieren, welche diese alleine oder im Kollektiv anstrengen, um Einfluss auf politische Entscheidungen zu nehmen. Beteiligung an Politik umfasst nach Kaase instrumentelles und zielgerichtetes Handeln (Kaase 1995b, S. 521). Darauf aufbauend wurden die verschiedenen Dimensionen politischer Teilhabe skizziert; beispielsweise wird zwischen konventioneller und unkonventioneller politischer Partizipation differenziert. Wie des Weiteren dargelegt, präferieren Frauen politische Partizipation in unkonventionellen Bereichen (Frauen- und Bürgerbewegungen, Demonstrationen, Boykotte etc.) statt in konventionellen (z.B. Parteien). Die Gründe dafür werden innerhalb der feministischen Partizipationsforschung darin gesehen, dass unkonventionelle Teilhabe einen geringeren Institutionalisierungsgrad aufweist und näher an dem Lebensumfeld von Frauen ist. Zudem spielt die individuelle Motivation eine Rolle, denn die neuen sozialen Bewegungen sind für Frauen auch deshalb attraktiver als Parteien, weil sie ihrer spezifischen politischen Motivation eher entgegenkommen. Die Rahmenbedingungen im unkonventionellen Bereich ermöglichen es Frauen, ihre eigenen politischen Vorstellungen besser einzubringen als dies bei den etablierten Parteien der Fall ist.

Ein Blick auf Großbritannien zeigt, dass Frauen dort auf der höchsten politischen Ebene generell unterrepräsentiert waren und sind – bis Mitte der 1980er lag die Quote der Parlamentarierinnen unter 5% und blieb die Ernennung von Ministerinnen eine Seltenheit. 1992 stieg der Frauenanteil im *House of Commons* auf 9,2% an; zu einer deutlichen Trendwende kam es erst durch den erdrutschartigen Sieg der *Labour Party* im Jahr 1997, denn dieser brachte 120 Politikerinnen (was einer Quote von 18,2% entspricht) in das Unterhaus. Analog dazu stieg auch der Frauenanteil innerhalb der Regierung auf ein Drittel, und fünf Frauen wurden in das Kabinett berufen.

Da durch die *Labour Party* ein Wandel in der Repräsentation von Frauen erzielt worden ist, wurde im Rahmen der vorliegenden Arbeit ein Schwerpunkt auf diese politische Organisation gelegt. Die *Labour Party* integrierte Frauen bereits 1918 durch die Etablierung der *Women's Sections*, die jedoch aufgrund ihrer Anordnung in der Partei eine Geschlechtersegregation herstellte. Zudem wurde von den Frauen erwartet, dass sie die Männer im politischen Kampf unterstützen, eine eigene aktive Rolle wurde ihnen nicht zugebilligt. Die *Labour*-Frauen setzten sich zwar immer wieder für eine Ausweitung ihrer Kompetenzen und eine Beeinflussung der Agenda der Partei ein, doch bis Ende der 70er Jahre bestand innerhalb der *Labour Party* kein großer Druck, sich mit Frauen- und Geschlechterfragen näher auseinanderzusetzen. Nach Perrigo (1995/1996) können drei Phasen benannt werden, die seit 1979 für den Wandel der Partei in Bezug auf die innerparteiliche Rolle der Frauen sowie in Bezug auf die Implementierung von Frauen- und Geschlechterfragen von Bedeutung sind. In der Phase von 1979 bis 1983 entwickelte sich die Partei deutlich nach links, was sie für viele Feministinnen attraktiv machte. Frauen hatten in dieser Phase die Möglichkeit, ihre Forderungen zu äußern und mit feministischen Gruppierungen außerhalb der Partei zu kooperieren. Die zweite Phase, von 1983 bis 1987, war hingegen durch eine Zurückweisung feministischer Anliegen gekennzeichnet. 1983 musste die *Labour Party* ein Wahldebakel hinnehmen, in dessen Folge angestrebt wurde, den Parteikurs wieder mehr in die politische Mitte zu bringen. Die dritte Phase, seit 1987, ist durch ein Klima gekennzeichnet, welches sich als vorteilhaft für die Feminisierung der *Labour Party* erwiesen hat. Aufgrund neuerlicher Wahlniederlagen in den Jahren 1987 und 1992 arbeitete die Partei an ihrem Modernisierungskurs; verstärkt wurde dabei darauf geachtet, die Meinung der Bevölkerung aufzugreifen und das bestehende Bild der *Labour Party* als rückwärtsgewandte, maskuline und von den Gewerkschaften dominierte Partei positiv zu verändern. Im Rahmen dieses Wandlungsprozesses bekannte sich die Partei zu der Erhöhung des Frauenanteils im Parlament und beschloss auf dem Parteitag 1993 *all-women shortlists* einzuführen. Mit Hilfe dieser Regelung gelang es, Frauen für aussichtsreiche Sitze zu nominieren. Aufgrund einer erfolgreichen Klage gegen die *all-women shortlists* musste die *Labour Party* deren Anwendung jedoch 1996 einstellen. Auch wenn danach nur noch wenige Frauen bei aussichtsreichen Sitzen berücksichtigt wurden, hatten die *all-women shortlists* Erfolg, denn es waren dadurch bereits viele Frauen nominiert, und mit der Wahl 1997 zog eine Rekordzahl an Politikerinnen in das Unterhaus ein. 2001 brachte die *Labour Party* eine Gesetzesänderung ein, um Maßnahmen der positiven Diskriminierung zu legalisieren. Der *Sex Discrimination (Election Candidates) Bill* erhielt Zustimmung im *House of Commons* wie auch im *House of Lords*. Seither ist es den Parteien möglich, Quotenregelungen anzuwenden – jedoch machen weder die Konservativen noch die *Liberal Democracts* davon Gebrauch.

Das etablierte Erklärungsmodell für die politische Partizipation von Frauen, das von Wissenschaftlerinnen wie Norris und Hoecker entwickelt wurde, berücksichtigt drei zentrale Determinanten: sozialstrukturelle und institutionelle Faktoren sowie die politische Kultur des jeweiligen Landes. In Kapitel 3 wurden diese drei Determinanten unter Berücksichtigung der britischen Gegebenheiten dargestellt. In der feministischen Partizipationsforschung besteht Dissens über den Grad der Korrelation zwischen sozialstrukturellen Faktoren (Bildung, Beruf etc.) und politischer Partizipation. Zahlreiche Studien betonen den entscheidenden Einfluss von Bildung auf politische Aktivität; ein höheres Maß an Bildung hat demnach ein höheres Maß an Partizipation zur Folge. Ein Blick auf den beruflichen Werdegang von Abgeordneten zeigt auch, dass die große Mehrheit einen Universitätsabschluss besitzt. In der vorliegenden Arbeit wurde die Entwicklung des Zugangs von Frauen zu Bildung und Erwerbsarbeit in Großbritannien dargelegt, um die Bedeutung dieser Determinanten einschätzen zu können; dabei konnte herausgearbeitet werden, dass Frauen in beiden Sektoren im Verlauf des 20. Jahrhunderts zwar an Bedeutung gewonnen haben, heute trotzdem noch immer finanziell schlechter gestellt sind als Männer. Zudem werden nach wie vor reproduktive Tätigkeiten größtenteils von Frauen geleistet. Frauen verfügen über ein geringeres ökonomisches und zeitliches Budget als Männer – beide sind jedoch Grundvoraussetzungen für eine Karriere in der Politik. Eine eindeutige Korrelation zwischen den genannten Teilfaktoren und politischer Partizipation lässt sich jedoch nicht feststellen, denn obwohl der Frauenanteil in Bildung und Beruf stetig anstieg, Frauen in höher dotierte Berufsfelder vordrangen und die Erwerbsquote der Frauen in Großbritannien in den 1990ern über dem EU-Durchschnitt lag, blieb die politische Integration auf einem unterdurchschnittlichen Niveau (ONS 2002, S. 91).

Eine weitere Barriere für politische Partizipation ist im Bereich der institutionellen Faktoren zu sehen. Unter diesen werden neben dem Wahlsystem die Parteien und ihre jeweiligen Rekrutierungsverfahren subsumiert. Verhältniswahlsysteme werden gemeinhin als begünstigend und Mehrheitswahlsysteme als hinderlich für die Kandidatur von Frauen und Minderheiten eingestuft (Rule 1994, S. 15-30). Seit den Unterhauswahlen von 1997 müssen die Annahmen über den Einfluss des Wahlsystems jedoch relativiert werden, denn der Wahlausgang belegt, dass auch innerhalb des Mehrheitswahlsystems der Frauenanteil erhöht werden kann.

Die Wirkungsmechanismen der Auswahlverfahren der Parteien wurden exemplarisch an den beiden großen britischen Parteien, *Labour Party* und Konservative, dargelegt. Dabei kommt den bei der *Labour Party* zwischen 1993 und 1996 angewendeten *all-women shortlists* eine Schlüsselrolle zu, da durch diese Maßnahme der Frauenanteil im Unterhaus drastisch erhöht werden konnte. Es wurde zudem betont, dass die ideologische Ausrichtung einer Partei ebenfalls von Bedeutung für die politische Partizipation von Frauen ist, denn linke Parteien neigen stärker dazu, Regelungen zur Förderung des Frauenanteils in der Politik einzuführen. Dies gilt auch für Großbritannien, denn die Konservativen sehen bis heute davon ab, Quotenregelungen anzuwenden, und beschränken sich auf rhetorische Mittel, d.h. geben die Devise aus, dass sich Frauen verstärkt um ein Amt bemühen sollen.

Die politische Kultur wurde als zentraler Einflussfaktor für die politische Partizipation von Frauen identifiziert. Hierfür gilt laut Hoecker (1998a) im Allgemeinen, dass eine egalitäre politische Kultur die Repräsentation von Frauen fördert und dass die frühe Einführung des Frauenwahlrechts ebenfalls positive Auswirkungen hat. Im Speziellen ist für Großbritannien festzuhalten, dass die Repräsentation von Frauen im *House of Commons* bis Ende der 90er Jahre marginal blieb, obwohl das Wahlrecht früh eingeführt wurde. Hierfür konnten Besonderheiten der englischen politischen Kultur als mögliche Determinanten ausgemacht werden. So hat beispielsweise das Leitbild des *gentleman* einen großen Einfluss auf die Normierung politischen Verhaltens und das Leitbild politischer Akteure. Da hierbei von einem männlichen Idealbild ausgegangen wird, ist es für Frauen schwerer, sich in der Politik durchzusetzen. Das Unterhaus ähnelt in vielerlei Hinsicht den *public schools* und den Eliteuniversitäten Oxbridge, zelebriert männlich geprägte Rituale und verfügt über Einrichtungen, die auf so genannte männliche Bedürfnisse zugeschnitten sind. Der englischen Politik wird ein Herrenclubcharakter zugeschrieben, in dem alte Seilschaften gepflegt werden und von dem Frauen i.d.R. ausgeschlossen sind.

Als weiterer Bestandteil der politischen Kultur wurden in der vorliegenden Arbeit politische Sozialisationsprozesse diskutiert, da durch diese partizipationsfördernde und -hemmende Werte, Normen und Einstellungen vermittelt werden. Unterschiede zwischen weiblichen und männlichen Lebenszusammenhängen wirken sich demnach sowohl auf politische Sozialisation als auch auf Politisierungsprozesse aus. Jedoch erhält das Sozialisationsmodell als Erklärung erst dann Dynamik, wenn die Konflikthaftigkeit und Brüche der Sozialisationserfahrungen von Mädchen und Frauen einbezogen werden, denn mit einer rigiden Vertretung dieses Ansatzes ist das Entstehen eines männlichen und weiblichen Sozialcharakters verbunden, welcher polarisierende gesellschaftliche Vorstellungen reproduziert. Im Kontext der Diskussion um unterschiedliche Sozialisationsprozesse wurde in der vorliegenden Arbeit die feministische Debatte um ein ‚anderes' oder auch ‚weibliches' Verständnis von Politik aufgegriffen. Auch heute wird vielfach davon ausgegangen, dass Frauen ein ‚anderes' Verständnis von Politik haben als Männer und mit den traditionellen Formen von Politik unzufrieden sind, sich daher verstärkt im unkonventionellen Bereich engagieren. Die Konzeption eines ‚weiblichen' Politikverständnisses ist jedoch kritisch zu sehen, da hierbei gesellschaftliche dichotome Geschlechtscharaktere vorausgesetzt werden und somit laut Sauer (1994) eine binäre Kodierung des politischen Bereichs reproduziert wird.

Die institutionellen und sozialstrukturellen Faktoren des Erklärungsmodells zielen auf den Einbezug äußerer Faktoren ab; die Determinante politische Kultur berücksichtigt hingegen, wie Individuen im Prozess der politischen Partizipation verortet sind. Da die Analyse der äußeren bzw. situativen Faktoren keine ausreichende Erklärung für die Unterrepräsentation von Frauen bietet und auch der Einbezug des Faktors politische Kultur noch immer Fragen offen lässt, wird in der vorliegenden Arbeit für einer Erweiterung der Determinanten um den Faktor Identität plädiert. Dies wurde auf drei Ebenen begründet: Die politische Sozialisation beinhaltet erstens, das Individuum stärker in den Fokus der Analyse rücken. Zweitens weisen empirische Studien über Frauen in der Politik auf Untersuchungsbereiche hin, die mit der Identität der Politikerinnen verbunden sind. Es wurde drittens aufgezeigt, dass sich in demokratietheoretischen Ansätzen ebenfalls ein Zusammenhang zwischen Identität und politischer Partizipation ausmachen lässt.

Wird die in Kapitel 3 aufgeführte Abbildung 5 der Determinanten aufgegriffen, stellt sich die Erweiterung des Erklärungsmodells grafisch wie folgt dar:

Abbildung 9: *Erweitertes Erklärungsmodell der politischen Partizipation von Frauen*

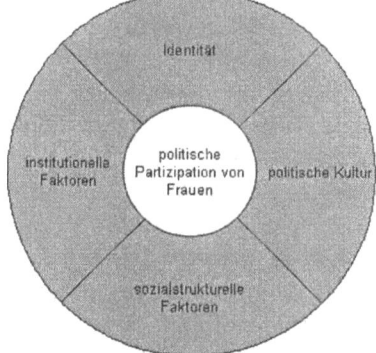

Darstellung: eigene Darstellung, in Anlehnung an Hoecker 1995, S. 28

Welche theoretischen Ansätze sich für eine Betrachtung des Verhältnisses von Identität und politischer Partizipation eignen, ist Inhalt des 4. Kapitels. Hierbei wurden identitätstheoretische Ansätze bzw. Theorien aufgegriffen, die sich mit der individuellen Identität des Individuums beschäftigen und Fragen der kollektiven Identität außer Acht lassen. Es wurden zunächst die Identitätskonzepte verschiedener TheoretikerInnen (Erik H. Erikson, Henri Tajfel und John C. Turner, Judith Butler, Seyla Benhabib und Avtar Brah) vorgestellt und nachfolgend dahingehend untersucht, wie sich das jeweilige Verständnis von Identität zu politischer Partizipation in Bezug setzen lässt. Die rezipierten Ansätze treffen Aussagen darüber, durch welche Mechanismen sich Identität entwickelt. Der Psychoanalytiker Erikson etwa expliziert sein Verständnis von Identität an einem Stufenmodell und situiert Identitätsgenese im Kontext gesellschaftlicher Prozesse. Es kann angenommen werden, dass bei Erikson politische Partizipation identitätsbildend konzeptualisiert ist. Die Sozialpsychologen Tajfel und Turner begreifen politische Partizipation als mit der Identität eines Individuums verbunden. Identität resultiert aus der Mitgliedschaft in sozialen Gruppen und den emotionalen Bedeutungen und Werten, die mit der Mitgliedschaft verbunden sind. Die genannten Ansätze berücksichtigen den Faktor *gender* nicht, Erikson setzt die männliche Identität gar implizit als Norm. Mit Butler und Benhabib wurden zwei Konzepte diskutiert, die *gender* als identitätsrelevanten Faktor ins Zentrum rücken. Benhabib fasst Identität als Fähigkeit zur Sinngebung auf, als eine psychodynamische Kompetenz des Wiedererzählens, des Erinnerns und Umgestaltens. Kollektive Ziele und eine gemeinsame Basis sind für Benhabib für politische Partizipation unabdingbar. Die Ansätze von Erikson, Tajfel und Turner sowie Benhabib haben gemein, dass sie Gesellschaft als Rahmenbedingung für Identitätsbildung und eine dadurch ermöglichte politische Partizipation verstehen.

Dem gegenüber stehen Butler und die postkoloniale Theoretikerin Brah, die bestimmte gesellschaftliche Diskurse als politisch differenzierte Bedingung der Subjektivierung erachten. Butler konzeptualisiert Identität als Effekt eines regelgebundenen Diskurses; ein Individuum erhält diese Handlungsfähigkeit von der Macht, gegen die es sich wendet. Für Brah ist Identität eine relationale Vielfalt, die sich in einem fortwährenden Prozess der Veränderung befindet. Bei ihr ist Identität keine Voraussetzung von politischer Partizipation, sondern deren historisches Produkt.

Die Erkenntnisse der diskutierten Ansätze wurden für die methodische Konzeption verwendet, d.h. auf Basis der gewonnenen Ergebnisse wurde eine Reihe von Kategorien und Fragen für die Analyse der Interviews entwickelt. Des Weiteren wurde bei der Diskussion der verschiedenen Identitätskonzepte eine Doppeldeutigkeit der Identitätskategorien sichtbar. Bei Erikson, Tajfel, Turner und Benhabib lassen sich deskriptive Kategorien zur Untersuchung von Identität finden, denn sie setzen sich damit auseinander, welche Auswirkungen gesellschaftliche Normen auf das Individuum und dessen Identitätsbildung haben. Für die vorliegende Arbeit wurde dies als deskriptive Betrachtungsebene zusammengefasst. Die dekonstruktivistischen Theoretikerinnen, also Butler und Brah, sind so zu verstehen, dass sie Identität als eine durch Machtverhältnisse beeinflussbare Kategorie begreifen, sie die Stabilität von Identität anzweifeln. Die Infragestellung stabiler Identität wurde in der vorliegenden Arbeit als reflexive Ebene der Betrachtung bezeichnet. Beide Analyseebenen ermöglichen eine doppelte Perspektive auf das Datenmaterial, d.h. durch die deskriptive Ebene liegt der Fokus auf den Inhalten der Aussagen der Interviewpartnerinnen, bei der reflexiven Ebene wird die Analyse durch eine interpretatorische Dimension erweitert. Die Diskussion des Verhältnisses von Identität und politischer Partizipation förderte nicht nur Kategorien und Fragen für die empirische Untersuchung zu Tage, sondern machte auch deutlich, dass die Kategorie Identität eine differenzierte Auseinandersetzung mit der politischen Teilhabe von Frauen ermöglicht.

Im Zentrum des 5. Kapitels stand eine empirische Untersuchung von britischen Politikerinnen der *Labour Party*. Um das Verhältnis von Identität und politischer Partizipation weiter zu untersuchen, wurden 13 weibliche *Labour*-Abgeordnete des *House of Commons* im Rahmen einer qualitativen Erhebung interviewt; des Weiteren konnten als zusätzliche Informationsquelle solche *Labour*-Frauen schriftlich befragt werden, die zunächst eine Karriere als Abgeordnete anstrebten, sich jedoch nach einer erfolglosen Kandidatur gegen diesen Weg entschieden. Wie bereits dargelegt, wurden die in Kapitel 4 getroffenen Annahmen in die Konzeption der qualitativen Studie einbezogen. Nach Auswertung des vorliegenden Datenmaterials ergaben sich vier Typen für das Verhältnis von Identität und politischer Partizipation:

Typ I ‚Vertreterin einer dezidiert gynozentrierten Einstellung mit antizipierter geschlechtsbezogener Fremdwahrnehmung': Die Politikerinnen dieses Typs gehen davon aus, dass es eine typisch weibliche Identität gibt, die Auswirkungen darauf haben kann, dass sich Frauen als ungeeignet für Politik einstufen. Des Weiteren ist es für sie charakteristisch, dass sie Frauennetzwerke befürworten und sich in diesen engagieren. Von Kollegen und der Presse fühlen sich diese Politikerinnen primär als Frau und nicht primär als Politikerin wahrgenommen.

Typ II ‚Vertreterin einer moderat gynozentrierten Einstellung mit antizipierter geschlechtsbezogener Fremdwahrnehmung': Nach Ansicht der Politikerinnen des Typs II geht es bei der Eignung für Politik um individuelle Entscheidungen; ein typisch weibliches Verhalten spielt hierbei keine Rolle. Auch sie sind von der Notwendigkeit und Effektivität von Frauennetzwerken überzeugt und sind in diese eingebunden. Die Politikerinnen sind der Meinung, dass weibliche Abgeordnete primär als Frauen wahrgenommen werden.

Typ III ‚Vertreterin einer moderat gynozentrierten Einstellung mit antizipierter berufsrollenbezogener Fremdwahrnehmung': Nach Einschätzung der Repräsentantinnen des Typs IV gibt es kein geschlechtsspezifisches Verhalten, das Frauen von der Politik fernhält. Frauennetzwerke stufen sie als wichtig für das Vorankommen der Politikerinnen ein; auch sind sie selbst in diesen Strukturen engagiert. Von Kollegen fühlen sich diese Befragten primär als Politikerinnen wahrgenommen.

Typ IV 'Vertreterin einer moderat gynokritischen Einstellung mit antizipierter geschlechtsbezogener Fremdwahrnehmung': Für die Vertreterinnen dieses Typs gibt es kein typisch weibliches Verhalten, welches Frauen von der Politik fernhält. Zudem sehen sie Frauennetzwerke kritisch und sind auch nicht darin involviert. Von Kollegen und der Presse fühlen sich diese Befragten primär als Frau und nicht als Politikerin wahrgenommen.

Zudem wurde in Kapitel 5 die These aufgestellt, dass ein fünfter Typ möglich ist, dieser jedoch aufgrund der Zusammensetzung der Untersuchungsgruppe nicht auftrat. Es ist zu vermuten, dass dieser Typ bei konservativen Parteien anzutreffen ist, da sich dieser durch eine kritische bis ablehnende Haltung gegenüber Frauennetzwerken kennzeichnet, die bei den Konservativen generell eher auf Ablehnung stoßen. Politikerinnen des Typs V 'dezidiert gynozentrierte Einstellung mit antizipierter berufsrollenbezogener Fremdwahrnehmung' lassen sich des Weiteren dadurch charakterisieren, dass sie sich selbst keine weibliche Identität zuschreiben und sich primär als Politikerin und nicht als Frau wahrgenommen fühlen. In konservativen Parteien ist ein traditionelles Frauenbild dominant, feministisch orientierte Frauen engagieren sich verstärkt in linken Parteien – daher ist anzunehmen, dass Vertreterinnen des fünften Typs in konservativen Parteien anzutreffen sind.

Die Typen I bis IV haben gemein, dass bei ihnen Geschlecht in unterschiedlichen Gewichtungen eine Rolle spielt. Es treten dabei zwei Perspektiven zutage: zum einen die Perspektive der Politikerinnen auf politische Partizipation, d.h. hierbei nimmt Geschlecht die Funktion ein, die Identifikation und das damit verbundene Engagement zu strukturieren sowie die Frage nach der weiblichen Identität als Ursache für unterschiedliche Politikstile zu beantworten. Zum anderen nimmt Geschlecht Einfluss auf die Außenperspektive; in der vorliegenden Arbeit wird diese in der antizipierten Fremdwahrnehmung aufgefangen.

Die vier Typen lassen sich auf einem Kontinuum anordnen – hierbei bildet Typ I den Pol, der die größte Bedeutung von Geschlecht markiert. Für Typ I ist das Geschlecht sehr zentral – es ist hierbei sowohl Ursache für den Politikstil und das Verständnis von Politik als auch ausschlaggebend für das Engagement für Frauen und die Bedeutung, die Frauennetzwerken beigemessen wird. Auch bezüglich der Außenperspektive ist die Kategorie Geschlecht bei Typ I von Wichtigkeit. Den Endpunkt des Kontinuums bildet Typ IV, da dieser weder davon ausgeht, dass eine weibliche Identität den Politikstil beeinflusst, noch dass Frauennetzwerken Bedeutung beigemessen werden sollte. Bei Typ IV spielt Geschlecht jedoch bezüglich der

Außenperspektive eine Rolle. Die Typen II und III fügen sich in dieser Reihenfolge in das Kontinuum ein: Sie messen beide der Kategorie Geschlecht keine Bedeutung in Bezug auf den Politikstil und das Politikverständnis bei und sind beide davon überzeugt, dass Frauennetzwerke immens wichtig bei der politischen Partizipation von Frauen sind. Während sich die Vertreterinnen des Typs II primär als Frauen wahrgenommen fühlen und somit der Kategorie Geschlecht bezüglich der Außenperspektive Gewicht verleihen, spielt diese bei den Vertreterinnen des Typs III in dieser Hinsicht keine Rolle.

Geschlecht ist demnach für die gebildeten vier Typen zentral und kann als Strukturkategorie betrachtet werden. Typ V, der nicht am Datenmaterial gebildet wurde, fällt aus diesem Schema jedoch heraus, da Geschlecht weder bei der Identität noch bei der Identifikation und der antizipierten Fremdwahrnehmung von den Politikerinnen dieses Typs als zentraler Faktor angesehen wird.

Mit den gebildeten Typen lassen sich nicht nur Aussagen über die Kategorie Identität treffen, sondern auch über die Wirkung dieser auf die Erhöhung des Frauenanteils in der Politik. Politikerinnen des Typs IV ‚moderat gynokritische Einstellung mit antizipierter geschlechtsbezogener Fremdwahrnehmung' und des Typs V ‚dezidiert gynokritische Einstellung mit antizipierter berufsrollenbezogener Fremdwahrnehmung' können durchaus erfolgreich sein – da diese Personen jedoch keinen Frauennetzwerken angehören, handelt es sich bei ihnen um einen individuellen Erfolg. Mutmaßlich resultieren aus ihrem Verhalten keine Änderungen der Frauenquote im Parlament, denn diese Politikerinnen fokussieren ihren eigenen Erfolg und setzen sich nicht für die Förderung anderer Frauen ein. Im Gegensatz dazu sind positive Auswirkungen bei den Vertreterinnen der Typen I ‚dezidiert gynozentrierte Einstellung mit antizipierter geschlechtsbezogener Fremdwahrnehmung', II ‚moderat gynozentrierte Einstellung mit antizipierter geschlechtsbezogener Fremdwahrnehmung' und III ‚moderat gynozentrierte Einstellung mit antizipierter berufsrollenbezogener Fremdwahrnehmung' zu erwarten. Diese Politikerinnen sind in Frauennetzwerken engagiert und beteiligen sich aktiv an der Implementierung von Fördermaßnahmen für Frauen.

Da die vorliegende Studie nur in einem Land und auch nur mit Politikerinnen einer Partei durchgeführt wurde, stellt sich die Frage, ob die eruierten Typen auch auf andere Kontexte zutreffen und wie die numerische Verteilung aussehen würde. Es wäre zu überlegen, ob die vier bzw. fünf Typen auch z.B. in der deutschen Politik anzutreffen sind und wie sich im Kontext der Bundesrepublik Deutschland somit neben dem Faktor Identität die drei anderen Faktoren des Analysemodells auswirken. In Bezug auf die sozialstrukturellen Determinanten wäre ein Blick auf die Entwicklung der Situation der Frauen am Arbeitsmarkt und im Bildungswesen zu werfen. Des Weiteren wäre das Wahlsystem als institutioneller Faktor zu untersuchen sowie die Rekrutierungsverfahren der Parteien. Hierbei sind die SPD, Bündnis 90/Die Grünen und die PDS von Interesse, da diese Quotenregelungen zur Erhöhung des Frauenanteils in der Politik anwenden. In Bezug auf den Faktor politische Kultur wäre z.b. der Frage nachzugehen, inwiefern *old boys' networks* auch in Deutschland die politischen Geschicke dominieren und welche Besonderheiten hier als Ausschlussmechanismen fungieren. Die quantitative Überprüfung der Hypothesen und Typen sowie deren Anwendung auf andere Parteien und weitere Länder kann die vorliegende Studie jedoch nicht leisten, sondern diese sollten in weiterführenden Forschungsarbeiten vorgenommen werden.

Für eine Erweiterung des Faktors Geschlecht wäre es produktiv, sich den Zusammenhang zwischen politischer Partizipation, individueller Identität und den *old boys' networks* anzusehen – es wäre in weiterführenden Forschungsarbeiten zu überlegen, inwiefern die in der vorliegenden Arbeit gebildeten Typen ihre Entsprechung bei Politikern finden.

Bibliografie

Aufsätze, Monografien und Sammelbände

Aldcroft, Derek H. 1983. *The British Economy between the Wars.* Oxford: Allan.

Almond, Gabriel A. und Sidney Verba. 1963. *The Civic Culture. Political Attitudes and Democracy in five Nations.* Princeton, New Jersey: Princeton University Press.

—. (Hrsg.). 1980. *The Civic Culture revisited.* Boston/Toronto: Little, Brown and Company.

Ashcroft, Bill; Griffiths, Gareth und Helen Tiffin. 1989. *The Empire writes back. Theory and Practice in post-colonial Literatures.* London/New York: Routledge.

—. 1995. „Introduction". In: dies (Hrsg.). *The post-colonial Studies Reader.* London/New York: Routledge. S. 249-250.

Atteslander, Peter. 2003. *Methoden der empirischen Sozialforschung.* 10. neu bearbeitete und erweiterte Aufl. Berlin/New York: de Gruyter.

Austin, John L. 1967. *How to do Things with Words.* Cambridge, Mass.: Harvard University Press.

Ball, Stephen J. 1994. „Political Interviews and the Politics of Interviewing". In: Walford, Geoffrey (Hrsg.). *Researching the Powerful in Education.* London: UCL Press. S. 96-115.

Baringhorst, Sigrid. 1998. „Einwanderung und multiethnische Gesellschaft". In: Kastendiek, Hans; Rohe, Karl und Angelika Volle (Hrsg.). *Länderbericht Großbritannien. Geschichte, Politik, Wirtschaft, Gesellschaft.* Bonn: Bundeszentrale für politische Bildung. S. 146-159.

Barnes, Samuel H.; Kaase, Max et al. 1979. *Political Action. Mass Participation in five Western Democracies.* Beverly Hills/London: Sage.

Becker, Bernd. 2002. *Politik in Großbritannien.* Paderborn: Schöningh.

Bellamy, Kate und Katherine Rake. 2005. *Money, Money, Money. Is it still a rich Man's World? An Audit of Women's economic Welfare in Britain.* London: Fawcett Society.

Benhabib, Seyla. 1993a. „Feminismus und Postmoderne. Ein präkeres Bündnis". In: Benhabib, Seyla et al. (Hrsg.). *Der Streit um Differenz. Feminismus und Postmoderne in der Gegenwart.* Frankfurt am Main: Fischer. S. 9-30.

—. 1993b. „Subjektivität, Geschichtsschreibung und Politik. Eine Replik". In: Benhabib, Seyla et al. (Hrsg.). *Der Streit um Differenz. Feminismus und Postmoderne in der Gegenwart.* Frankfurt am Main: Fischer. S. 105-121.

—. 1995. *Selbst im Kontext. Kommunikative Ethik im Spannungsfeld von Feminismus, Kommunitarismus und Postmoderne.* Frankfurt am Main: Suhrkamp.

—. 1997. „Von der Politik der Identität zum sozialen Feminismus. Ein Plädoyer für die neunziger Jahre". In: *Politische Vierteljahresschrift*, Sonderheft 28, S. 50-65.

—. 1999. „Sexual Difference and collective Identities: The new global Constellation". In: *Signs*, Bd. 24 (2), S. 335-362.

Benz, Ute. 1998. „Leitlinien". In: dies. *Frauen im Nationalsozialismus. Dokumente und Zeugnisse.* München: Beck. S. 41-74.

Bhabha , Homi K. 2000. *Die Verortung der Kultur.* Tübingen: Stauffenburg.

Bilden, Helga. 1991. „Geschlechtsspezifische Sozialisation". In: Hurrelmann, Klaus und Dieter Ulrich (Hrsg.). *Sozialisationsforschung.* Weinheim/Basel: Beltz. S. 279-301.

Birch, Anthony H. 1990. *The British System of Government.* 8. Aufl. London: Unwin Hyman.

Black, Jeremy. 2000. *Modern British History since 1900.* Houndsmill, Basingstoke: Macmillan.

Bochel, John und David Denver. 1983. „Candidate Selection in the Labour Party: What the Selectors seek". In: *British Journal of Political Science*, Bd. 13 (1), S. 45-69.

Bogdanor, Vernon. 1984. *What is proportional Representation?* Oxford: Martin Robertson.

Brah, Avtar. 1996. *Cartographies of Diaspora: Contesting Identities*. London/New York: Routledge.

—. 2000. „The Scent of Memory: Strangers, our Own and Others". In: Brah, Avtar und Annie E. Coombes (Hrsg). *Hybridity and its Discontents. Politics, Science, Culture*. London/New York: Routledge. S. 272-290.

Brookes, Pamela. 1967. *Women at Westminster: An Account of the Women in the Britsh Parliament 1918-1966*. London: Peter Davies.

Buse, Michael J. und Wilfried Nelles. 1978. „Überblick über die Formen der politischen Beteiligung". In: Alemann, Ulrich von (Hrsg.). *Partizipation, Demokratisierung, Mitbestimmung. Problemstellung und Literatur in Politik, Wirtschaft, Bildung und Wissenschaft*. 2. Aufl. Opladen: Westdeutscher Verlag. S. 79-111.

Butler, David (Hrsg.). 1978. *Coalitions in British Politics*. London/Basingstoke: Macmillan.

Butler, Judith. 1991. *Das Unbehagen der Geschlechter*. Frankfurt am Main: Suhrkamp.

—. 1993a. „Kontingente Grundlagen: Der Feminismus und die Frage der ‚Postmoderne‘". In: Benhabib, Seyla et al. (Hrsg.). *Der Streit um Differenz. Feminismus und Postmoderne in der Gegenwart*. Frankfurt am Main: Fischer. S. 31-58.

—. 1993b. „Für ein sorgfältiges Lesen". In: Benhabib, Seyla et al. (Hrsg.). *Der Streit um Differenz. Feminismus und Postmoderne in der Gegenwart*. Frankfurt am Main: Fischer. S. 123-132.

—. 1994. „Phantasmatische Identifizierung und die Annahme des Geschlechts". In: Institut für Sozialforschung (Hrsg.). *Geschlechterverhältnisse und Politik*. Frankfurt am Main: Suhrkamp. S. 101-138.

—. 1997. *Körper von Gewicht. Die diskursiven Grenzen des Geschlechts*. Frankfurt am Main: Suhrkamp.

—. 2001. *Psyche der Macht. Das Subjekt der Unterwerfung*. Frankfurt am Main: Suhrkamp.

Chappell, Louise. 2002. „The ‘Femocrat' Strategy: Expanding the Repertoire of feminist Activists". In: *Parliamentary Affairs*, Bd. 55, S. 85-98.

Charles, Nickie. 2002. *Gender in modern Britain*. Oxford: Oxford University Press.

Childs, Peter und Patrick Williams. 1997. *An Introduction to post-colonial Theory*. London: Prentice Hall.

Childs, Sarah. 2000. *Women's political Representation in contemporary British Politics*. Kingston: Kingston University.

—. 2001a. „In their own Words: New Labour Women and the substantive Representation of Women". In: *British Journal of Politics and International Relations*, Bd. 3 (2), S. 173-190.

—. 2001b. „'Attitudinally Feminist'? The New Labour Women MPs and the substantive Representation of Women". In: *Politics*, Bd. 21 (3), S. 178-185.

—. 2002a. „Hitting the Target: Are Labour Women MPs 'Acting for' Women?". In: *Parliamentary Affairs*, Bd. 55, S. 143-153.

—. 2002b. „Concepts of Representation and the Passage of the Sex Discrimination (Election Candidates) Bill". In: *The Journal of Legislative Studies*, Bd. 8 (3), S. 90-108.

—. 2004. *New Labour's Women MPs. Women representing Women*. London: Routledge.

Chodorow, Nancy. 1978. *The Reproduction of Mothering. Psychoanalysis and the Sociology of Gender*. Berkeley: University of California Press.

Clark, Cal und Janet Clark. 1986. „Models of Gender and political Participation in the United States". In: *Women & Politics*, Bd. 6 (1), S. 5-25.

Coote, Anna. 2001a. „Feminism and the Third Way: A Call for Dialogue". In: White, Stuart (Hrsg.). *New Labour: The progressive Future?* Basingstoke: Palgrave. S. 126-133.

—. 2001b. „Women and the Third Way: Collaboration and Conflict". In: Klausen, Jytte und Charles S. Maier (Hrsg.). *Has Liberalism failed Women? Assuming equal Representation in Europe and the United States*. New York: Palgrave. S. 111-121.

Cowley, Philip; Darcy, Darren und Colin Mellors. 2001. „New Labour's Parliamentarians". In: Ludlam, Steve und Martin J. Smith (Hrsg.). *New Labour in Government*. Basingstoke: Palgrave. S. 92-110.

Coxall, Bill und Lynton Robins. 1994. *Contemporary British Politics*. 2. bearbeitete Aufl. Basingstoke/London: Macmillan.

Crompton, Rosemary. 1997. *Women and Work in modern Britain*. Oxford: Oxford University Press.

Deppermann, Arnulf. 2001. *Gespräche analysieren*. 2. Aufl. Opladen: Leske + Budrich.

Derrida, Jacques. 1990. „Signature, Event, Context". In: ders. *Limited, Inc.* Paris: Galilée.

Deschamps, Jean-Claude. 1982. „Social Identity and Relations of Power between Groups". In: Tajfel, Henri (Hrsg.). *Social Identity and Intergroup Relations*. Cambridge/New York: Cambridge University Press. S. 85-98.

Deutchman, Iva E. 1986. „Socialization to Power: Questions about Women and Politics". In: *Women & Politics*, Bd. 5 (4), S. 79-91.

Döring, Herbert. 1993. *Großbritannien: Regierung, Gesellschaft und politische Kultur*. Opladen: Leske + Budrich.

—. 1998. „Bürger und Politik - Die ‚Civic Culture' im Wandel". In: Kastendiek, Hans; Karl Rohe und Angelika Volle (Hrsg.). *Länderbericht Großbritannien. Geschichte, Politik, Wirtschaft, Gesellschaft*. Bonn: Bundeszentrale für politische Bildung. S. 163-177.

Duffield, Melanie. 2002. „Trends in female Employment 2002". In: *Labour Market Trends*, S. 605-616.

Duverger, Maurice. 1955. *The political Role of Women*. Paris: UNESCO.

Eagle, Angela et al. 2002. *Positive Action. A fair Deal for Women*. Communication Workers Union.

Eißel, Dieter. 1997. „Bürgerbeteiligung und strategische Netzwerke in der kommunalen Umweltpolitik". In: Lange, Klaus (Hrsg.). *Gesamtverantwortung statt Verantwortungsparzellierung im Umweltrecht*. Baden-Baden: Nomos. S. 169-190.

Electoral Commission. 2004. *Gender and political Participation*. London: The Electoral Commission.

Equal Opportunities Commission (EOC). 2003. *Facts about Women and Men in Great Britain 2003*. Manchester: Equal Opportunities Commission.

Erikson, Erik H. 1959. *Identity and the Life Cycle. Selected Papers*. New York: International Universities Press. [Dt.: 1966a. *Identität und Lebenszyklus*. Frankfurt am Main: Suhrkamp.]

—. 1966b. „Ich-Entwicklung und geschichtlicher Wandel". In: ders. *Identität und Lebenszyklus.* Frankfurt am Main: Suhrkamp. S. 11-54.

—. 1966c. „Wachstum und Krisen der gesunden Persönlichkeit". In: ders. *Identität und Lebenszyklus.* Frankfurt am Main: Suhrkamp. S. 55-122.

—. 1966d. „Das Problem der Ich-Identität". In: ders. *Identität und Lebenszyklus.* Frankfurt am Main: Suhrkamp. S. 123-212.

Europäische Kommission. 2002. *Das Leben von Frauen und Männern in der Europäischen Union.* Luxemburg: Amt für amtliche Veröffentlichungen der Europäischen Gemeinschaften.

Eurostat. 2002. *Das Leben von Frauen und Männern in Europa.* Pressemitteilung vom 08.10.2002. Luxemburg: Eurostat Pressestelle.

Fisher, Justin. 1996. *British political Parties.* London: Prentice Hall.

Flax, Jane. 1990. *Thinking Fragments. Psychoanalysis in the contemporary West.* Berkeley: University of California Press.

Flick, Uwe. 2000. *Qualitative Forschung. Theorie, Methoden, Anwendung in Psychologie und Sozialwissenschaften.* Reinbek bei Hamburg: Rowohlt.

Floud, Roderick und Paul Johnson (Hrsg.). 2004a. *The Cambridge economic History of modern Britain. Volume 2: Economic Maturity, 1860-1939.* Cambridge: Cambridge University Press.

—. (Hrsg.). 2004b. *The Cambridge economic History of modern Britain. Volume 3: Structural Change, 1939-2000.* Cambridge: Cambridge University Press.

Frevert, Ute. 1998. „Frauen". In: Benz, Wolfgang; Graml, Hermann und Hermann Weiß (Hrsg.). *Enzyklopädie des Nationalsozialismus.* München: dtv. S. 220-234.

Fuss, Diana. 1989. *Essentially Speaking. Feminism, Nature & Difference.* London/New York: Routledge.

Garner, Les. 1984. *Stepping Stones to Women's Liberty. Feminist Ideas in the Women's Suffrage Movement 1900-1918.* London: Heinemann Educational Books.

Geißel, Brigitte. 1995. „Politisierungsprozesse und politische Sozialisation von Frauen. Überblick und Forschungsstand in der aktuellen deutschen und angelsächsischen Literatur". In: Maleck-Lewy, Eva und Virginia Penrose (Hrsg.). *Gefährtinnen der Macht. Politische Partizipation von Frauen im vereinigten Deutschland. Eine Zwischenbilanz.* Berlin: Edition Sigma. S. 17-36.

Gibbins, John R. 1989. „Contemporary political Culture: An Introduction". In: ders (Hrsg.). *Contemporary political Culture. Politics in a postmodern Age.* London/Newbury Park/New Delhi: Sage. S. 1-30.

Gilligan, Carol. 1982. *In a different Voice: psychological Theory and Women's Development.* Cambridge, Mass.: Harvard University Press. [Dt.: 1999. *Die andere Stimme. Lebenskonflikte und Moral der Frau.* 5. Aufl. München/Zürich: Piper].

Graves, Pamela M. 1994. *Labour Women. Women in British working-class Politics 1918-1939.* Cambridge: Cambridge University Press.

Griffin, Christine. 1989. „'I'm not a Women's Libber, but ... ': Feminism, Consciousness and Identity". In: Skevington, Suzanne und Deborah Baker (Hrsg.). *The social Identity of Women.* London/Newbury Park/New Delhi: Sage. S. 173-193.

Gugin, Linda C. 1986. „The Impact of political Structure on the political Power of Women: A Comparison of Britain and the United States". In: *Women & Politics,* Bd. 6 (4), S. 107-140.

Gurin, Patricia und Hazel Markus. 1989. „Cognitive Consequences of Gender Identity". In: Skevington, Suzanne und Deborah Baker (Hrsg.). *The social Identity of Women.* London/Newbury Park/New Delhi: Sage. S. 152-172.

Gymnich, Marion. 2000. *Entwürfe weiblicher Identität im englischen Frauenroman des 20. Jahrhunderts.* Trier: WVT.

Hageman-White, Carol. 1987. „Können Frauen die Politik verändern?". In: *Aus Politik und Zeitgeschichte,* (B 9-10), S. 29-37.

Hakim, Catherine. 1979. *Occupational Segregation. A comparative Study of the Degree and Pattern of the Differentiation between Men's and Women's Work in Britain, the United States and other Countries.* London: Department of Employment.

Hall, Stuart. 1990. „Cultural Identity and Diaspora". In: Rutherford, Jonathan (Hrsg.). *Identity: Community, Culture, Difference.* London: Lawrence & Wishart. S. 222-237.

227

—. 1996. „Introduction: Who needs 'Identity'?". In: Hall, Stuart und Paul du Gay (Hrsg.). *Questions of cultural Identity.* London/Thousand Oaks/New Delhi: Sage. S. 1-17.

—. 1997. „Wann war ‚der Postkolonialismus'? Denken an der Grenze". In: Bronfen, Elisabeth; Markus, Benjamin und Therese Steffen (Hrsg.). *Hybride Kulturen. Beiträge zur anglo-amerikanischen Multikulturalismusdebatte.* Tübingen: Stauffenburg. S. 219-246.

—. 1999. „Ethnizität, Identität und Differenz". In: Engelmann, Jan (Hrsg.). *Die kleinen Unterschiede. Der Cultural Studies Reader.* Frankfurt/New York: Campus. S. 83-98.

Halsey, Albert H. 1988. „Higher Education". In: ders (Hrsg.). *British social Trends since 1900.* London: Macmillan. S. 268-296.

Harrison, Brian. 1986. „Women in a Men's House. The Women MPs, 1919-1945". In: *The Historical Journal*, Bd. 29 (3), S. 623-654.

Hartsock, Nancy. 1987. „Rethinking Modernism: Minority vs. Majority Theories". In: *Cultural Critique*, Bd. 7, S. 187-206.

Hellinger, Marlis. 2002. „Genus". In: Kroll, Renate (Hrsg.). *Metzler Lexikon Gender Studies - Geschlechterforschung.* Stuttgart: Metzler. S. 148-149.

Herzog, Hanna. 1995. „Research as a Communication Act". In: Hertz, Rosanna und Jonathan B. Imber (Hrsg.). *Studying Elites using qualitative Methods.* Thousand Oaks /London/New Delhi: Sage. S. 171-186.

Hills, Jill. 1981. „Candidates, the Impact of Gender". In: *Parliamentary Affairs*, Bd. 34 (2), S. 221-228.

Hobsbawm, Erik J. 1980. „Soziale Ungleichheit und Klassenstrukturen in England: Die Arbeiterklasse". In: Wehler, Hans-Ulrich (Hrsg.). *Klassen in der europäischen Sozialgeschichte.* Göttingen: Vandenhoeck & Ruprecht.

Hoecker, Beate. 1987. *Frauen in der Politik. Eine soziologische Studie.* Opladen: Leske + Budrich.

—. 1995. *Politische Partizipation von Frauen. Ein einführendes Studienbuch.* Opladen: Leske + Budrich.

—. 1997. „Zwischen Macht und Ohnmacht: Politische Repräsentation von Frauen in den Staaten der Europäischen Union". In: *Aus Politik und Zeitgeschichte*, (B 52), S. 3-14.

—. 1998a. *Handbuch politische Partizipation von Frauen.* Opladen: Leske + Budrich.

—. 1998b. *Lern- und Arbeitsbuch Frauen, Männer und die Politik.* Bonn: Dietz.

Hoecker, Beate und Gesine Fuchs. 2004. „Einleitung". In: dies (Hrsg.). *Handbuch politische Partizipation von Frauen in Europa. Band II: Die Beitrittsstaaten.* Wiesbaden: VS Verlag für Sozialwissenschaften. S. 8-22 .

Holland-Cunz, Barbara. 1998. *Feministische Demokratietheorie.* Opladen: Leske + Budrich.

Holton, Sandra Stanley. 1986. *Feminism and Democracy. Women's Suffrage and Reform Politics in Britain 1900-1918.* Cambridge: Cambridge University Press.

Hopf, Christel. 1995. „Qualitative Interviews in der Sozialforschung. Ein Überblick". In: Flick, Uwe et al. (Hrsg.). *Handbuch qualitative Sozialforschung. Grundlagen, Konzepte, Methoden und Anwendungen.* Weinheim: Beltz, Psychologie Verlagsunion. S. 177-182.

Hopf, Christel et al. 1995. *Familie und Rechtsextremismus. Familiale Sozialisation und rechtsextreme Orientierungen junger Männer.* Weinheim: Juventa.

Howell, David. 2002. *MacDonald's Party. Labour Identities and Crisis, 1922-1931.* Oxford/New York: Oxford University Press.

Hübner, Emil und Ursula Münch. 1999. *Das politische System Großbritanniens.* München: Beck.

Hunter, Albert. 1995. „Local Knowledge and local Power. Notes on the Ethnography of local Community Elites". In: Hertz, Rosanna und Jonathan B. Imber (Hrsg.). *Studying Elites using qualitative Methods.* Thousand Oaks/London/New Delhi: Sage. S. 151-170.

Inglehart, Ronald. 1989. *Kultureller Umbruch. Wertwandel in der westlichen Welt.* Frankfurt/New York: Campus.

Jarvis, David. 1994. „Mrs Maggs and Betty. The Conservative Appeal to Women Voters in the 1920s". In: *Twentieth Century British History,* Bd. 5 (2), S. 129-152.

Jones, Bill et al. 1991. *Politics UK.* New York/London: Philip Allan.

Kaase, Max. 1992. „Vergleichende politische Partizipationsforschung". In: Berg-Schlosser, Dirk und Ferdinand Müller-Rommel (Hrsg.). *Vergleichende*

Politikwissenschaft. Ein einführendes Studienbuch. Opladen: Leske + Budrich. S. 145-160.

—. 1995a. „Politische Beteiligung/Politische Partizipation". In: Andersen, Uwe und Wichard Woyke (Hrsg.). *Handwörterbuch des politischen Systems der Bundesrepublik Deutschland.* Opladen: Leske + Budrich. S. 462-466.

—. 1995b. „Partizipation". In: Nohlen, Dieter (Hrsg.). *Wörterbuch Staat und Politik.* München: Piper. S. 521-527.

Kavanagh, Dennis. 1971. „The deferential English. A comparative Critique". In: *Government and Opposition,* Bd. 6, S. 333-360.

—. 1980. „Political Culture in Britain: The Decline of the Civic Culture". In: Almond, Gabriel und Sidney Verba (Hrsg.). *The Civic Culture revisited.* Boston/Toronto: Little, Brown and Company. S. 124-175.

—. 1982. „Representation in the Labour Party". In: ders. *The Politics of the Labour Party.* London: George Allen & Unwin. S. 202-222.

Kelle, Udo und Susann Kluge. 1999. *Vom Einzelfall zum Typus.* Opladen: Leske + Budrich.

Kelly, Rita Mae und Jayne Burgess. 1989. „Gender and the Meaning of Power and Politics". In: *Women & Politics,* Bd. 9 (1), S. 47-82.

Keupp, Heiner et al. 2002. *Identitätskonstruktionen. Das Patchwork der Identitäten in der Spätmoderne.* 2. Aufl. Reinbek bei Hamburg: Rowohlt.

Kluge, Susann. 1999. *Empirisch begründete Typenbildung. Zur Konstruktion von Typen und Typologien in der qualitativen Sozialforschung.* Opladen: Leske + Budrich.

Köcher, Renate. 1994. „Politische Partizipation und Wahlverhalten von Frauen und Männern". In: *Aus Politik und Zeitgeschichte,* (B11), S. 24-31.

Kogan, Maurice. 1994. „Researching the Powerful in Education and Elsewhere". In: Walford, Geoffrey (Hrsg.). *Researching the Powerful in Education.* London: UCL Press. S. 67-80.

Krappmann, Lothar. 1972. *Soziologische Dimension der Identität. Strukturelle Bedingungen für die Teilnahme an Interaktionsprozessen.* 2. Aufl. Stuttgart: Klett.

Kromrey, Helmut. 2002. *Empirische Sozialforschung.* 10., vollständig überarbeitete Aufl. Opladen: Leske + Budrich.

Kulke, Christine. 1991. „Politische Sozialisation und Geschlechterdifferenz". In: Hurrelmann, Klaus und Dieter Ulrich (Hrsg.). *Neues Handbuch der Sozialisationsforschung*. Weinheim/Basel: Beltz. S. 595-613.

Labour Women's Network. *A Labour Woman's Place is ... in the House*. Malmesbury: Labour Women's Network.

Lakeman, Enid. 1994. „Comparing political Opportunities in Great Britain and Ireland". In: Rule, Wilma und Joseph F. Zimmermann (Hrsg.). *Electoral Systems in comparative Perspective. Their Impact on Women and Minorities*. Westport, Conn./London: Greenwood Press. S. 45-54.

Lamnek, Siegfried. 1995. *Qualitative Sozialforschung. Band 2. Methoden und Techniken*. Weinheim: Beltz, Psychologie Verlagsunion.

—. 2002. „Qualitative Interviews". In: König, Eckard (Hrsg.). *Qualitative Forschung. Grundlagen und Methoden*. Weinheim/Basel: Beltz. S. 157-193.

Langenohl, Andreas. 2000. *Erinnerung und Modernisierung: Die öffentliche Rekonstruktion politischer Kollektivität am Beispiel des neuen Rußland*. Göttingen: Vandenhoeck & Ruprecht.

Laybourn, Keith. 2000. *A Century of Labour: A History of the Labour Party*. Phoenix Mill: Sutton.

Legard, Robin; Keegan, Jill und Kit Ward. 2003. „In-depth Interviews". In: Ritchie, Jane und Jane Lewis (Hrsg.). *Qualitative Research Practice. A Guide for Social Science Students and Researchers*. London/Thousand Oaks/New Delhi: Sage. S. 138-169.

Le Lohé, Michael. 1998. „Ethnic Minority Participation and Representation in the British electoral System". In: Saggar, Shamit (Hrsg.). *Race and British electoral Politics*. London/Bristol, Penn.: UCL Press. S. 73-97.

Leonard, Dick. 1996. *Elections in Britain Today. A Guide for Voters and Students*. 3. Aufl. Houndsmille, Basingstoke: Macmillan.

Lewis, Jane. 1993. „Introduction: Women, Work, Family and social Policies in Europe". In: dies (Hrsg.). *Women and social Policies in Europe: Work, Family and the State*. Aldershot: Edward Elgar. S. 1-24.

Lossau, Julia. 2002. *Die Politik der Verortung: Eine postkoloniale Reise zu einer anderen Geographie der Welt*. Bielefeld: Transcript.

Lovenduski, Joni. 1986. *Women and European Politics. Contemporary Feminism and public Policy*. Amherst: The University of Massachusettes Press.

—. 1993. „Introduction: The Dynamics of Gender and Party". In: Lovenduski, Joni und Pippa Norris (Hrsg.). *Gender and Party Politics*. London/Thousand Oaks/New Delhi: Sage. S. 1-15.

—. 1994. „The Rules of the political Game: Feminism and Politics in Great Britain". In: Nelson, Barbara J. und Najma Chowdhury (Hrsg.). *Women and Politics worldwide*. New Haven/London: Yale University Press. S. 299-309.

—. 1996. „Sex, Gender and British Politics". In: Lovenduski, Joni und Pippa Norris (Hrsg.). *Women in Politics*. Oxford/New York: Oxford University Press. S. 3-18.

—. 1997. „Gender Politics: A Breakthrough for Women?". In: *Parliamentary Affairs*, Bd. 50 (4), S. 708-719.

—. 1998. „Großbritanniens sexistische Demokratie: Frauen, Männer und die Politik im Parteienstaat". In: Hoecker, Beate (Hrsg.). *Handbuch politische Partizipation von Frauen in Europa*. Opladen: Leske + Budrich. S. 167-188.

—. 2001. „Women and Politics: Minority Representation or critical Mass?". In: *Parliamentary Affairs*, Bd. 54 (4), S. 743-758.

Lovenduski, Joni und Maria Eagle. 1998. *High Time or high Tide for Labour Women*. London: The Fabian Society.

Lovenduski, Joni und Pippa Norris. 1989. „Selecting Women Candidates: Obstacles to the Feminisation of the House of Commons". In: *European Journal of Political Research*, Bd. 17, S. 533-562.

—. 1991. „Party Rules and Women's Representation: Reforming the Labour Party Selection Process". In: *British Election Party Yearbook*, S. 189-206.

—. 1993. *Gender and Party Politics*. London/Thousand Oaks/New Delhi: Sage.

Lovenduski, Joni und Pippa Norris (Hrsg.). 1996. *Women in Politics*. Oxford: Oxford University Press.

Maier, Friedericke. 1997. „Entwicklung der Frauenerwerbstätigkeit in der Europäischen Union". In: *Aus Politik und Zeitgeschichte*, (B 52), S. 14-27.

Man, Paul de. 1988. *Allegorien des Lesens*. Frankfurt am Main: Suhrkamp.

Mansbridge, Jane. 1999. „Should Blacks represent Blacks and Women represent Women? A contingent 'Yes'". In: *Journal of Politics*, Bd. 61 (3), S. 626-657.

Marwick, Arthur. 1998. „Mentalitätsstrukturen und soziokulturelle Verhaltensmuster". In: Kastendiek, Hans; Rohe, Karl und Angelika Volle (Hrsg.). *Länderbericht Großbritannien. Geschichte, Politik, Wirtschaft, Gesellschaft*. Bonn: Bundeszentrale für politische Bildung. S. 116-145.

Maynard, Mary und June Purvis (Hrsg.). 1994. *Researching Women's Lives from a feminist Perspective*. London: Taylor & Francis.

Mayring, Philipp. 2003. *Qualitative Inhaltsanalyse. Grundlagen und Techniken*. 8. Aufl. Weinheim/Basel: Beltz Verlag UTB.

McKibbin, Ross. 1990. *The Ideologies of Class: Social Relations in Britain, 1880-1950*. Oxford: Clarendon.

McRae, Susan. 1990. „Women at the Top: The Case of British national Politics". In: *Parliamentary Affairs*, Bd. 43 (3), S. 341-347.

Mellors, Colin. 1978. *The British Member of Parliament: A socio-economic Study of the House of Commons*. Farnsborough/Hants: Saxon House.

Meyer, Birgit. 1992. „Die ,unpolitische' Frau. Politische Partizipation von Frauen oder: Haben Frauen ein anderes Verständnis von Politik?". In: *Aus Politik und Zeitgeschichte*, (B 25-26), S. 3-18.

—. 1997. *Frauen im Männerbund. Politikerinnen in Führungspositionen von der Nachkriegszeit bis heute*. Frankfurt/New York: Campus.

Mickelson, Roslyn Arilin. 1994. „A feminist Approach to Researching the Powerful in Education". In: Walford, Geoffrey (Hrsg.). *Researching the Powerful in Education*. London: UCL Press. S. 132-150.

Milbrath, Lester W. 1965. *Political Participation: How and why do People get involved in Politics?* Chicago: Rand McNally.

Molitor, Ute. 1992. *Wählen Frauen anders? Zur Soziologie eines frauenspezifischen politischen Verhaltens in der Bundesrepublik Deutschland*. Baden-Baden: Nomos.

Norris, Pippa. 1985. „The Gender Gap in Britain and America". In: *Parliamentary Affairs*, Bd. 38 (2), S. 192-201.

—. 1986. „Conservative Attitudes in recent British Elections: An emerging Gender Gap?". In: *Political Studies* (1), S. 120-128.

—. 1987. „Four Weeks of Sound and Fury ... The 1987 British Election Campaign". In: *Parliamentary Affairs*, Bd. 40 (4), S. 458-467.

—. 1993. „Conclusion: Comparing legislative Recruitment". In: Lovenduski, Joni und Pippa Norris (Hrsg.). London/Thousand Oaks/New Delhi: Sage. S. 309-329.

—. 1994. „The Impact of electoral Systems on Election of Women to national Legislatures". In: Githens, Marianne; Norris, Pippa und Joni Lovenduski (Hrsg.). *Different Roles, different Voices. Women and Politics in the United States and Europe.* New York: Harper Collings College Publishers. S. 114-121.

—. 1996. „Mobilising the 'Women's Vote': The Gender-Generation Gap in voting Behaviour". In: *Parliamentary Affairs*, Bd. 49 (2), S. 333-342.

—. 1997a. *Electoral Change in Britain since 1945.* Oxford: Blackwell Publishers.

—. 1997b. „Equality Strategies and political Representation". In: Gardiner, Francis (Hrsg.). *Sex Equality Policy in Western Europe.* London/New York: Routledge. S. 46-59.

—. 2001. „Breaking the Barriers: Positive Discrimination Policies for Women". In: Klausen, Jytte und Charles S. Maier (Hrsg.). *Has Liberalism failed Women? Assuming equal Representation in Europe and the United States.* New York: Palgrave. S. 89-110.

—. 2002. „Gender and contemporary British Politics". In: Hay, Colin (Hrsg.). *British Politics today.* Cambridge et al.: Polity Press. S. 38-59.

Norris, Pippa und Ronald Inglehart. 2001. „Cultural Obstacles to equal Representation". In: *Journal of Democracy*, Bd. 12 (3), S. 126-140.

Norris, Pippa und Joni Lovenduski. 1993. „Gender and Party Politics in Britain". In: Lovenduski, Joni und Pippa Norris (Hrsg.). *Gender and Party Politics.* London/Thousand Oaks/New Delhi: Sage. S. 34-59.

—. 1995. *Political Recruitment. Gender, Race and Class in the British Parliament.* Cambridge/New York: Cambridge University Press.

Norris, Pippa; Vallance, Elizabeth und Joni Lovenduski. 1992. „Do Candidates make a Difference? Gender, Race, Ideology and Incumbency". In: *Parliamentary Affairs*, Bd. 45 (4), S. 496-517.

Norton, Philip. 1984. *The British Polity*. New York/London: Longman.

Oakley, Ann. 1992. „Interviewing Women: A Contradiction in Terms". In: Roberts, Helen (Hrsg.). *Doing feminist Research*. 5. Aufl. London/New York: Routledge. S. 30-61.

Office of National Statistics (ONS). 2001. *Social Trends, Nr. 31*. London: The Stationery Office.

—. 2002. *Social Trends, No. 32*. London: The Stationery Office.

—. 2005. *Social Trends, No. 35*. Houndsmill, Basingstoke/New York: Palgrave Macmillan.

Opp, Karl-Dieter. 1992. „Legaler und illegaler Protest im interkulturellen Vergleich". In: *Kölner Zeitschrift für Soziologie und Sozialpsychologie*, Bd. 44, S. 436-460.

Ostrander, Susan A. 1995. „Surely You're not in this just to be helpful". In: Hertz, Rosanna und Jonathan B. Imber (Hrsg.). *Studying Elites using qualitative Methods*. Thousand Oaks/London/New Delhi: Sage. S. 133-150.

Parry, Geraint; Moyser, George und Neil Day. 1992. *Political Participation and Democracy in Britain*. Cambridge: Cambridge University Press.

Pateman, Carole. 1980. „The Civic Culture. A philosophic Critique". In: Almond, Gabriel und Sidney Verba (Hrsg.). *The Civic Culture revisited*. Boston/Toronto: Little, Brown and Company. S. 57-102.

Paulmann, Johannes. 1993. *Staat und Arbeitsmarkt in Großbritannien: Krise, Weltkrieg, Wiederaufbau*. Göttingen: Vandenhoeck & Ruprecht.

Penrose, Virgina. 1993. *Orientierungsmuster des Karriereverhaltens deutscher Politikerinnen. Ein Ost-West-Vergleich*. Bielefeld: Kleine.

Perrigo, Sarah. 1986. „Socialist Feminism and the Labour Party: Some Experiences from Leeds". In: *Feminist Review*, Bd. 23, S. 101-108.

—. 1995. „Gender Struggles in the British Labour Party from 1979 to 1995". In: *Party Politics*, Bd. 1 (3), S. 407-417.

—. 1996. „Women and Change in the Labour Party 1979-1995". In: Lovenduski, Joni und Pippa Norris (Hrsg.). *Women in Politics*. Oxford/New York: Oxford University Press. S. 118-131.

—. 1999. „Women, Gender and New Labour". In: Taylor, Gerald R. (Hrsg.). *The Impact of New Labour*. New York: St. Martin's Press. S. 162-176.

Phillips, Anne. 1991. *Engendering Democracy*. Cambridge: Polity Press.

Pilcher, Jane. 1999. *Women in contemporary Britain. An Introduction.* London/New York: Routledge.

Price, Robert und George Sayers Bain. 1988. „The Labour Force". In: Halsey, Albert H. (Hrsg.). *British social Trends since 1900.* London: Macmillan. S. 162-201.

Punnett, Robert M. 1988. *British Government and Politics.* 5. Aufl. Chicago: The Dorsey Press.

Puwar, Nirmal. 1997b. „Gender and political Elites. Women in the House of Commons". In: *Sociology Review*, Bd. 7 (2), S. 2-6.

Rajan, Rajeswari Sunder und You-Me Park. 2000. „Postcolonial Feminism/Postcolonialism and Feminism". In: Schwarz, Henry und Sangeeta Roy (Hrsg.). *A Companion to postcolonial Studies.* Malden, Mass./Oxford: Blackwell. S. 53-71.

Rallings, Colin und Michael Thrasher (Hrsg.). 2000. *British electoral Facts 1832-1999.* Aldershot/Vermont: Ashgate.

Randall, Vicky. 1991. „Die politische Vertretung von Frauen in Großbritannien. Hält sie dem Vergleich mit anderen europäischen Ländern stand?". In: Schaeffer-Hegel, Barbara und Heide Knopp-Degethoff (Hrsg.). *Vater Staat und seine Frauen. Zweiter Band. Studien zur politischen Kultur.* Pfaffenweiler: Centaurus. S. 89-97.

Rasmussen, Jorgen. 1981. „Female political Career Patterns and Leadership Disabilities in Britain: The crucial Role of Gatekeepers in regulating Entry to the political Elite". In: *Polity*, Bd. 13 (4), S. 600-620.

—. 1983. „Women's Role in contemporary British Politics: Impediments to parliamentary Candidature". In: *Parliamentary Affairs*, Bd. 36 (3), S. 300-315.

Rees, Teresa. 1998. *Mainstreaming Equality in the European Union.* London/New York: Routledge.

Reynolds, Andrew. 1999. „Women in the Legislatures and Executives of the World: Knocking at the highest Glass Ceiling". In: *World Politics*, Bd. 51 (4), S. 547-572.

Richardson, Jo. 1991. *A new Ministry for Women.* London: The Labour Party.

Riley, Denise. 1988. *Am I that Name? Feminism and the Category of 'Women' in History*. Basingstoke/London: Macmillan.

Ritchie, Jane und Jane Lewis (Hrsg.). 2003. *Qualitative Research Practice. A Guide for Social Science Students and Researchers*. London/Thousand Oaks/New Delhi: Sage.

Ritchie, Jane; Spencer, Liz und William O'Connor. 2003. „Carrying out qualitative Analysis". In: Ritchie, Jane und Jane Lewis (Hrsg.). *Qualitative Research Practice. A Guide for Social Science Students and Researchers*. London/Thousand Oaks/New Delhi: Sage. S. 219-262.

Rohe, Karl. 1984. „Großbritannien: Krise einer Zivilkultur?". In: Reichel, Peter (Hrsg.). *Politische Kultur in Westeuropa. Bürger und Staaten in der europäischen Gesellschaft*. Bonn: Bundeszentrale für politische Bildung. S. 167-193.

—. 1998. „Parteien und Parteiensystem". In: Kastendiek, Hans; Rohe, Karl und Angelika Volle (Hrsg.). *Länderbericht Großbritannien. Geschichte, Politik, Wirtschaft, Gesellschaft*. Bonn: Bundeszentrale für politische Bildung. S. 239-256.

Ross, Karen. 2000. „Unruly Theory and difficult Practice: Issues and Dilemmas in Work with Women Politicians". In: *International Feminist Journal of Politics*, Bd. 2 (3), S. 319-336.

—. 2001. „Political Elites and the pragmatic Paradigm: Notes from a feminist Researcher - in the Field and out to Lunch". In: *International Journal of Social Resarch Methodology*, Bd. 4 (2), S. 155-166.

—. 2002. „Women's Place in 'male' Space: Gender and Effect in parliamentary Contexts". In: *Parliamentary Affairs*, Bd. 55, S. 189-201.

Rowbotham, Sheila. 1999. *A Century of Women. The History of Women in Britian and the United States*. London/New York: Penguin Books.

Rubart, Frauke. 1988. „Partizipation von Frauen in den neuen sozialen Bewegungen". In: *Aus Politik und Zeitgeschichte*, (B 42), S. 30-42.

Rule, Wilma. 1994. „Parliaments of, by, and for the People: Except for Women?". In: Rule, Wilma und Joseph F. Zimmermann (Hrsg.). *Electoral Systems in comparative Perspective. Their Impact on Women and Minorities*. Westport, Conn./London: Greenwood Press. S. 15-30.

237

Saalfeld, Thomas. 1998. *Großbritannien. Eine politische Landeskunde.* Opladen: Leske + Budrich.

Sapiro, Virginia. 1983. *The political Integration of Women: Roles, Socialization, and Politics.* Urbana: University of Illinois Press.

Sauer, Birgit. 1994. „Was heißt und zu welchem Zwecke partizipieren wir? Kritische Anmerkungen zur Partizipationsforschung". In: Biester, Elke; Holland-Cunz, Barbara und Birgit Sauer (Hrsg.). *Demokratie oder Androkatrie? Theorie und Praxis demokratischer Herrschaft in der feministischen Diskussion.* Frankfurt/New York: Campus. S. 99-130.

—. 1995. „Geschlecht als Variable oder Strukturkategorie? Political Culture revisited". In: Kreisky, Eva und Birgit Sauer (Hrsg.). *Feministische Standpunkte in der Politikwissenschaft. Eine Einführung.* Frankfurt/New York: Campus. S. 161-203.

—. 2001. *Die Asche des Souveräns. Staat und Demokratie in der Geschlechterdebatte.* Frankfurt/New York: Campus.

Schaeffer-Hegel, Barbara et al. 1995. *Frauen mit Macht. Zum Wandel der politischen Kultur durch die Präsenz von Frauen in Führungspositionen.* Pfaffenweiler: Centaurus.

Schnell, Rainer; Hill, Paul B. und Elke Esser. 1999. *Methoden der empirischen Sozialforschung.* 6., völlig überarb. und erw. Aufl. München/Wien/Oldenbourg: Oldenbourg.

Schöler-Macher, Bärbel. 1994. *Die Fremdheit der Politik. Erfahrungen von Frauen in Parteien und Parlamenten.* Weinheim: Deutscher Studienverlag.

Schwelling, Birgit. 2001. „Politische Kulturforschung als kultureller Blick auf das Politische. Überlegungen zu einer Neuorientierung der politischen Kulturforschung nach dem ‚Cultural Turn'". In: *Zeitschrift für Politikwissenschaft*, Bd. 11 (2), S. 601-629.

Seyd, Patrick. 1999. „New Parties - New Politics? A Case Study of the British Labour Party". In: *Party Politics*, Bd. 5 (3), S. 383-406.

Shaw, Eric. 1994. *The Labour Party since 1979.* London/New York: Routledge.

Shepherd-Robinson, Laura und Joni Lovenduski. 2002. *Women and Candidate Selection in British political Parties.* London: Fawcett Society.

Short, Clare. 1995. *Labour's Strategy for Women.* London: Labour Party.

—. 1996. „Women and the Labour Party". In: Lovenduski, Joni und Pippa Norris (Hrsg.). *Women in Politics*. Oxford/New York: Oxford University Press. S. 19-27.

Skevington, Suzanne und Deborah Baker. 1989. „Conclusion". In: dies (Hrsg.). *The social Identity of Women*. London/Newbury Park/New Delhi: Sage. S. 194-203.

Smith, Harold L. 1998. *The British Women's Suffrage Campaign*. London/New York: Longman.

Squires, Judith. 1996. „Quotas for Women: Fair Representation?". In: Lovenduski, Joni und Pippa Norris (Hrsg.). *Women in Politics*. Oxford/New York: Oxford University Press. S. 73-90.

Squires, Judith und Mark Wickham-Jones. 2002. „Mainstreaming in Westminster and Whitehall: From Labour's Ministry for Women to the Women and Equality Unit". In: Ross, Karen (Hrsg.). *Women, Politics, and Change*. Oxford/New York: Oxford University Press. S. 57-70.

Stephenson, Mary-Ann. 1998. *The Glass Trapdoor. Women, Politics and the Media during the 1997 General Election*. London: Fawcett Society.

Sturm, Roland. 1997. *Großbritannien. Wirtschaft, Gesellschaft, Politik*. 2. Aufl. Opladen: Leske + Budrich.

—. 1998. „Staatsordnung und politisches System". In: Kastendiek, Hans; Rohe, Karl und Angelika Volle (Hrsg.). *Länderbericht Großbritannien. Geschichte, Politik, Wirtschaft, Gesellschaft*. Bonn: Bundeszentrale für politische Bildung. S. 194-223.

Tajfel, Henri. 1978a. „Interindividual Behaviour and Intergroup Behaviour". In: ders (Hrsg.). *Differentiation between social Groups. Studies in the social Psychology of Intergroup Relations*. London/New York: Academic Press. S. 27-60.

—. 1978b. „Social Categorization, social Identity and social Comparison". In: ders (Hrsg.). *Differentiation between social Groups. Studies in the social Psychology of Intergroup Relations*. London/New York: Academic Press. S. 61-76.

—. 1978c. „The Achievement of Group Differentiation". In: ders (Hrsg.). *Differentiation between social Groups. Studies in the social Psychology of Intergroup Relations*. London/New York: Academic Press. S. 77-98.

—. 1982a. „Introduction". In: ders. (Hrsg.). *Social Identity and Intergroup Relations*. Cambridge/New York: Cambridge University Press. S. 1-11.

—. 1982b. *Gruppenkonflikt und Vorurteil: Entstehung und Funktion sozialer Stereotypen*. Bern/Stuttgart/Wien: Huber.

Taylor, Charles. 1989. *Sources of the Self. The Making of the modern Identity*. Cambridge, Mass.: Harvard University Press.

Thane, Pat. 1994. „Visions of Gender in the Making of the British Welfare State: The Case of Women in the British Labour Party and Social Policy, 1906-1945". In: Bock, Gisela und Pat Thane (Hrsg.). *Maternity and Gender Politics: Women and the Rise of the European Welfare States 1880s-1950s*. London: Routledge. S. 93-118.

Topf, Richard. 1989. „Political Change and political Culture in Britain, 1959-87". In: Gibbins, John R. (Hrsg.). *Contemporary political Culture. Politics in a postmodern Age*. London/Newbury Park/New Delhi: Sage. S. 52-79.

Townsend, Alan R. 1993. *Uneven regional Change*. Cambridge: Cambridge University Press.

Trevor, Margaret C. 1999. „Political Socialization, Party Identification, and the Gender Gap". In: *Public Opinion Quarterly*, Bd. 63 (1), S. 62-89.

Turner, John C. 1982. „Towards a cognitive Redefinition of the social Group". In: Tajfel, Henri (Hrsg.). *Social Identity and Intergroup Relations*. Cambridge/New York: Cambridge University Press. S. 15-40.

Uehlinger, Hans-Martin. 1988. *Politische Partizipation in der Bundesrepublik. Strukturen und Erklärungsmodelle*. Opladen: Westdeutscher Verlag.

Vallance, Elizabeth. 1979. *Women in the House. A Study of Women Members of Parliament*. London: The Athlone Press.

—. 1984. „Women Candidates in the 1983 General Election". In: *Parliamentary Affairs*, Bd. 37 (1), S. 301-309.

—. 1988. „Two Cheers for Equality: Women Candidates in the 1987 General Election". In: *Parliamentary Affairs*, Bd. 41 (1), S. 86-91.

Verba, Sidney; Nie, Norman H. und Jae-On Kim. 1978. *Participation and political Equality. A seven-Nation Comparison*. New York: Cambridge University Press.

Villa, Paula-Irene. 2003. *Judith Butler*. Frankfurt/New York: Campus.

Walford, Geoffrey. 1994. „Reflections on Researching the Powerful". In: ders (Hrsg.). *Researching the Powerful in Education.* London: UCL Press. S. 222-231.

Wende, Waltraud. 2002. „Gender/Geschlecht". In: Kroll, Renate (Hrsg.). *Metzler Lexikon Gender Studies/Geschlechterforschung.* Stuttgart: Metzler. S. 141-142.

Westle, Bettina. 1992. „Politische Partizipation". In: Gabriel, Oskar W. (Hrsg.). *Die EU-Staaten im Vergleich. Strukturen Prozesse, Politikinhalte.* Bonn: Bundeszentrale für politische Bildung. S. 135-171.

—. 2001. „Politische Partizipation und Geschlecht". In: Koch, Achim; Wasmer, Martina und Peter Schmidt (Hrsg.). *Politische Partizipation in der Bundesrepublik Deutschland. Empirische Befunde und theoretische Erklärungen.* Opladen: Leske + Budrich. S. 131-168.

Williams, J. und H. Giles. 1978. „The Changing Status of Women in Society: An Intergroup Perspective". In: Tajfel, Henri (Hrsg.). *Differentiation between social Groups. Studies in the social Psychology of Intergroup Relations.* London/New York: Academic Press. S. 431-446.

Women & Equality Unit (WEU). 2004. *Interim Update of Key Indicators of Women's Position in Britain.* London: Women & Equality Unit.

Woolf, Virginia. 1982. *Orlando. A Biography.* 6. Aufl. London et al.: Granada.

Young, Iris Marion. 1988. „Five Faces of Oppression". In: *Philosophical Forum,* Bd. 19 (4), S. 270-290.

—. 1990. *Justice and the Politics of Difference.* Princeton: Princeton University Press.

Internetquellen

Ballington, Julie und Richard E. Matland. 2004. „Political Parties and special Measures: Enhancing Women's Participation in electoral Processes". Verfügbar über: http://www.idea.int/gender/ (Zugriff: 19.04.2005).

Campbell, Beatrix. 2003. „The Revolution betrayed". In: *The Guardian,* 11.10.2003. Verfügbar über: http://www.guardian.co.uk/weekend/story/0,3605,1059293,00.html (Zugriff: 05.11.2003).

Centre for Advancement of Women in Politics. „Devolved Elections 2003". Verfügbar über: http://www.qub.ac.uk/cawp/UKhtmls/electionS&W03.htm (Zugriff: 02.04.2005).

—. „Former women ministers in UK Governments". Verfügbar über: http://www.qub.ac.uk/cawp/UKhtmls/UKministers2.htm (Zugriff: 13.04.2005).

—. „Latest News". Verfügbar über: http://www.qub.ac.uk/cawp/latest.html (Zugriff: 06.05.2005).

—. „UK women members in the European Parliament". Verfügbar über: http://www.qub.ac.uk/cawp/UKhtmls/UKMEPs04.htm (Zugriff: 02.04.2005).

—. „Women Members in the House of Commons". Verfügbar über: http://www.qub.ac.uk/cawp/UKhtmls/MPs1.htm (Zugriff: 11.04.2005).

—. „Women in the UK General Election 2001". Verfügbar über: http://www.qub.ac.uk/cawp/UKelectionhtmls/elec-uk.html (Zugriff: 11.04.2005).

—. „Women members of the National Assembly for Wales". Verfügbar über: http://www.qub.ac.uk/cawp/UKhtmls/AM.htm (Zugriff: 02.04.2005).

—. „Women members of the Scottish Parliamet". Verfügbar über: http://www.qub.ac.uk/cawp/UKhtmls/MSP.htm (Zugriff: 02.04.2005).

Fawcett Society. 2005. „Nearly half the Voters denied Choice of voting for a Woman". Verfügbar über: http://www.fawcettsociety.org.uk/generalelection2005.htm (Zugriff: 01.05.2005).

—. „Who we are". Verfügbar über: http://www.fawcettsociety.org.uk/About.htm (Zugriff: 19.04.2005).

Inter-Parliamentary Union. „Women in National Parliaments". Verfügbar über: http://www.ipu.org/wmn-e/arc/classif300403.htm (Zugriff: 10.11.2004).

—. „Women in National Parliaments". Verfügbar über: http://www.ipu.org/wmn-e/classif.htm (Zugriff: 01.11.2005).

—. „Women in National Parliaments: Statistical Archives". Verfügbar über: http://www.ipu.org/wmn-e/arc/classif051201.htm (Zugriff: 01.11.2005).

Office of National Statistics (ONS). „Church Membership 1970-1990". Verfügbar über: http://www.statistics.gov.uk/StatBase/xsdataset.asp?vlnk=1450& More=Y (Zugriff: 17.02.2005).

PBS Online. „Time and Place: English Public Schools". Verfügbar über: http://www.pbs.org/wgbh/masterpiece/mrchips/tg_setting.html#footnote (Zugriff: 21.02.2005).

Puwar, Nirmal. 1997a. „Reflections on interviewing Women MPs". In: *Sociological Research Online*, Bd. 2 (1). Verfügbar über: http://www.socresonline. org.uk/2/1/4.html (Zugriff: 20.10.2003).

Ruhl, Kathrin. 2004. „The Influence of Women on the British Labour Party in the 1920s". In: *Gießener Elektronische Bibliothek*. Verfügbar über: http://geb.uni-giessen.de/geb/volltexte/2004/1505/index.html (Zugriff: 01.02.2005).

The United Kingdom Parliament. „Members of Parliament by Gender". Verfügbar über: http://www.parliament.uk/directories/hciolists/gender.cfm (Zugriff: 12.05.2005).

—. „What are the Sitting Hours of the House of Commons?" Verfügbar über: http:// www.parliament.uk/faq/business_faq_page.cfm (Zugriff: 21.02.2005).

10 Downing Street. „Full List of Cabinet Members". Verfügbar über: http:// www.number-10.gov.uk/output/Page1371.asp (Zugriff: 10.05.2005).

—. „Her Majesty's Government". Verfügbar über: http://www.number-10.gov.uk/output/Page2988.asp (Zugriff: 10.05.2005).

—. „Prime Ministers in History". Verfügbar über: http://www.number-10.gov.uk/output/page123.asp (Zugriff: 11.04.2005).

Anhang

Anhang 1: Interviewleitfaden

1. political socialization

1. Before becoming an active party member, were you involved in any other political organization – pressure group, trade union?
2. What was the motivation for your political engagement?
3. What do you think were factors, which pushed forward your political engagement?
4. In how far has your family or have your friends played a role in that process - has anyone in your family/among your friends held a political post or has been active in politics?

2. socialization within the party

5. How would you portray your career within the party - what posts did you hold?
6. Were there any experiences that influenced your decision to become an MP?
7. How do you perceive the situation of women in the Labour Party regarding their chances of being nominated or supported to stand as candidate for Parliament?

3. gender and politics

8. Was there any support when you were nominated as candidate for parliament? Were there any obstacles?
9. In how far do you think that your constituency or the voter has other expectations in you than in a male MP?
10. In which respect do expectations of voters have an impact on you?
11. Some women perceive themselves as unsuited for politics. Have you ever come across that opinion? And if yes, what do you think about it?

4. self-perception

12. How do you perceive the compatibility of your job and your family/private life? Are there any difficulties – which areas are good to combine?
13. Do you think that sometimes you are perceived more in the role of a woman than in the role of a politician?
14. If you think about your personality, which characteristics have led to the decision to strive for a career in politics?
15. Do you think that something like a "female" approach to politics exist? If yes, what would that mean to you?
16. Do you have particular areas of political interest - is there anything, which interests you most?
17. Would you like to stay in politics? How do you perceive your further career?

Is there anything you would like to add to this interview?

Anhang 2: Fragebogen

Please answer the following questions. You can write as much as you like. The space for your answers is only a suggestion; you can extend the lines according to your own needs. Thank you very much for taking your time in order to fill in the questionnaire.

---

1. What was the motivation for your political engagement? Were there any issues, which were important for you? In how far does your family/your background play a role in that process?

2. How do you perceive the situation of women in the Labour Party regarding their chances of being nominated or supported to stand as candidate for Parliament? Do you think it is a women-friendly environment?

3. Was there any support when you went through the selection process or was it a rather hostile environment?

4. Some women perceive themselves as unsuited for politics. Have you ever come across that opinion? And if yes, what do you think about it?

5. When you think about your personality, which characteristics have led to the decision to strive for a career in politics?

6. What were the reasons why you decided to withdraw from standing as candidate?

Beuth, Kirsten/Dorgerloh, Annette/Müller, Ulrike (Hg.)
Ins Machbare entgrenzen ...
Utopien und alternative Lebensentwürfe von Frauen
Schriftenreihe des Frauenstudien- und -bildungszentrums der EKD, Band 2,
2004, 186 S., 8 Abb., ISBN 978-3-8255-0484-7, 15,50 €

Grisius, Jeannine
Dein Bild im Herzen. Auf der Suche nach meiner afrikanischen Mutter
Lebensformen, Band 18, 2. Aufl. 2004,
172 S., Abb., ISBN 978-3-8255-0468-7, 12,50 €

Hertrampf, Susanne
„Zum Wohle der Menschheit". Feministisches Denken
und Engagement internationaler Aktivistinnen 1945 – 1975
Frauen in Geschichte und Gesellschaft, Band 41, 2006, 410 S.,
ISBN 978-3-8255-0603-2, 27,90 €

Kinnebrock, Anita
Anita Augspurg (1857 – 1943). Eine kommunikationshistorische
Biographie im Kontext der Deutschen Frauenbewegung und der
internationalen Frauenfriedensbewegung
Frauen in Geschichte und Gesellschaft, Band 39, 2004, 686 S.,
ISBN 978-3-8255-0393-2, 29,90 €

Meyer-Schoppa, Heike
Zwischen „Nebenwiderspruch" und „revolutionärem Entwurf".
Emanzipatorische Potentiale sozialdemokratischer Frauenpolitik 1945-1949
Frauen in Geschichte und Gesellschaft, Bd. 40, 2004, 312 S.,
ISBN 978-3-8255-0485-4, 24,50 €

Kroll, Renate
**Bibliographie der deutsch-
sprachigen Frauenliteratur 2002.**
Belletristik – Sachbuch –
Gender Studies.
Bibliographie der deutschsprachigen
Frauenliteratur, Bd. 8, 2005, 214 S.,
ISBN 978-3-8255-0495-3, 19,90 €

Kroll, Renate
**Bibliographie der deutsch-
sprachigen Frauenliteratur 2003.**
Belletristik – Sachbuch – ,
Gender Studies.
Bibliographie der deutschsprachigen
Frauenliteratur, Bd. 9, 2006, 180 S.,
ISBN 978-3-8255-0534-9, ca. 20,– €

**Weitere Titel finden Sie auf unserer Internetseite:
www.centaurus-verlag.de**